유아교육과정

Curriculum for Young Children

곽은복 김운삼 남궁선혜 박지현 백미열 홍성희 공저

수양재

머리말

유아교육현장에는 여러 가지 중요한 사안이 있다. 그 가운데 아이들과 매일 직접 만나고 생활하는 현장의 교사들이 체감하는 가장 중요한 문제는 '교육과정'이다. '교육목표를 달성하기 위하여 교육내용과 교수-학습방법을 선정, 조직한 전체 계획'을 교육과정이라고 한다.

유아교육과정은 유아교육기관에서 "무엇을 가르치고 배울 것인가?"에 대한 질문과 탐색이다. 이 질문은 "왜 그것을 가르치고 배우는가?" 그리고 "어떻게 배울 것인가?", 더 나아가 "제대로 가르치고 배우고 있는가?"라는 질문들과 연결되어 있다. 우리가 행복하고 편안한 공간을 가지려면 다른 사람들의 멋진 공간에 대한 사진을 보기보다는 우리 공간을 '왜 만들어야 하는가' 그리고 '어떻게 공간을 지을 것인가'에 대한 고민부터 시작해야 한다. 이 책은 〈유아교육과정〉이라는 유아들을 위한 행복한 공간을 건설하기에 나서는 예비교사들과 초임교사들을 위해서, 막연하기만 했던 유아교육과정의 구성과 실제에 한 걸음씩 다가갈 수 있는 지도를 그려주고자 하는 마음으로 시작되었다. 그래서 이론에 관련된 복잡한 정보들을 전달하는 구성을 벗어나, 그동안 저자가 교육현장에서 직접 체득한 노하우를, 교육과정을 전혀 모르는 초보자를 대상으로 알기 쉽게 전달하고 이해되도록 하는 데 초점을 맞추었다.

이 책을 접하는 유아교사와 예비유아교사들이 교육과정을 계획하기에 앞서 위의 질문들에 대해 충분히 성찰하고 숙고하기를 바란다. 그리고 교육과정을 실행하는 과정에서도 끊임없이 되돌아보며 반성적 사고를 통해 교육과정을 재구성해 나가기를 바란다.

'교육의 질은 교사의 질을 넘지 못한다'는 말은 진부한 표현 같지만, 이 말은 여전히 어떤 중요한 교육적 진실을 담고 있다.

교사의 자질이 교육의 질을 결정하는 가장 중요한 요인이라는 점을 집약적으로 표현한 것이기 때문이다. 비교적 광범위한 영유아교육과정의 주제를 우리의 시각에서 누구든지 쉽게 접근할 수 있도록 현장에서 실제로 지도하는 교육과정 내용을 구체적으로 제시하고자 노력하였다. 이상으로 본서는 유아교육을 전공하는 학생뿐만 아니라, 유아교육기관의 교사와 관계자 및 유아교육관련 모든 사람에게 유익한 교재가 되길 기대한다.

마지막으로, 우리나라 유아교육기관 평가지표를 통해 유아교육과정의 질적 측면을 반성해보는 기회를 갖도록 안내하고자 하였다. 이 책이 유아교육을 전공하는 학생들에게 전문도서로서 도움이 되길 바라며, 유아교육기관의 교사 및 유아교육 관련 분야의 모든 분에게 유익한 교재가 되길 바란다.

2018년 9월

저자 일동

목 차

PART 1 유아교육과정의 기초

PART 2 유아교육과정의 구성 및 운영

PART 3 우리나라 유아교육과정

PART 4

유아교육 프로그램

Part 1

유아교육과정의 기초

Chapter 1

유아교육과정의 이해

1 유아교육의 개념

1) 유아교육의 개념

유아의 바람직한 행동의 변화이고, 그 내용은 유아의 생활 전체이며 의도적인 교육은 학교교육이고, 유아의 의도적 교육은 유치원과 어린이집 등 제도적인 보육 및 교육기관에서 이루어진다고 볼 경우 유아교육은 유아를 대상으로 보육과 교육이 이루어지는 유아기 전반에 걸친 교육이라고 정의할 수 있다.

우리나라의 유아교육은 '0~8세 유아 행동의 계획적이며 긍정적인 방향으로의 변화 또는 0~8세 유아의 정신적 · 신체적 성장과 발달을 도와주는 일련의 과정'이라고 할 수 있다. 교육을 인간행동의 변화를 일으키는 학문으로 규정할 때 인간행동은 선천적으로 고정되어 있는 것이 아니며 변화 가능성이 있음을 의미한다. 즉, 인간행동은 의도적이고 계획적인 노력에 의해 변화될 수 있음을 전제로 한다. 계획적이며 긍정적인 방향으로의 변화는 그 속에 변화의 주체, 그 변화가 일어나는 상황, 변화를 가져오기 위한 수단, 변화계획, 변화의 준거 등 다섯 가지 요인을 내포하고 있다.

유아교육의 개념을 단편적인 개념과 본질적인 개념으로 나누어 살펴보자.

첫째, 단편적 개념으로의 유아교육은 보육적인 기능의 수행, 조기재능교육, 초등학교 준비, 보상교육, 가정기능의 대행 등이다. 보육적인 기능의 수행은 유아를 돌보고, 심신을 보호해 주며 정상적 발달을 도와주는 보육(care)적 성격이며 소극적인 자세로 아동의 기본적인 요구에 부응하는 것이다. 조기재능교육은 일정한 영역의 재능이나 기예를 조기에 발견하여 어릴 때부터 교육시켜야 한다고 보는 관점이다.

우리나라에서는 조기교육과 혼용되어 어릴 때 시키는 교육으로 받아들이는 경우가 있으나 이것은 전인교육에 위배되는 것으로 바람직한 유아교육이라고 할 수 없다. 초등학교 준비로서의 유아교육은 아동이 취학했을 때 학력과 생활면에서 잘 적응하도록 이에 필요한 기능과 태도를 익히는 것을 목적으로 미리 교사에 의해 준비되고 계획되어 유아에게 전달되므로 일방적 성격이 강하다. 이러한 입장은 현대사회의 경쟁심화와 더불어 많은 부모들에 의해 요구되고 지지되고 있다.

보상교육이란 저소득층 자녀를 대상으로 이들이 처해 있는 문화적 결손을 보충해 줌으로써 중류 계층 이상의 아동들과 동등한 입장에서 학교교육을 시작할 수 있도록 해준다는 취지에 근거한다. 최근 사회구조의 변화와 더불어 가족구조의 핵가족화와 여성의 사회참여가 늘어나면서 가정에서의 아동에 대한 양육과 교육을 담당할 사람의 부재라는 문제가 야기되었으며 지식량의 급작한 팽창은 부모의 교육에 대한 자신감을 떨어뜨려 전문가 의존시대를 불러왔다. 이러한 영향으로 보육과 동시에 질 높은 교육을 할 수 있는 유아교육기관을 필요로 하게 되었으며 유아교육기관과 유아교사의 전문성을 요구하게 되었다.

둘째, 본질적 개념은 여러 학자들마다 강조점이나 접근방식에 있어서 약간의 차이를 보이나 기본적으로 서로 유사한 입장을 취하고 있으며 이를 요약·정리해 보면 다음과 같다.

① 유아교육은 0세에서 8세까지의 유아와 부모, 그리고 때에 따라 가족구성원들까지를 대상으로 하는 포괄적 성격을 갖는 교육이다.

② 유아교육은 유아의 전인적 성장·발달을 목표로 둔다.

③ 유아교육은 유아의 관심과 욕구를 최대한으로 반영하고자 하는 아동 중심 교육이다.

④ 유아교육은 형식적인 교육 이외에 자연스러운 비형식적 교육도 중요시한다.

⑤ 유아교육은 결과 중심의 교육 성과보다 유아의 활동과정 그 자체에 더 의미를 부여한다.

⑥ 유아교육의 궁극적 목표는 유아의 행복한 삶이다.

2) 유아교육의 대상연령

우리나라의 경우 유아교육은 1914년 이화 유치원에서 최초로 한국 유아들을 가르치기 시작한 이래로 1980년대에 들어와 사회의 관심의 대상이 되기 이전까지 오랜 기간 동안 유치원 교육으로 인식되어 왔으며(이기숙, 1989), 따라서 유아교육의 대상은 유치원 취원 연령이었던 5세의 취학전 유아로 국한시켜 인식되어 왔다.

그러나 1991년에 제정된 「영 · 유아보육법」에 의하면, 영아 및 유아의 보호와 건전한 교육은 6세 미만의 취학전 아동을 대상으로 한다고 정의하고 있으며, 1992년에는 유치원의 입학 연령이 3세로 조정되어 3~5세의 유아가 유치원 교육의 대상에 속하게 됨에 따라 오늘날 통용되고 있는 유아교육의 대상은 0~6세의 미취학 아동으로 정리될 수 있다.

결론적으로, 오늘날의 유아교육의 대상에는 0~5세까지의 정상아와 통합교육으로 최대의 효과를 기대할 수 있는 특수아가 포함될 수 있다.

2 유아교육의 특수성

1) 유아교육의 본질

유아교육의 본질은 유아의 특성과 관련이 있기 때문에 다음과 같은 특징들이 있다고 하겠다. 첫째, 유아는 놀며 배우는 존재이기 때문에 놀이 중심의 교육이 적합하다. 둘째, 유아는 현재 중심 지향적이므로 욕구를 존중해 줘야 한다. 셋째, 또래와의 상호작용으로 사회생활의 기초를 인지시켜 주어야 한다. 넷째, 발달특성에 맞는 교구와 놀잇감이 제공되어야 한다. 다섯째, 모든 발달이 통합적으로 이뤄질 수 있도록 전인적인 교육으로 조화를 잘 이루도록 해 줘야 한다.

더불어 유아는 자신뿐만 아니라 부모나 경우에 따라서 가족구성원까지도 교육

대상이 될 수 있는 포괄적 교육의 성격을 띤다. 유아교육은 연령상 보살핌과 교육의 두 가지 기능이 있어 에듀케어라 이르기도 한다.

2) 발달적 특성

유아기는 일생에서 가장 왕성한 성장 발달을 하는 시기이다. 유아기의 발달은 인간의 기본적 자질을 결정하는 중요한 시기이며, 성인기에 지대한 영향을 미친다고 밝히고 있다. 유아기는 환경의 영향에 가장 예민한 시기, 즉 가변성이 높은 시기로서 이 시기에 자극이 결핍되어 누적되면 장차 회복이 곤란하다는 것이다.

발달은 유전과 환경의 상호작용 결과이지만 아동은 어릴 때부터 학습이 가능하고 개인차가 있으며 자극에 적극적으로 반응하는 존재이므로, 교육적인 면에서 볼 때 이들을 위해 최적의 환경을 조성하기 위한 노력이 중요하며, 이러한 노력은 조기에 이루어질수록 효과가 클 것으로 예상할 수 있다. 결론적으로 유아기의 경험과 환경의 중요성을 강조하고 있으며, 그만큼 유아교육의 특수성을 보여주는 것이다.

3) 보육적 · 육아적 특성

유아교육은 보육적 · 육아적 특성을 동시에 지닌다. 보육적 · 육아적인 것은 단순히 아이를 생리적으로 보호한다는 측면이 아니라 그 행위가 곧 교육적 영향과 효과가 있음을 감안하여 돌보아야 한다는 의미이다. 보육과 육아의 행위가 아이의 행동양식을 고착화하여 문제적 행동을 유발할 수 있음을 고려하여 다루는 것이 유아교육인 것이다.

만약 안아서 재우는 것이 습관이 되면 계속 안아서 재워야 되는데, 그것은 결국 의타심을 조장할 수 있게 되는 것이다. 그러므로 단순한 육아나 보육이 아니라 보살핌이 교육으로 어떤 특성을 야기할 것인가를 고려하고 통제하는 것이 올바른 유아교육이 될 것이다.

4) 논리적 사고의 부재에 맞는 교육방식의 요구

아동이 7세가 되면 논리적 사고를 할 수 있기 때문에 사고를 언어로 정식화하고 그에 따라 행동하는 것이 가능하나, 그 이전에는 힘든 것이어서 생각하는 훈련보다는 반복하는 훈련으로 정착하는 것이 중요하다. 따라서 이 시기에는 반복학습으로 이미 학습한 과제에 대한 조작 방법과 내용을 알게 하여 두뇌에 정착시켜 앞으로의 새로운 과정에 대한 계획성으로 나타나게 해야 한다.

반복 없이 지나가는 경향은 아이들에게 과제의 정복을 불가능하게 하고 사고나 창조성, 계획성이 나타나는 일이 없다. 그러므로 6세까지는 단일 패턴의 쉬운 반복학습을 하는 것이 효과적이다. 아이들의 창조성이 한 순간의 영감으로 자연히 생겨나서 실현되는 법이 없다. 거기에는 준비, 예비 작업, 작업의 단계가 필요하며 두뇌에 저장된 내용 중에서 사고력, 상상력 등이 길러져 가므로 사고력, 창조력의 획득 조건으로 기초를 착실히 터득시키는 것이 매우 중요하다.

5) 직감력이나 감성을 기르는 교육이 필요

6세 이전에는 생각하는 교육도 중요하지만 그것이 목적이 되어서는 안 된다. 3, 4세경 교육은 언어에 대한 감성이 성장된다. 언어의 아름다운 방향, 리듬이 본능적으로 길러져 우수한 두뇌훈련이 된다. 사리를 알게 되는 교육은 좌측 뇌 훈련으로 7세 이후에 효과가 있다. 2세에는 시기적으로 음률이 마음에 와닿는 가장 중요한 시기이므로 말뜻을 몰라도 시의 반향을 들려주는 것도 좋다. 따라서 사고를 통한 교육은 유아교육에서는 실패하게 되며, 초등학교식 교육을 유아에게 적용해서는 안 된다.

6) 초등학교 교육과의 차이

(1) 교육목표 면에서

초 · 중 · 고등학교에서는 교육목표를 되도록 구체적이고 명료하게 진술하려는 경향이 있다. 예컨대, 초등학교교육의 궁극적인 목적은 전인교육이지만, 이를 달성하기 위하여 교과서를 활용하며, 교과의 목표는 다시 단원의 목표, 학습 목표로 진술된다. 이와는 달리, 유치원에서는 교과서의 내용과 관련된 단위목표가 없다.

초등학교와는 달리 문어적이고 추상적인 개념을 담고 있는 교과서는 유아에게 적합하지 않으므로 초등학교처럼 교과서에 의거한 단원별 목표가 없다. 교육 목표를 명료히 구체적으로 진술한다 해도 유아들은 이를 이해하거나 따라 할 수 없으므로 이를 교육 실제에 적용할 수 없는 것이다. 그러나 무엇보다도 중요한 요인은 주의 집중력이 낮고 활동적인 유아들에게는 과정 중심적 활동을 필요로 한다는 점이다. 따라서 유치원에서는 교육목표를 안내나 지침으로 삼고 유아의 흥미를 존중하는 교육을 실시하고 있다.

(2) 교육과정 면에서

유치원 교육과정의 구성은 기본 생활 교육을 강조하고, 유아의 요구와 흥미, 개별성을 존중하고 놀이 중심의 교육활동으로 운영하여 유아의 전인적 성장을 도와주는 것이다.

유치원 교육과정은 발달 영역과 생활 경험이 통합된 체계적인 교육내용이다. 유아들이 감각 활동이나 놀이를 통해 학습하도록 교육과정의 순환적 단계, 교육목표의 설정, 교육내용의 선정, 교수와 학습평가 등 여러 면에서 유치원교육은 그 성격이 초등학교와 다르다. 교육내용은 초등학교와 마찬가지로 지식의 체계는 제시하고 있으나 교수 · 학습방법에는 차이를 보이고 있다. 교수 · 학습 단계가 전적으로 놀이 및 생활을 통한 체험활동 중심으로 이루어지는 것이 초등학교와의 차이점이라 할 수 있다.

(3) 교수방법 면에서

유치원 교육에서는 교수 · 학습의 특징으로 교사가 유아를 가르치는 수업을 최소화하고 유아들은 자신의 요구와 흥미에 따라 다양한 자료를 활용하여 능동적으로 활동에 참여하며 활동의 대부분을 스스로 주도해가는 선택활동으로 개별 활동이 이루어지며, 교사는 유아들에게 지식을 갖도록 도와준다는 학습의 안내자이며 조력자이다. 교육활동 상황에서 유아가 능동적인 탐구자임을 고려해 볼 때, 유치원 교사는 관찰자, 보조자, 인도자, 참여자로서의 역할을 하게 되는 것이다.

유치원 교실에서는 다양한 놀이영역이 설치되어 있으며, 유아의 연령과 발달수준, 취미에 맞는 학습을 할 수 있도록 일상생활을 통하여 생활 주제를 선정하고, 선정된 생활 주제에 따라 제공된 다양한 자료를 갖고 놀이를 통하여 체험할 수 있도록 개별교육 활동 위주로 일과가 운영된다.

교사는 마음을 열고 유아들과 친숙한 인과관계가 형성되도록 할 것이며, 생활경험 중심의 융통성 있는 통합교육과정이 운영됨으로써 가장 바람직한 유아교육이 수행될 수 있을 것이다.

7) 유아교육의 양면성

현재 유아교육은 보육적이고 육아적인 가정교육적 형식과 일정한 교육 프로그램이 있는 집단적인 유아교육 형식의 양면성이 존재한다. 따라서 현실적으로 어느 한쪽만으로 치우쳐 효과적인 유아교육을 할 수 없는 실정이다. 가정에서의 부모교육과 유아교육기관에서의 교육이 상치되어 아이가 이중적 갈등의 문제를 일으킬 수 있음을 간과해서는 안 될 것이다. 부모들은 이런 면을 고려하여 양면을 적절히 조화할 수 있는 배려를 해야 할 필요가 있다.

8) 사회구조변화에 따른 영향

우리가 겪고 있는 사회변화는 엄청나다. 산업화, 도시화에 따른 가족구조의 변화, 주부의 취업, 냉전시대의 종말, 소비의 증가, 하이테크 시대의 도래 등 그 변화를 일일이 열거할 수가 없다. 이러한 사회구조적 변화는 예전과는 다른 형태의 유아교육을 요구하게 되는 하나의 특수성으로 작용하게 된다.

첫째, 가장 큰 변화가 가족구조의 변화이다. 과거의 대가족제도에서 핵가족으로 변화함에 따라 부모와 한두 명의 자녀로 그 단위가 달라졌다. 가족의 수가 줄어들어 부모 외에 다른 어린이나 형제자매가 아이들을 돌볼 수 있기를 기대하기 어렵게 되었다. 이러한 변화는 자연히 아이들을 전문적인 기관에 맡겨야 할 필요성을 증대시켰다.

둘째, 인구의 도시집중화에 따른 변화이다. 주거의 변화는 아파트라는 새로운 주거형태가 들어서게 된다. 콘크리트 바닥에 익숙해 있고, 열쇠를 지니고 다니는 어린이가 늘고 있는 도시의 생활에서 어린이들은 바람직한 인간관계를 맺기 힘든 경우가 많아졌다. 이러한 변화는 유아교육기관에 맡겨야 할 필요성을 증가시켰다.

셋째, 부모역할의 변화로 여성들의 사회참여가 계속 증진되고 있다. 더구나 현대사회의 핵가족화로 양육의 주요 지원체계였던 조부모의 도움을 받을 수 없게 됨으로써 문제의 양상은 더욱 심각해졌다. 이와 더불어 출산율 저하로 인한 유아의 대인관계 감소는 자녀를 또래들과 함께 놀며 교육시켜줄 대리양육자를 찾게 만들었다. 즉, 기관에서의 유아교육의 필요성에 대해 사회적인 요구가 점차적으로 강조되고 있는 것이다.

넷째, 가족구조의 변화와 인구의 도시집중화는 또래집단의 중요성을 부각시켰다. 또래집단의 경험은 유아들에게 있어 아주 중요하다. 흔히 한두 명의 이웃집 유아와 사귀던 유아가 유아교육기관에 오게 되면 또래집단과 어울리게 된다. 가정에서는 주로 부모가 어떻게 행동하여야 하는가를 결정해주지만 서서히 유아들은 또래집단에 의해서 더 많은 영향을 받게 된다. 또래집단은 인간관계의 기술을 비롯한 사회성발달은 물론이거니와 성격, 정서 및 인지적 발달에 미치는 영향 또한 간과할 수 없는 것이다. 또래의 영향은 긍정적이면서도 동시에 부정적일 수 있다. 그 결과 어떠한 성격의 것이든 서로에게 중요한 역할모델로서의 기능, 강화자로서의 기능, 스스로를 평가할 수 있는 기준을 제공하는 사회적 비교의 기능을 갖는다.

취학전 시기부터 유아들은 자신이 속한 또래집단에 비추어 자신의 성격, 가치, 능력들을 비교 평가하며, 이런 평가결과는 자아상과 자아존중감을 형성하는 중요한 근거가 된다. 따라서 또래집단의 경험을 긍정적인 교육경험의 장으로서 만들 수 있는 유아교육이 요구된다.

3 유아교육과정의 개념

1) 유아교육과정의 정의

유아교육과정의 개념은 시대적 배경과 학자들에 따라 다양하게 정의되고 있고, 유아교육기관에서도 기관의 철학과 아동관에 따라 다양한 유아교육과정이 운영되고 있다.

유아교육과정의 개념에 대한 다양한 견해를 구체적으로 살펴보면 다음과 같다. 우선, NAEYC에서는 유아교육과정을 유아가 학습할 내용, 교육과정 목표를 성취해 나가는 과정, 유아의 목표 성취를 돕기 위한 교사의 역할, 교수와 학습이 발생하는 상황을 서술한 조직화된 틀이라고 정의하였다(NAEYC, 1991).

스포덱(Spodek) 역시 "유아교육기관에서 유아들에게 학습기회를 제공하기 위해 계획한 조직화된 경험"으로 유아교육과정을 정의하고 있고, 이영석도 "유아들의 전인적성장과 발달을 돕기 위해 제공되는 계획적인 경험의 총체"라고 규정하고 있다. 이에 비해 에이미(Amy)는 유아교육과정을 "유아교육기관에서 일어나는 모든 계획적인 경험에 더하여 가정과 지역사회에서 발생될 수 있는 교육적 경험까지 포함한다."고 하여 유아교육과정에 대한 개념을 좀 더 포괄적인 영역으로 정의

하였다.

이처럼 다양하게 정의되고 있는 유아교육과정의 개념을 로빈슨과 슈왈츠(Robinson & Schwartz)는 다음의 5가지 부류로 나누어 비교적 체계적으로 정리하여 제시하였다.

첫째, 일어난 것으로서의 교육과정이다. 이는 유아가 스스로 자신의 흥미와 요구를 중심으로 교육활동을 선택하여 이루어지는 교육과정이다. 이는 유아중심의 개별화 교육과정을 지향하며, 놀이와 활동이 중심이 되는 과정중심의 교육과정이라 할 수 있다. 이러한 개념의 교육과정에서는 교사의 유능성과 세심한 관찰과 배려가 요구된다는 특징이 있다.

둘째, 유아가 학교에서 갖게 되는 경험의 총체로서의 교육과정이다. 이는 유아교육기관에서 경험하게 되는 모든 경험을 교육과정으로 보는 것이며, 교사가 계획한 경험뿐 아니라 의도하지 않은 경험들도 모두 포함하는 잠재적 교육과정의 성격을 가지기도 한다. 이러한 관점의 교육과정에서는 교육과정의 범위가 모호하므로 모든 물적, 인적 환경이 중요시된다.

셋째, 교수를 위한 계획으로서의 교육과정이다. 이는 교육과정의 보편적인 개념으로서 교육목표, 교육내용, 교육방법 및 평가에 이르는 체계적인 교수의 계획을 의미하는 것이다. 이러한 개념에서 교육과정은 미리 계획되어 있으므로 교사가 운영하기 편리한 이점이 있으나 교사중심적으로 운영될 가능성이 있고, 유아의 요구와 흥미에 따라 융통성 있는 운영에 어려움이 있다.

넷째, 교수요목으로서의 교육과정이다. 이는 문서화된 계획으로서의 교육과정을 의미하며, 국가나 사회수준의 의도된 교육과정을 말하는 것으로 매우 좁은 의미의 교육 과정이다.

다섯째, 프로그램으로서의 교육과정이다. 유아교육분야에서는 교육과정을 몬테소리 프로그램, 디스타 프로그램 등과 같이 특정 프로그램으로 규정하는 경우를 많이 볼 수 있는데 이는 유아교육에서 볼 수 있는 독특한 관점이다. 유아교육 프로그램은 어떤 특정 이론이나 가정에 근거하여 유아를 위한 교육과정을 구성한 것을 뜻하는 것으로 유아교육과정과 거의 유사하나 유아교육과정보다는 좀 더 협의의 개념이라고 할 수 있다.

2) 유아교육과정의 특성

유아교육과정은 교육과정의 한 분야이면서 유아교육 영역에 관계되는 교육과정이다. 따라서 유아교육과정은 일반 교육과정과는 달리 유아교육 자체가 지니고 있는 독특성을 반영하여 제시되어야 할 필요성이 있다.

Spodek은 교육과정이라는 용어가 포괄적인 용어이지만 유아교육의 교육대상, 교육목적, 교육방법이 일반 학교와는 차이가 나는 특성을 갖고 있기에 유아교육과정은 다음과 같은 점에서 차이가 난다고 제안하였다.

첫째, 유아교육은 교육대상이 유아라는 특성이 있다. 따라서, 유아교육과정은 유아를 대상으로 하는 교육과정이므로 다른 교육과정에 비해 특히 교육대상자 개인의 발달단계, 흥미, 요구 등을 반영해야 한다는 것이다.

둘째, 유아교육의 교육목적은 학습결과에서부터 발달에 도움을 주는 것에 이르기까지 매우 다양하다. 이에 유아교육과정은 다양한 교육의 목적이 반영되어 나타나게 된다는 것이다.

셋째, 유아교육의 교수·학습방법이 학교교육과는 차이가 있다. 유아교육에서는 교과서 없이 유아가 다양한 교구, 교재, 교사 유아와의 상호작용을 통해 교육이 이루어지므로 이러한 특성이 유아교육과정에서도 드러나게 되는 것이다. 이러한 유아교육의 특수성들로 인해 유아교육과정은 다른 교육과정에 비해 더욱 유아중심적이며, 융통성이 있고, 결과보다는 과정을 중시하며, 통합적이라는 특성이 있다.

4 현대 유아교육과정의 특성

1) 현대 유아교육과정 모델의 발달 과정

유아교육과정 모델은 4가지의 단계를 거쳐 발달하게 되었다.

첫째 단계는 교육과정 모델의 발달이다. 18세기에서 19세기에 전개된 초기 유아교육 모델은 인간발달의 과학적 연구가 활성화되기 이전에 고안되었다. 유아의 인성에 대해서는 유아발달에 관한 심리적 인식보다는 철학적인 지식에 근거를 두었으며, 직관적인 것이었다. 오웬과 프뢰벨을 포함한 초기 모델들은 유아와 유아기의 본성에 대한 직관적인 관점을 토대로 하였다. 또한 초기 모델은 지식의 근원과 지식이 어떻게 유아에 의해 획득되는가에 기초하였다.

둘째 단계는 아동발달과 유아교육의 학습에 대한 과학적인 지식의 영향을 특징으로 하며, 몬테소리는 발달에 대한 인류학적인 연구들로부터 영향을 받았다. 미국에서의 유치원 개혁운동과 유아원 모델은 많은 발달이론들의 영향을 받았으나 특히 게젤을 비롯한 성숙주의 이론으로부터 지대한 영향을 받았다.

셋째 단계는 1960년대와 1970년대로 다양한 유아교육과정 모델이 발달했다. 이로 인해 유아교육프로그램들은 발달이론과 프로그램 목표의 다양성이 반영되었다. 이 단계에서는 학습과 발달, 아동이 배워야 할 지식에 관해 프로그램마다 다른 견해를 피력하였다. 이러한 프로그램의 다양성으로 이 단계를 특징지을 수 있으며, 4가지의 일반적인 범주로 분류될 수 있다. 몬테소리 프로그램, 행동주의 프로그램(학습기술에 중점), 개방주의 프로그램(폭넓은 교육적 목적을 가지고 있으며 표현력, 개인의 자율성 중시), 구성주의 프로그램(인지 발달과정에 중점)이다.

넷째 단계는 오늘날의 유아교육이다. 오늘날 교육과정 발달의 시도는 지속되고 있지만, 새로운 교육과정 모델의 발달은 이루어지지 않고 있다. 교육과정 발달형태의 변화는 모델 각각의 차이보다는 한 모델 안에서의 큰 차이를 지적한 평가들이 많다. 현재는 프로젝트 접근법과 레지오 에밀리아 접근법이 선호되고 있다.

이와 함께 독특한 목적을 가지고 특별한 대상의 유아들을 상대하는 프로그램들이 개발되고 있다. 평화교육과정, 다문화교육 혹은 편견 없는 교육정이 그것이다. 또한 특수 아동들을 대상으로 하는 프로그램들이 발달지체, 학습부진, 정서장애, 영재, 통합교육 등을 중심으로 다양하게 개발되어 적용되고 있다.

이처럼 현대의 유아교육 프로그램 모델들은 어느 한 가지 접근법이나 모델 이론에 근거하고 있지 않다. 현장에서의 교사들은 이론과 일관되지 않는 경향이 있어서 특정 교육과정 모델의 이론적인 견해 보다는 오히려 자신이 소속된 유아교육기관의 상황에 맞는 요인의 영향을 받고 있다고 볼 수 있다.

2) 발달이론과 유아교육과정

현대 유아교육과정 접근법은 유아교육과정 개발이 발달이론에 주로 근원을 두고 있다는 점이다. 많은 유아교육자들은 유아교육 프로그램을 강조하는 기초들은 상당히 다양하고 많지만, 유아교육과정에 있어 내용과 교수방법의 근원으로서 가장 많이 의존하고 있는 것은 심리적 발달이론임을 지적한다. 1960년대 이후에 헤드 스타트를 중심으로 개발된 교육과정 모형들은 특히 이러한 심리학적 경향을 가중시켰다고 볼 수 있다. 또한 이후의 유아교육에서는 유아의 사회·정서발달이나 신체적 발달보다는 인지적 발달에 강조점을 두었으며 그 교육 결과는 아직도 유아의 '발달'에 미치는 영향을 중심으로 평가되었다.

NAEYC의 「발달에 적합한 실제(DAP)」가 유아교육 내용 및 교수방법에 중요한 자료로 사용되고 있으나 이것은 유아교육의 내용과 교수방법을 유아의 발달에 적합한 것인가의 관점에서만 조명하고 있을 뿐, 유아가 학습한 것이 교육적으로 가치가 있는 것인지, 또는 학교나 그 지역사회 안에서 사회적·문화적으로 합리적인 교육목적에 적합한 것인지에 대해서는 관심을 두지 않는다고 비판받고 있다.

결국 유아발달에 관계되는 정보들은 교육과정을 설계하는 데 도움이 되지만 지나치게 강조되어서는 안 된다는 것이다. 유아가 무엇을 할 수 있고 배우는가

하는 그 자체가 교육내용이 될 수는 없기 때문이다.

따라서 발달이론은 교육내용의 근원으로서가 아니라 교육내용을 개발하기 위한 자료로서 생각 될 수 있다. 발달이론은 유아교육 프로그램의 효율성을 테스트하는 방법 결정을 도울 수 있고 활동이 제시되는 순서 결정에, 그리고 유아들이 프로그램의 목표를 달성하기 위해서 필요로 하는 발달적인 준비도의 수준을 결정하는 데 도움을 줄 수 있다. 가장 중요한 것은 교육내용이나 과정이 교사의 일방적인 상상에서 일반화 되는 것을 막을 수 있으며, 발달이론이 교육내용을 분석하는 도구가 될 수 있다는 점이다. 교육과정은 사회 · 역사적 맥락 속에서의 도덕적 · 심미적인 가치의 선택과 판단을 필요로 한다.

재개념주의자들은 발달에 관한 지식이 교육실행에 도움을 주나 DAP가 지나치게 아동발달 이론에만 기초함으로써 '유아가 획득하여야 할 지식의 본질이 무엇인가?', '어떤 유아로 자라길 기대하는가?' 하는 철학적 문제들을 불분명하게 만들고 있다는 점, 단 하나의 시각이 유아발달과 학습에 관한 최근의 아이디어에 대한 논의를 제한하게 만드는 결과를 초래한다는 점 등을 지적하며 DAP만을 유일하게 활용하는 것을 반대한다.

유아교육과정에서의 가치를 논할 때 발달지식 뿐만 아니라 문화적 맥락 안에서의 지식과 지식의 본질에 대한 지식들이 필요한데 발달의 적합성의 개념은 프로그램의 가치와 내용을 판단하기에는 적절하지 못하다는 것이다. 이는 유아교육의 다양성을 제한시킬 수 있으며 그로인해 유아교육에 관한 토의를 억제시킬 수 있다고 보았다. 또 다른 비판적 관점에서 재개념주의자들은 다른 문화에 대한 인식과 재고의 부족을 지적한다.

Chapter

2

유아교육과정의 발전과정

1 우리나라 유아교육과정의 동향

1) 대한민국 정부수립 이전

제2차 세계대전의 종료와 함께 대한민국 정부가 수립되고, 민주국가로서의 기본이 되는 「교육법」이 1949년 12월 31일 제정 공포되었다. 이 법은 우리나라 교육의 이념, 목적, 체제 조직을 규정하고 있으며 인격의 존중, 개성과 능력의 신장, 그리고 교육의 기호 균등 및 민주주의 원리가 명시되어 있다. 이 교육법 중 유치원 교육의 목적은 제146조에, 그 목적을 달성하기 위한 목표는 제147조에 5개 항목으로 진술되어 있으며, 제148조에는 입학 연령이 명시되어 있다. 이 법령에 근거하여 전국의 유치원은 잠정적으로 교육목적을 설정하고 교육과정을 운영하게 되었다.

그리고 1952년에 공포된 「교육법 시행령」 186조에 근거하여 유치원의 보육과목으로 음악, 유희, 담화, 회화, 수기 등 5개 항목이 제시되었고, 유치원 설립인가와 폐지, 원칙, 유아 수, 보육일수 등이 명문화되었다. 이때의 유치원 교육과정은 교육법 제147조에 나타난 신체발달, 사회생활, 동화, 음악, 유희 등에 관한 5개항의 목표만 정부에서 밝힌 교육내용이었다.

이는 국가 수준에서 정책적인 배려를 받지 못하고 개인 또는 단체의 의해 운용되는 민간주도형의 교육과정이었으며, 1945년 이후 1968년까지 몇몇 유치원을 제외하고는 대체로 체계적인 교육과정이 없이 오락활동이나 초등학교 입학준비와 유아의 보호 기능이 중심이 되어 유치원의 교육적 기능을 충분히 발휘하지 못하였다. 따라서 1949년도에 제정된 「교육법」상의 유치원 교육목표와는 무관하게 춤추고, 노래하고 그림 그리기나 하는 곳이 유치원이라는 생각이 사회 전반에 자리 잡았다. 따라서 유아교육이 학문적 분야로 인식되기보다는 춤, 노래 등의 재능 기르기, 남에게 보이기 위한 특기 기르기라는 생각이 사회 전반에 자리 잡게 되었다.

그러나 일부 유치원에서는 몇몇 대학과 개인이 발행한 유치원 교육과정 서적들을 참고하여 교육내용을 마련하기도 하였다. 이화보육학교(현재 이화여자대학교) 발행의 '활동에 기초한 아동 교육법', '중앙대학교 부속 유치원 운영요람 및 안내서', '교육계획서', 대전보육 초급대학(현 배제대학교) 부속유치원의 '유치원 교육인', 그리고 개인으로는 이영보의 '보육 일안' 등이 참고자료로 쓰여 졌다.

이러한 자료를 중심으로 뜻있는 운영자는 광범위한 생활 테두리에서 유아들의 발달정도에 맞도록 다양한 경험을 체험시키고 좋은 생활습관을 형성하게 하여 바람직한 방향으로 생활할 수 있도록 주력하였다. 반면에 미국에서 개발한 유치원의 교육내용을 우리의 실정과 관계없이 손쉽게 받아들임으로써 그대로 모방하고 답습하는 현상이 야기되었다. 따라서 설립자가 당시에 결정하는 내용이 교육과정으로 통용되는 경향이 많았다.

2) 대한민국 정부시립 이후

우리나라의 유아교육과정은 유치원이 설립되고 교육부의 유치원 교육과정이 제정되면서 발전되기 시작했다. 유치원 교육과정은 1963년 처음 제정된 이후 1979년, 1981년, 1987년, 1992년, 1998년, 그리고 2007년에 유치원 교육과정이 확정되어 2009년부터 유치원에 적용하게 될 7차 유아교육과정이 발표되면서 총 7차례에 걸쳐 개정이 이루어졌다.

(1) 제1차 유치원 교육과정(1969. 2. 19. 문교부령 제207호)

제1차 유치원 교육과정은 「교육법」 제147조에 규정된 유치원 교육목표에 따른 것으로 우리나라에 유치원이 소개된 지 70여 년이 지나고, 광복 후 정부가 수립되어 「교육법」이 제정, 공포된 지 20년이 지난 후인 1969년에 제정, 공포되었다. 교육법에서는 처음으로 유치원 교육의 목적과 목표, 그리고 교육대상 등을 구체적으로 명시하였다.

1960년대 이후 급격히 증가하는 유치원들을 정비하기 위해 1962년에 「유치원 시설 기준령」이 공포되면서 유치원 교육환경을 개선하는 법적인 근거가 마련되었다. 이러한 법령들을 기초로 유치원은 1969년 「유치원 교육 과정령」이 최초로 제정, 공포되었다. 당시의 유치원 교육은 오랫동안 법적으로 규정된 교육과정이 없었으므로 이 교육과정의 제정은 구체적인 유치원 교육의 목표, 영역, 수업일수, 운영방법 등의 제시로 전국의 유치원 교육에 중요한 지침이 되었다. 교육법에 유치원에 대한 조항이 명시된 이후로 유치원의 교육목적을 설정하고 교육과정을 운영하는 기준의 틀을 이 법에 근거하고 있다.

제1차 유치원 교육과정 제정의 취지는 유아의 바람직한 인격형성을 위하여 유아의 욕구와 흥미에 알맞은 환경을 만들어 주는 데 있었다. 건강한 신체와 건전한 정신으로 생활하는 유능한 한국인 양성을 유치원 교육의 목적으로 설정하고, 유치원 교육의 특수한 목적을 구현하기 위해서 초등학교와 같은 교과중심의 교육을 피하고, 종합적인 교육을 계획, 실천하도록 교육과정을 조직하였다. 즉, 유치원 교육과정은 곧 유아들이 유치원 교육을 통하여 경험하는 모든 학습활동의 총화를 의미하는 것으로 보았으며, 교육과정의 구성은 건강, 사회, 자연, 언어, 예능의 5개 영역으로 나누어 내용을 조직하였다. 따라서 유치원 교육의 구체적인 목적을 튼튼한 몸과 마음, 기초적인 생활습관, 올바른 사회적 태도와 도덕성, 과학적이고 민주적인 사고력, 심미적 태도, 창조적인 표현능력을 기르기, 자연 및 사회의 제 현상에 관심을 가지는 것에 두었다.

유치원의 교육일수는 연간 200일 이상 하루 3시간을 기준으로 하여 각 유치원에서 기후, 계절, 유아의 발달 정도, 학습경험, 학습내용의 성질을 감안하여 실정에 맞추어 조정하도록 하였다. 교육과정의 운영도 지역사회와 밀접한 관련을 갖고 각 지역의 실정에 맞는 교육과정을 창의적으로 재구성하도록 융통성과 신축성을 부여하였다.

교육방법으로 유아의 흥미중심, 놀이중심교육과 개인차에 따른 교육이 이루어지도록 강조하였으며, 유아의 학습특성을 고려하여 5개 생활영역과 하루 일과의 통합적 운영, 다양하고 균형 있는 활동, 가정과의 긴밀한 협력 등을 강조하였다.

제1차 유치원 교육과정에 영향을 미친 교육이론으로는 광복 이후 우리나라의 교육에 가장 많은 영향을 미친 실용주의 사상을 배경으로 한 듀이의 진보주의 이론으로, 유아교육 분야도 마찬가지여서 당시의 교육과정은 교육과정의 정의, 교육목표, 내용, 방법 등이 모두 이른바 생활중심, 경험중심, 유아의 흥미중심 교육을 주로 하도록 되어 있었다.

(2) 제2차 유치원 교육과정(1979. 3. 1. 문교부 고시 제424호)

제1차 교육과정이 제정되고 10년이 지나, 문교부 고시로 개정되어 공포된 제2차 교육과정은 당시의 각급 학교 교육과정에서 강조하고 있던 국민교육헌장 이념 등을 기초로 국민적 자질의 함양, 인간교육의 강조, 지식, 기술교육 쇄신을 기본 방침으로 하였다. 이에 따라 자아실현을 부각시키고 국가 의식의 고양과 민주적 가치의 강조를 학교교육의 일반목표로 제시하였다. 이는 세계 속의 한국인으로 성장하기 위하여 도시화, 산업화가 우선될 것을 전망하고 지식, 기술교육의 쇄신을 기본 방침으로 한 것이었으므로, 이에 따른 비인간화 경향을 극복하기 위한 인간교육의 강화와 자아실현을 강조하고자 하였다. 따라서 유치원 교육의 목표도 남과 잘 사귀고 남과 더불어 생활하는 것을 즐기게 하며, 표현하는 능력 · 습관 · 태도를 기르고, 탐구능력 · 언어구사력 · 기초적인 운동능력 · 건강 및 안정생활 습관을 기르는 것이었다.

교육과정의 영역은 제1차 교육과정이 교과목 형식의 5개 생활 영역이었던 것을 전인적인 발달을 강조하는 사회 · 정서발달 영역, 인지발달 영역, 언어발달 영역, 신체발달 및 건강 영역의 4개의 발달 영역으로 구분하였다. 연간 교육일수는 200일, 주당 교육시간은 18~24시간, 하루 학습시간은 3~4시간으로 하고, 유아와 지역사회, 학교의 실정에 적합한 계획과 운영, 통합적 학습, 유아의 흥미중심, 놀이중심, 개인차에 의한 학습, 가정과의 연계 등을 운영방침으로 제시하였다.

제2차 교육과정의 특징은 1970년대부터 인지발달을 강조하는 세계적 추세에 맞추어 인지발달과 정서발달을 강조한 것이었다. 이는 1960년경부터 미국에서 나타나기 시작한 학문중심 교육과정의 영향을 받은 것으로 유치원 교육과정의 총론 부분에도 학문중심 교육과정의 특성을 명시하고 있고, 특히 브루너, 피아제의 인지발달 이론의 영향으로 이전의 교육과정에는 포함되지 않았던 논리 · 수학적 개념 형성, 표상능력 등의 인지적 개념들이 첨가되었다.

이때의 교육과정의 공포된 후에 유아교육 현장에서 교육과정을 실천하는 교사들이 많은 혼란을 겪게 되었다. 그것은 새롭게 소개된 인지발달 내용이나 용어가 너무나 추상적이고 난해했기 때문에 교육현장에서 어떻게 통합적으로 지도할지 어려웠기 때문이다. 따라서 교실 현장에서의 교육과정 적용에 도움이 되도록 하기 위하여 유치원 교사용 지도서를 처음으로 개발하여 보급하기 시작했다.

(3) 제3차 유치원 교육과정(1981. 12. 31. 문교부 고시 제442호)

제3차 유치원 교육과정은 제2차 교육과정 재정 2년 후인 1981년에 이루어졌다. 제3차 교육과정은 제5공화국이 들어서면서 유신말기의 정책의지가 강하게 반영되었던 제2차 교육과정을 전면적으로 새롭게 한다는 정부의 의지가 반영되었다고 할 수 있다. 제3차 교육과정은 이전처럼 유치원만 각급학교와 분리되어 별도로 개정이 이루어진 것이 아니라, 처음으로 초 · 중등학교 교육과정의 개정과 함께 상호 연계성 속에서 개정되었다. 이러한 변화는 제5공화국이 유아교육을 주요 교육개혁 정책으로 채택하여 정부차원에서 유아교육을 해결하고자 한 노력의 일환으로 이루어지게 된 것이었다.

종래에 문교부 편수관이 주도하여 교육과정을 개정하던 것과는 달리, 문교부가 교육전문 연구기관인 한국교육개발원에 위탁하여 체계적인 연구에 의해 교육과정 개정이 이루어지게 되었다. 즉 한국 교육 개발원이 주축이 되어 유아교육 전문가, 심리학자, 문교부 관계 담당관, 현장교사들이 교육과정 개발과정에 참여하였으며 수차례의 심의를 거쳐, 제2차 교육과정을 수정 · 보완한다는 입장에서 연구 · 개발이 이루어졌다.

다른 측면에서의 개정이유를 보면 인지발달을 현장에서 소화하여 적용하기 어려운 점이 지적되면서 일선교사들을 위하여 '구성방침'이나 '운영방침' 등 고시된 교육과정의 내용을 아동 중심, 활동 중심적인 유치원 현장에서 통합적으로 활용할 수 있는 세분화된 계획 지도와 평가의 요구가 발생하였다.

교육과정의 궁극적인 목적은 민주주의의 토착화, 복지사회 건설, 정의사회 구현, 교육혁신 및 문화창달 등을 제시하고 있으며, 여기에서 추구하는 인간상은 건강한 사람, 심미적인 사람, 능력 있는 사람, 도덕적인 사람, 자주적인 사람이었다. 따라서 유치원 교육의 목적으로는 유아에게 알맞은 교육환경을 마련해 주어 전인적으로 성장하도록 돕는 것이었다.

교육과정 편제는 신체발달, 정서발달, 언어발달, 인지발달, 사회성 발달의 5개 발달영역별로 구성되었다. 이것은 제2차 교육과정의 사회 · 정서 영역을 사회영역과 정서영역으로 나누어 정서영역을 더 강조하였고, 신체발달 및 건강영역은 신체발달영역으로 포함시켰으며, 각 발달영역별로 구체적인 내용을 제시하였다. 또한 성장단계에 있는 유아의 발달수준에 비추어 그 동안 무리했던 연간 교육일수를 하향 조절하여 기존의 200일에서 180일 이상으로 축소 · 조정하였고, 하루 교육시간도 3~4시간을 기준으로 하도록 하였다.

교육과정 운영지침은 계획, 지도, 평가로 구성하였으며, 계획은 아동의 발달수준, 지역사회와 유치원의 실정, 계절 등에 적합한 융통성 있는 교육과정 운영계획을 수립하도록 하였다. 또한 발달영역의 통합적 지도를 위해 교육자료의 확보, 활용, 다양한 학습활동 등이 이루어지도록 하였으며 유아의 개인차에 따른 놀이중심 지도, 가정과의 연계를 지도방법으로 제시하였다. 평가는 아동의 발달상황을 이해하고 도와주는 긍정적인 측면에서 목표 지향적인 평가를 하도록 하였으며 처음으로 평가에 대한 지침도 제시하였다. 또한 새로 개정된 교육과정을 해설하기 위한 「유치원 새 교육과정 개요」를 발간하여 교육과정에 대한 이해를 증진하는 노력을 기울였다.

제3차 유치원 교육과정에 영향을 미친 이론적 변화를 살펴보면, 이 교육과정은 이전의 교육과정처럼 듀이나 피아제 등 어느 특정 이론의 영향을 두드러지게 받아 구성되었다기보다는 과거에서부터 현재에 이르기까지의 다양한 아동중심 교육이론들의 장점이 골고루 영향을 미치며 개정이 이루어졌다. 또한 1980년대 이후, 세계 각국의 추세이자 우리나라 전반적인 교육과정 변화의 추세인 인간중심 교육과정과 통합 교육과정에 대한 중요성이 강조되어 유치원 교육과정에서도 반영되었다.

(4) 제4차 유치원 교육과정(1987. 6. 30. 문교부 고시 제87-9호)

제4차 유치원 교육과정은 1981년 3차 교육과정 개정 6년 후인 1987년에 개정되었다. 제4차 교육과정 개정의 배경은 각급 학교의 주지적인 교육과정 개정 배경과 보조를 맞추기 위한 것과 시대적, 사회적 변화에 따른 요구를 반영하기 위한 것이며, 제3차 교육과정의 운영에서 지적된 운영상의 문제를 수정 · 보완하기 위하여 문교부의 위촉으로 한국교육개발원이 주축이 되어 개정되었다.

제4차 유치원 교육과정은 교육과정의 구체화 및 상세화의 문제, 유치원과 국민학교와의 연계성, 교육시간 운영의 자율성 확대, 프로그램 및 교재 · 교구의 풍부화와 다양화, 평가활동의 정상화 등의 구체적인 방향을 가지고 개정이 이루어졌으나, 1981년 유치원 교육과정의 목표와는 근본적인 차이는 없어 부분 개정이라고 할 수 있다.

제4차 유치원 교육과정은 국가 수준에서 교육과정의 최종 목표와 목표의 성격을 띤 교육내용을 제시해 주고 그 범위 내에서 지역의 실정이나 유치원의 특성, 유아의 발달 수준과 흥미에 맞게 교육내용을 통합적으로 재구성하도록 하는 것을 분명히 하기 위해 내용 부분이 삭제되었다. 따라서 교육과정의 일반 목표 밑에 하위 목표를 바로 연결시켜서 일반 목표와 하위 목표와의 관계를 바로 알 수 있도록 구성하였다.

제4차 교육과정의 목적은 인격을 완성하고 자주적 생활능력과 민주시민으로서 자질을 갖추어, 민주국가 발전에 봉사하며, 인류공영의 이상실현에 기여하게 하는 것이었고, 이러한 목적을 위하여 건강한 사람, 자주적인 사람, 창조적인 사람, 도덕적인 사람을 기르는데 역점을 두어 교육과정을 구성하였다. 구체적인 유치원 교육과정의 목표는 건강과 안전에 대한 올바른 생활습관과 신체의 조화로운 발달을 도모하고, 다른 사람의 말을 이해하고, 주변현상에 대한 느낌을 표현할 수 있으며, 자부심 및 가족과 이웃을 사랑할 줄 아는 마음씨를 지니게 하는 것이었다.

교육과정의 편제는 제3차 교육과정과 마찬가지로 신체 · 언어 · 인지 · 정서 · 사회성의 5개 발달 영역이었으며, 전인발달을 위한 교육을 더욱 강조하기 위하여 각 발달 영역별 내용은 제시하지 않고 교육목표 수준만을 제시하여, 교사들이 교육내용을 자율적으로 선정할 수 있도록 하였다. 이는 각 발달영역을 교과로 잘못 인식할 수 있는 가능성을 배제하기 위한 것이었다.

연간 교육일수는 180일 이상, 하루 교육시간은 3시간 기준으로 하고 유아, 지역사회, 유치원의 특성에 따라 조정하여 운영하도록 하였다. 구체적인 운영지침도 교육과정 계획, 지도, 평가 등을 내용으로 제3차와 유사하였으며 지도상의 유의점을 통하여 각 영역의 통합적 운영을 명시하였고 유아의 흥미중심, 놀이중심 교육의 중요성을 거듭 강조하였다.

제4차 유치원 교육과정은 제3차 교육과정과 마찬가지로 과거에서부터 현재에 이르기까지 유아교육이 발전을 이룩하며 축적해 온 다양한 아동중심 교육이론들의 장점이 골고루 영향을 미치며 개정이 이루어 졌다. 이는 1980년대 이후, 세계 각국의 추세이자 우리나라 전반적인 교육과정 변화의 추세인 인간중심 교육과정과 통합교육과정에 대한 중요성이 더욱 강조된 것으로 볼 수 있다.

(5) 제5차 유치원 교육과정(1992. 9.30. 교육부 고시 제1992-15호)

제5차 유치원 교육과정 개정은 제4차 교육과정 개정과 마찬가지로 주기적인 교육과정 개정의 필요와 유치원 교육현장에서의 요구, 사회여건 및 지식의 변화 등에 따른 개정 요구에 의해 5년 후인 1992년 개정되어 1995년 3월 1일부터 시행되었다. 이 교육과정은 처음으로 한국유아교육학회가 교육부의 위촉을 받아 전문

연구진을 구성하고, 제4차 유치원 교육과정의 문제점과 개정방향을 연구하여 새롭게 개정·고시하였다는 데에서 그 의의를 찾아볼 수 있다. 유치원 교육과정 개정방향은 '유아들의 기본습관의 형성과 전인적인 성장 발달을 돕는 교육'에 두고 기본생활교육, 개별화교육, 놀이중심교육, 전인교육실현에 중점을 두었다.

제5차 교육과정의 특징을 구체적으로 살펴보면, 우선 1991년에 교육법의 개정으로 유치원 취원 연령이 기존의 만 4·5세에서 3·4·5세로 조정됨으로써 1992년 3월부터 만 3세의 유치원 입학이 합법화됨에 따라 교육과정의 내용이 발달 수준에 따라 Ⅰ수준과 Ⅱ수준으로 구분되어 제시되었다. 유치원 교육내용을 Ⅰ수준과 Ⅱ수준으로 구분한 것은 초등학교의 학년 개념과는 달리 유아의 발달은 상호 연관해서 통합적으로 이루어지기 때문에 3·4세를 Ⅰ수준으로, 4·5세를 Ⅱ수준으로 하여 교육내용을 선정하였다. 이것은 3·4·5세 유아들의 발달이 연속적으로 일어나며 이들의 학습 속도가 점진적이기 때문이었다. 이것은 유치원 교사들을 위한 개별화 교육의 지침이었으며, 이러한 내용들은 3·4·5세 유아들을 위한 감각 경험이나 놀이 활동으로 전환해서 제공하였다.

교육과정 영역은 제2·3·4차 교육과정이 발달영역으로 구성되었던 것을 5개 생활영역으로 구성하였다. 유치원 교육과정이 발달 영역별로 구성되었을 때에는 교사들이 이를 교과처럼 인식하고 교육하였기 때문에 전인 발달이 약화되었고, 발달영역별 목표 수준이 주어진 제4차 교육과정이 제시되었던 때는 각 영역의 목표를 직접 교육활동으로 연결시키는데 어려움이 있었다. 따라서 교육목표는 전인적 발달의 방향에서 구분하되, 교육내용은 생활영역에서 전성하여 제공하도록 하였다. 또한 기본생활교육 및 사회적 관계를 강조하였다.

제5차 유치원 교육과정은 건강생활, 사회생활, 표현생활, 언어생활, 탐구생활의 전 영역에서 다른 사람과 더불어 사는 지식, 기술, 태도를 익힐 수 있는 사회적 관계와 기본생활습관을 중시하였다. 특히 취업모의 증가에 따른 유치원 종일반 운영과 유아의 발달 특징에 알맞은 읽기, 쓰기교육에 관한 지침을 구체적으로 제시하여 학부모의 요구도 교육과정에 반영하고자 노력하였다.

또한 제5차 교육과정이 실시되는 1995년도부터 지방자치제에 의한 교육자치가 실시되었기 때문에 유치원 교육과정도 지역화를 강조하고, 각 시 · 도 교육청과 유치원이 국가 수준 교육과정을 기초로 편성, 운영 지침을 마련하여 각 지역의 실정에 맞는 교육을 하도록 강화하였다.

유치원의 연간 교육일수는 기존과 같이 180일 기준이며, 하루의 교육시간도 180분을 기준으로 하되, 조정하여 운영할 수 있도록 하였다. 제5차 교육과정은 교육법에 명시된 유치원 교육의 목적과 목표를 기본으로 하고, 건강한 사람, 자주적인 사람, 창의적인 사람, 도덕적인 사람을 이상적인 인간상으로 추구하며, 기본생활교육의 강조, 유아의 흥미 · 요구 · 개별성의 존중, 놀이중심교육, 유아의 전인적 성장발달 등을 교육과정의 구성 중점으로 삼았다.

(6) 제6차 유치원 교육과정(1998. 6. 30. 교육부 고시 제1998-10호)

제6차 유치원 교육과정은 국가수준의 공통성과 지역이나 개인 수준의 다양성을 추구하고 유치원 교육체제를 교육과정 중심으로 개선하기 위한 교육과정으로 교육의 질적 수준을 높이기 위하여 개정되었다. 한국 유아교육학회는 제6차 유치원 교육과정 개정작업을 위한 기초 연구로서 '제5차 유치원 교육과정 구성 및 운영의 적절성 평가연구'를 수행하여 문제점 및 개정방향을 설정하고 교육과정 개정위원회를 구성하였다. 교육과정 개정위원회는 각종전문가와의 협의회, 세미나, 공청회, 시도교육청과 유치원현장 검토, 심의 및 수정 보완을 거쳐 제6차 유치원 교육과정개정 시안을 개발하였으나, 제5차 유치원 교육과정과 별다른 차이를 발견할 수 없다.

제6차 교육과정에서 추구하는 인간상은 전인적인 성장의 기반위에서 개성을 추구하는 사람, 창의적인 사람, 우리문화를 이해하고 새로운 가치를 창조할 수 있는 사람, 민주시민으로 공동체의 발전에 공헌하는 사람이다. 이를 위하여 기본생활 습관과 협동적인 생활태도의 강조, 학습내용의 정선 및 수준별 적절성을 도모하고, 감성계발 교육의 강조, 창의성과 정보능력 함양교육의 강화, 세계화에 대비한 전통문화 교육을 충실하게 할 것을 강조하고 있다.

교육과정의 편성을 제5차 교육과정과 같이 건강생활, 사회생활, 표현생활, 언어생활, 탐구생활의 5개영역으로 되어있다. 교육내용도 제5차에서와 같이 교육내용을 Ⅰ수준과 Ⅱ수준으로 구분하여 제시하고 있다. 이는 학습내용의 및 수준별 적절성을 도모하기 위한 것으로 Ⅰ수준 3·4세, Ⅱ수준 4·5세의 발달특성을 나타내는 유아에게 적합한 교육내용이며, 공통수준은 3·4·5세 모두에게 지속적으로 경험할 필요가 있는 내용이라고 할 수 있다. 교육일수는 180일 이상으로 하고 교육시간의 운영은 180분으로 하되 유치원에 따라 융통성 있게 할 것을 명시하고 있다.

(7) 2007년 개정 유치원교육과정(2007. 12. 19. 교육인적자원부 고시 제2007-153호)

교육인적자원부(김신일 부총리 겸 교육인적자원부 장관)는 2007년 12월 13일(목) 유치원 교육과정 개정안을 확정하여 발표하였다. 이번 개정은 지난 1998년 6월 30일에 고시한 '제6차 유치원 교육과정'을 급변하는 시대 상황에 맞게 개정 보완하는 '수시 개정' 작업의 일환으로 추진해 왔으며, 이날 확정된 개정안은 2007년 개정 유치원 교육과정 확정 2009년부터 유치원에 적용하게 된다. 교육인적자원부는 이번 교육과정 개정을 위하여 기초 연구(2005~2006)를 거쳐 교육과정 개정 시안을 연구 개발(2006~2007)하였으며, 그 밖에 학술대회, 토론회, 현장적합성 검토, 교육과정 심의회, 여론수렴 협의회 등을 통해 각계각층의 다양한 여론을 수렴하여 개정안에 반영하였다.

교육과정 개정의 기본 방향은, 제7차 교육과정의 기본 철학과 체제를 유지하되 운영상의 문제점을 보완하는 수준에서 개정을 추진하였으며, 주요 개정 내용에는 유치원에서 다양한 교육 시간을 운영할 수 있도록 교육과정을 개선한 것을 비롯하여, 교육과정 내용의 개선, 교육과정 영역별 내용의 구체화, 지도상의 유의점 신설, 읽기와 쓰기의 전단계로서의 읽기와 쓰기 기초교육 강화, 초·중등학교 교육과정과 연계한 교육과정 문서체계의 통일 등이 포함되어 있다.

제7차 교육과정은 다양한 교육시간 운영이 가능하도록 교육과정을 개선하여 교육일수와 교육시수 운영의 자율성을 확대하였다. 현행 180일(근거: 「유아교육법」) 이상과 180분 이상을 기준으로 하되, '최소 기준'임을 명시하였고 시 · 도 교육청의 지침과 유치원 실정에 따라 자율적으로 반일제, 시간연장제, 종일제 등 다양한 교육시간 운영 가능하게 했다. 종일제 운영을 위한 다양한 교육주제 근거 마련 및 교육활동 지도자료 내용 강화했다. 시간연장제, 종일제의 오후 일과는 편안한 휴식, 바깥놀이, 개별 유아의 특성을 충분히 고려한 놀이 중심 활동으로 구성하였다.

교육과정 내용 체계의 개선하였다. 현행 '구분–내용–수준별 내용'을 '내용–하위 내용–수준별 내용'으로 수정하였고 영역별 교육과정의 '내용'을 '–하기'로 바꿈으로서 어려운 개념적 표현을 실생활 중심 활동으로 전환했다. 초등 통합교육과정의 영역과 연계를 강화하고 실생활 중심 교육과정의 특성을 반영했다.

수준별 교육 내용의 개선 및 적정화 수준별 내용은 현행 2수준(I, II, 공통수준)의 틀을 유지하되, 수준별 내용 간 차별성, 계열성을 강화하는 내용으로 개선하여 유아의 생활 경험, 요구, 필요 등을 고려한 다양한 교육이 이루어질 수 있도록 했다. 연령별 내용(만 3 · 4 · 5세) 수준 제시는 교사용 '교육활동 지도자료'에 구체화하도록 했다.

교육과정 문서체계 및 편성, 운영 지침의 개선하였다. 문서체계를 초 · 중등학교 교육과정 총론에 맞게 통일하였고 '교수 · 학습방법 및 평가'를 앞쪽으로 배치하여 공통적 일반적 지침으로 했다. 영역별 교육과정에 '지도상의 유의점' 항목을 추가하여 실제적인 교수 · 학습방법 지침을 마련하였다. 교육과정 편성운영 지침 항목들을 정선하고, 초등학교 지침 중 유치원에 해당되는 부분을 추가했다. 교육과정 영역별 내용으로는 건강생활, 사회생활, 표현생활, 언어생활, 탐구생활이 있다.

첫째, 건강생활 영역은 다양한 감각적 경험과 몸의 움직임 기회를 제공하여 건강하고 안전한 생활 태도와 습관 형성에 중점을 두어 신체운동과 건강교육으로

4개의 내용 및 15개의 하위 내용 제시, 지도상의 유의점 6개를 신설하였다.

둘째, 사회생활 영역은 인간과 인간 간의 관계 형성에 중점을 두어 4개의 내용 13개의 하위 내용으로 적정화, 지도상의 유의점 5개를 신설하였다.

현행		개정
• 감각 및 신체인식 • 기본 운동 능력 • 건강 • 안전	→	• 나의 몸 인식하기 • 나의 몸 움직이기 • 건강하게 생활하기 • 안전하게 생활하기

현행		개정
• 기본 생활 습관 • 개인 생활 • 가정 생활 • 사회 생활과 환경	→	• 나를 알고 사랑하기 • 가족과 함께 하기 • 이웃과 더불어 생활하기 • 사회현상에 관심가지기

현행		개정
• 탐색 • 표현 • 감상	→	• 자연과 생활에서 아름다움 찾아보기 • 예술적 표현 즐기기 • 감상하기

<table>
<tr><th>현행</th><th></th><th colspan="2">개정</th></tr>
<tr><td>• 듣기
• 말하기</td><td rowspan="3">→</td><td colspan="2">• 듣기
• 말하기</td></tr>
<tr><td rowspan="2">읽기 · 쓰기에 관심가지기</td><td>읽기</td><td>• 읽기에 관심 가지기
• 책에 관심 가지기</td></tr>
<tr><td>쓰기</td><td>• 쓰기에 관심 가지기
• 쓰기 도구 사용하기</td></tr>
</table>

현행		개정
• 과학적 탐구 • 수학적 탐구 • 창의적 탐구	→	• 탐구하는 태도 가지기 • 과학적 기초능력 기르기 • 수학적 기초능력 기르기

[그림 2-1] **제7차 교육과정 개정**

셋째, 표현생활 영역은 자연과 생활 속에서 느낀 감정의 예술적 표현 및 감상에 중점을 두어 3개의 내용 11개의 하위 내용으로 음악, 움직임과 춤, 조형 활동, 극놀이의 통합성 강조 지도상의 유의점 6개를 신설하였다.

넷째, 언어생활 영역은 언어 사용의 바른 태도와 일상에서 언어 사용을 즐기는 태도에 중점을 두고 언어생활 영역의 내용과 하위내용을 개선하였다. '읽기 · 쓰기에 관심가지기'영역을 '읽기'와 '쓰기'로 분리하여 읽기와 쓰기의 전단계로서의 기초교육을 강화하였다.

다섯째, 탐구생활 영역은 자연 존중, 창의적 사고 및 탐구, 논리적 문제해결 등 기초 소양을 강조했고, 3개의 내용 11개의 하위내용으로 구성하고, 지도상의 유의점 5개를 신설하였다.

2 서구 유아교육과정의 동향

1) 미국의 유아교육과정의 동향

(1) 미국의 유아교육의 역사적 발달

❶ 유아교육의 태동기(1856년 이전)

미국 유아들은 사립학교나 데임스쿨(dame school: 이웃 여성들이 소규모로 운영하던 학교)에 다니거나 친척 및 이웃사람들이 보살펴 주었으며 혹은 공립 초등학교에 다니기도 하였다. 1647년부터 시행된 메사추세츠 법안은 주민 50가구 이상인 읍에 교장을 임명하고, 100가구 이상의 읍에는 공립 문법학교를 세울 것을 규정하였다.

1826년 뉴하모니에서 유아학교가 설립되었고 1930년대에 유아학교 교육운동에 반해 어머니의 교육적 역할과 가정교육의 중요성에 기초하여 '가정 학교'를 강조하는 움직임이 일어났다. 이렇듯 1920년대 말에서 1930년대 사이에는 '유아교육'과 '가정 학교'가 미국에서 유아교육의 모델로 경쟁하게 되었다.

❷ 유아교육 확장기(1856~1929)

프뢰벨의 제자 슐츠(M.Schurz)가 미국 내 독일 이민자 유아를 교육하기 위해 위스콘신 주의 Watertown에 최초로 유치원을 세웠다. 무인가 유치원의 팽창으로 교육의 질적 수준 저하를 걱정한 피바디(Elizabeth Peabody)는 유치원협회 조직을 주도했고, 블로우(Susan Blow)는 유치원의 미국화를 주도하였다.

1873년 세인트루이스에서 공립학교 체제에 유치원 프로그램이 처음으로 병합되었다. 이후 유치원은 공립학교의 한 부분이 되어 1900년까지 공립 유치원 설립 운동은 계속되었다. 1909년 뉴욕 무상 유치원 협회 회원들을 중심으로 '전미국유치원협회'가 설립되었다.

❸ 특수유아원 확장기(1930~1956)

1930년대 경제공황은 유아교육에 더 많은 영향을 미쳤다. 20세기 초에 들어와 미국은 전쟁과 경제공항으로 공립 유치원들이 문을 닫거나 학급을 통합하여 교사 대 아동 비율이 높아졌고, 이에 따라 많은 교사들이 해직되었다. 그 결과 공립 유치원 수는 급격히 감소하였고 1944년도가 되어서야 경제공황 이전으로 회복되었다.

아동연구 분야에서는 인터뷰, 관찰, 동계분석, 아동발달에 대한 가족 영향을 포함한 연구방법들이 발달하였으며, 학교 준비도 개념을 포함하여 표준화 검사가 확산되었다.

❹ 유아교육의 황금기(1957~1974)

빈곤계층이나 소수민족 유아와 가족에게 서비스를 제공함으로써 학교 성취도를 높이고 빈곤을 퇴치하기 위해 1964년 미국 의회는 경제기획법을 통과시키고

1965년 헤드스타트(Head Start)를 시작하게 되었다.

헤드스타트는 영유아들을 위한 교육뿐만 아니라 건강, 영양, 부모교육, 부모훈련 및 참여의 내용을 포함하고 있다. 헤드스타트 프로그램의 효과를 높이고 프로그램에 참가한 아동의 초등학교 전이를 돕기 위해 1967년 프로젝트 폴로스루(Project Follow Through)를 만들어 유치원에서 초등학교 3학년까지 저소득층 가정의 아동을 지원하기 시작하였다.

❺ 유아교육 후퇴기(1975~1991)

장애아교육법인 PL 99-457이 통과되어 만 3~5세 모든 장애아동의 조기 중재를 지원하는 포괄적 프로그램이 실시되었다. 또한 공립학교에서 교육대상 아동 연령을 확장하고 특별한 요구를 지닌 아동을 유아원이나 유치원 교실에 포함하고자 하는 시도가 있었다.

❻ 유아교육의 재확대기(1992~현재)

교육이 국가의 최대 관심사로 부상되면서 "미국의 모든 취학전 아동은 배울 자세를 갖춘 후 학교에 입학한다."가 목표였다. 클린턴 대통령은 새로운 교육개혁 방안으로 '목표 2000: 미국 교육법'을 제정하였으며 '21세기 미국 교육을 위한 행동 강령'을 발표하여 국가경쟁력을 유지하기 위한 교육의 중요성을 강조하였다.

(2) 미국의 유아교육과정

미국의 교육과정은 각 주가 교육에 대한 책임과 권한을 가지고 주민의 요구와 합의에 따라 다양한 프로그램을 실행하고 있다. 유아교육 전문가들은 3~4세 공립학교 프로그램의 질적 수준을 관리하여야 함을 자각하고 유아교육영역에서 공동으로 합의한 내용을 출판하기에 이르렀다.

미국 유아교육협회에서 발표한 「발달에 적합한 실제」에서는 유아의 놀이가 아동의 정신적 성장 정도를 암시해주며, 정신적 성장을 위한 1차적인 매개체로 보고 있다. 즉, 유아의 놀이는 발달에 적합한 프로그램 실제를 운영하는 데 있어서 필수적이다. 발달적으로 적합한가를 나타내는 또 다른 중요한 지표는 교사와 유아의 상호관계 및 비율, 집단의 크기 등을 들고 있다.

유치원교육과정에 대해서는 교사와 유아교육 전문단체, 전문가, 부모들 사이에 논란이 매우 많았다. 이에 대해 미국 유아교육협회는 준비도에 대한 강조를 우려하며 다음과 같은 점들이 유치원에서 고려되어야 함을 제안하였다.

첫째, 학교 성공을 촉진하도록 하는 활동에 모든 아동이 참여한다는 것을 불평등을 이끄는 것이다.

둘째, 아이에 대해 적절하고 합당한 기대를 가져야 한다고 지적한다. 즉, 놀이를 통한 발달에 적합한 활동을 통해 자기 동기화된 교육이 이루어지도록 하는 것이 아동의 학습에 중요하며, 이것이 아동 중심의 교육과정임을 강조했다.

(3) 미국의 유아교육 현황

미국 내 50개 주의 교육체제가 다르듯이 유아교육기관의 종류도 매우 다양하다. 유아교육 프로그램의 대표적 기관으로는 유치원, 유아원, 아동보육시설, 헤드스타트 프로그램 등이 있다. 유치원은 만 4~6세를 대상으로 발달적으로 적합한 활동을 제공하는 기관이다. 대부분 학구에서 공교육제도에 포함시켜 유치원을 운영하고 있으며 대부분의 주에서 의무교육으로 실시하고 있다. 유아원은 2세 반에서 5세를 대상으로 놀이를 강조하고 사회성과 인지발달을 도모하는 프로그램을 실시한다. 보육시설은 주로 취업모를 위해 유아의 교육과 양육을 위한 종일제 프로그램을 제공하며 대상 연령폭도 넓다. 헤드스타트는 문화적으로 혜택받지 못하고 있는 유아들을 위한 연방정부 프로그램으로 보건인적 서비스부에서 관장하고 있는데 만 2~6세 저소득층 가정의 아동을 대상으로 기관 프로그램과 가정방문 프로그램을 실시하고 있다.

대부분의 교육구에서 유아들은 만 4년 9개월이면 유치원에 입학할 수 있는데, 최근 여러 주에서 공립교육에 만 4세아를 포함시키고 있으며 만 5세부터 의무교육을 실시하는 주도 늘어나고 있다(뉴멕시코, 오클라호마, 버지니아 등). 그러나 대부분의 주들은 만 6세에 의무교육을 실행하고 있으며 8세부터 의무교육을 시작하는 곳(워싱턴 D.C, 펜실베니아)도 있다.

2) 영국의 유아교육과정

(1) 영국 유아교육의 역사적 발달

영국은 잉글랜드(England), 웨일스(Wales), 스코틀랜드(Scotland), 북아일랜드(Northern Ireland) 등이 합쳐져서 이루어진 나라이다. 이러한 네 개의 왕국들이 통합되어 한 국가를 이루어 나가는 역사 안에서 형성된 영국의 교육제도는 획일적이지 않다. 영국은 전통적으로 영국의 양육은 각 가정의 사적인 문제라는 유아교육관을 가지고 있다.

영국의 유아교육은 오웬(Rober Owen)이 1816년에 설립한 '성격형성학원'에서 그 기원을 찾을 수 있다. 오웬은 아동들이 수동성과 복종을 조장하는 곳에서 성장해서는 안 된다고 생각하여 환경이 좋은 곳에서 양육 받도록 해주는 유아 학교를 설립한 것이다.

〈표 2-1〉 영국의 유아교육과정 변천사

년도	실시내용
1833년	교육에 대한 국가 보조가 실시되었다.
1870년	교육법이 채택되어 5세 유아를 대상으로 의무교육이 실시되었다.
1873년	자유유치원(Free Kindergarten)이 설립되어 유아에 대한 교육과 보육서비스가 제공되었다.
1901년	3세 유아의 50% 정도가 유아학교에 등록되었다.
1902년	지방정부가 공립학교와 자원단체학교(Voluntary School)에 대한 재정책임을 지게 되었다. 학교는 교육위원회의 장학지도를 받게 되었다.
1905년	교수 중심의 학교교육이 유아에게는 적합하지 않다고 지적되자 시설에 등록된 유아의 수가 급격히 감소하였다.

제1차 세계대전 (1914~1918)	100개 이상의 공립 보육기관이 설립되었다.
1918년	국회는 「피셔(Fisher)법안」을 제정하여 지역당국이 탁아 서비스를 제공하거나 보육원을 지운하게 하였다.
제2차 세계대전	여성 노동력의 필요성에 따라 탁아기관이 증가하였으나 전쟁이 끝난 후 여성들이 가정으로 돌아가자 대부분의 보육원은 문을 닫게 되었다.
1967년	'플라우덴 보고서'는 오늘의 영국 교육의 급성장을 가져 왔다. 영국 전역의 유치원 및 초등학교에서 이 이론을 적용시킴과 동시에 전세계의 이목을 끌게 되었다. '플라우덴 보고서'는 단순히 일하기 원하는 여성들의 자녀를 위해서가 아닌 어려움을 겪고 있는 유아들을 위해 시간제 유아 중심 서비스를 제공할 것을 권고 하였다.
1988년	영국 교육제도의 근간을 이루는 법령인 교육개혁법령이 발표되었다.
1994년	부모가 원하는 모든 4세 아동을 대상으로 시간제 무상교육을 제공하였다.
1996년	4세아 유아교육에 대한 지불보증제도를 도입하였다.
1997년	노동당 정부는 유아기 서비스 증진을 국가 최우선과제로 선정하여 가족과 유아들에 대한 투자를 증대 시키고, 유아기 교육체제를 확장하고 개혁했다.
1999년	교육고용부 산하의 교육표준청이 유아교육과 보호기관등록을 관리 하게 되었고 3세아 무상교육 재원을 확보하여 시행하기 시작하였다.

(2) 영국의 유아교육체제

영국의 유아교육은 오랫동안 유아보호와 유아교육으로 구분되어 0~3세 유아는 사회보장부, 3~5세 유아는 교육고용부에서 담당해 왔다. 영국에서의 의무교육기간은 잉글랜드, 웨일스, 스코틀랜드에서는 5~16세, 북아일랜드에서는 4~16세이다.

의무교육 대상의 약 93%가 공립학교에 다니고 있고, 사립에는 약 7% 정도가 다니며 대부분의 초등교육기관은 남녀공학이다. 5세부터 의무교육이 시작되는 교육체제를 갖추고 있으므로, 유아교육은 5세 이전의 학령 전 교육과 5세 이후의 초등교육으로 나누어진다.

(3) 영국의 교육목적과 교육내용

1978년 와녹위원회(The Warnock Committee)의 보고서에서, 교육의 목적은 "아동의 지식, 경험과 상상적인 이해를 확대시키고 도덕적 가치에 대한 인식과 만족감을 느끼는 능력을 확충시키는 일이며, 아동이 정규교육을 마친 후 사회에 적극적인 참여자로서 현실세계에 참가하여 그 사회에 공헌할 수 있게 만드는 일"이라고 하였다.

1988년 교육개혁법령(ERA)에서 교육과정은 "학교와 사회에서 생활하는 학생들의 영적, 도덕적, 문화적, 정신적, 신체적 발달을 촉진시키고 성인에게 주어진 기회, 경험, 책임을 학생들이 준비하도록 하기 위해 폭넓고 균형 잡힌 것이어야 한다."라고 명시하고 있다. 영국에서는 이를 공통적인 일련의 교육목적이 되었으며 5세 미만의 아동을 위한 보호와 교육은 보충적이며 불리할 수 없다고 하고 있다.

1990년에 제정된 국가공통교육과정의 구성은 교육목표, 교육 프로그램, 평가의 3개 주요 요소로 되어 있다. 초등학교 아동을 위한 교육과정은 핵심과목인 (영어, 과학, 수학), 기술, 미술, 음악, 역사 등으로 구성되어있다. 모든 아동들은 국가 수준에서 7세에 4단계의 Key Stage 중 첫 번째인 Key Stage1 평가를 받도록 되어있다. 5세 미만의 영유아를 교육하는 교사나 양육자는 국가가 지정한 교육과정의 Key Stage1 의 목표와 교육 프로그램을 알고 있어야 한다. 이에 따라 영국 유아교육은 5세 미만의 보육시설에서는 보호의 측면이 강조되고 정규학교 유아반에서는 교육의 측면이 강조되었다.

2000년 9월 잉글랜드 정부는 3세부터 초등학교 예비학금 연령까지의 아동을 대상으로 하는 기초단계를 도입하였다. 이 기초단계에서는 '초기학습목표'(Early Learning Goal)를 제시하고 있으나, 초등학교 예비단계의 5세 유아들에게는 '학업성취에 대한 기대'를 제시하고 있다.

'초기학습목표'의 구성은 개인적, 사회적, 정서적 발달, 의사소통, 언어, 읽고 쓸 줄 아는 능력, 수학, 세계에 대한 지식과 이해, 신체적 발달, 창의성 발달 등의 기초단계가 끝날 때 유아들이 무엇을 할 수 있어야 하는지를 제시해 주는 것이다.

(4) 영국의 유아교육 현황

영국에서는 맞벌이 부부의 0~3세 유아들은 사설 가정보육사, 놀이집단, 보육원에서 보육되고 있다. 3~4세부터 거의 모든 유아들은 놀이집단이나 유아원에 들어

가고, 4세가 되면 대다수가 예비학급에 들어가며 나머지는 지방교육청 유아원에 들어간다. 의무교육이 시작되는 연령인 5세 유아들은 초등 및 예비학급에 다닌다.

3) 프랑스의 유아교육과정

(1) 프랑스의 유아교육의 역사적 발달

프랑스 유아교육기관의 발달은 크게 3단계로 나눌 수 있다. 제1단계는 유아교육의 태동기(1770~1879)로 초기 유아교육기관이 설립된 시기이고, 제2단계는 유아교육의 확장기(1880~1940)로 유아학교를 설립하고 그 교육적 기능에 대해 인식한 시기이며, 제3단계는 유아교육의 발전기(1941~현재)로 유아교육이 양적, 질적으로 발전한 시기이다.

❶ 유아교육의 태동기(1770~1879)

프랑스 최초의 유아교육기관은 오베르랑(Jean Frederic Oberlin, 1740~1826)이 1770년 알사스 지방에서 설립한 편물학교였다. 편물학교에서는 유아에게 편물, 바느질하기, 실 감기 등의 다양한 수기활동과 종교교육, 올바른 습관 형성, 쓰기, 정확한 발음, 자연교육을 실시하였다.

1825년 영국에서 오웬(Owen)이 설립한 유아학교의 영향으로 16개월~6세 영유아를 대상으로 한 아동 보호소가 설립되었다. 아동 보호소는 가난한 계층의 유아를 보호해 주는 기관이었으며, 이들이 이후 학습을 위한 기초능력을 형성하고 신체적, 도덕적 발달을 도모하는 기관으로 가정과 초등학교를 연결해 주는 역할을 하였다.

❷ 유아교육의 확장기(1880~1940)

교육학적인 면에서 루소나 코메니우스 등이 강조한 아동기의 중요성에 영향을 받았고, 사회적 측면에서는 프랑스 혁명을 계기로 교육문제에 대한 관심이 고조되었다. 그 결과, 아동보호소가 단순히 영유아를 보호해 주는 기능에만 국한되지 말고 그들을 위한 적절한 교육을 제공해 주어야 함을 강조하게 되었다.

1848년부터는 아동 보호소란 명칭을 유아학교로 바꾸기 위해 노력하였으며, 결국 1881년 유아교육 관련 규정을 통해 그 실효를 거두었다. 유아학교는 유아의 신체적 보호 중심이 아닌 발달에 기초한 교육을 강조하는 교육기관으로 태어났으며 이를 계기로 프랑스는 새로운 유아교육체제를 확립하게 되었다.

❸ 유아교육의 발전기(1941~현재)

피아제나 루소의 영향으로 학습에서의 주체는 학습자 자신, 즉 유아인 점과 자발적 활동의 중요성을 강조하였다. 그 결과 유아기의 중요성뿐만 아니라 유아기 학습과정의 독특성을 강조하게 되었고 유아의 자발적 활동과 놀이의 가치를 재평가하게 되었으며, 학습자 자신이 주체가 된 '학습하는 방법을 배우는 교육'을 강조하게 되었다.

프랑스 사회에서 유아학교 교육의 우선목표는 유아의 발달적 지체를 예방하고 장애를 조기 발견하며, 문화적 결손을 보상하고 모든 사회계층의 유아들에게 평등한 교육기회를 보장하기 위한 것으로 설정하였다. 1982년부터는 교육투자 우선지역을 선정하여 저소득 계층이 밀집하여 거주하는 지역의 유아들에게 교육기회를 우선적으로 제공함으로써 진정한 의미의 교육기회 평등성을 실현하고자 하였다.

(2) 프랑스의 유아교육체제

프랑스 교육체제는 1970년대까지는 고도로 중앙집권화되어 있었으나, 1980년대 이후 탈중앙 집권화법으로 정부권한의 상당 부분이 지역에 이양되었고, 각 학교에 융통성과 자율성을 부여하였다. 그러나 아직 중앙부처에서 국가수준의 교육과정, 교원의 인사권과 급여 등을 책임지고 있다. 국가는 공립 유치원, 초등학교 내 유아학급, 기타 사립기관에서 근무하는 교사들의 양성과정을 위한 비용과 급여를 부담하며, 지방자치단체는 공립학교 건물의 신·개축을 위한 비용, 건물유지와 설비비용 등을 책임진다.

프랑스는 다른 나라들에 비해 교육에 많은 투자를 하고 있으며 전체 교육예산의 11.5%를 유아교육에 투입하고 있다. 프랑스 유아교육에 대한 정부의 재정지원은 OECD가입국 중에서도 상위권에 속하며 초등교육 대비 유아교육 예산의 비율도 1 : 0.85 정도로 비교적 높다. 유아학교 교사 봉급과 학급 운영비 등은 정부에서 책임지므로 유아교육은 무상으로 제공되지만 정규 프로그램 운영시간 이외의 특별활동이나 캠프, 유아들의 점심식사 비용 등은 지방자치단체에서 지원되며, 개인 부담금도 부모들의 소득수준에 따라 차등 부과된다. 그러나 어떤 경우든 부모의 부담금은 전체 경비의 10~25%의 범위를 초과하지 않는다.

유아학교로 대표되는 프랑스의 유아교육은 무상이지만 의무는 아니며 사회계층, 인종, 성별에 따른 차이 없이 프랑스에 거주하는 2~6세에 이르는 모든 유아들을 위한 교육기관이다. 대부분의 유아학교는 공립이며, 사립의 경우는 10%에 불과하며 주로 종교단체가 운영한다. 유아학교에서의 교육은 모두 정규자격을 갖춘 전문적인 유아교사가 담당한다.

(3) 프랑스의 교육과정

유아학교 교육의 기본목적은 유아들의 인성을 형성하고 유아의 잠재 가능성을 개발하는 것이다. 초기 프랑스의 유아교육은 교육보다는 보호를 중심으로 하는 '자선적 기관'의 성격을 띠면서 유아들에게 주로 노래, 수작업, 읽기, 쓰기, 셈하기를 실시했다. 그러나 1881년 아동보호소를 현재의 명칭인 유아학교로 개칭하면서, 유아의 신체적 · 정신적 건강을 최대한 유지하도록 돕는 것이 가장 중요한 임무라는 입장에서 1887년에 이르러 교육과정이 재조정되었다. 여기서는 자유놀이와 교구를 통한 작업을 가장 중요시 했고 유아학교와 가정의 상호적 유대관계를 강조하였다. 1977년에 이르러 유아학교는 인성발달을 도모하는 기관으로 그 성격이 분명하게 규정되었으며 1989년에 프랑스 교육전반에 관한 개혁을 요청한 교육정립법이 제정되면서 유아교육과 초등교육을 연계하는 주기적 교육과정으로 개발되었다.

프랑스의 2002년도 국가수준 유치원 교육과정의 영역은 언어, 더불어 살기, 신체운동과 표현, 주변 세계의 탐색, 감성 · 상상력 · 창의적 활동의 다섯 영역으로 구분되어 있다. 교육개혁의 방안에 따라 유치원교육과정에서는 모국어나 외국어를 포함한 언어교육의 강조, 과학교육의 혁신, 정보통신기술(ICT)의 교육적 활용에 중점을 두었다.

(4) 프랑스의 유아교육

프랑스의 부모들은 어려서부터 독립적인 자아가 얼마나 중요한지를 가르치는 것이 인성교육의 출발이라 생각한다. 아이와 여행을 다니면서 문화적 · 예술적 체험을 통해 모험을 즐기도록 하고, 위험한 상황에 처하거나 위험한 물건을 무조건 막아주기 보다는 아이에게 직접 경험하게 하여 스스로 느끼고 판단하는 자율성을 키워준다. 프랑스의 유치원에서는 창의성을 중요시 여긴다. 또한 느끼고 보았던 것들을 표현할 수 있는 능력을 기르는데 초점을 둔다.

Chapter

3

유아교육과정의 이론적 기초

1 철학적 기초

교육과정의 결정은 어떻게 사는 것이 좋은 삶이냐 하는 문제에 대한 대답과 지식의 본질에 대한 가치 있고 중요하게 생각되는 가정을 포함한다. 그러므로 모든 교육과정은 철학적 기초 위에서 시작되어야 한다.

유아교육과정을 평가하고 이해하기 위해서는 유아교육과정에 영향을 미치고 있는 다양한 이론적 근거들을 엄밀히 분석해 볼 필요가 있다. 이에 교육과정의 철학적 기초, 심리적 기초, 사회적 기초 등에 관련된 지식을 아는 것이 필수인데, 철학적 기초는 교육과정계획 시에 요구되는 이슈와 문제를 명료화하고 의사결정을 하는 데 여러 관점과 체계적 절차를 제공해 준다. 교육과정의 결정은 어떻게 사는 것이 좋은 삶이냐 하는 문제에 대한 대답과 지식의 본질에 대한 가치 있고 중요하게 생각되는 가정을 포함한다. 유아를 어떤 존재로 해석하느냐의 철학적 이해에 따라서 유아교육과정이 달라지는 것이다. 유아교육과정의 철학적 기초라 함은 그 사람의 생활이나 교육에 바탕이 되는 가치관 및 신념을 말한다.

우선 철학적 기초를 들어가기 전에 철학이란 'Philos(사랑)'와 'Sophia(지혜)'라는 말이 합쳐서 된 것으로, 즉 인생에 관한 지혜를 사랑하는 학문이라고 할 수 있다. 유아교육의 철학적 기원은 고대 그리스에서 시작하여 중세를 거쳐 근대와 현대로 이어지는 오랜 역사를 지녔다. 유치원이라는 기관에서 처음으로 교육과정을 실현한 프뢰벨을 기준으로 시대별로 철학적 기초에 대해 알아보도록 하겠다.

1) 고대 그리스

고대사회에서 유아들은 대를 잇기 위한 수단이나 경제적 가치를 지닌 존재로 인식되었을 뿐 발달에 적합한 교육적 조치나 관심을 받아야 하는 존재로 인식되지 못했다. 고대사회에서는 가문이나 부족의 번영을 위한 수단으로 자녀를 많이 낳았으며, 유아를 신의 제물로 바치거나 노예로 삼기도 하였다. 인간의 개성을 존중하는 그리스 시대에는 유명 철학자들이 유아교육관과 유아교육에 대한 자신의 입장을 표명하기 시작했다.

(1) 플라톤

"교육의 목적을 만물의 근원이고, 영원불변하는 절대 선을 표상하는 이데아의 세계를 탐구하는 데 있다"고 본 플라톤은 유아기를 인생에서 가장 중요한 시기로 정신과 성격의 기초가 형성되는 시기로 보았다.

플라톤은 『국가론』에서 이상적인 국가를 건설하기 위해서는 교육이 매우 중요한데 특히 가소성이 풍부한 어린시기에 가급적 빨리 교육을 시작하는 것을 주장하였다. 하지만 정신과 성격이 형성되는 시기에 있는 유아들을 강제로 학습시키기 보다는 개개인의 적성에 따라 교육시킬 것을 강조하였다.

유아는 습관과 성격이 어린시기에 형성되므로 조화로운 인격 함양을 위해 음악과 체육을 중요한 교육내용으로 강조하였으며, 교육방법으로는 체벌이나 강압적인 학습방법을 지양하고, 유아의 자연스러운 성향과 미덕이 분명하게 나타나는 놀이나 게임을 권장하였다.

(2) 아리스토텔레스

플라톤의 지나친 이상주의적 관념을 배격하고, 실제하는 것은 오직 현실의 사실세계 뿐이라고 주장하였다. 아리스토텔레스는 교육의 목표를 미덕을 지닌 인간양성에 두고 교육은 인간의 자연적 발달단계에 따른 순서에 응하여 소질이 개발되야 하며, 출생에서 7세까지는 육체적 · 도덕적 습관을 교육받아야 하는 시기로 보았다.

특히 아리스토텔레스는 유아기야 말로 덕스러운 인간이 되기 위한 습관을 들이는 시기로 좋은 습관을 형성하도록 하기 위해서는 놀이를 활용하는 것이 효과적임을 강조하였다.

2) 중세

질병, 영향실조, 자연재해 등으로 유아사망률이 높았던 중세에도 유아는 성인의 축소물로 간주되어 청소년이나 성인과는 다른 특성을 지닌 독특한 존재라는 생각이 없었다. 따라서 유아들을 위한 교육의 중요성도 인식하지 못하고 특정 계층을 제외하고는 별다른 교육을 받지 못했다. 연약하고 의존적인 존재라는 이유로 유아는 사회구성원으로도 간주되지 않았으며, 유아는 어머니의 품을 떠날 때 비로소 성인으로 간주되었다.

중세에는 양육의 목적을 구원에 두었으며, 원죄적 관점에서 유아를 출생 시부터 죄를 짓고 태어나는 사악한 존재로 간주하여 부모역할 수행이나 구원을 통해서만 유아는 유능한 성인이 될 수 있다고 보았다. 이 시기에는 엄격하고, 권위적이며, 제한적인 자녀양육 방법이 사악한 유아를 변화시키는 데 가장 효과적인 방법으로 간주되어 사용되어 전성설을 믿었다. 따라서 유아에게는 자율성도 없고 오로지 복종하는 것만 있었으며, 성인처럼 행동 하도록 기대되었다. 그러므로 중세의 유아들은 어린이 나름대로의 독특한 발달적 요구는 고려되지 않았다.

3) 17세기

(1) 코메니우스

경험을 통한 감각교육의 중요성을 강조한 코메니우스는 자신의 대표 저서인 대교수학에서 30년 전쟁으로 황폐해진 사회를 정상화시키기 위해서는 모든 청소년을 올바르게 교육시키는 것이 중요하다고 보고 이를 위한 합리적인 제도와 교육방법을 소개하였다.

교육의 목적을 신과 함께 영원한 행복을 누릴 수 있는 사람을 기르는데 두고, 놀이를 통한 교육을 강조하며, 감각교육이 모든 학습의 기초가 된다는 생각에서 최초로 그림이 들어간 책인 세계도회를 편찬하게 된다. 성선설을 믿고 있으며 훈육식 교육을 극구 반대하였으며 유아는 자발적이고 자율적인 활동이 허용되는 개방적 학습장면에서 더 잘 학습한다고 하였다. 또한 교육은 인간본성의 자연적 순서에 따라 진행되어야 하며 감각교육은 모든 학습의 기초가 된다고 하였다. 모든 것이 가능한 한 의식 전에 자리 잡혀야 하기 때문에 코메니우스의 교육은 조기에 실시되어야 한다.

(2) 로크

로크는 인간은 마치 백지나 깨끗하게 닦여진 철판과 같은 상태로 태어나 이후의 경험에 의해 달라진다는 백지설을 주장하였다. 이는 유아가 날 때부터 사악한 존재가 아니라 아무 것도 그려져 있지 않는 백지상태로 태어나 성장하면서 체험하는 경험의 내용에 따라 자기 나름대로의 독특한 사고와 감정을 지닌 성인으로 성장해가게 된다는 환경결정론적인 발달관을 제시하였다. 로크는 부모들에게 자녀가 자신들이 바라는 대로 성장하려면 연합, 반복, 모방, 보상, 처벌을 합리적으로 사용할 것을 권고하였다.

특히 보상과 처벌을 주의 깊게 사용할 것과 돈이나 사탕 같은 보상보다는 인정과 승인을 사용할 것을 권고하였으며, 최상의 보상은 올바른 행동을 하였을 때 칭찬을 통해 자부심을 갖게 하는 것이고 최선의 벌은 나쁜 행동을 했을 때 냉정하게 대해 수치심을 느끼게 하는 것이라고 보았다.

4) 18세기이후

(1) 루소

18세기 대표적인 사상가인 루소는 아동존중 사상과 자연주의 사상을 강조하였다. 루소는 유아가 날 때부터 사악한 존재가 아니라는 로크에 생각에 동의했으나 로크와는 달리 백지상태는 아니며, 성인의 교수에 의해 채워지는 빈 용기도 아니라고 보았다. 아동을 성인과 분리된 독자적인 존재로 본 루소는 그의 대표적인 저서인 『에밀』을 통하여 성선설에 입각한 아동관을 보여주며 아동이 어떻게 존중

받아야 하는지를 서술하였다. 유아는 선천적으로 선한 존재이며, 옳고 그름에 따라 태어날 때부터 계획된 바에 따라 성장해 나아가는 독특한 발달적 잠재력을 지닌 존재라고 보았다. 그러므로 가능한 성인의 감독이나 통제는 최소화하고 자연의 법칙에 따라 성장하게 할 것을 권고하였다.

유아에게 자발적이고 자기를 조절할 수 있는 환경을 주는 개방교육과 같은 교육훈련은 그의 철학의 근본이라 하겠다. 루소의 사상은 당시의 권위적인 교육관과 대립되어 인간의 본성을 무시한 전통적인 지식 위주의 교육에서 유아 중심 교육으로 전환을 강조하였다.

(2) 페스탈로치

루소의 영향을 받은 페스탈로치는 합자연의 원리를 바탕으로 아동 중심 사상을 실천하고자 노력하였다. 페스탈로치는 교육을 통해 인간을 개조할 수 있고 인간 개조를 통해 사회를 개조할 수 있다고 믿었고, 그러기 위해서 인간의 내재적 능력을 조화롭게 개발 시킬 수 있는 기회를 제공하는 것을 교육이라고 보았다.

교육은 유아의 본성에 따라야 한다고 믿고 있으며, 그의 교육방법은 유아의 본성과 교육실천의 조화를 이루는 것에 있다. 그 방법으로는 단순히 자연의 법칙에 따르는 것이고 감각적 인상이 중요한 열쇠가 된다. 모든 교육은 그러한 감명에 기초를 두고 알맞은 감각적 인상을 통해 유아의 자연적인 잠재력이 발휘될 수 있다고 본다.

페스탈로치의 교육 원리 중에 인간을 본연적인 자연에 합치하게 교육하여 개인적으로 행복하고 사회적으로 유용한 인간이 되게 하는 합자연의 원리가 가장 중요하다. 이는 유아를 교육하는 교사들은 유아의 내면적 능력이 자연스럽게 꽃피울 수 있도록 하기 위해서는 자연적 발달의 원리에 대해 잘 이해하는 것이 필요함을 시사해주고 있다.

교육의 출발점을 가정으로 본 페스탈로치는 가정교육의 중요성을 강조하면서, 특히 어머니를 가장 훌륭한 양육자 역할을 수행할 수 있는 인물로 보았으며 교육은 어릴 때부터 가급적으로 이루어져야 한다고 주장하였다. 페스탈로치의 교육사상은 유치원의 창시자 프뢰벨과 경험중심이론의 듀이에게도 많은 영향을 미쳤다.

5) 현대적 경향

가드너는 철학적 기초는 아직도 모호하고 파악하기 힘들며 유아교육의 미래에 있어 가장 큰 요구는 철학적 기초를 구성하는 일이다. 웨버는 유아교육의 명료한 철학이 설정될 것을 주장하며 독창성, 창조성, 적절성 이 세 가지를 우세한 가치로 보았다. 독창성은 인간의 성장에 있어 개개인이 자아실현을 할 수 있는 역동적인 힘을 말하는 것이고 창조성은 인간 최대의 잠재력을 충분히 실현하는 것에 대한 관심이며 적절성은 어린 유아의 초기 경험과 발달에 의미 있는 적절한 교육을 제공한다는 것이다.

현대사회는 다양한 가치와 철학이 공존하는 특성을 갖기 때문에 새로운 교육철학의 창출이나 기존 교육과정 철학에의 합의는 이루어지기 어려운 일이다. 특히 교육과정에서의 포스트모더니즘의 현상은 유아교육과정에서 교육과정 유형의 다원화와 교육내용과 방법의 탈구조화를 불러오게 되었다. 유아교육에서 재개념화는 이제까지 보편적이고 절대적이라는 인지이론의 관점을 탈피하게 하였다.

교육과정 유형의 다원화는 발현적 교육과정으로써 레지오 에밀리아 접근법, 프로젝트 접근법과 발도르프교육에 관심을 모으게 되고 특히 다문화 교육, 반편견 교육, 장애아 통합교육 등에 대해 강조하게 되었다. 특히 오랫동안 강조되었던 발달에 적합한 실제에 비판을 가하게 되고 이것이 기존의 발달에 적합한 실제에 대한 재개념화를 가져오면서, 유아의 개별성과 사회문화적 관점을 보강한 새로운 내용을 첨가하게 되었다.

교육내용의 지식 없이 단순히 유아가 좋아하는 활동이나 방법을 중심으로 이루어졌던 유아교육의 관점도 비판을 받고 그에 대한 반성이 이루어지면서, 그 어느 때보다도 유아교육에서의 내용지식과 교수방법에 대한 논의가 이루어지고 있다.

이러한 경향은 유아교육에서 철학적 관점을 재조명해 보고자 하는 시도로써 앞으로 많은 논의가 이루어져야 할 것이다.

2 사회적 기초

20세기 후반 전 세계는 농경사회에서 산업사회로의 빠른 변화를 이루었고, 21세기로 접어들어서는 정보화 사회로 진보하였다. 이와 같은 사회적 변화는 가족의 구조 및 기능과 역할 등에 변화를 가져왔고, 여성의 사회적 진출이 일반화되어 있으며 사람들로 하여금 복지사회와 환경, 미래사회에 대한 준비 등에 대한 많은 관심을 불러일으키게 되었다.

민주주의 이념의 확산이나 여성의 경제활동 참여율과 의식구조의 변화, 가족구조나 기능, 가구당 평균자녀수의 감소 등은 유아교육의 발달과 밀접한 관련을 가지고 있다. 인간은 교육을 통해 사회적으로 성장하고 발달한다고 볼 수 있으며, 교육은 사회가 추구하는 인간상을 목표로 하여 그 사회의 이상이나 요구, 변화를 교육의 실제에 반영할 수밖에 없다. 한 사회의 차세대를 교육하는 교육과정은 그 사회의 변화를 반영하며, 유아교육도 사회적 개혁과 변화를 위한 시도와 불가분의 관계를 가지고 발달하였다.

1) 변화하는 가족

(1) 가족구조의 변화

전통적인 농경 사회에서는 집안의 노동력 확보가 주된 목적이었던 대가족제도 때에는 가족의 본래 기능인 자녀양육과 사회화의 기능이 원만하게 잘 이루어질 수 있었다. 그러나 사회가 산업화·도시화되면서 가족의 구조가 핵가족화가 되어 갈수록 대가족 제도 때 이루어지던 기능들은 약화되고 가족의 고립이 촉진 되어 유아의 사회화 과정의 기능 약화와 대인관계 기회의 감소를 초래하기도 하였다. 특히, 과거에는 자녀를 보호 · 양육하고, 문화를 전달하고, 가치와 규범을 사회화 시켜 주는 대리 양육자가 존재하였으나 점차 전적으로 부모에게만 의존하는 형태로 바뀌어 가면서 가족의 자녀 양육의 기능이 약화되고 있다.

핵가족화 이외에도 잦은 이혼으로 인한 편부모 가족, 결혼이나 입양으로 맺어진 복합 가족, 가족처럼 살고 있는 동성애 가족, 주말부부 가족, 십대 부모들의 가정 등 다양한 가족의 구조가 생겨나 '가족 해체'라는 표현이 쓰이기도 한다. 이러한 가족들을 모두 핵가족에 포함시키는 데는 어려움이 있기에 우리나라의 국가수준 교육과정 사회생활 영역에서는 이미 우리 사회 가족구조의 변화를 반영하여 유아들에게 가족의 소중함을 알고 가족과 화목하게 지내는 것의 중요성을 일차적으로 강조하고 있다. 외국에서도 유아교육을 통하여 다양한 프로그램이 개발되었다.

(2) 여성의 사회 진출

1960년대 이후 전통 사회에서와 달리 여성도 남성과 동등한 교육을 받고 자아실현과 경제적 자립의 욕구가 강해졌다. 또 변화된 사회의 산업구조는 여성인력을 필요로 하게 되었으며, 여성의 경제활동 참여율 또한 해마다 증가하고 있다.

또한 여성들의 교육 수준 향상으로 인한 자아실현과 경제적 자립 욕구가 강해진 의식의 변화, 가족 구조의 변화로 인해 자녀 수의 감소와 편리한 가사 용품의 사용으로 여가 시간이 늘어나면서 이러한 여성의 사회참여는 전통적인 가정의 역할과 기능에 큰 변화를 가져오게 되었다.

긍정적으로는 여성의 경제력이 향상됨에 따라 평등한 부부관계가 형성되기 시작하였고, 남아선호 경향도 감소하게 되었지만, 가족 내 자녀의 수가 심각할 정도로 줄어들었다. 따라서 아이를 낳았다고 해도 직장을 다니고 있는 여성들로 인하여 유아들이 좀 더 장시간 교육을 받을 수 있는 시간 연장제와 종일제 프로그램에 대한 욕구가 급증하고 있는 실태며, 탁아에 대한 절대적인 수요의 증가로 어린이집도 그 숫자가 날로 늘어가고 있는 추세에 있다. 앞으로는 자녀양육의 문제가 여성들만의 책임이 아니라 사회와 국가가 함께 나누어 지켜봐야 할 것이다.

(3) 아버지 역할의 변화

현대 사회의 산업화·도시화로 인한 핵가족화와 더불어 진행된 여성의 사회진출은 과거 어머니가 주로 담당했던 자녀교육을 아버지도 함께 담당할 필요성을 가져왔다. 과거의 아버지는 생계부담자로서의 역할을 주로 담담해 왔지만, 현대사회의 아버지는 가정 내에서 가정의 경제를 책임지는 도구적 역할과 자녀에게 애정을 표현해 주는 표현적 역할을 할 수 있는 양성적인 아버지의 역할을 하게 되었다.

양성적인 아버지 역할의 특징은 성역할 고정관념의 영향으로부터 자녀를 자유롭게 해주며, 자주 양육에 참여하고 자녀와 상호작용을 많이 하는 아버지라고 한다. 아직 현실적으로 자녀양육에 차지하는 아버지의 역할 및 교육적 기능이 미약한 실정이므로 아버지 교육에 대한 사회적 관심이 요구되며, 특히 늘어나고 있는 이혼가정 편부의 경우 더욱 많은 사회적 관심이 요구된다. 오늘날 사회적 관심의 예로는 '아버지 참여수업'이 있다.

(4) 한국 사회 저출산의 문제

1960년대에 우리나라는 인구의 증가를 억제할 필요가 있어 국가가 가족계획사업을 추진하여 합계출산율이 점차 감소하고 2005년에는 세계에서 가장 낮은 출산율을 기록하였다. 출산율의 감소는 인구구조를 고령화하는데 기여하여 사회적으로 해결해야 할 많은 문제가 발생될 것으로 본다.

노동인력의 부족으로 경제성장이 둔화되어 국가경제가 위축되는 반면 노인부양 비용부담은 증가할 것이다. 이와 같은 출산율의 저하에는 개인적 요인, 사회적 요인 등 다양한 원인이 존재한다.

첫째, 개인적 요인으로는 자녀에 대한 가치관의 변화로 결혼을 하면 반드시 자녀를 가져야 한다는 생각을 하지 않는 사람이 늘어났다는 점이다. 결혼에 대한 가치관도 변화하여 결혼이 필수가 아닌 선택이 되었으며 독신을 희망하는 사람들의 숫자도 증가하였다. 결혼을 하더라도 사회적, 경제적 지위가 안정될 때까지는 출산을 미루는 경향이 있어 첫 자녀의 출산시기가 늦어지는 것도 저출산의 원인이 되고 있다.

둘째, 사회적 요인으로는 여성의 사회참여로 출산과 육아에 대한 부담이 증가하는 현실과 도시화, 산업화로 인한 개인주의적 사고의 확산, 가족 계획 사업의 성공 등이 있다. 다양한 저출산의 원인들 중에서도 특히 양육에 대한 경제적 부담이 너무 크다는 관점이 있다.

(5) 대상연령의 다양화

사회·경제적 변화로 인해 가정의 자녀양육 기능이 약화되면서 가정 밖에서 교육받는 유아의 연령이 점점 더 하향화 되고 있다. 즉, 출생에서부터 초등학교 아동에 이르기까지 유아교육에서 담당해야 할 대상연령이 넓어지고 있으므로 만 3세 미만의 영아 대상에서 취학전 유아를 대상으로 다양한 연령층의 영유아를 위한 프로그램이 개발되고 있다.

영아 프로그램의 개발·적용이 활달하게 일어나고 있는데 영아 프로그램의 중요한 특징 중 하나는 영아의 일상생활과 관련된 활동이 영아와 친밀감을 나누고 일상생활에서 자조능력을 키울 수 있는 교육활동으로 진행된다는 것이다. 따라서 유아교육의 대상 연령 범위가 확대되면서 유치원과 어린이집, 놀이방 등의 다양한 프로그램이 취업모의 자녀를 위해 증가되고 있다. 그러나 아직 모든 기관에서 제공되고 있는 것은 아니고 비용과 시설, 교사 수급 등의 문제로 인해 최소의 보호만 제공되고 있는 실상이기 때문에 영유아의 발달과 개인적, 환경적 특성을 고려하여 전인적 발달과 성장을 지원할 수 있는 양질의 교육 프로그램 개발이 중요하다.

2) 복지사회와 건강한 삶에 대한 노력

(1) 보상교육

1960년을 전후하여 인간의 발달에 있어 조기경험의 중요성을 인식, 유아교육의 관심도 높아졌다. 미국은 불우아동을 위한 프로그램인 '헤드스타트 프로젝트', '세서미 스트리트'를 등장하였다.

미국의 헤드스타트 프로젝트은 '가난의 극복'이라는 사회복지정책의 일환으로 개입한 저소득층을 위한 집중적, 포괄적인 유아교육 접근법이다. 가난이 미치는 부정적인 효과를 방지하고 균등한 교육의 기회를 주기 위하여 문화적으로 혜택받지 못하는 '불리한 환경의 유아들'에게 보다 더 체계적이고 조직적인 교육을 실시함으로써 불리함을 극복하자는 국가적 차원의 개입 노력이었다. 이러한 노력은 유아교육 및 유아교육과정의 발전에 많은 기여를 하였다. 헤드스타트 프로그램의 6가지 주된 프로그램은 교육, 부모참여, 건강진단, 사회봉사, 영양, 교사와 부모들을 위한 진로지도이다.

(2) 환경교육의 강조

급속한 산업화와 무분별한 경제성장, 인구증가로 인한 소비형태의 다양화이다. 지구 생태계의 급속한 파괴, 멸종위기, 이상기온현상으로 이어진다. 어린이들의 삶에도 직접적인 영향은 자연에서의 다양한 놀이 불가, 자동차 증가로 인한 놀이터의 감소, 플라스틱 장난감, TV와 컴퓨터나 게임기 사용증가, 학습지 교육, 신체적인 고통(아토피, 만성천식, 납중독)을 받고 있다. 그리고 환경교육은 환경을 구성하는 여러 요소들 간의 상호의존성에 대한 지식과 환경에 영향을 미치는 행동을 할 때 올바른 태도를 갖도록 하는 데에 중점을 둔다.

유아 대상의 환경교육은 환경에 대한 인식과 태도를 형성하고 환경에 대한 지식을 습득하는 것이며 환경 보전에 참여하는 행동을 기르는 것이다. 환경교육은 가치관을 내포하는 교육이므로 다양한 가치관 및 태도를 형성하기 시작하는 최적의 시기인 유아기에 이루어지는 것이 효율적이다. 생활 중심으로 이루어지는 유아교육은 환경교육을 효율적으로 적용할 수 있으며 어린 시절 경험한 환경에 대한 감수성은 인생에 중요한 영향을 미칠 수 있다.

환경교육의 일환으로 텃밭 가꾸기, 꽃씨 심고 가꾸기, 동물 기르고 보호하기, 재활용품 사용하기, 분리수거하기 등의 활동을 실시하고 공동육아 프로그램을 포함하는 다양한 대안 프로그램과 생태유아교육 프로그램들도 등장한다.

(3) 종일제 프로그램의 확산

영유아를 둘러싼 경제적, 사회적, 심리적 변화, 즉 영유아기 자녀를 둔 취업모의 증가와 가족구조의 변화, 유아교육의 중요성에 대한 새로운 인식 등으로 우리나라뿐만 아니라 세계적으로 종일제 프로그램에 대한 요구가 급격히 증가함에 따라 유아교육기관에 종일제 프로그램이 확산되고 있다.

유치원에서 종일제 프로그램의 운영이 본격화된 것은 1998년에 「초 · 중등교육법 시행령」 제48조에 유치원 종일반 운영에 대한 법적 근거가 마련된 후로 현재 운영시간에 따른 다양한 종일제 교육 프로그램이 운영되게 되었다. 우리나라 유치원은 거의 종일반 형태로 운영되고 있다. 이러한 시간의 연장이 유치원교육 프로그램을 놀이 중심에서 무엇을 가르치려는 경향으로 바뀌고 있다는 것이 문제점으로 지적되고 있다. 이러한 문제 때문에 종일제 프로그램의 교육과정 내용이나 운영방법 등에 있어서는 앞으로 꾸준하게 연구, 개발이 이루어져야만 한다.

(4) 아동의 권리에 대한 인식

아동이 태어난 조건과 상황에 관계없이 누구나가 태어나는 순간부터 어떠한 종류의 차별을 경험하지 않고 동일한 경험을 할 수 있어야 한다는 아동권리의 가장 기본적인 개념은 모든 아동들에게 보육 받을 수 있는 경험을 제공해야 할 당위성을 말해 준다.

3) 21세기의 정보화 세계화 사회

(1) 정보화 세계화 사회의 도래

현대사회는 인터넷을 포함한 정보통신매체와 교통의 발달로 인해 세계가 하나의 생활권으로 묶이게 되면서 세기적 변혁의 시대를 맞고 있다. 개인들의 삶이 보다 다양해지고 선택의 폭도 넓어진 현대 사회는 누구나 공유할 수 있는 기존의 정보가 아닌 새로운 정보를 창출하고 활용하는 사고능력과 창의성의 개발이 무엇보다 중요하게 부각되고 있다.

지역과 지역, 문화와 문화 간의 교류가 빈번해지고 세계가 시 · 공간적으로 가까워짐에 따라 세계 여러 나라와 함께 공존하는 법을 배워가는 것은 중요한 과제가 되었다. 그러므로 우리는 우리와 다른 것에 대한 편견 없는 수용과 다른 문화에 대한 긍정적인 태도와 이해가 요구된다. 최근 유아교육에서는 성, 인정, 민족, 능력, 장애 여부 등에 관계없이 모든 사람을 존중하도록 하는 반편견 교육과정과 인간의 삶 속에 존재하는 다양성에 대한 이해와 존중을 도모하는 다문화교육에 노력을 기울이고 있다.

(2) 우리나라 전통문화의 중요성에 대한 인식

세계가 하루 생활권에 접어들었지만 오히려 대등한 국가관계나 민족관계를 유지하기 위해서 각국 고유의 문화정신을 계승하는 전통문화교육이 더욱 필요하게 되었다. 이러한 현상을 '세계화'와 동시에 출현하는 '민족화'라고 부르며 사람들은 삶의 스타일이 서로 동질적이 될수록 외부적인 영향에 반발하면서 자신의 문화적 독특성을 주장하게 된다는 것이다.

제6차 유치원 교육과정에서는 21세기 세계화에 대비한 교육개혁 중점 사항으로 전통문화교육에 충실할 것을 제시하고 유아를 위한 전통놀이 교육활동지도자료, 전통문화 교육활동지도자료 등을 개발해 유아교육현장에 배부하였다. 2007년 개정 유치원 교육과정에서도 이러한 전통문화에 대한 강조가 교육과정 구성방침에서 계속 강조되고 있다.

(3) 다문화 교육과정

다문화 교육과정은 문화의 다양성을 존중하고 세계 공동체를 위한 역할을 수행하는 것을 목적으로 하며 문화, 협력, 편견, 정체성 형성, 평등성, 다양성 등을 주요 내용으로 하여 이루어졌다. 다문화주의는 계급문제나 빈곤, 인종문제 등 사회에서 일어나는 모순과 편견에서 벗어나려는 움직임으로 유아교육과정의 구성에서 새롭게 강조되고 있는 관심 영역이라고 할 수 있다.

우리나라에서도 사회, 경제적 변화로 인해 맞벌이 부모, 한 부모, 소년·소녀 가장 등 이미 다양한 형태의 가족 구성이 존재한다. 최근에는 새터민 가족, 외국인 노동자 가족, 외국인 결혼 가족이 증가하고 있는 추세이므로 유아교육의 단계에서부터 이러한 편견에서 자유로울 있는 교육이 필요하다고 보고 있다.

3 심리적 기초

1960년대 이후에는 다양한 유아 교육 프로그램은 학습자를 보는 세 가지 관점에 따라 교수·학습방법에 대한 기본원리를 설정하였다. 세 가지 관점에 영향을 준 발달 이론을 살펴보면 다음과 같다.

1) 유아의 내적 욕구에 초점을 둔 관점

학습 이론들은 학습자인 유아의 욕구, 충동, 동기에 관심이 많고, 준비도, 모방, 동일시, 본보기 등의 개념을 중요시한다. 이 관점에 영향을 준 이론은 게젤, 하비거스트 등의 성숙이론과 프로이드의 정신분석이론 등을 들 수 있다.

(1) 성숙이론

인간개체가 성숙한 단계에 이르게 되는 결정적인 것은 스스로 성장하고자 하는 개체가 가진 유전적 요인에 전적으로 의존한다는 관점이다. 게젤 등의 성숙이론은 아동은 연령 증가에 따라 성장, 발달할 수 있는 자질과 능력을 갖고 태어났으므로 그에 도움이 될 만한 건전한 환경을 필요로 한다고 하였다. 게젤은 아동의 모든 성장에 있어 표준이 될 행동 목록을 제시하고 있고, 하비거스트 또한 발달과업을 제시하였다. 유아 행동 발달에 대한 게젤의 주장은 다음과 같다.

첫째, 신체 발달이 계획된 방식으로 이루어질 뿐만 아니라, 행동도 계획된 방식으로 발달함으로써 상당 부분 예측이 가능하다.

둘째, 행동은 신체의 구조와 어느 정도 함수 관계를 가진다. 대부분의 유아는 신체가 그렇게 형성되어 있기 때문에 그러한 행동을 한다는 뜻이다. 따라서 같은 환경에서 자라더라도 신체의 구조가 다른 유아는 다르게 행동한다.

셋째, 환경은 유아의 행동 발달에 있어 중요한 요인이지만 그 작용은 상당히 개별적이다. 유아 또는 한 연령에 가장 적합한 환경이 다른 유아와 연령에 모두 좋은 것은 아닐 수도 있다는 것이다.

(2) 정신분석이론

프로이드는 무의식의 내용이 행동과 사고를 좌우하는데 결정적인 역할을 한다고 하면서 본능의 역할을 강조하였다. 그는 주로 성적 본능의 에너지를 리비도라 하고 이 리비도가 정해진 일정한 순서에 따라 상이한 신체부위에 집중된다고 주장하면서 이에 따라 구강기, 항문기, 남근기, 잠복기, 생식기로 발달 단계를 나누었다. 또한 성격은 6세 이전에 형성된다고 하였다. 정신분석이론의 특징을 살펴보면 다음과 같다.

첫째, 인간의 정상성이나 건강보다는 정신이상이나 정신 환에 더욱 관심을 기울이고 있다.

둘째, 유아기의 경험을 대단히 중요시해서 이들은 유아기 및 아동기의 경험이 전반적인 성격 발달에 결정적인 영향을 미친다고 믿고 있다.

셋째, 인간을 탐구함에 있어 문화적인 상황이나 사회적 맥락 속에서보다는 개인적인 측면을 강조한다.

넷째, 대부분의 개념적 구조는 무의식적 정신세계에 그 기초를 두고 있다.

다섯째, 정신분석적 심리학자들은 결정론을 취하는데 이는 성격 발달에 관해 기본적으로 두 가지 과정을 포함하고 있다. 즉, 성격이란 정신적 힘의 복잡한 조직에 의해 결정된다는 가정이며, 다른 하나는 분명하고 연령과 예언 가능한 단계에 따라 발달한다는 것이다.

프로이드의 이론은 후에 인간 발달이 사회, 문화적 요소에 영향을 미친다고 확대하여 주장하는 후기 프로이드 학파로 이어지는데, 대표적인 이론가는 에릭슨이다. 그는 인간 발달이 유아기뿐만 아니라 노년기까지 계속적으로 이루어진다고 주장하고, 핵심 갈등에 따라 여덟 단계로 심리·사회적 발달 과정을 설명하였다.

2) 유아의 외적 작용에 초점을 둔 관점

학습은 교수의 산물이며 결과로 보고 있지만 유아의 행동을 사전에 미리 결정지어 놓고 그것을 성취하기 위해 전심전력으로 밀어붙인다. 교육과정은 고정되어 있고 반복과 연습을 강조하며, 조건화, 강화, 소멸, 보상 등의 개념을 중요시한다. 이 관점에 영향을 준 발달 이론은 행동주의 이론이다.

행동주의 이론은 발달에 미치는 환경의 영향을 중요시하여 유아를 환경에서 오는 자극에 대한 반응 양식을 학습함으로써 발달하는 수동적 존재로 본다. 행동주의 심리학자들은 인간 행동이란 직접적으로 다룰 수 있고, 측정·관찰될 수 있기 때문에 연구 대상이 되어야 하며, 정신적 사고는 직접적으로 다룰 수 없기 때문에 무시해야 한다는 것이다. 행동주의의 특징을 살펴보면 다음과 같다.

첫째, 인간 발달이란 주로 학습의 기능이라고 생각한다. 발달이란 환경 내에서의 경험의 결과로 이루어지고, 학습이란 경험이나 연습의 결과로 나타나는 행동의 변화 과정을 말한다.

둘째, 인간의 행동은 환경으로부터 주어지는 자극과 유아 행동으로부터 나오는 결과라고 이해하고 이에 따라는 규칙을 이용하면 통제될 수 있다고 본다.

셋째, 발달과 관련된 변화는 양적인 것이며, 연속적인 것이기 때문에 아무리 복잡한 행동이라도 단순화시키고 분리 가능한 것이라고 본다.

넷째, 인간을 탐구함에 있어 과학의 개념을 엄격하게 따른다.

다섯째, 결정론적이고 분명한 연구 방법을 요구하고 있기 때문에 형식적이고 구조화되고 교훈적인 훈련 방법으로 인간의 행동을 통제한다.

3) 내적 욕구와 외적 작용의 상호 작용에 초점을 둔 관점

학습 이론들은 근본적으로 학습자인 유아의 지각 등을 통해서 자유로운 발달을 최대한 신장시켜 주는 것과 학습 환경의 재구조화에 관심을 가진다. 유아를 능동적 존대로 존중하고 유아와 유아, 유아와 교사, 유아와 교구의 역동적 상호작용을 강조한다. 이러한 입장을 지지하는 사람들은 능동적 자아, 자아실현, 중재, 학습자 개개인의 다양성, 잠재력, 독창성, 창의성 등의 개념을 중시한다.

(1) 인지발달이론

피아제가 대표적인 이 이론은 유아의 발달을 성숙과 환경의 상호 작용의 결과라고 본다. 인지발달이란 기능적인 측면에서 유기체가 환경과 상호 작용에서 이루어 가는 과정인데 이는 동화와 조절을 통해 이루어진다는 것이다. 구조적인 측면에서 인지발달은 도식이라는 이해의 틀이 환경과의 접촉에서 반복되는 행동과 경험에 의해 점차 고차원적으로 획득되어 가는 것이다.

도식이나 구조가 나이가 들어감에 따라 질적인 변화를 나타내게 되는데, 피아제는 유아가 보이는 인지 구조의 질적 차이에 따라 인지 발달 단계를 감각 운동기, 전 조작기, 구체적 조작기, 형식적 조작기로 나누었다. 이는 점진적으로 얻어지기 보다는 특정한 단계에 이르러서 비로소 획득된다고 주장하고 있다.

(2) 인본주의 이론

인본주의 이론은 인간의 존엄성, 인간의 우수성, 인간의 완성이 인간의 속성이라는 것을 주장한다. 인본주의 심리학자들은 인간이란 사고하는 주체이며, 능동적인 계획자이므로 삶은 본능과 충동, 정서에 의한 것이 아니라 사고와 계획적 생활을 반영하는 것이어야 한다고 주장한다. 또한 이들은 인간의 적극적 행동, 친사회적 행동, 자아실현, 호기심, 창의력, 상상력, 주관적 경험, 이타심, 평등 등에 관심을 가지고 있다.

Chapter

4

유아교육과정의 접근법과 유형

1 유아교육과정의 접근법

20세기 중반 이후 유아의 발달적 · 심리적 특성에 관한 연구가 활발하게 이루어졌으며, 연구의 결과를 근거로 영유아기 경험의 중요성이 강하게 대두되었다. 이러한 연구결과와 사회적 배경의 영향으로 빈곤 아동에게 미치는 부정적 영향을 예방하고 교육의 기회균등을 위하여 유아교육에 많은 영향을 미친 헤드스타트 운동이 미국에서 시작되었다.

1960년대 헤드스타트 운동이 일어나면서 유아를 위한 다양한 프로그램들이 개발되었으며, 그 수는 160여 개에 이른다고 한다. 대표적인 것으로 행동주의 이론을 기초한 디스타(DISTAR) 프로그램, 놀이에 기초한 뱅크 스트리트 프로그램, 피아제(Piaget)의 구성주의 이론에 기초한 인지적 상호작용 프로그램, 몬테소리 프로그램 등이 있다.

이러한 유아교육 프로그램들은 이론적 관점에 따라 여러 유형으로 분류될 수 있으며, 유아의 학습과 발달에 대한 관점에 따라 성숙주의적 유아교육과정, 행동주의적 유아교육과정, 상호작용주의적 유아교육과정의 세 가지 유형으로 구분될 수 있다.

1) 성숙주의에 기초한 유아교육과정

성숙주의적 유아교육과정의 이론적 배경은 루소와 게젤(Rousseau & Gesell)의 주장에 근거한 것이 다 유아의 성장과발달은 타고난 유전적 요인에 의해 결정된다고 보며, 환경적 요인의 영향을 최소한으로 인정한다. 게젤은 유아의 성장과 발달을 식물에 비유하여 식물이 정해진 일정표에 따라 때가 되면 꽃이 피고 열매를 맺듯이, 유아의 성장과정도 이처럼 진행된다고 보았다.

성숙주의적 입장에서는 준비도의 개념을 매우 중요시한다. 유전적으로 신체적 기능이 준비되기 전에는 훈련이나 교육은 성과가 없다고 생각한다. 유아는 성장을 위한 내적 성장의 힘을 가지고 있으며, 이러한 내적인 힘이 적정한 시기에 자연스럽게 발현될 수 있다는 것이다. 교육의 주된 책임은 유아 자신에게 있으며, 교사나 부모는 단지 자연스럽게 발현될 수 있도록 도와주는 것이다.

성숙주의적 유아교육과정은 주로 유아의 정의적 측면에 관심을 두고 교육목표를 일련의 덕목, 즉 건전하고 바람직한 인간의 인성 특성 계발로 규정하고 있다. 교육목표를 자발적이고 창의적이며 자신감 있는 인성에 두고 있으며, 이러한 인성 특성들로는 자아존중, 적극성, 주도성, 안정감, 인내심, 헌신 등이 있다. 인간이 원래 가지고 있는 내재적 특성을 계발하고자 하는 것이다.

성숙주의적 유아교육과정에서 강조되는 것은 유아를 스스로 성장할 수 있는 존재로 보고, 유아중심적이고 개방적인 환경에서 유아로 활동을 선택하고 활동을 자유롭게 해 나가는 과정에서 자연스럽게 바람직한 인격이 형성된다고 본다. 따라서 교사는 유아들에게 따뜻하고 지지적인 환경을 제공해야 하며, 미리 계획된 교안을 가지고 유아들에게 어떤 개념이나 내용을 가르치려고 하는 것이 아니라 유아 자신의 흥미나 요구 및 발달수준에 따라 자발적으로 활동할 수 있도록 한다.

학습내용을 강조하기보다는 학습활동과정에 중요성을 부여하며, 유아는 스스로 행하면서 이해하게 되고, 놀이를 하면서 학습한다는 것이다. 교실은 여러 흥미영역으로 구성해 주며, 유아의 발달단계와 흥미수준에 따라 다양한 학습활동과 자료가 제공되어야 하며, 유아의 흥미와 욕구를 다양하게 표현할 수 있도록 풍부한 다차원적 교재가 제공되어야 한다. 따라서 유아는 여러 흥미 영역에서 다양한 교재 · 교구를 가지고 자발적으로 다양한 학습활동을 하도록 한다. 그 학습활동들은 교사의 지도에 의해서가 아니라, 유아들이 스스로 선택한 활동으로써 주로 개별 활동이나 소집단활동의 특성을 지니게 된다.

2) 행동주의에 기초한 유아교육과정

행동주의적 유아교육과정의 이론적 배경은 왓슨(Watson), 스키너(Skinner), 반두라(Bandura)의 이론에 근거를 둔다. 인간의 행동은 유전적 요인이 아닌 환경 또는 외부 자극에 의해 형성된다고 보며, 성숙주의와는 상반되는 입장을 취한다. 행동주의에서 모든 인간의 행동은 학습된 행동이며, 인간의 행동은 환경적 자극이나 조건에 의해 형성된다. 따라서 환경에 의해 형성된 인간의 행동은 환경의 변화에 따라 그 행동을 변화시킬 수 있다. 즉, 유아가 접하고 있는 환경을 변화시켜 유아의 바람직한 행동은 증가시키고, 부적절하거나 바람직하지 않는 행동은 소멸시킬 수 있다는 것이다.

행동주의적 유아교육과정에서 교육목표는 문화전승주의 교육이념에 바탕을 두고 있다. 후기 학교생활에서의 성공에 필요한 기능이나 태도를 길러주는 것을 교육목표로 설정한다. 사회중심적인 입장에서 교육목표를 그 사회 · 문화의 가치관과 지식을 내면화하는 것이며, 유아의 흥미나 요구보다는 후기 학교에서의 성공을 위하여 필요한 전통적인 학문기술 습득에 초점을 둔다. 따라서 행동주의적 유아교육 프로그램에서는 초등학교에서 필요한 읽기, 쓰기, 셈하기 등의 학문적 기초 형성이라는 분명한 교육목표를 제시하고 있다. 행동주의적 유아교육 프로그램은 유아의 기초학문 습득을 위하여 미리 계획된 학습활동을 하며, 유아가 성취해야 할 과제를 세부적인 작은 단위로 나누어 직접적인 교수를 한다. 학습과제는 위계화 · 순서화되어 있으며, 각 단계는 단순한 과업에서 점차 복잡한 과업으로 점진적으로 나아가게 된다. 유아의 흥미나 요구와는 상관없이 미리 구체적인 교육목표와 내용을 설정하고 유아에게 단계적으로 잘 배열하여 제공한다. 일반적으로 활동들은 연습지 형식인 직접적인 교수법에 의해 진행되며, 교육의 성과 및 효과의 극대화를 위한 구조화된 '교수-학습과정'을 강조한다.

예를 들어, 학습과제에 초점을 맞추고 학습과제와 관계가 적은 활동은 규제한다. 또한 유아가 학습에 집중하도록 소집단으로 작은 공간에서 활동을 많이 하며, 교사에 의해 환경은 통제된다. 교사는 매우 적극적으로 교육에 개입을 하며, 유아는 계속적인 반복과 연습 및 모방을 통하여 학습하며, 강화에 의하여 보다 더 잘 학습할 수 있다고 본다. 교사는 유아의 행동을 바람직한 방향으로 지시하고 수정 · 강화해 주며, 바람직하지 않는 행동은 교정해 준다. 따라서 교사는 유아의 행동이나 학습을 바람직한 방향으로 이끌기 위하여 직접적인 교수나 적절한 강화와 방법을 사용한다. 교수전략으로 모델링을 중요시하는데 유아에게 어떤 행동을 가르칠 때 바람직한 행동에 관한 모델을 보여준다.

3) 상호작용주의에 기초한 유아교육과정

상호작용주의적 유아교육과정은 피아제의 인지발달이론에 기초를 두며, 유아의 발달을 성숙과 환경의 상호작용의 결과라고 본다. 유아의 대부분의 심리적 특성들이 환경에 의하여 수동적으로 획득된다고 보는 행동주의 이론가들과는 달리 유아는 능동적으로 환경에 적응하고, 스스로 사고하고, 정보를 처리하며, 새로운 표상과 지식을 저장하고 구성하며 창조해 나가는 적극적이며 주도적인 존재로 본다. 따라서 이 입장에서 발달은 객관적인 환경적 요인에 의해 결정되는 것이 아니라, 유아가 어떻게 환경적 요인들과 상호작용하며 처리해 나가느냐의 주관적이 경험내용에 의해 결정되는 것이다.

유아의 발달은 유전적 요인과 환경적 요인 간의 상호작용의 결과로 보며, 상호작용주의라고 한다. 상호작용주의적 유아교육과정에서 학습의 주체는 유아이다 유아는 풍부한 호기심을 바탕으로 주변 세계를 주도적으로 탐색하고 스스로 지식을 구성해 나가는 능동적이고 전인적인 존재이다. 유아를 학습에서 수동적 존재로 보고 모방과 반복적인 연습을 통해 지식을 획득한다는 행동주의적 입장과는 대조를 이룬다.

상호작용주의적 교육과정은 교육목표를 유아의 전인적 성장 발달이나 지적, 도덕적 자율성에 두며, 창조적이고 발명적인 사람, 발견자 및 비판하고 검증할 수 있는 능력을 길러내는 것을 중요시한다. 이러한 교육목표에 따라 유아의 성장과 발달을 위하여 환경과의 직접적인 상호작용을 강조한다.

교사는 유아의 지적 호기심을 유발할 수 있는 다양한 교재 · 교구 및 활동을 제공해 주고, 유아는 능동적으로 환경을 탐색하고 활동을 선택하여 주도적으로 학습경험을 할 수 있도록 해 주어야 한다. 또한 교사는 유아들의 학습경험을 확장시키고 유아 자신의 경험을 반성할 수 있도록 지적사고를 자극하는 질문을 하며, 또한 유아가 지적 도전을 할 수 있는 질문을 할 수 있어야 한다. 따라서 유아와 교사 모두가 학습활동을 주도해 나가며, 교사는 유아의 지적 관심과 발달 상태에 대한 예민한 관찰과 이해를 근거로 촉진적인 지적 자극을 주는 일을 중요시한다.

상호작용주의적 교육과정에서 적절한 교수방법으로 인지적 갈등방법을 제시한다. 유아는 알고 있는 내용과 다소 거리가 있는 내용을 보면 의문, 질문이 스스로 발생한다. 이러한 상태를 인지갈등이라 부르며, 이 인지갈등은 유아들이 지적 호기심을 가질 수 있도록 내적인 동기유발을 자극하며 자발적으로 문제를 해결하게 하는 동인이 된다. 학습을 위한 동기유발은 외부의 자극이나 보상에 의해서가 아니라 학습자 내면에서 인지적 불균형을 해결하기 위하여 일어나게 한다.

2 유아교육과정의 유형의 분류

1) 와이카트의 분류

와이카트는 유아교육 프로그램의 유형을 학습에서 교사와 유아가 학습에 참여하는 방식과 교사와 유아의 관계를 기초로 하여 분류했다.

(1) 계획된 교육과정: 행동주의

계획된 교육과정은 교사가 학습의 주도권을 가지고 있어 유아는 교사의 요구에 반응하도록 수업이 계획 · 조직되어 있다. 학습활동은 교사의 계획에 의해 전개된다. 계획된 교육과정에서는 인간을 외부의 자극과 환경에 의해 변화될 수 있는 존재로 본다.

계획된 교육과정 유형의 기초가 되는 이론은 학습이론, 행동수정원리, 언어발달이론 등으로서 앞서 살펴본 유아교육과정 접근법의 행동주의적 접근법에 기초한다고 할 수 있다. 이러한 교육과정들은 특히 경제적·문화적으로 낙후된 지역 아동의 결손능력을 보완해 줌으로써, 이후 학교생활을 보다 효과적으로 할 수 있게 하기 위한 목적으로 개발된 것이 많다. 이러한 형태의 교육과정은 읽기, 언어 기술, 수학적 기술을 습득시키기 위한 것을 기본 목표로 설정하고 있으며 상당히 구조화되어 있다.

이러한 프로그램들은 주로 연구기관이나 전문가들에 의해여 개발, 출판된 상업적 프로그램인 경우가 많으며 교수요목이 아주 자세하게 제시되고 있다. 이러한 범주에 속하는 교육과정의 예로는 베라이터-잉글만의 DISTAR 프로그램 등이 있다.

(2) 개방체제 교육과정

개방체제 교육과정에서는 교사도 활동의 주도권을 갖고 유아도 주도권을 갖는다. 그리하여 교사와 유아, 유아와 유아, 유아와 교구 간의 상호작용을 모두 중요시한다. 이러한 교육과정은 주로 피아제의 인지발달 이론에 근거를 두고 있기 때문에 유아교육과정의 접근법 중에서 구성주의적 접근법에 기초한다고 할 수 있다. 유아의 사고·인지과정, 직접활동과 경험을 통한 학습을 중요시 하므로 논리적 사고력이나 원인과 결과를 연결할 수 있는 능력의 발달을 중시한다. 학습은 학습자의 직접적 경험에 의한 개념형성이라고 본다.

개방체제 교육과정의 가장 큰 장점은 교육과정 모형이 전체적인 이론적 체계만 제시해 준다는 것이다. 따라서 교사는 해당 집단 유아의 발달수준 및 특징, 다양한 사회·문화적 배경을 감안한 개별적·독창적인 교육을 실시할 수 있다. 그러나 교육과정 시행에 있어서 교사가 확실한 이론적 근거를 가지고 교육을 체계적으로 이끌어 가야 하므로 상당한 교사의 능력이 요구된다.

(3) 아동중심 교육과정

아동중심 교육과정은 학습활동에서 유아가 주도권을 갖고 교사는 유아의 요구에 반응하는 형태이다. 이러한 프로그램은 성숙주의적 유아교육과정 접근법에 기초를 하고 있으며, 교육의 전체 목적을 사회 · 정서적 성숙을 통한 전인 아동의 육성에 둔다.

교육내용은 유아에게 흥미가 있거나 유아에게 유용한 것으로 그들 주변에 있는 것을 소재로 한다. 또한 놀이의 가치를 높이 평가하여 상상놀이나 모방놀이를 통해 사회적 적응과 정서적 성장, 독립심을 형성시키고자 한다. 교실 내에 여러 가지 흥미영역을 마련하여 유아가 흥미영역 속에서 자유롭게 환경을 탐구하고 창조할 수 있게 한다.

아동중심 교육과정 모형의 장점은 학습이 개개 유아의 요구를 충분히 반영할 수 있다는 점과 일반적으로 그 사회에서 요구하는 가치를 반영시키고 있다는 점이다. 아동중심 교육과정에 속하는 프로그램은 뱅크 스트리트 프로그램 등이 있다.

(4) 보호적 배려

교사도 반응하고 유아도 반응하는 형태이며, 아동의 기본적 욕구해결이나 신체적 위험에 대한 보호를 한다. 와이카트는 현대 유아교육과정에서는 보호적 역할, 보모의 역할만 하는 교육프로그램은 존재할 수 없다고 보고 있다.

2) 메이어의 분류

메이어는 교육과정 유형을 구분함에 있어 단순히 교육과정의 구조성이나 교사와 유아 사이의 상호작용과 같은 한 가지 차원에 의해서는 교육과정의 정확한 분석이 이루어지기 어렵다고 하였다.

예를 들면, 몬테소리 프로그램에서 교사와 유아 간의 상호작용은 적으나 유아와 교구 간의 상호작용은 많이 존재하기 때문이다. 메이어는 유아교육의 기초

요소를 교사 · 유아 · 교구로 보고, 유아교육과정의 유형도 이들의 상호작용의 정도에 의해서 밝혀질 수 있다고 보았다.

(1) 아동발달모형

아동발달모형에 속하는 프로그램은 프로이트, 에릭슨, 게젤 등의 발달이론과 성격이론을 기초로 개발되었다. 아동발달모형의 범주에 속하는 프로그램은 주로 중산층 아동을 위해 개발된 것으로 풍부화 전략(enrichment strategy)이라고도 불린다. 이러한 유형의 프로그램은 주로 유아와 유아의 상호작용을 매우 강조하며 인간의 발달 영역 중 사회와 정서적 발달을 중요시한다.

학습활동은 유아의 발달 단계와 발달적 요구에 맞게 계획되며 유아의 직접 활동을 강조한다. 교육내용도 유아의 생활속에서 유아와 밀접한 관련이 있고 구체적인 것들이며, 학습활동은 주로 유아의 흥미 영역을 중심으로 이루어진다. 이 모형은 성숙주의적 유아교육과정의 접근법에 근거하고 있으며, 와이카트가 분류한 아동중심 교육과정과 같은 분류라고 할 수 있다.

(2) 언어-인지모형

피아제의 인지발달 이론에 기초를 두고 있으며, 유아의 사회성 발달과 인지적 발달의 상호작용을 모두 중시하며 두 영역의 조화적 발달을 도모한다. 언어-인지 교육과정모형에서는 교구와 유아, 유아와 유아, 유아와 교사 간의 상호작용을 모두 중요시한다.

하루의 활동은 교사가 계획하고 주도하며, 교구의 사용방법이 계열화되어 있다. 구성주의적 유아교육과정 접근법에 기초하고 있으며 와이카트의 개방체제 교육과정 유형과 같다고 할 수 있다.

(3) 언어-교수모형

언어-교수모형은 사회·경제적으로 낙후된 지역의 유아와 불우한 유아들의 발달적 특징 및 요구에 대한 연구를 기초로 하여 개발된 프로그램들이다. 학습을 행동적 계획적 변화로 보고 교사의 자극과 아동의 반응 사이의 반복적 교수를 통해 가장 효과적으로 이루어질 수 있다고 본다.

그러므로 새로운 행동의 학습을 위해서는 언어적 칭찬과 적절한 보상과 강화방법이 필요하다고 본다. 지시적 교수와 언어발달을 강조하였기 때문에 행동주의적 접근법을 지향하며 와이카트의 계획된 교육과정 유형과 같다고 할 수 있다.

(4) 감각-인지모형

몬테소리의 교육이념 및 방법에 입각하여 개발된 프로그램이다. 따라서 유아의 감각훈련과 실생활 습관훈련을 강조한다. 유아의 발달은 유아의 환경과의 상호작용을 통해서 이루어진다고 보며 발달의 단계성을 주장한다. 학습은 비언어적이며 유아가 직접 교구를 사용하는 실제 경험을 통해 이루어진다. 유아와 교사, 유아와 유아의 구조성은 낮으나 유아와 교구의 구조성은 높다.

3) 비셀의 분류

비셀은 영유아 교육과정의 유형을 교육목표, 수업전략, 교육내용에 대한 조직의 정도가 구조적이냐 비구조적이냐에 따라 비교하여 허용적 심화모형, 구조적 인지모형, 구조적 정보모형, 구조적 환경모형으로 구분하고 있다.

(1) 허용적 심화모형(permissive-enrichment model)

허용적 심화모형은 중류계층의 영유아들을 주된 대상으로 하여 적응을 중시하는 영유아 교육과정이다. 이 유형의 교육목표는 유아들의 전인적인 발달을 위하여 언어 및 인지발달, 감각운동발달, 정서발달을 도모하고자 함이다.

교육목표를 달성하기 위해서는 학습을 운영할 수 있는 능숙한 기술을 가진 교사가 요구된다. 능숙한 교사는 유아의 요구 및 흥미에 적절히 반응하며, 다양한 경험을 제공할 수 있도록 해준다. 특히 이 모형은 적응중심의 교육에 많은 비중을 두고 있다.

(2) 구조적 인지모형(structured cognitive model)

학습활동이 교사에 의해 계획되고 규정되어 있으며 특히 언어정보의 학습을 목표로 두고 있는 유아교육과정 모형이다. 영유아들에게 학습과 관련된 적성과 태도 및 언어발달에 깊은 관심을 가지고 강조한다.

유아들의 전인적인 성장·발달보다는 학습과정과 직접 연결된 태도나 성숙된 활동을 강조한다. 교사는 유아의 성취도를 위해 학습해야할 내용들, 활동시간, 교수방법 등의 학습에 관련된 경험들을 사전에 계획하여야 한다. 학습활동은 직접적인 교수를 통해 가르치고 놀이활동시간에는 그 개념을 실제 활동을 통해 확장할 수 있도록 지도한다.

(3) 구조적 정보모형(structured information model)

구조적 정보모형은 낙후된 지역이나 문화적으로 결핍된 가정의 유아들에게 학문적 성취와 관련된 지식이나 기술을 가르쳐 주는 것을 목적으로 하는 유아교육과정이다. 문화적, 학문적 결핍을 해소하기 위해서는 놀이중심의 전통적 유아학교의 교육보다는 학교생활에서 필요한 학문적 기술의 습득이 더 중요하다고 보는 형태이다.

구조적 정보모형은 지식적이고 반복적인 교수방법을 사용한다. 언어를 활용한 정보전달에 강조점을 두며 교사가 사전에 학습경험을 계획하고 있어서 교사 중심적이다. 구조적 인지모형보다 훨씬 더 구조화된 것이 특징이다.

(4) 구조적 환경모형(structured environment model)

학습결과보다는 학습 과정을 중요시하는 형태의 유아교육과정으로 교과목의 정해진 내용을 학습하기보다는 학습하는 방법과 과정을 강조한다. 준비된 환경모형이라 부르기도 하는 이 유아교육과정에서 구조적 환경모형이 관심을 가지는 것은 영유아들에게 어떤 교과나 학습내용을 직접 가르치는 것보다 학습을 위한 적절한 환경과 교구를 마련한다. 또한 그들의 상호작용 형태를 자세하게 관찰하며 필요에 따라 영유아들의 학습 촉진을 위해 교구와 영유아 간에 중재자 역할을 하여 학습을 촉진한다.

4) 콜버그와 메이어의 분류

콜버그와 메이어는 발달 이론이 교육과정 구성에 이용될 때 교육 이데올로기가 된다고 보면서 유아교육과정을 낭만주의(romanticism), 문화전달(cultural transmission), 진보주의(progressivism)의 세 가지 이데올로기로 분류하였다.

(1) 낭만주의

유아의 내적 본성의 전개가 중요한 학습 경험과 활동이라고 보며, 발달에 대한 성숙주의적 접근법이 기초가 되는 유형이다. 유아교육 내용구성의 기본은 유아 자신의 흥미에서부터 시작될 수 있다는 전통적인 아동중심 또는 흥미중심의 유아교육 프로그램들이 이 계열에 속한다.

유아의 원리와 행복에 대한 인간적이고 윤리적인 관심을 강조하는 낭만주의적 가치체계의 기본이 되는 것은 개인의 자유이다. 따라서 유아는 자신의 학습활동을 주도할 수 있는 존재로 신뢰받는다.

(2) 문화전달

문화전달 유형의 사고체계에 따르면 유아의 발달은 외부적 요인에 의해 결정된다는 행동주의적 접근법이 기초가 되는 유형이다. 행동주의 학습이론을 바탕으로 빠른 시간 안에 계획적 강화에 의해 구체적인 학습목표를 달성하는 상당히 구조화된 프로그램들이 여기에 속한다.

객관적인 방법으로 관찰되고 측정된 예상할 수 없는 행위로부터 추론할 수 있는 지식을 강조하기 때문에 교육내용은 구조화되고 순서화되고, 학습 원리에 근거한 조직적인 교수전략을 수행한다.

(3) 진보주의

듀이의 진보적인 교육관과 피아제의 인지발달 이론에 기초하여 개발된 것으로서 교육은 유아와 환경과의 상호작용이 허용되고 증진되는 조건에서 유아와 환경 간의 상호작용으로부터 나타난다는 구성주의적 접근법에 기초한다.

진보주의는 지식은 환경과의 상호작용이나 대화를 통한 내적 · 심리적인 중심으로부터 나온다. 교사와 유아 모두 교육과정을 주도하며 놀이가 학습을 위한 수단이 된다.

Part 2

유아교육과정의 구성 및 운영

Chapter

5

유아교육과정의 구성

1 기본 방향

유아교육과정 구성에 필요한 기초 정보로써 로즈그란트와 브래드 캠은 사회 문화적 환경내의 유아에 대한 이해, 유아에게 유용한 학문적 지식, 유아발달에 관한 지식, 발달과 학습의 연속성에 따른 교사 행동, 통합 교육을 위한 개념 조직 등 다섯 가지를 들었다.

1) 사회 문화적 환경 내의 유아

유아가 어떤 사회와 문화에서 생활하느냐에 따라 교육적인 요구는 달라지며, 교육과정의 구성방향도 달라질 수 있기에 많은 사람들은 교육을 넓은 의미의 사회화 과정이라고 말한다.

사회화란 한 개인이 집단 속에 태어나서 그 집단이 가지는 가치관, 규범, 사회적 역할, 행동 양식 등을 습득하여 그 사회의 한 구성원으로서의 자격을 갖추어 가는 과정이다. 유아는 직접 경험하는 환경 외에도 가족 구성원들이 각자 가정 밖에서 어느 집단에 속해있느냐에 따라 다양한 사회 문화를 간접적으로 경험하게 된다.

브론펜브레너는 유아가 처한 사회 문화적 환경 체계를 미시체계, 중간체계, 외체계 및 거시체계로 구분하였다.

첫째, 미시체계는 유아가 가정이나 학교와 같은 1차적 환경에서 경험하는 사람, 활동, 역할 및 대인 관계 등을 포함하는 가장 기본적인 사회체계이다.

둘째, 중간체계에서 각 미시체계는 연계하여 유아에게 영향을 줄 수 있다. 즉, 미시체계와 미시체계 간의 결합을 중간체계라고 부른다.

셋째, 외체계는 각 미시체계에서 일어나는 사건들에 의해 유아가 간접적으로 영향을 받는 사회 체계이다.

넷째, 거시체계는 미시체계 · 중간체계 · 외체계를 모두 포함한다. 따라서 이 세 가지 사회 체계 간에 이루어지는 상호 작용의 형태들을 모두 망라한다.

2) 유아에게 유용한 학문적 지식

유아가 생활하는 중에 경험하는 세계는 다양하다. 이것을 크게 나누어 보면 사물이나 자연 현상과의 만남으로 이루어지는 물리적 세계 경험, 다른 사람들과의 만남에서 이루어지는 사회적 세계 경험, 그리고 개인 내부에서 일어나는 정서 · 의지 등의 개인적 세계 경험이 있다.

일상 생활에서 제기되는 다양한 물음에 대하여 해답을 탐구하는 것이 곧 학문이라고 할 수 있으며, 각각 자연과학, 사회과학, 인문과학의 큰 학문적 지식 체계를 형성하고 있다.

연령이 증가할수록 더욱 깊이 있고 폭넓은 교과 내용을 학습함으로써 사회생활에 유용한 지식과 기술, 태도를 익히며 또한 이들을 생활 중에 활용하게 된다. 학문적 지식은 교육 내용을 심화시키고 풍부한 교육적 경험을 제공한다고 할 수 있다. 그래서 학문적 지식을 중심으로 교육 과정을 조직한다면 이는 전문가 양성에 적합한 체계라고 할 수 있다. 학문적 지식이 교육을 결정하는 데 중요한 역할을 하는 것은 다음과 같은 점에서 설명될 수 있다.

첫째, 세계에 대하여 학습하는 방법을 제공한다.

둘째, 학습한 것을 표현하는 방법을 제공한다.

셋째, 지식을 구조화하는 방법을 제공한다.

넷째, 가정한 바를 검토하고, 이해하는 것에 도전하는 방법을 제공한다.

다섯째, 문제를 정의하고 해결하는 방법을 제공한다.

3) 유아 발달에 관한 지식

교사는 유아에게 유용한 학문적 지식을 구체적 경험 활동으로 변형시키는데는 유아 발달에 관한 지식이 필요하다. 로즈그란트와 브래드 캠은 교사에게 있어 유아 발달에 관한 지식은 다음과 같은 점에서 중요하다고 말하였다.

첫째, 유아가 어떤 행동을 하고 있으며, 왜 그런 행동을 하는지에 대한 이론적 관점을 제공한다.

둘째, 유아가 무엇을 할 수 있고 이해할 수 있는지에 대한 정보를 제공한다.

셋째, 유아가 보편적인 발달 이정표에 도달했는지 여부를 알게 하는 생활 연령 자료를 제공한다.

넷째, 유아 발달 정보는 개인적 · 문화적 변화의 개념을 지지한다.

이와 같은 유아 발달 정보는 발달의 모든 영역, 즉 신체적 · 사회적 · 정서적 · 인지적 발달 영역과 관련 있으며, 교육 과정 개발자나 교사가 교육계획을 하는데 있어 기초선을 제공한다.

4) 발달과 학습의 연속체

인간이 생애에 걸쳐 변화해 가는 발달과 학습은 역동성을 지니며 연속선상에서 이루어진다. 각 유아에게 나타나는 발달적 연속체의 개념은 브래드 캠이 말한 발달적 적합성 중 개인적 적합성을 의미한다. 발달과 학습의 연속체는 교사가 모든 유아들을 위한, 그리고 개별 유아를 위한 교육 계획을 하는데 있어서 일반적인 틀을 제공한다.

교사는 발달과 학습의 연속체 개념을 여러 가지 방면에서 사용할 수 있으나 주로 유아에게 언제, 어디서, 어떻게 개인적 도움을 주어야 할지를 결정하고자 할 때 사용한다. 즉, 다음과 같은 점에서 발달과 학습의 연속체를 고려한다.

첫째, 가르쳐야 할 순간을 인식하기이다. 가르쳐야 할 순간이라는 개념은 특수한 과제에 대한 유아의 개인적 준비를 교사가 인식하는데서 형성된다.

둘째, 학습자의 학습 양식과 속도를 조화시키기이다.

셋째, 올바른 지원의 제공이다. 교사는 다양한 교수 행동 중 어느 유형이 주어진 상황에서 각 유아에게 적합한 것인지를 바르게 알아야 한다.

넷째, 적절한 지지를 제공하기이다. 교사는 각 유아가 하고 싶지만 도움이 없으면 하기 어려운 활동 과제를 알아내어 이를 이해하고 도움을 주어야 한다. 이

때 주의할 점은 유아의 주인 의식이나 동기를 약화시키는 일이 없어야 한다.

다섯째, 긍정적인 자아 개념을 육성하기이다. 긍정적으로 자신을 인식하기 위해서는 교사는 각 유아가 발달과 학습의 연속체 중 어느 지점에 위치하는지 정확하게 인식하고, 유아에게 자아존중감이 형성되는 성공적인 경험을 할 수 있도록 활동을 마련해 주어야 한다.

5) 통합교육을 위한 개념조직

유아교육과정의 기본적인 구성과 운영은 통합적으로 이루어져야 한다. 유아의 생활 경험과 발달이 통합적으로 이루어지도록 돕기 위해서는 교육과정의 내용을 개념적으로 조직한 형태로 제시하는 것이 편리하다.

개념적 조직은 교육 내용으로 제공되는 다양한 영역의 내용과 활동을 유아가 이해하기 쉽게 하기위한 의미 중심의 접근이라고 할 수 있으며, 의미 중심의 접근은 주제, 망, 단원, 프로젝트 등과 같이 교육과정을 개념적으로 조직하거나 통합하기 위한 접근 방안을 말한다. 예를 들면, 교사가 한 주제를 가지고 유아들과 교육활동을 전개한다고 가정할 때 유아 발달 수준, 사회 문화적 환경, 학문적 지식, 주제와 관련된 이전의 경험 정도 등을 고려하여 교육활동이 전개될 수 있는 기간을 추정하고 이에 따른 경험 내용의 범위를 규정할 필요가 있다.

개념적으로 교육 내용을 조직할 때 좋은 점은 다음과 같다.

① 내용을 좀더 깊이 있고 구조적으로 이해할 수 있다.

② 유아의 현재 발달 수준에서 교육활동을 시작 할 수 있다.

③ 문화적 · 개인적 측면에서 유아의 직접 경험할 수 있다.

④ 구체적 자료를 가지고 유아가 직접 경험할 수 있다.

⑤ 유아는 기존의 지식을 학습에 연결시켜 정보를 분류하고 범주화할 수 있다.

⑥ 자연히 실제 상황에서 일어나는 경험을 통해 학습이 이루어진다. 교육과정의 내용이 개념적으로 잘 조직되었을 때 유아는 훨씬 이해하기 쉽다.

2 교육과정 구성의 기본요소

1949년 타일러가 교육과정 구성 원리를 발표한 이래로 '교육목표-교육내용-교수학습과정-평가'의 순환적이고 상호 작용적 관계는 교육과정의 중요한 체계가 되어 왔다.

목표지향적 성격을 띠는 초등학교 이상의 교육과정에 비하여 과정 지향적 성격을 띠는 유아교육과정은 교수·학습 과정에서 유아가 발현적으로 경험하는 바를 수용하여 이 경험이 기존 지식을 확대 또는 변화시키는 것을 격려한다. 이에 따라 목표의 설정이 구성체계의 첫 번째 단계라기보다는 오히려 의도했던 것과 유연히 얻어진 것을 종합적으로 정리하는 마지막 단계로서의 의미가 더 강할 수도 있다.

1) 교육목표

(1) 교육목표의 설정

교육목표의 설정, 즉 기르려는 인간 특성을 명백히 정하는 일이다. 교육목표가 불분명한 상태에서는 다음 단계의 교육과정 계획이 불가능할 뿐 아니라, 교육실천의 방향감마저 잡을 수 없는 경우가 있다. 타일러는 교육 목표 설정의 자원으로써 학습자에 대한 연구, 현대생활 연구, 교육전문가의 제안, 철학의 적용, 학습심리의 적용 등 5가지를 제시한 바 있다.

❶ 철학

교육목표는 우선 국가 이념과 교육적 이념을 충분히 실현시킬 수 있어야 한다. 민주주의 철학을 바탕으로 하는 우리나라는 이에 따라 유아교육과정의 모교에 유아의 인권존중, 자유와 평등, 협동과 책임, 준법 등의 이념이 구체화되어야 한다. 다음으로 유아교육에 기초하는 이데올로기를 고려하여 교육목표를 설정하여야 한다.

인간이 갖추어야 할 건전하고 바람직한 인성특성과 일련의 덕목이라고 규정한 낭만주의와 로크, 손다이크, 스키너 등 학교에서의 성공이나 사회의 적응에 성공할 수 있기 위한 기능습득과 태도 형성을 주된 교육목표로 설정하는 문화 전달주의와 유아가 성장하는 과정에서 주변 환경과의 능동적인 상호작용의 경험을 통해서 이루어지는 발달을 목표로 삼고 있는 진보주의가 있다. 이같은 교육적 이데올로기 중 어느 이념에 기초를 두느냐에 따라 교육목표는 달라진다.

❷ 사회와 문화

교육목표는 사회와 문화의 필요 및 요청을 충분히 반영할 수 있어야 한다. 현존하는 사회와 문화의 추세, 문제점 및 그 해결방안에 대한 과학적인 탐구의 과정이 있어야 할 것이다.

다양한 사회문화 분야의 전문가들의 끊임없는 연구, 분석, 협조가 요구된다. 이에 따른다면 유아교육과정의 목표에는 위의 능력들이 유아 발달 특성에 맞게 구체적으로 반영되어야 할 것이다.

❸ 학습자인 유아

교육목표는 학습자인 유아의 발달적 필요, 흥미와 일치되어야 한다. 교육이 학습자의 바람직한 행동변화를 위한 과정이라고 할 때, 학습자인 유아는 교육과정의 중심이 된다. 따라서 유아의 발달적 특성에 대한 지식은 교육목표를 설정하는 데 큰 도움이 된다.

❹ 교육과정 내용

교육목표는 각 영역별 교육내용이 의미하는 바를 반영하여야 한다.

(2) 교육목표의 수준

교육목표에는 여러 가지 수준이 있다. 목적, 목표의 수준과 교육과정목표, 수업

목표의 수준이 있고 일반목표, 정보목표, 계획목표로 구분하는 수준도 있다. 그 외 교육과정 운영시간으로 볼 때 교육목표는 장기목표와 단기목표로 나눌 수 있다. 장기목표는 지극히 포괄적이고 일반적이며 추상적이며 교육과정을 구성하는 철학적, 이론적 관점을 반영하는 반면에, 단기목표는 특수하고 구체적이며 교수형태나 실제 교수상황을 반영해 준다.

(3) 교육목표의 분류

교육목표는 학습경험의 선정과 조직, 교수·학습과정에 구체적인 시사를 줄 수 있어야 하며 교육목표가 내포하는 행동특성을 몇 가지 변별 가능한 유형으로 분류·정리할 필요가 있다.

블룸은 인지적 영역과 정의적 영역 심동적 영역으로 나누었다. 인지적 영역은 학습된 자료의 단순환 회상에서부터 새로운 아이디어와 자료를 통합, 종합하는 창의적 기능까지 의미한다. 정의적 영역은 어떤 현상에 단순히 주의를 기울이는 것에서부터 복잡하면서도 내면적으로 일관성 있는 인격과 양심에 이르기까지 넓은 범위를 차지하고 있다. 심동적 영역은 반사적 기능에서부터 의사소통에 이르기까지 운동 기능을 강조하고 있다.

2) 교육내용

(1) 교육내용의 선정

교육과정 구성에 있어서 그 다음은 교육내용을 선정하여 조직하는 일이다. 그 교육목표는 인간 삶의 바람직한 변화로 종합할 수 있겠다. 이러한 목표를 달성하기 위해서는 삶의 다양한 일상 경험들을 분석하여 교육적 의미를 지닌 내용으로 구조화할 필요가 있으며, 이렇게 한 것이 곧 교육내용이 될 수 있다.

이들을 학습자의 발달 특성(연령, 흥미, 요구, 발달수준), 문화적 맥락(가정환경, 지역사회 특성, 사회적 상황, 사회적 지식) 및 지식차원(논리·수학적 지식, 물리적 지식, 사회적 지식)에 맞게 조직한 것이 교육내용이다.

유아교육에 있어서 교육내용은 유아교육과정의 유형에 따라 차이가 있을 수밖에 없다. 성숙론적 입장의 교육내용은 유아들 주변의 모든 인적, 물적 환경과 유아들 각자의 생활 그 자체가 되며, 매우 광범위하다. 환경론적 입장에서의 교육내용은 3R's를 중심으로 교사가 선정하거나, 이미 교과서에 제시되어 있다. 상호론적 입장에서의 교육내용은 학습 주체자인 유아와 그 주변의 모든 인적, 물적환경이 그 범위가 된다.

카미와 드브리스(1977)는 ① 일상생활, ② 아동발달 교육 과정, ③ 다른 활동들을 시사해주는 피아제 이론 등을 참고로 하여 교육내용을 선정할 수 있다고 말하였다. 교육내용 선정에 슈바르츠와 로비슨(1982)은 교육내용을 여섯 가지 유형으로 설명해 주고 있다.

❶ 사실 축적

유아가 경험하고 관찰하는 세부적인 사실들이 중요시되며, 크기, 색깔, 모양, 질감, 농도, 온도, 무게, 그 밖의 물리적 속성의 명칭들로부터 역사적인 사건들에 이르기까지 모든 사실들을 중요한 교육내용으로 본다. 이 유형은 천성적으로 사실 축적자이며, 축적되는 사실들이 유아 간 의사소통의 요지가 되고, 또한 기본적인 사실의 수집에 의해 다른 내용 유형을 구성하기가 가능해진다는 점이 장점이다. 그러나 유아 자기의 지각적 인상에 국한된 사실들만을 축적할 경향이 있다.

❷ 기술 축적

기본 생활 습관을 비롯하여 생활하는데 필요한 기술들을 중요시하며, 일상 생활 기술 및 언어 기술, 셈하기 기술 등을 교육내용으로 본다. 자발적인 놀이식의 연습이나 게임을 진행하는 방식이 효과적이다. 그러나 교사 주도의 형식적인 기술훈련이 강화될 우려도 있다.

❸ 교과영역

초 · 중등학교 교육과정의 중심내용은 교과라고 할 수 있다. 이에 비해서 유아교육과정에서는 엄격한 의미의 교과영역에 의한 편성은 하지 않는 것이 일반적이다. 그러나 최근 들어 많은 유아교육 교사들은 교과내용을 교과별로 정리한 후, 이를 단원(주제)으로 재구성하여 수업을 진행하는 경향이 있다.

유아교육에서의 교과영역은 초 · 중등 교육과정의 교과목과는 성격이 다르다고 할 수 있다. 유아 교육에서의 교육활동을 교과별로 나누는 경우는, 주요개념을 형성하는 데 도움이 되기 위한 수단일 뿐, 그 교과 영역 자체가 목적이 되어서는 안 된다.

❹ 주제 중심

유아의 다양한 생활경험, 지역사회의 사건, 여러 가지 흥미호운 정보 거리 및 그 외 사회적으로 전달되는 지식 등의 내용들을 그 내용의 놀이와 유아의 심리적 발달 양식에 적합한 차원에서 통합적으로 구성한 주제(단원, 토픽, 테마, 프로젝트라고도 한다)들을 교육 내용으로 본다. 한 가지 주제는 주제에 내포된 다양한 지식, 그 지식의 탐구 과정, 사회적 기술, 표현력, 창의력, 가치 등이 포괄될 수 있어야 한다.

❺ 구조적 학문

1960년대 이후 학문 중심의 교육과정이 주류를 이루면서 유아교육과정에도 변화가 일어나서 유아교육 프로그램의 구성을 위한 기초로서 주요 개념을 중요시하게 되었다.

❻ 통합적 접근

인간 중심의 교육과정에서 볼 수 있는 형태로 유아의 성숙한 자아개념과 사회적 관계를 발달시키기 위한 교육내용을 선택한다.

이상과 같이 분류된 교육내용 기준은 현대 유아교육과정에서 다루는 교육 내용들을 체계적으로 분석, 정리하였다는 점에 의미가 있는 것으로 실제로 유아 교육 프로그램에 따라 이들 내용들이 서로 배타적이기보다는 상호 보완적으로 다양하게 적용되고 있다고 하겠다.

(2) 교육내용의 조직

선정된 교육내용은 적절히 조직되어야 한다. 여기서 조직이라는 것은 교육 내용을 계열화하고 상호 연관을 지우며 학습자인 유아와 연결될 수 있도록 하는 일이다(김제복, 1983). 타일러는 교육내용의 조직원칙을 논리적 원칙, 발달적 원칙, 심리적 원칙의 세 가지로 구분한 바 있다.

첫째, 논리적 조직이란 내용들이 서로 논리적으로 관련된 것이다.

둘째, 발달적 조직이란 유아가 자람에 따라서 점점 고도화되고 복잡해지며 가치적인 해석과 응용으로 옮아갈 수 있도록 조직하는 원칙을 말한다.

셋째, 심리적 조직이란 유아의 마음속에서 교육내용이 학습되어져 가는 과정, 즉, 문제해결의 심리적 과정을 의미한다. 이러한 조직 원칙론을 듀이는 논리적 조직을 학습의 결과로서 심리적 조직을 학습 과정으로 해석하면서 교육 내용의 논리적 조직보다는 심리적 조직 원칙에 더욱 강조를 두었다.

❶ 동심원적 조직

동심원적 접근방법은 교육 내용들을 조직함에 있어서 유아에게 가장 직접적이고 구체적이며 밀접한 내용으로부터 시작하여 점차 간접적이고 추상적이며 멀리 떨어져 있는 내용으로 확대시켜 가는 방법을 말한다.

❷ 나선형적 조직

나선형적 접근방법은 교육 내용들을 나선형으로 계열화시켜 반복해서 제시하도록 조직하는 방법을 말한다. 즉, 동일한 내용을 어린 연령 단계에서 직접적이고 구체적인 활동으로 제시하고 다음에는 그림이나 영상적인 활동 등 조금 높은 단계로 확대하여 제시하며 점차 상징적이며 추상적인 수준으로 반복 제시하는 것이다.

❸ 통합적 조직

통합적 접근방법은 다양한 영역의 내용, 개념 등을 통합된 전체 경험으로 제공할 수 있도록 조직하는 방법을 말한다. 브라운, 캐츠와 차드 등은 유아의 조화로운 발달을 위해 의미 있는 학습 경험을 유아에게 흥미 있는 주제, 단원, 프로젝트를 중심으로 조직할 것을 강조하였다. 최근에는 더만-스팍스가 다문화주의 교육 과정에 입각하여 유아들의 반편견 교육을 위한 경험 내용들을 통합적으로 조직했다.

(3) 교수 · 학습과정

NAEYC의 유아의 발달과 학습의 기본 원리는 다음과 같다.

- 유아는 신체적 요구가 충족되고 심리적으로 안전하다고 느꼈을 때 가장 잘 학습한다.
- 유아는 스스로 지식을 구성한다.
- 유아는 성인과 다른 유아와의 사회적 상호작용을 통해 학습한다.
- 유아의 학습 과정은 인식에서부터 시작하여 탐색으로 조사로 진전되어 가며 끝으로 활용으로 옮겨가는 순환적 주기를 따른다.
- 유아는 놀이를 통해 배운다.
- 유아의 흥미와 알고자 하는 욕구가 학습을 자극한다.
- 인간의 발달과 학습은 개개인에 따라 다양하다는 것이 그 특징이다.

❶ 놀이 중심의 원리

놀이는 자체에 즐거움과 흥미의 요소를 내포하고 있어서 유아기 학습활동을 그대로 의미한다고 할 수 있다. 유아는 놀이를 하면서 주변의 구체적인 사물을 탐색하고 상황을 이해하는 지식, 기술, 태도 등을 발달시키게 된다. 놀이를 통한 활동은 유아 스스로 선택하고 계획하고 참여해 이루어질 수 있도록 교사의 격려와 안내자적 역할이 필요하다.

❷ 개별화의 원리

유아는 흥미, 활동에 대한 이해 및 참여도, 자발성 등이 다르기 때문에 유아의 학습 속도에 맞게 개별적으로 학습활동을 선정하여 제시할 필요가 있다.

❸ 탐구 학습의 원리

유아는 스스로 탐구하는 과정을 통하여 학습이 이루어진다. 문제 상황을 파악해 보고 해석하며 일반화하는 탐구 과정은 유아의 인지 및 사고 과정을 발달시킨다. 다양한 경험의 기회, 관찰 및 실험 활동 시도, 창의적 문제 해결 과정 등이 유아 교수·학습과정 계획에 반영되어야 한다.

❹ 생활 중심의 원리

실제 생활은 유아에게 가장 직접적이고 구체적이며 유의미한 학습 경험이 될 수 있다. 유아 주변에서 일어나는 일, 사건, 생활과 연결된 체험 등을 통해 교육활동을 전개하는 것이 중요하다.

❺ 통합의 원리

통합의 원리란 영역별 교육내용, 교육활동영역, 학교와 지역사회가 각각 서로 분리되지 않고 연결되어 다루어지는 것을 말한다. 교육 내용을 통합적으로 다루기 위해서는 유아들의 관심이 집중된 주제를 설정하여 그 주제를 중심으로 활동영역별로 연결되는 활동들을 계획·구성하도록 한다.

3) 평가

평가는 다음의 두 가지 측면에서 이루어져야 한다. 하나는 유아교육과정 구성요소에 대한 평가이며, 다른 하나는 교육과정에 따른 유아발달 평가이다.

(1) 유아교육과정 구성요소에 대한 평가

❶ 교육목표의 평가

교육목표가 철학적 관점, 사회 문화적 측면, 유아의 발달 및 필요, 유아교육과정 내용의 관점에서 보아 타당하게 설정되었는지를 평가한다.

❷ 교육내용의 평가

교육내용이 교육목표가 지시하는 바로 그 내용인지를 평가한다. 예를 들어, 협동하는 태도를 기른다는 목표를 설정하고 유아 간의 비교나 경쟁 상대의 교육내용을 설정한 것은 아닌지를 평가한다.

❸ 교수 · 학습과정의 평가

교수 · 학습과정은 교육목표와 교육내용이 뜻하는 바를 얼마나 실천했는가를 평가한다.

❹ 평가의 평가

평가의 내용이나 방법이 타당하고, 신뢰되어 객관적으로 유아교육활동의 효과를 평가했는지를 평가한다.

(2) 유아발달(성취) 평가

교육활동을 하면서 교육활동 전, 교육활동 중, 교육활동 후에 나타나는 유아들의 발달상황에 대한 평가를 말한다.

❶ 진단평가

학습과정에 대한 교육활동이 시작되기 전에 하는 평가다. 이들 자료를 통해 유아의 성장과정, 가정환경, 발달상의 특징, 가족관계, 질병의 유무, 부모의 양육 방식 등에 대해서 파악할 수 있다.

❷ 형성평가

학습과제에 대한 교육활동이 진행되고 있는 과정에서 실시하는 평가다. 이는 유아의 어떤 행동이 변화했는지와 어떻게 변화했는가를 결정하기 위한 증거를 수집하기 위해 실시된다.

이들 자료는 포트폴리오로 해놓으면 그 활용도가 높아질 수 있다. 포트폴리오는 교육 과정에 따른 유아의 발달과 학습의 상황을 기록한 증거 자료의 모음집을 말한다. 하지만 포트폴리오는 평가방법이라고는 할 수 없으며, 다양한 평가방법을 통해 얻어진 유아에 관한 정보들을 편집하여 보관하는 방법을 의미한다.

❸ 총괄평가

주어진 학습과제에 대한 교육활동이 모두 끝난 후에 실시하는 평가이다. 총괄평가 결과는 교육활동 프로그램을 계속하거나 다른 현장에까지 확장할 가치가 있는 것인지를 결정할 수 있게 하며, 아울러 교육활동 프로그램을 어떻게 수정·보완하여 변화시킬 것인지를 안내해 준다.

총괄평가는 진단평가와 형성평가에서의 기초 자료들을 모아 분석·요약해 놓은 포트폴리오를 활용하는 것이 편리하다.

Chapter 6

유아교육과정의 운영

1 유아교육과정의 운영

1) 의미

교육과정 운영(Curriculum Implementation)이란 개념은 학자들마다 그 범위에 있어서 다양하게 규정하고 있으며, 우리나라에서도 실행, 시행, 전개 등 여러 가지로 사용하고 있다. 교육학 대백과 사전에서는 교육과정 운영이란 "교육과정 계획과 교육과정 평가 사이에 위치하는 절차로 정의하며 교육과정은 곧 교육과정 계획안의 실제적 사용 혹은 교육과정이 실제로 이루어지는 것을 의미한다. 즉, 교육과정의 운영은 현장 검증의 과정에서 필요한 수정을 수시로 함으로써 교육과정 설계와 그 개선 사이에 위치하는 하나의 교육과정 개발 단계라고 할 수 있음과 동시에 교육과정을 실제 적용하는 실천 단계로서 이는 곧 교육의 궁극적 성과로 정의되고 있다.

교육부에서 고시한 교육과정은 학교 현장 교사들이 수업에 활용함으로써 운영된다. 따라서 교육과정의 운영은 교사들에 의해 좌우된다. 교사가 교육과정상의 변화를 얼마나 중요하게 보느냐, 그리고 교육과정을 올바로 실천하는데 필요한 지식과 방법을 알고 있나, 교사가 보다 나은 수업개선을 위하여 기존의 태도나 수업 방법을 스스로 고쳐나갈 수 있는 변화 지향적 태세를 갖추었나는 교육과정 운영에 중요한 요인이 된다.

정부 차원에서 교육과정을 아무리 잘 만들어 제시하고, 수업자료까지 완벽하게 개발했다 해도 교사가 그것을 중요하게 여기지 않고 자신의 수업 과정에 적절히 적용하지 않으면 교육과정의 효과는 거두기 힘든 것이다. 따라서 교육과정의 운영을 제고하기 위해서는 무엇보다도 교사의 이해와 실천이 중요하다.

교육과정에 대한 교사의 이해와 해석, 실천은 곧 교사가 준비한 수업을 통해 나타난다. 즉, 교육과정에 대한 관심이 수업에 대한 관심으로 변화되어 나타난다는 것이라고 볼 수 있다. 따라서 교사의 교육과정에 대한 관심과 성공적인 적용은 교육과정의 성패를 좌우하는 요인이 된다. 왜냐하면 교육과정의 운영의 결과는 교사가 교육과정을 이해하는 수준만큼 실현되기 때문이다.

2) 운영 방향

유치원 수준 교육과정을 합리적으로 편성하여 교육의 질 관리를 위하여 노력하고, 교육내용을 유아의 발달 및 흥미의 연속성을 고려하여 시기와 상황, 필요에 따라 선정하여 통합적으로 편성한다. 시 · 도 교육청의 지침 및 유치원과 유아, 학부모의 요구와 필요 등을 고려하여 유치원 수준 교육과정을 결정한다.

교육과정을 운영하기 위해서는 교육내용을 계획하고 수립하여 편성하는 일이 매우 중요하다. 다양하고 포괄적이고 통합적인 교육활동을 계획하기 위해서는 유아교육의 목표, 학습활동의 원리, 연령에 따른 발달적 특징, 유아 개개인의 개별적인 학습 능력 등을 고려하며 영역별 활동 간에 상호적인 연계성이 이루어져야 한다. 유치원 교육과정의 운영은 하루 180분의 고정적 · 획일적인 운영 형태에서 지역 특성과 유치원 실정, 교육적 필요 등에 따라 반일제와 종일제 등의 형태로 교육 시간을 다양하게 운영할 수 있도록 국가 수준 유치원 교육과정에 명시되어 있다.

효율적인 운영을 위해서 각 유치원에서는 연수와 자율장학을 하게 되며, 문제점이 발생할 시 탄력적으로 대처해야 된다. 이를 위해 타 유치원의 교육과정을 비교 · 분석하거나 지역 교육청과의 장학협의를 통해 협력적 연구체계를 구축하여 교육의 내실화를 위한 방안을 강구할 수도 있다.

유치원 수준 교육과정 편성 및 운영은 교원 조직, 유아의 실태, 학부모의 요구, 지역사회의 실정, 교육 시설 · 설비 및 교육 여건과 환경이 충분히 반영되도록 한다. 교원들의 교육활동이 개선될 수 있도록 하고, 유치원 수준 교육과정 편성 및 운영의 적합성, 타당성, 효과성을 자체 평가하여 문제점과 개선점을 추출하고, 다음 학년도의 교육과정 편성 및 운영에 그 결과를 반영하는 등의 사항에 유의하여 유치원 수준 교육과정을 운영한다.

2 유치원 운영계획 작성에 포함되어야 할 내용

1) 교육계획

교과서가 없고 과정 지향적 성격을 띠는 유아교육의 특성상 유치원 교사들은 교육계획에 대해 더 많은 결정권을 쥐고 있으며, 전문성을 발휘하여 교육계획을 해야 한다. 교육계획의 중요성을 구체적으로 살펴보면 다음의 여섯 가지로 정리될 수 있다.

첫째, 수업이 나아가야 할 방향을 제시한다. 교실에서 발생되는 거의 대부분의 활동들은 교사의 계획활동을 통해 이루어지며, 교육계획안은 수업의 흐름이나 진행방향을 제시해주는 지침서의 구실을 한다. 또한 학습자에게는 가장 적절한 경험을 교사에게는 명확한 역할을 제시함으로써 효과적인 수업이 가능하도록 돕는다.

둘째, 수업의 자율적이고 융통적인 운영을 가능하게 한다. 누리과정이 국가수준교육과정으로 개발되어 고시되었다 하더라도 이는 전국의 모든 유치원에서 획일적으로 적용되어야 한다는 것이 아니라 교육계획을 통해 지역적 특성과 여건, 유치원의 실정, 교사의 자율성, 유아들의 특성에 따라 자율적으로 운영되어야 하는 것이다.

셋째, 수업이 오류를 범하거나 실패할 확률을 줄여준다. 수업에서의 오류나 실패는 쉽게 교정하거나 되돌리기가 어렵다. 교육이 제대로 이루어지기 위해서는 무엇보다 교육과정이 잘 계획될 필요가 있으며, 잘 계획되어 있지 않은 것이 잘 실천되고 실현되기를 기대하는 것은 불합리하다. 교사가 수업에서 예상되는 학습자 집단에 대한 정보를 획득하고 이를 분석하는 작업을 거치면서 학습자의 입장에서 학습자에게 적합한 수업을 계획하게 되며, 학습자의 적극적인 수업참여를 유도하고 궁극적으로 수업의 효과를 높일 수 있다. 또한 교육계획은 교수 행위 중 많은 부분을 예측할 수 있게 하는 중요한 과정이다. 유아교사들 역시 목표

설정이 명확하고, 평가를 고려하며, 물리적 환경을 포함하여 사전 준비가 잘 된 상태에서 좋은 수업이 이루어질 수 있다고 인식하고 있으며, 수업 전에 충분한 계획을 세우고 수행한 수업이 그렇지 못한 수업보다 효과적이라는 연구들에서도 완성도 높은 수업을 위해서는 교육계획이 선행되어야 함을 뒷받침한다.

넷째, 수업을 경제적으로 이끈다. 효과적인 수업을 위해서는 수업의 목적과 목표를 분명하게 밝히고, 목표를 획득할 수 있는 수업활동을 계획하고, 목표의 획득을 평가할 수 있는 평가도구를 개발한다. 평가 결과에 따라 수업을 수정하는 네 가지 원리에 따라야 하는데, 수업의 목표와 평가의 과정이 축소되고 내용과 방법에 초점이 맞춰져 있는 교육 계획은 수업의 효과성과 명확성면에서 취약할 수밖에 없다. 교사는 자신의 수업활동에 대한 목표설정과 내용선정 및 방법의 조직에 대한 근거 및 기대되는 결과와 후속 학습과의 관계 등에 대한 분명한 시야를 가지고 있어야 하며, 체계적이고 논리적으로 조직된 교육계획만이 유아에게 의미 있는 교육과정이 될 수 있다. 또한 투입과 산출의 측면에서 투입은 가능한 한 적게 하고 산출을 최대한으로 높이기 위해서 어떠한 방법과 자료를 이용하여 어떠한 절차에 따라 수업이 진행되도록 해야 할 것인가를 충분히 계획해야 하는데, 이 때 교육계획안은 교실환경, 학습자 수준, 매체 등을 종합적으로 고려하여 교실 수업을 시행하는데 도움을 주며, 시간 및 자원의 낭비 없이 학습자의 수업참여를 증진시킬 수 있는 효과적인 도구가 된다.

다섯째, 교사가 실천적 지식(practical knowledge)과 반성적 사고(reflective thinking)를 체계적으로 적용하고 확대하는 지지대 역할을 한다. 교육계획 혹은 수업설계는 수업을 계획, 선정, 준비, 제시하는 것뿐만 아니라 평가하고 수정하는 것까지 포함하는 광범위한 활동이며, 효과적이고 효율적인 수업을 위한 교정적이고 체계적인 접근방법을 의미한다. 즉, 교사들은 자신의 실천적 지식의 경험에 대한 반성을 통해 '가르침에 대한 실제적 행위 이론'을 개발하고 그 이론을 가지고 교육과정과 수업활동을 진행한다. 따라서 수업의 계획과 실행을 연속적이고 맥락적인 과정으로 이해하고 실천하는 것은 유치원 교사의 전문성을 담보한다고 볼 수 있는 것이다.

여섯째, 교육과정 평가에 중요한 근거 자료가 된다. 교육과정 평가에서 가장 우선적인 평가의 영역은 교육과정 문서 자체이며, 유아교육 특성상 교육계획안은 실제 교수·학습과정을 반영하는 유일한 자료이다. 유아교육기관에서 교사가 작성하는 교육계획은 그 기관의 교육과정을 이해하는데 중요한 자료가 될 수 있으며, 3~5세 연령별 누리과정 해설서에서 제시한 누리과정 운영 평가 지침에서도 교육계획안 분석을 중요한 평가 방법의 하나로 보고 있다. 유치원 교원능력개발 평가를 시범적으로 적용해본 결과에서도 유치원 교사의 교육계획안은 자기 평가와 동료 평가의 준거로 가장 많이 활용되었으며 계획안을 잘 쓰는 것이 곧 평가에 대비하면서 전문성을 향상시키는 방법으로 드러났다.

2) 교육목표

교육목표는 수업이 잘 수행되었을 때 수업과정에 참여한 학습자의 지식, 기능, 태도가 어떻게 변화되었는지를 성과 중심으로 표현한 진술문이다. 교육목표는 교육과정 개발에서 이루어지는 여러 활동들, 즉 교육내용과 학습 경험의 선택과 조직, 교육 평가 등의 방법과 도구의 결정 등의 방향을 구체화하는 데 도움을 준다. 교사가 교육 목표를 분명히 인지하면, 무엇을 가르쳐하는지 명확해지고, 교수·학습의 내용, 교수전략, 교수매체의 선정에 중요한 영향을 준다.

유아교육에서 교육목표는 국가 이념과 교육적 이념을 충분히 실현시킬 수 있어야 하고(철학), 사회와 문화의 필요 및 요청을 충분히 반영할 수 있어야 하며(사회와 문화), 학습자인 유아의 발달적 필요와 흥미(학습자인 유아), 유아의 삶과 연관된 지식·기능·태도(교육과정 내용)가 반영되어야 한다.

3) 교육내용

교육내용은 교육과정 목적과 목표를 구체적 활동으로 바꾸어 표현해 놓은 것으로, 교사는 교육과정의 목적과 목표가 정립되면, 그 목적과 목표를 교육과정 내용으로 전환하여 교육적 의미를 지닌 내용으로 구조화해야 한다. 교육 내용의 종류는 학자들에 따라 다양하게 정의되지만, 유아교육에서 다루어지는 대표적인 교육 내용은 슈왈츠와 로빈슨(Schwartz & Robison, 1982)이 분류한 사실 축적, 기술 축적, 교과 영역, 주제 중심, 구조적 학문, 통합적 접근의 여섯 가지이다.

첫째, 사실 축적은 유아가 경험하고 관찰하는 세부적인 사실들을 중요시하는 것으로 크기 · 색깔 · 모양 · 질감 · 농도 · 온도 · 무게 · 그 밖의 물리적 속성의 명칭들로부터 역사적인 사건들에 이르기까지의 모든 사실들을 중요한 교육 내용으로 보는 것이다.

둘째, 기술 축적은 기본 생활 습관을 비롯하여 생활하는 데 필요한 기술들을 중요시하며, 옷 입기, 신발 끈 매기, 단추 끼우기, 책상 닦기, 정리 정돈하기, 물 따르기 등 일상생활 기술 및 친구 사귀기와 같은 사회적 기술, 언어 기술, 셈하기 기술, 대 · 소근육 운동 기술 등을 교육 내용으로 본다.

셋째, 교과 영역은 교육 내용을 교과별로 정리한 후, 이를 단원(주제)으로 재구성하여 수업을 진행하는 경향을 말하며, 이는 주요 내용을 형성하는 데 도움이 되기 위한 수단일 뿐 그 교과 영역 자체가 목적이 되어서는 안 된다.

넷째, 주제 중심은 유아의 다양한 생활 경험, 지역사회의 사건, 여러 가지 흥미로운 정보거리 및 사회적으로 전달되는 지식 등의 내용들을 그 내용의 논리와 유아의 심리적 발달 양식에 적합한 차원에서 통합적으로 구성한 주제(단원, 토픽, 테마, 프로젝트)들을 교육 내용으로 보는 것이다.

다섯째, 구조적 학문은 유아교육 프로그램의 구성을 위한 기초로서 주요 개념(key concept)을 중요시하게 되면서 유아 발달 수준에 적합한 형태로 학문의 하위 구조를 나타내는 것이다.

여섯째, 통합적 접근은 유아의 자발적인 활동들, 일상생활에서 겪게 되는 문제들, 그리고 계획하지 않았던 우연한 사건들로부터 나오는 일련의 발생된 것들을 앞서 밝힌 다섯 가지 유형(사실 축적, 기술 축적, 교과 영역, 주제 중심, 구조적 학문의 내용)을 총체적으로 통합하는 것이다.

4) 교수 · 학습방법

교수 · 학습방법은 모든 학습자가 의도한 교육목표에 도달하도록 학습자의 능력, 동기, 적성을 고려하여 가장 적절한 수업방법 및 절차와 자료를 선택하는 과정이다. 교육과정을 구성하기 위해서는 유아의 발달에 적합한 교수 · 학습 원리를 바탕으로 교육방법을 구성하게 된다. 또한 하루 일과를 계획하고 물리적 환경을 구성하며 가정 및 지역사회와의 협력 방안을 모색하는 일도 교수 · 학습방법에 포함되어야 한다.

아동중심 교육철학에 기초하여 구성될 때 고려해야 할 교수 · 학습 원리를 놀이 중심의 원리, 개별화의 원리, 탐구 학습의 원리, 생활중심의 원리, 통합의 원리로 나누어 설명하였다. 놀이 중심의 원리는 유아교육기관에서 일어나는 모든 활동들은 놀이 속에서 통합되어 자연스럽게 유아 스스로 몰입되도록 구성해야 함을 의미하고, 개별화의 원리는 유아의 흥미와 활동에 대한 이해 및 참여도, 자발성 등이 다르기 때문에 유아의 학습 속도에 맞게 개별적으로 학습활동을 선정하여 제시해야 한다는 것이다(이원영 · 이영자 · 주영희, 1991).

하루 일과에는 이야기 나누기, 동화, 동시, 극놀이, 음악, 게임, 신체활동, 과학, 요리, 현장학습 등 다양한 대 · 소집단 활동 및 개별활동이 포함된다. 이때 활동의 효과적인 운영을 위해서는 각 활동의 특성에 맞는 교수 · 학습방법이나 교수 전략, 수업모형 등을 적용해야 한다. 그러나 각 활동에 공통적으로 적용되는 교수 · 학습방법으로는 자기표현, 토의하기, 문제해결, 추론하기, 발견 학습, 모델링, 설명 등이 있으며. 효과적인 수업을 위해서 이러한 교수 · 학습방법을 적절하게 구성할 수 있어야 한다.

또한 유아가 자발적이고 능동적인 학습활동을 할 수 있도록 실내 · 외 환경을 구성해야 한다. 물리적 환경을 구성하는 데 고려해야 할 기본 원리는 다음과 같다(방인옥 등, 2013).

첫째, 유아의 성장 발달 단계에 알맞게 환경을 구성한다.

둘째, 교육과정 및 주제에 알맞게 환경을 구성한다.

셋째, 모든 시설, 설비 및 교구들은 유아교육기관의 교육목표 성취와 유아의 성장과 발달에 도움을 줄 수 있어야 한다.

넷째, 유아에게 다양한 경험과 새로운 자극 및 흥미를 제공하고, 유아가 자발적으로 선택하고 참여할 수 있도록 구성한다.

다섯째, 유아의 건강과 안전을 보장해 주는 환경을 구성해야 한다고 보았다.

5) 평가

평가는 교육목적의 달성 정도를 판단하고 일정한 기준을 가지고 교육활동의 성과를 가늠하여 나타난 결과에 대한 가치를 판단하는 일련의 과정으로서, 학습자가 주어진 수업목표를 얼마나 달성했는지, 수업이 얼마나 효율적이었는지, 그리고 후속되는 수업을 조정하기 위해서 반드시 행해져야 한다.

유아교육에서 평가는 유아가 연령에 맞게 발달하고 있는지, 각 유아가 가진 장 · 단점은 무엇인지 파악하여 유아의 전인적 성장과 발달에 도움을 주고, 교사는 더 나은 교수를 위한 정보를 얻을 수 있어 수업의 질적인 향상을 기할 수 있으며, 부모는 유아의 건전한 발달을 돕고 보다 나은 부모-자녀 관계를 형성하도록 한다.

평가가 제 기능을 발휘하며 교육활동 전반에 걸쳐 효과적으로 수행되기 위해서는 다양한 정보원을 사용하여 공정하게 평가해야 하고, 평가 과정에 유아와 유아의 가족이 참여해야 하며, 평가 결과는 유아에게 도움이 되어야 하는 등의 원칙이 지켜져야 한다. 어떤 방법을 사용하여 평가를 하더라도 단일한 평가방법으로는 불충분하므로 다양한 척도를 사용하여 유아의 성취에 대한 정확한 관점을 확보해야 한다. 평가는 유아의 진보상황을 결정하고 유아가 성취한 것에 기초하여 적절한 수업을 계획하기 위해 실시되는 것이 중요하다.

교육활동의 평가는 교육목표와 내용을 준거로 유아의 특성과 변화 정도를 평가

하되 유아의 지식, 기능, 태도 등이 종합적으로 포함되도록 평가해야 한다. 이를 위하여 표준화 검사를 활용한 평가, 관찰 · 교사제작 척도 · 체크리스트 · 평정척도 · 루브릭 · 수행평가 및 포트폴리오 평가와 같은 비형식적 평가 방법들이 포괄적으로 활용될 수 있다.

6) 교육계획안

교육계획안은 교사가 교실에서 교육활동을 운영할 때 안내자 역할을 할 것이다. 그러나 이 교육활동 계획안이 오히려 유아들의 발현적 교육활동을 가로막고, 전적으로 교사중심의 교육 운영이 되도록 하는 것이 되어서는 안 될 것이다.

어떤 내용을 어느 시기에 유아들이 활동하도록 제공할 것인가는 유아들의 이해정도, 선행 경험정도와의 관련성, 유아교육기관의 상황 등에 따라 달라진다. 또 같은 내용이라도 유아들의 흥미가 지속되거나 유아들이 쉽게 이해하지 못할 경우 여러 번 반복해서 다룰 수도 있다.

무엇보다도 유아교육기관에서의 교수 · 학습이 통합성을 유지하면서도 유아의 개별성을 최대한 고려할 수 있도록 교육활동 계획을 세워야 한다. 교육활동 계획안은 대체로 두 가지 형태로 작성할 수 있을 것이다. 즉, '연(월)간 교육계획안 → 주간 교육계획안 → 일일 교육계획안 → 주제별 교육계획안 → 일일 교육계획안 → 단위 교육활동계획안'의 순서로 작성하는 것이다.

단위 교육활동은 유치원의 일과 운영 시간표를 구성하는 단위가 되며, 등교에서부터 귀가에 이르기까지 다양한 교육활동들이 있다. 단위 교육활동 계획안 작성 시 특히 고려해야 할 점이 활동목표다. 교사는 교육과정의 포괄적인 목표를 학습자 중심의 교수 · 학습 목표로 바꿀 수 있어야 한다. 또 교사는 활동목표를 진술함에 있어 활동의 성격상 행동적 목표 진술이 적합한지, 표현적 목표 진술이 적합한지를 판단할 수 있어야 한다. 아이즈너는 교수 · 학습 목표를 크게 행동적 목표와 표현적 목표로 구분하였다.

첫째, 행동적 목표는 학습활동의 결과로 얻어진 특수한 행동을 명료하게 진술한 목표를 말한다. 이 목표는 일반적으로 교과적 지식과 같은 문화적 산물에 근거를 두고 설정되며, 세분화된 목적 성취 여부를 평가하는 초등학교 이상의 학교는 행동적 목표 형태로 교수·학습 목표를 진술하는 것이 보편적이다. 메이거는 행동적 목표를 다음과 같은 요소들로 구성된 문장으로 진술해야 한다고 하였다.

행동적 목표: 조건 + 준거 + 도달점 행동

조건은 도달점 행동이 일어나는 학습 조건을 말하고, 준거는 학습자가 어느 정도로 잘 해야 잘했다고 할 수 있는지를 밝히는 것이며, 도달점 행동은 수업을 통해 달성하려는 행동 특성을 말한다.

둘째, 표현적 목표는 학습활동의 결과 언어질 특수한 행동에 대해 상술하지 않는다. 표현적 목표는 학습자가 학습 상황에서 경험하게 될 교육적 만남을 중요시한다. 학습자들은 성장 배경과 경험 정도에 따라 같은 상황에서도 다르게 인식하고 반응하며, 표현하는 방식이 제각기 다양할 수 있다.

유아교육은 유아기의 발달적 특성상 잠재된 유아의 능력을 계발하는 데 1차적 목표를 두고 있다는 점에서 행동적 목표보다는 표현적 목표를 선호한다.

(1) 일일 교육계획안

유아교육과정 운영 시 하루의 일과를 계획하여 "어떠한 활동을 아이들에게 제공할 것인가?"하는 문제는 교육과정 운영을 위하여 가장 중요한 요소라 할 수 있다. 일과계획 시 기본적으로 고려해야 할 점은 프로그램이 지향하는 철학과 목표 속에서 아동의 연령과 발달 수준·흥미를 고려해야 한다는 것이다. 또한 교사의 수, 시설, 특히 수업 시간의 형태를 고려해야 한다.

일일 활동 계획을 세우고 운영하는 데 필요한 일과계획 운영의 기본원리를 살펴보면 다음과 같다.

첫째, 일과계획은 일관성이 있어야 한다.

둘째, 일과계획 속의 일정한 시간은 유아들의 신체적인 욕구가 반영되어야 한다.

셋째, 일과계획은 교사가 미리 짜여진 틀 속에 유아들을 끼워 맞추려 하기보다는 먼저 유아의 요구에 따라 적극적으로 참여하고 의사결정을 하도록 도와야 한다.

넷째, 일과활동 계획은 각 프로그램의 철학에 근거해야 하지만 어떠한 프로그램이든 간에 활동의 내용과 순서는 균형 잡힌 계획이어야 한다.

다섯째, 일과활동 계획은 여러 가지 유형의 상호작용이 일어날 수 있도록 계획한다.

여섯째, 일과활동 계획은 융통성 있게 운영되어야 한다. 일곱째, 효과적인 일일활동계획은 활동을 계획한 다음 그 활동을 수행해 보고 활동의 평가가 이루어지도록 계획한다.

일일활동의 계획은 시간별로 구분된 활동시간대의 형태로 운영된다. 이러한 시간대별의 활동들은 서로 분리된 하나의 교과목 성격을 갖는 것이 아니라 유아의 전인적인 발달을 위하여 통합적인 활동으로 연결되며, 일일활동의 구성은 유아 교육기관의 도착 및 계획, 실내 · 외 선택활동, 대 · 소집단활동, 휴식, 평가 및 귀가지도 등의 여러 활동들 중에서 선택하여 활동들이 서로 연관성 있게 통합적으로 이루어지도록 한다. 자유선택활동 시간은 반일제의 경우 대개 40분에서 60분 정도의 시간을 할애하기 때문에 하루 일과의 거의 반 정도를 차지할 정도로 가장 큰 비중을 가지고 있는 중요한 활동 시간이라고 볼 수 있다.

일일 활동 계획 시 시간대별 활동의 길이나 순서는 각 프로그램의 목적, 유아의 요구, 매일의 환경에 의해 결정될 수 있어 융통성을 가지며, 일과 진행의 순서는 매일매일 똑같은 순서로 진행되어 유아들에게 안정감을 줄 수 있어야 한다. 일과 운영 시 가장 중요한 요소는 일정한 순서 속에서 활동의 융통성을 갖는 것이다.

〈표 6-1〉 **유치원 일일 교육계획안 작성 예시**

<table>
<tr><td>반이름</td><td>B반(만 4세)</td><td>시기</td><td colspan="4">20○○년 ○월 ○월 ○요일</td></tr>
<tr><td>생활주제</td><td>나와 가족</td><td>주제</td><td>소중한 나</td><td>소주제</td><td colspan="2">나의 출생과 소중함을 알아요.</td></tr>
<tr><td>활동목표</td><td colspan="6">내가 태어난 날에 대해 알고 나를 사랑하는 마음을 갖는다.</td></tr>
<tr><td>일과
시간표</td><td colspan="6">• 9:30 ~ 9:40 1코스 등원
• 9:40 ~ 10:10 1코스 소그룹 활동
• 10:10 ~ 10:30 2코스 등원 및 간식 먹기
• 10:30 ~ 10:35 인사, 날짜, 날씨, 하루일과 소개하기
• 10:35 ~ 11:30 자유선택활동
• 11:30 ~ 12:00 정리정돈 및 대그룹 활동
• 12:00 ~ 13:10 점심식사 및 정리정돈
• 13:00 ~ 13:30 하루평가 및 1코스 귀가
• 13:30 ~ 14:00 2코스 소그룹 활동
• 14:00 ~ 14:10 하루평가 및 2코스 귀가</td></tr>
<tr><td>시간/
활동명</td><td colspan="4">활동내용</td><td>준비물</td><td>평가</td></tr>
<tr><td>9:30
~
9:40
1코스 등원</td><td colspan="4">◎ 1코스 등원 및 맞이하기
- 유아들을 반갑게 맞이하고, 유아의 기분과 건강 상태를 파악한다.
- 신발을 정리 한 후에 동안 가방에서 도시락 통을 정리하게하고 집에서 보내 준 물건을 받아둔다.
- 정리 후 카펫에 앉도록 한다.</td><td></td><td></td></tr>
<tr><td>9:40
~
10:10
1코스
소그룹 활동</td><td colspan="4">◎ 1코스 소그룹 활동 (동화듣기 및 동극)
▶ 활동명: 나도 벌써 6살인걸요.
▶ 활동목표
• 동화를 즐겨 감상한다.
• 동화의 내용을 이해하고, 극화하여 활동한다.
• 동극활동에 즐겨 참여한다.</td><td>융판 동화,
역할배정표,
부직포로 만든 케익,
케익 재료,
동극머리띠</td><td></td></tr>
<tr><td>10:10
~
10:30
2코스 등원
및
간식 먹기</td><td colspan="4">◎ 2코스 등원 및 간식 먹기
- 2코스 아이들도 도시락 통을 정리 후에 자리에 앉아 1코스아이들과 간식을 먹는다.</td><td>간식</td><td></td></tr>
<tr><td>10:30
~
10:35
인사, 날짜,
날씨, 하루일과
소개하기</td><td colspan="4">◎ 인사, 날짜, 날씨, 하루일과 소개하기</td><td>융판</td><td></td></tr>
</table>

10:35 ~ 11:30 자유선택 활동	◎ 자유선택 활동 ▶ 언어: 내가 받고 싶은 선물 활동목표: 규칙을 지키며 활동 한다. 받고 싶은 선물을 언어로 표현해 본다. ▶ 조형: 초대장 만들기 활동목표: 초대장의 용도를 안다. ▶ 과학: 달력에서 내 생일 찾아보기 활동목표: 달에 대한 개념을 안다. ▶ 쌓기: 생일상 차리기 활동목표: 블록을 이용하여 상을 차린다. ▶ 역할: 동극 – 오늘은 내 생일이야 활동목표: 동극 참여를 통해 즐거움을 느낀다.	부직포 가방, 낱말 카드, 도화지 색종이, 풀, 가위 달력, 펜, 연필, 색연필, 블록, 동극머리띠	
11:30 ~ 12:00 정리정돈 및 대그룹 활동	◎ 정리정돈 및 대그룹 활동 (동시) – 피아노를 쳐서 정리 하는 시간임을 알려주어 정리를 하게하고 대그룹 활동을 준비한다. ▶ 활동명: 나 ▶ 활동목표: 동시를 읊으며 나를 사랑하는 마음을 가진다.	동시판	
12:00 ~ 13:10 점심식사 및 정리정돈	◎ 점심식사 및 정리정돈 – 손을 깨끗이 씻고 와서 예쁘게 앉아 기다리는 영역부터 급식을 준다. – 점심 식사를 받아 자리에 앉는다. – 점심 기도를 한 후에 맛있게 먹는다. – 다 먹은 아이들 중 선생님과 손뼉 친 아이들의 도시락 통 정리를 도와준다. – 이 닦는 것을 도와준다.		
1:00 ~ 1:30 하루평가 및 1코스 귀가	◎ 하루평가 및 1코스 귀가 – 하루평가 후 1코스를 귀가 시킨다. – 2코스는 1코스가 귀가하는 동안 조용한 놀이를 한다.		
1:30 ~ 2:00 2코스 소그룹 활동	◎ 2코스 소그룹 활동 – 1코스와 동일		
2:00 ~ 2:10 하루평가 및 2코스 귀가	◎ 하루평가 및 2코스귀가 – 하루평가 후 2코스 귀가 시킨다.		

(2) 연간, 월간 교육계획안

유치원 교사는 1년간 이루어질 교육계획을 하기 위한 기초 자료로서 유아의 연령과 발달 수준, 흥미, 교육 내용의 수준별 혹은 연령별 적절성 및 균형성, 교사 역할의 적절성, 계절, 사회적 이슈, 국가적 또는 지역사회 및 유치원의 행사와 전년도의 교육 계획에 대한 평가 내용을 고려하게 된다.

연간 운영될 생활주제를 선정하게 되는데 교육과학기술부(2012)가 누리과정 교사용 지도서에 예시한 생활주제는 유치원 · 어린이집과 친구, 나와 가족, 우리 동네, 동식물과 자연, 건강과 안전, 생활 도구, 교통 기관, 우리나라, 세계 여러 나라, 환경과 생활, 봄 · 여름 · 가을 · 겨울 등이다. 누리과정 교사용 지도서에 제시되어 있는 이러한 생활주제들은 일반적으로 유치원에서 설정하고 있는 교육 내용들인데, 이때 유아의 흥미, 유치원 및 지역사회의 실정에 따라 이미 제시된 생활주제 및 주제들을 그대로 선정하여 배치하거나 새로운 주제를 첨가할 수도 있고, 두 개의 생활주제를 병행하여 구성할 수도 있다. 예를 들면, 올림픽이나 월드컵 등의 국가 행사나 '도자기 축제', '나비 축제' 등 각 지역사회에서 열리는 민속제, 전시회, 박람회 등을 생활주제로 선정한다거나 '봄 · 여름 · 가을 · 겨울' 생활주제에서 '여름' 주제와 '환경과 생활' 생활주제에서 '물과 우리 생활' 주제를 조합하여 하나의 생활주제로 계획할 수 있는 것이다.

연간 운영될 생활주제를 선정할 때에는 어떤 주제여야 유아에게 유익한 내용을 가르치거나 경험하도록 할 기회를 제공할 수 있는지, 유아에게 가치 있고 의미가 있는지, 유아가 직접적으로 관찰하고 조사할 수 있는지, 유아의 경험과 연관되어 있는지, 표상방법이 다양한지, 부모와 지역자원 활용이 가능한지, 사회 문화적으로 적절한지 고려해야 하고 또한 유아의 연령에 적합하며 흥미 있는지, 유치원과 시 · 도 교육청, 국가 수준의 유치원 교육 목적 및 내용과 연관되는지를 고려해야 한다.

이와 관련하여 중앙대학교 부속유치원의 활동 중심통합교육과정(1989)에서 제시된 연간 생활주제로 선정될 수 있는 주제의 예는 유아의 발달에 적합하고 친숙하거나 호기심을 유발하며 문제를 해결하고 싶은 동기를 유발할만한 생활주제를 선정할 때 참고가 될 만하다.

① 교사의 경험에 근거하여 볼 때, 유아들이 여러 해에 걸쳐서 공통적으로 관심을 보여 왔던 주제

② 그 해에 실시될 것으로 예정된 특별한 국가행사와 관련된 주제(예: 올림픽)

③ 유치원 지도서(당시 문교부 유아교육지도 자료집)에 제시된 주제

④ 교육을 진행하는 과정에서 유아의 제안과 합의에 의해 도입된 주제

⑤ 교육을 진행하던 중에 교사의 제안과 유아의 합의에 의해 새롭게 첨가된 주제 등이 연간 생활주제로 선정될 수 있다고 하였다.

〈표 6-2〉 **유치원 연간 교육계획안 작성 예시**

월	주	생활주제	소주제	교육 목표	연간 행사 & 견학 계획
3	1	신나는 우리 유치원	반갑다, 친구야	새로운 환경에 관심을 갖고 적응하도록 하며 새로운 친구들과 원만한 관계를 갖도록 노력한다.	*입학식 *학부모 면담 *인형극
	2		유치원에 왔어요		
	3		유치원을 살펴봐요		
	4		우리들의 약속		
	5		즐거운 유치원		
4	1	나비가 와요	봄의 날씨	봄이 되어 달라지는 현상에 관심을 갖고 변화를 통해 자연과 환경을 이해한다.	*봄 소풍 *신체검사 *나비전시관 견학 *상수허브랜드 견학
	2		씨앗과 꽃		
	3		봄의 곤충과 동물		
	4		봄의 나물		
5	1	나와 우리가족	나의 소중한 몸	나를 포함한 가족의 소중함을 알고 우리의 이웃을 알아본다.	*어린이날 행사 *어버이날 행사 *스승의 날 행사 *부모참여수업
	2		다정한 우리가족		
	3		우리 집은 화목한 집		
	4		우리 동네		
6	1	월드컵과 세계 여러 나라	우리는 붉은악마	세계적인 대회를 통하여 세계가 하나 될 수 있음을 교육하고 몸으로 체험하도록 한다.	*2010 남아공월드컵 *인형극 관람
	2		우리도 공과 친해요		
	3		세계 여러 나라		
	4		세계 여러 나라 사람들		
7	1	여름	여름이 되면?	더워지는 여름의 날씨 변화를 이해하고 건강	*수영장 *여름 캠프
	2		여름의 과일		

	3		건강하게 생활해요	하게 생활할 수 있도록 한다.	*방학식
	4		여름방학		
8	1	교통기관	여름방학	탈것의 종류를 알아보고 교통규칙을 숙지하도록 한다.	*경찰서 견학 *어린이회관 견학
	2		여러 가지 탈것들		
	3		교통질서를 잘 지켜요		
	4		일하는 자동차		
9	1	우리나라와 추석	우리나라의 아름다운 자연	우리나라의 전통문화와 명절에 대해 알아보고 자부심을 갖고 문화유산을 사랑하는 마음을 갖는다.	*전통예절교육 *청주박물관견학 *기적의 도서관 방문 *직지축제
	2		추석이에요		
	3		국악에 대해 알아봐요		
	4		우리나라의 문화유산은?		
10	1	가을	가을에 오는 변화	가을 계절의 특성을 살펴보고, 자연의 아름다움과 수확의 고마움을 이해한다.	*가을 운동회 *가을 소풍 *농업박물관 견학
	2		가을의 꽃		
	3		가을 열매와 추수		
	4		가을의 동물과 곤충들		
11	1	불조심	불의 두 얼굴	불의 고마움과 위험성을 모두 이해하고 화재 사고 예방을 위한 교육을 한다.	*소방서 견학 *소방훈련
	2		불이나면 어떻게 할까요?		
	3	지구와 우주	우주는 어떻게 생겼어요?	지구와 우주를 이해하고 우리가 살고 있는 지구의 소중함을 안다.	*진천 천문대 방문 *중앙도서관 방문 *인형극 관람
	4		별자리를 보아요.		
	5		지구는 이렇게 생겼어요		
12	1	겨울	겨울이 되면?	추워지는 날씨의 변화를 이해하고 겨울철 놀이를 경험한다.	*크리스마스 행사 *신체검사 *방학식
	2		눈이 왜 올까요?		
	3		산타할아버지를 만나요		
	4		겨울방학		
1	1	새해	겨울방학	지난 1년간을 되돌아보고, 새해를 계획한다.	*인형극 관람
	2		새해를 맞이해요		
	3		십이지를 알아봐요		
	4		즐거운 설날		
2	1	초등학교에 가요	즐거웠던 유치원	나리 유치원 영문반에서의 생활을 되돌아보고 초등학교에 갈 준비를 한다.	*수료식 *졸업식 *신체검사
	2		초등학교에 가면		
	3		졸업식 연습하기		
	4		졸업		

(예) 월간 교육계획안

교육목표: 1. 가을이 되어 변하는 날씨와 주위 환경을 배운다.

2. 추수에 대해 알아보고 농부아저씨 감사하는 마음을 갖는다.

〈표 6-3〉 유치원 월간 교육계획안 작성 예시

생활주제		가을			
		1주	2주	3주	4주
소주제		가을에 오는 변화	가을의 꽃	가을에 열리는 열매와 추수	가을의 동물 곤충들
실내집단활동	이야기 나누기	-가을의 날씨 -무엇이 변했나요? -나무는 어떤 색이 되었나요?	-가을 운동회에는 무엇을 할까요? -가을 길에 볼 수 있는 것 -가을에 피는 꽃	-가을 열매와 곡식 -감이 주렁주렁 열릴 때까지 -벼가 쌀이 되기까지	-가을하면 생각나는 동물과 곤충들 -곤충과 곤충이 아닌 것은? -곤충의 특징 -가을 소풍엔 무엇을 할까요?
	새 노래	가을이라 가을바람	코스모스	허수아비 아저씨	아기 다람쥐 또미
	음률	나뭇잎 모양 리듬카드 이용한 리듬 놀이	코스모스 꽃잎 모양 건반퍼즐 맞추기 놀이	곡식과 열매 씨로 마라카스 만들어 연주하기	'사계' 중 '가을' 감상하기
	신체	바람에 낙엽 떨어뜨리기	꽃잎 흩날리기	허수아비가 되어보아요	메뚜기처럼 점프해 봐요
	게임	나뭇잎 색깔별로 뒤집기	노란 국화 하얀 국화(팀 게임)	과일을 따주세요	다람쥐가 되어 경주해 봐요
	동화	꼬마 또롱이의 여행	코스모스 길	의좋은 형제	어리석은 당나귀
	동시	낙엽을 타고 아사삭 아사삭	코스모스	추수	고추잠자리
실내자유선택활동	언어	책 – 가을이 왔어요.	꽃 이름 써보기	책 – 가을 들판에서 볼 수 있는 것	책 – 자리자리 잠자리 곤충이름 써보기
	수/조작	수 – 나뭇잎 모양 별 분류 조작 – 가을배경 퍼즐	수 – 꽃과 화분 짝짓기 조작 – 예쁜 꽃을 만들어 보아요.	수 – 곡식, 과일, 채소 분류하기 조작 – 가을열매 실 꿰기	수 – 내 친구는 누구? 조작 – 쌍둥이를 찾아요(카드게임)

미술/ 조형	-가을 나무 만들기 -나뭇잎 책갈피 만들기	만다라 만들기	-허수아비 꾸미기 -가을열매, 곡식 꼴라주하기	동물과 곤충 종이접기 하기
과학	나뭇잎의 색은 이렇게 변해요	국화의 색이 변해요	-가을 곡식 관찰하기 -가을 열매 속 모양 알아보기	가을 곤충 관찰하기
쌓기/ 역할	블록으로 가을 나무 만들기	꽃이 되어 봐요	-가을 열매 파는 시장상인 역할놀이 해보기 -농부 아저씨 되어 보기	가을 곤충이 되어보아요
실외활동 & 견학	낙엽 줍기	으쌰으쌰! 청팀 대 백팀	가을 황금 들판으로 놀러가요	-메뚜기를 보러가요/잠자리를 잡으러 가요(가을소풍)
기본 생활 습관	청결: 손을 깨끗이 씻어요.	질서: 계단을 차례차례 다녀요	예절: 선생님과 친구들에게 바른 말 고운 말을 써요	절제: 친구들에게 양보해요

(3) 주간 교육계획안

연(월)간 교육계획안에서 선정된 각 생활주제는 유아의 흥미 · 요구 · 지역사회의 여건 및 유치원의 환경에 따라 몇 개의 주제로 나뉘는데 이것이 주간 교육계획안의 내용이 된다. 주간 교육계획안은 1주 동안에 이루어지는 모든 활동들을 한눈에 볼 수 있도록 세부적인 내용까지 포함시킨 교육계획이다.

주간 교육계획안은 각 기관의 교육과정을 일정기간 객관적으로 가시화한 자료이기 때문에 교사가 일일 교육계획안을 작성하는 직접적인 토대가 되며, 가정통신문의 형태로 부모에게 보고가 되므로 유아교육기관의 교육과정을 잘 이해할 수 있는 중요한 수업설계 자료라고 볼 수 있다.

주간 교육계획안은 생활주제 및 주제를 중심으로 5개 생활영역의 활동들이 안배되도록 통합적으로 작성하고 실행함으로써 유아의 전인적인 발달을 도모할 수 있다. 또한 교육활동 지도서에 제시된 연령별 활동을 토대로 교육활동을 전개하되, 유아의 개인차를 고려하여 융통성 있게 활용하는 것이 필요하다. 예를 들어,

연령은 만 3세 유아이지만 만 4세의 발달 특성을 가진 유아에게는 만 4세 활동 중에서 적절한 활동을 선정하여 제공할 수 있다.

주간 교육계획안의 형태는 기관마다 차이가 있어서, 준비물, 수업일수 및 수업 시수, 가정통신문의 내용, 기본생활습관지도, 안전지도의 내용을 추가하여 작성하기도 한다. 예를 들어, 이화여자대학교 사범대학 부속이화유치원(2012)의 주간 교육계획안은 누리과정 교사용 지도서의 주간 교육계획안 작성 형태와 비슷하나 '바깥 놀이' 칸 아래에 '간식', '급식', '전이 · 주의집중', '귀가지도', '급식조력부모', '비고', '총평'란을 각각 삽입하였다. 여기에서 주목할만한 점은 진행되는 주제와 관련된 전이 · 주의집중 활동 즉, '(월)끝말잇기', '(화)가라사대 놀이', '(수)전통 음식 자리 바꾸기', '(목)맹꽁 놀이', '(금)배운노래 부르기' 등을 미리 계획하여 일과 시간의 효율적 운영을 도모했다는 것이다.

〈표 6-4〉 **유치원 주간 교육계획안 작성 예시**

<table>
<tr><th colspan="7">10월 3주. 가을에 열리는 열매와 추수</th></tr>
<tr><td>생활주제</td><td>가을</td><td>소주제</td><td colspan="2">가을에 열리는 열매와 추수</td><td>날짜</td><td>10월 18일~10월22일</td></tr>
<tr><td>목표</td><td colspan="6">가을에 열리는 다양한 열매에 대해 알아보고, 1년 동안 노력한 결실을 거두는 추수에 대해 알아보고 농부께 감사하는 맘을 갖는다.</td></tr>
<tr><td colspan="2">날짜</td><td>월</td><td>화</td><td>수</td><td>목</td><td>금</td></tr>
<tr><td rowspan="5">실내집단활동</td><td>이야기 나누기</td><td>가을의 열매와 곡식은 무엇이 있을까요?</td><td>가을의 들판에서 볼 수 있어요</td><td>추수! 수확해요</td><td>벼가 쌀이 되기까지</td><td>감이 주렁주렁 열릴 때까지</td></tr>
<tr><td>새 노래</td><td></td><td>허수아비 아저씨</td><td>추수하는 날</td><td></td><td></td></tr>
<tr><td>음률</td><td></td><td></td><td></td><td colspan="2">곡식과 감 씨로 마라카스 만들어 연주하기</td></tr>
<tr><td>신체</td><td></td><td>허수아비가 되어보아요</td><td>벼는 고개를 숙여요</td><td></td><td></td></tr>
<tr><td>게임</td><td>가을 과일을 따주세요</td><td></td><td></td><td>곡식 떨어지는 소리 듣고 이름 맞추기</td><td></td></tr>
</table>

	동화	영차영차 고구마 캐기 대회		의좋은 형제		
	동시		허수아비			감나무
실내자 유선택 활동	언어	열매이름 써보기	가을들판에서 볼 수 있는 것			
	수/조작	조작 – 가을 열매 실 꿰기			수 – 곡식, 과일, 채소 분류하기	
	미술/조 형		허수아비 꾸미기	가을열매, 곡식 꼴라주 하기		
	과학			가을곡식 관찰하기		가을 열매의 속 모양 알아보기
	쌓기/역 할	시장놀이	허수아비 되어보기	농부 아저씨 되어보기		
실외활동 & 견학		황금들판으로 놀러가요		놀이터에 가서 놀아요	농업박물관 견학	놀이터에 가서 놀아요
기본생활습관		예절: 선생님과 친구들에게 바른 말 고운 말을 써요				
귀가 및 가정과의 연계		다양한 곡식의 종류 알아오기				
참고사항		*야마시타 하루오(2002). 영차영차 고구마 캐기 대회. 꿈소다미 출판사. *정지용 외(2002). 생각까지 예뻐지는 동시 중 허수아비. 삶은 책속 옹달샘 *유영소(2008). 반짝반짝 별이 들려주는 동화 중 의좋은 형제. 문공사. *박길순(2005). 동시가 맘을 울려요(어린이와 어른을 위한 동시) 중 삼나무. 세계문예.				

3 일과계획 및 운영

1) 일과계획 및 구성

유아교육 프로그램이 효율성을 가져오는 중요한 요소 중 하나가 일과계획의 수립이다. 유아교육기관에 등원부터 시작하여 귀가 시간까지의 하루 일과를 얼마나 적절하고 일관성 있게 계획하고, 어떠한 단위 활동을 제공하느냐는 교수 · 학습 과정의 핵심적 요소가 된다.

일과의 구성은 반일제 · 종일제를 포함하여 유아교육기관의 환경, 교사의 교육계획 등에 의하여 다소 차이가 있을 수 있으나, 교육부(1995, 2000)는 다음의 기본적인 활동 시간이 포함될 것을 제안하고 있다.

(1) 등원

유아교육기관에서의 하루 생활은 유아가 유아교육기관에 도착하면서부터 자연스럽게 시작된다. 유아의 등원 순간부터 교육이 시작되어 귀가할 때까지 지속되는 것이다.

원장, 원감은 유아들이 유아교육기관에 도착하기 전에 실내 · 실외에 있는 모든 시설과 환경을 점검하여 위험한 곳이 없는지 파악하도록 한다. 유아의 안전은 가장 우선적으로 고려해야 할 것이기 때문이다. 교사는 특히 자기 학급의 모든 것을 세심히 살펴보고 재정비한다. 원장이나 원감은 유아들이 오기 시작하면 마당이나 현관에서, 담당교사는 교실에서 유아들을 맞이하면서 건강과 심리 상태 등을 점검하고, 문제가 있는 유아는 해결해 주도록 한다. 볼거리 등 전염성이 있는 질병이 있는 것으로 의심이 가는 유아는 부모와 상의하여 필요한 조치를 하도록 한다.

유아의 보호자와 개별적으로 정보를 교환하기가 어려운 경우, 유아와 함께 등원한 부모들이 교사에게 전하고 싶은 말을 간단히 적을 수 있는 메모판을 놀이방 입구에 준비한다. 나이가 어린 유아 중에는 부모와 떨어지기 싫어하는 경우가 있을 수 있으므로 특히 유의한다. 교사는 유아들을 반갑게 맞아들이고 손을 잡아주거나 옷차림, 유아의 물건 등에 관심을 보여 빨리 친숙해지고 부모와 자연스럽게 떨어질 수 있도록 돕는다. 분리불안을 심하게 느끼는 유아는 당분간 부모가 유아교육기관에 함께 있도록 한다.

(2) 자유선택활동

자유선택활동은 같은 시간대에 다양한 활동을 동시에 제공하여 유아의 놀이 선택 기회를 높이는 시간이다. 실내 자유 선택 활동 시간은 일반적으로 유아가 유아교육기관으로 들어서면서부터 시작되는 경우도 있고, 교사와 함께 활동을 계획한 후 하는 경우도 있다. 반일제 프로그램에는 40~60분 정도의 시간을 할당하기 때문에 총 수업시간의 1/3~1/4 정도의 시간을 차지하여 가장 큰 비중을 가지고 있는 중요한 활동 시간이다.

자유선택활동 시간은 유아의 흥미를 살릴 수 있는 개별화 교육을 실시할 수 있는 시간이다. 흥미영역마다 교재, 교구, 자료를 충분하게 제공해 주어야 하지만, 너무 많은 양을 한꺼번에 내어 주지 않도록 한다. 알맞은 양을 1~2주 간격으로 교체하여 유아의 흥미를 지속시켜 주도록 한다.

영역별 수용 가능 유아의 수, 필요한 규칙 등을 유아와 함께 토의하고 결정하게 되면 유아들의 협력을 받으며 효율적으로 운영할 수 있다. I 수준의 유아들에게는 5~6종의 흥미영역을 설치하여 유아들이 놀이를 쉽게 선택할 수 있도록 한다. I 수준의 유아들이 선호하는 역할놀이 영역이나 쌓기 놀이 영역은 넓게 배치하여 주고 대신 흥미를 덜 보이는 수학 영역, 과학 영역 등은 축소시킨다. 수학 및 과학 활동은 유아들이 활발하게 놀이하는 영역에서 자연스럽게 연결하여 활동하게 한다. 연령이 증가함에 따라 역할놀이에 대한 관심은 적어지므로, 이를 축소시키거나 역할놀이 영역의 활동을 심화시킨다.

실외에는 유아들이 마음껏 자유롭게 뛰놀면서 대근육을 발달시킬 수 있도록 동적인 활동 영역과 동·식물의 사육, 재배, 자연 현상의 관찰 및 탐색이 가능한 정적인 활동 영역을 둔다. 실외 자유선택활동에 할당되는 시간은 계절, 날씨, 유아들의 흥미, 활동 내용 등 상황에 따라 달라지지만, 실내에서보다는 조금 짧은 30~40분 정도의 시간이 좋다. 실외 놀이기구는 안전해야 하므로 특별히 유의한다. 교사는 전체를 바라볼 수 있는 곳에서 유아들의 활동을 관찰하며, 적절한 도움을 주고 자극과 격려를 해 준다. 그네, 미끄럼틀 등 위험한 요인이 있는 놀이 기구를 안전하게 사용하는 방법을 수시로 알려 준다.

실내 · 외 놀이 공간의 시설과 기구는 유아들이 귀가한 오후에 매일 점검하여 안전을 기한다. 유아들이 활동하는 것을 관찰하고, 이를 참고하여 이동 가능한 놀이 기구를 재배열하거나 첨가하여 유아들의 활동을 확대해 준다.

(3) 정리 · 정돈

정리 · 정돈은 개별적인 것과 전체적인 것으로 나눌 수 있다. 개별적인 정리 · 정돈은 유아교육기관의 규칙에 따라 정리 · 정돈하는 것을 말한다. 유아들이 하던 놀이를 끝내고 다른 놀이로 전이하려 할 때 앞서 했던 놀이의 교구와 앉았던 자리를 정돈하여 다른 친구가 그 놀이를 불편없이 할 수 있게 하는 것을 예로 들 수 있다. 전체적인 정리 · 정돈은 모든 유아가 동시에 함께 참여하는 것을 말하며, 이는 보통 실내 · 외 자유 선택 활동 시간이 끝난 후에 이루어지게 된다.

교사는 유아들의 분류 능력을 길러 주고, 정리 · 정돈을 쉽게 할 수 있도록 각 물건들이 놓이는 곳에 그 물건의 그림 또는 사진을 붙여 자리를 표시해 준다. 자유 선택 활동 시간이 끝나기 5분 전 교사는 치울 것이 많은 영역(예: 조형, 쌓기 놀이, 역할 놀이, 모래 놀이 영역 등)으로 가서 미리 알려 새로운 놀이를 시작하지 않도록 하고 진행 중인 것은 곧 마무리 짓게 한다.

정리 · 정돈을 지나치게 강조하거나 자주 요구하면 아예 관심을 두지 않거나 결벽증을 갖게 되어 놀이를 마음껏 할 수 없게 된다. 그러므로 자기 수준에 맞게 노력할 때 노력의 과정과 의도를 인정해 주고 칭찬해 주도록 한다.

(4) 대 · 소집단 활동

집단 활동은 교사가 계획한 다양한 교육활동에 유아들이 다같이 모여서 참여하는 활동이기 때문에 유아의 연령에 따라 집단의 크기, 활동 지속 시간, 활동의 종류 등을 결정해서 준비한다. 집단 활동에는 대집단과 소집단 활동이 있으므로 유아의 연령, 생활 주제, 활동의 종류 등에 따라서 전체 또는 소집단을 결정한다.

대집단 활동은 대체적으로 출결 상황, 날씨의 변화, 하루의 계획 등에 대해서 알아볼 때, 또는 슬라이드나 환등기, 비디오 보고 이야기 나누기, 동화 듣기, 노래 부르기, 게임, 휴식, 평가 등을 할 때 이용할 수 있다.

소집단 활동은 음률 활동, 동시 짓기, 그리기 활동, 만들기, 동극, 요리, 감상 등의 활동에서 이용할 수 있다. 소집단 운영을 계획할 때는 여러 가지 여건, 활동의 성질에 따라 집단의 크기나 구성원을 결정하다.

(5) 간식 및 점심

간식시간의 운영방법도 연령과 시기에 따라 다소 차이가 있으나, 일반적으로 점심식사에 지장을 주지 않도록 종류와 양, 시간을 정한다. 운영 방식에는 10시부터 11시 사이에 각 유아가 원하는 때에 먹고 정리하는 방법인 자유 운영 방식과, 매일 10시 20분을 전후하여 한 반 유아가 모두 같은 시간에 시작하여 20분 정도로 운영하는 방법이 있다.

간식의 종류는 변화를 주어 다양하게 하되, 설탕을 많이 사용한 단 음식이나 탄산 음료는 피하도록 하고, 자연 식품을 그대로 먹이도록 한다. 그리고 우유, 과자, 떡, 제철 과일, 채소 등을 주고, 가능한 한 유아교육기관에서 만들어 먹이도록 한다.

반일제 프로그램 운영의 경우에도 1주일에 1회 정도는 점심식사 시간을 가져 바른 식사 예절을 지도하도록 한다. 점심을 먹는 날에는 간식을 주지 않고 후식을 준다. 간식시간이나 점심식사 시간에는 안정된 분위기에서 조용한 음악을 들으며 간식을 먹거나 식사를 할 수 있도록 한다. 간식을 먹기 전에 감사한 마음을 표시하고 먹도록 한다. 간식을 다 먹을 때까지 자리를 뜨지 않으며, 친구들과 이야기할 때는 입에 든 음식을 삼킨 뒤 알맞은 목소리로 하도록 한다. 필요에 따라 유아의 간식이나 점심 식사가 거의 끝날 무렵 함께 모여서 평가 시간을 가진다.

(6) 휴식 및 낮잠

반일제 프로그램의 경우, 평상시에는 동적인 활동과 정적인 활동의 안배로 휴식 시간을 대신하지만, 더운 여름에는 간식 또는 동적인 활동을 한 뒤 15~20분 정도 쉬도록 한다. 종일제 프로그램에서는 낮잠을 자게 하는데, 낮잠 자는 시간은 연령이나 유아에 따라 융통성 있게 조절한다. 대체로 3세 유아는 점심 식사 후 1~2시간 정도, 4·5세 유아는 30분~1시간 정도가 적당하다.

휴식 영역이나 낮잠을 위한 별도의 방이 없을 경우에는 교실의 책상이나 장을 옮겨 장소를 넓게 마련한다. 낮잠을 자기 전에 미리 화장실에 다녀오게 함으로써 유아들이 중간에 왔다 갔다 하는 일이 없도록 한다. 휴식 시간이나 낮잠 시간 직후는 활동을 하는 것이 바람직하며, 낮잠을 자고 일어나자마자 귀가하는 일은 없도록 한다. 잠이 안 드는 유아는 잠자는 친구를 방해하지 말고 누워서 쉬도록 하고, 낮잠을 강하게 거부하는 유아는 교실에서 따로 쉬게 한다.

(7) 평가 및 귀가

평가 시간은 필요에 따라 각 활동이 끝난 즉시 평가하는 방법과 하루의 일과를 마치고 귀가하기 전에 5~10분간 그 날 있었던 일을 회상해 보는 방법이 있다. 귀가 시에는 전달 사항이나 안전 등에 관한 이야기를 할 수 있고, 때에 따라서는 다음 날의 활동을 소개하여 다음 날 도착하는 대로 활동을 시작할 수 있게 한다.

놀이 계획표 용지에 놀이 계획을 세운 유아는 계획대로 하였는지 평가지에 표시하게 한다. 귀가할 때는 몇 명씩 나누어 귀가하도록 하고, 통신문이나 작품, 도시락 등의 소지품이 있을 때에는 잘 가지고 갈 수 있도록 한다. 특별한 일이 있었던 유아의 경우에는 담임교사가 부모님께 직접 또는 전화로 그날 있었던 상황에 대해서 자세히 알린다.

이상의 기본적인 활동 시간들은 하루 일과에 있어 고정된 순서로 진행되어야 하는 것은 아니다. 유아교육기관의 상황, 날씨 변화, 유아의 건강 상태 등에 따라 하루 일과의 순서과 달라질 수 있다. 그렇다고 해서 이와 같은 융통성이 매일 이루어져 불규칙한 형태로 일과 운영이 되어서는 안 된다. 이것은 유아에게 심리적 불안과 두려움을 줄 수도 있다.

따라서, 어떤 순서로 일과를 구성하든지 매일 똑같은 순서로 진행하는 것이 바람직하다. 일정한 순서 속에서 활동의 융통성을 갖는 것이 일과 운영에 있어 중요하다. 1999년부터 우리나라 유치원 프로그램은 필요에 따라 다양하게 운영할 수 있도록 되어 있다.

2) 교수 · 학습방법

하루 일과 계획에 따른 유아교육기관의 일정은 이야기 나누기, 동화 듣기, 게임하기, 음률 활동 및 미술 활동 등 다양한 단위 활동들이 융통성 있게 포함되어 운영된다. 각 활동에 공통적으로 적용되는 교수 · 학습방법을 소개하면 다음과 같다(이원영 · 박찬옥 · 노영희, 1992).

(1) 자기표현

유아가 자연적인 발달 또는 의도적인 교수 · 학습의 결과를 얻게 된 느낌과 생각을 다양한 활동 형태로 표현하는 것이다. 이러한 자기표현의 방식으로는 행동적 표현(역할 놀이, 구성 놀이, 게임, 신체적 표현 등) 조형적 표현(그리기, 만들기, 꾸미기, 전시하기 등) 및 언어적 표현(감정을 말로 표현하기, 문제 해결 방안을 말로 표현하기, 지식들을 이야기 나누기 등)이 있다.

(2) 토의하기

두 사람 이상이 어떤 주제 · 갈등 상황을 놓고 토의하고, 그 결과는 합의에 도달하거나 갈등 상황이 지속되는 것이다. 갈등 상황일 경우 다시 토의를 거쳐 합의에 도달해야 한다. 토의의 질적 수준은 집단 크기, 구성원의 자질, 구성원 간 친밀도, 의사소통 형태, 교사의 지도 등에 의해 영향을 받는다.

(3) 문제 해결

학습자와 교사가 함께 문제상황(신체, 정서, 대인 관계, 물리적인 문제)에 대해 그 원인과 해결책을 모색해 보는 것이다. 정보수집, 해결방안의 선정 및 적용, 해결 방법의 장·단점 평가, 새로운 방법 재적용 등으로 이루어진다.

(4) 추론하기

가설적 딜레마를 제시하고 유아들의 의견을 묻는다.

(5) 모델링

모델링이 어떤 개념이나 지식, 태도, 기술을 익히고자 하는 동기 유발 체제로 사용될 때 그 효과는 크다고 할 수 있다. 따라서, 교사의 기계적인 시범이나 유아의 단순한 모방으로 그치지 않도록 해야 한다.

(6) 설명

유아의 개념 획득을 위해 사용하는 방법 중 하나로서 유아로 하여금 일반적 원리를 이해하도록 한 다음 이 원리를 구체적 사례에 적용하여 개념의 구조를 형성해 나가도록 하는 영역적 방법이다. 설명 방법의 효과를 돕기 위해 교사는 유아의 주의를 끌만한 시청각 자료, 구체적 사례, 다양한 관련 자료들을 사용할 수 있다.

3) 물리적 환경 구성

유아교육과정의 중요한 매체는 환경 자체이다. 기본 원리는 다음과 같다.

첫째, 유아의 성장발달 단계에 알맞게 환경을 구성한다.

둘째, 교육과정 및 주제에 알맞게 환경을 구성한다.

셋째, 모든 시설 · 설비 및 교구들은 유아교육기관의 교육목표 성취와 유아의 성장 · 발달에 도움을 줄 수 있어야 한다.

넷째, 유아에게 다양한 경험과 새로운 자극 및 흥미를 제공하고, 유아가 자발적으로 선택, 참여할 수 있도록 구성한다.

다섯째, 유아의 건강과 안전을 보장해 주는 환경을 제공한다.

(1) 실내 환경 구성

유아교육기관의 실내 환경은 대체로 흥미 영역(활동 영역, 놀이 영역이라고도 함)을 중심으로 구성된다. 흥미 영역을 중심으로 한 환경 구성은 다음과 같다.

① 유아의 자발적 참여를 통한 학습활동의 유도

② 폭 넓고 다양한 경험의 제공

③ 물리적 시각적 경계에 의한 주의 집중 및 심리적 안정감

④ 구체적 경험 중심의 통합적 활동

⑤ 개별화에 맞는 학습활동을 할 수 있다는 데 교육적 의의를 두고 있다.

실내 흥미 영역은 ① 쌓기 놀이 영역, ② 역할 놀이 영역, ③ 수 · 조작 놀이 영역, ④ 언어 영역, ⑤ 과학 영역, ⑥ 조형 영역, ⑦ 음률 영역, ⑧ 물놀이 영역, ⑨ 모래놀이 영역, ⑩ 컴퓨터 영역, ⑪ 요리 영역, ⑫ 목공놀이 영역 등으로 구분된다. 이들 각각의 흥미 영역에는 창의적인 놀이를 조장해 줄 수 있는 교재 · 교구가 비치되어야 한다.

이와 같은 흥미 영역 중심의 교육환경 구성은 교육과정 운영에 융통성과 통합성을 부여하며, 유아들에게 선택의 기회를 부여한다. 중요한 것은 각 흥미 영역이

형식성과 비형식성, 구조성과 융통성, 교사 주도와 유아 주도의 측면간 균형을 이루는 것이다.

교육부(1995)는 이러한 점들을 기초로 교실에 흥미 영역을 배치할 때 고려해야 할 사항들을 다음과 같이 정리하였다.

첫째, 기능적으로 분리하여 배치한다. 실내 활동과 실외 활동, 조용한 활동과 활동적인 활동, 물이 요구되는 건조한 활동 등으로 구분하고, 상반되는 활동 영역은 서로 거리를 두어 설치하도록 한다.

둘째, 활동과 관련 정도에 따라 인접해서 배치한다. 활동의 성격상 상호 보완할 수 있는 활동, 특히 물이나 전기가 필요한 활동은 흥미 영역을 인접하여 설치하도록 한다.

셋째, 흥미 영역의 크기는 참여할 유아의 수를 고려하여 정해야 한다. 즉 영역별로 필요한 공간의 크기와 유아의 수를 정해야 한다. 음률 영역과 쌓기 놀이 영역은 반드시 개방된 공간이 있어서 유아가 마음껏 몸을 움직여 보고, 블록을 쌓아 볼 수 있도록 배려해 주어야 한다. 각 흥미 영역에 대하여 교육부(1995, 2000)는 다음과 같이 소개하고 있다.

❶ 쌓기 놀이 영역

비교적 단단하여 깨지지 않는 재질로 만든 블록들을 가지고 구조물을 만들었다가 무너뜨리고 다시 쌓는 등의 과정을 경험하는 영역이므로, 바닥에 카펫이나 자리를 깔아 소음을 줄임으로써 인접 영역에 방해를 덜 주도록 해야 한다. 또한, 블록들을 최대한 활용하여 공간 지각 능력, 구성 능력 등을 확장해 볼 수 있도록 충분히 공간을 마련해 주어야 한다. 유아의 흥미, 주제와 관련된 소품을 이 영역에 함께 제공해서 활동이 다양하게 이루어지도록 한다.

❷ 역할 놀이 영역

유아들의 움직임이 많고 활동이 다양하여 활동적인 놀이 영역에 위치해도 좋다. 실생활에서의 역할을 연장하고, 그 외의 역학도 해봄으로써 내면적인 욕구를 표현하고 자아를 성취하는데 도움이 될 뿐만 아니라, 자기 중심적인 사고에서 벗어나 타인과의 관계를 통한 사회 · 정서적 발달을 이룰 수 있는 영역이다. 쌓기놀이 영역과 가깝게 배치하여 두 영역의 놀이가 통합될 수 있도록 한다. 역할놀이에 있어서 교사의 관심과 소도구의 제시는 유아의 적극적인 참여를 돕고 경험을 풍부하게 한다.

❸ 수 · 조작 영역

유아들이 개별적으로 탐색 활동을 많이 하게 되므로 조용한 영역에 비치한다. 소근육 기술, 수 개념, 모양과 크기, 개념 등의 발달에 도움이 되는 다양한 소형 놀이감을 낮은 교구장에 종류대로 진열해 놓아서 유아들이 언제나 손쉽게 이용할 수 있도록 해준다. 특히, 수와 연관된 활동 자료를 쉬운 것에서부터 어려운 것까지 여러 단계로 분류하여 필요에 따라 제공함으로써 유아들이 흥미와 능력에 맞게 자료를 선택하도록 돕는다.

❹ 언어 영역

언어 영역은 밝고 조용하고 안정된 공간에 배치해 유아들이 언어 활동에 집중할 수 있도록 배려해야 한다. 듣기, 말하기, 읽기와 쓰기에 관심 가지기 활동을 주로 하게 하여 유아의 의사소통 능력을 길러 줄 수 있는 영역이다.

언어 영역은 흔히 도서 영역이라고 불리어지기도 하는데, 동화책 외에 손인형, 융판용 동화자료와 융판, 이야기가 될 수 있는 그림 자료들을 교구장에 분류, 정리해 두도록 한다.

책 보기에 중요한 조명을 위해 도서영역은 창문 옆에 배치하여 자연조명을 받도록 하는 것이 좋고, 여건이 여의치 못할 경우 불을 켜서 밝게 해 준다.

❺ 조형 영역

조형 영역은 다양한 조형활동이 전개될 수 있도록 물이 있어야 하고, 색감을 잘 구별할 수 있도록 밝은 곳에 배치해야 한다. 그림물감, 크레파스, 밀가루 점토, 종이 오리기 및 붙이기, 상자 곽 구성하기, 풀칠하기 등 조형 활동의 종류는 상당히 다양하다.

❻ 과학 영역

과학 학습은 생활 주변 어느 곳에서나 이루어질 수 있다. 그러나 유아가 실제로 과학을 이해하도록 돕기 위해 탐구의 과정을 통한 구체적 경험이 효율적으로 이루어질 수 있는 과학 영역이 필요하다.

유아들이 접하게 되는 자연환경을 생물과 무생물, 물질의 성질, 자연 현상으로 나누어 자연 환경을 감상하고 탐구 · 이해하기 위한 활동들이 이루어진다. 유아가 만지고 두들기고 발견할 수 있는 탐색적인 활동을 할 수 있도록 하기 위해서는 활동적인 영역에 또 하나의 과학 영역을 설치해 주는 것이 바람직하다.

❼ 음률 영역

음률 영역은 음악에 맞추어 신체를 자유롭게 움직일 수 있는 넓은 공간이 필요하며, 유아가 소리를 정확히 변별할 수 있고 인접 영역에 방해가 되지 않도록 배치해야 한다. 바닥에는 카펫을 깔아 안정된 분위기를 조성해 주고, 소음을 줄일 수 있어야 한다.

❽ 물놀이 영역

물놀이 영역은 실내와 실외에 모두 설치해 줄 수 있다. 실외에서는 잔디밭이나 시멘트 바닥으로 그늘이 있고 물이 잘 빠지며 쉽게 마를 수 있는 곳이 좋고, 실내에서는 통로를 피하도록 하고 조용한 흥미 영역으로부터 떨어진 곳에 두며, 하수 처리가 용이한 곳이어야 한다.

❾ 모래놀이 영역

모래놀이 영역도 물놀이 영역과 마찬가지로 실내외 어느 곳에서나 설치해 줄 수 있다. 실내의 모래 놀이를 위해서는 모래 놀이대를 준비하도록 한다. 모래 놀이대는 물에 잘 견들 수 있는 플라스틱이나 합성 금속판으로 하는 모래 놀이대 밑에는 비닐 깔개를 깔아 미끄러질 위험을 막고, 빗자루와 쓰레받기를 준비하여 둠으로써 흩어진 모래를 쉽게 치울 수 있도록 한다.

⑩ 컴퓨터 영역

컴퓨터를 연결할 수 있는 전기 콘센트가 가까이 있는 벽면을 의지한 조용한 영역에 배치하도록 한다. 전기 콘센트가 멀리 있을 경우, 여러 가닥의 전깃줄을 테이프로 고정시킨다 해도 유아들이 활동을 하는 데 지장을 줄 수 있다.

몸체가 크고 무거우며 여러 개의 전깃줄이 달려 있으므로 벽면에 의지하여 설치하는 것이 안전하다. 특히, 직사광선이 들어오는 곳을 피함으로써 기계가 열을 받지 않도록 유의한다. 컴퓨터는 개별적으로 또는 2~3명의 유아가 함께 상호 작용하면서 이용할 수 있도록 배려한다.

모니터의 높이는 유아가 의자에 앉아서 볼 때 눈 높이보다 약간 높은 정도를 유지하도록 한다. 컴퓨터 교육은 키보드를 두드리고, 마우스를 움직이며, 조이스틱을 움직이는 가운데 컴퓨터에게 어떻게 명령해야 하는지를 스스로 발견하도록 하고, 다른 영역에서와 같이 서로 의견을 나누고 협력하고 양보하는 것을 경험하도록 한다.

⑪ 목공놀이 영역

목공놀이 영역은 소음이 많이 나게 되므로 다른 영역의 활동에 방해가 되지 않도록 별도의 공간이나 실내에 배치하도록 한다. 이 영역은 안전을 위해 통행이 빈번하지 않은 곳에 설치하고 교사가 쉽게 관찰할 수 있는 위치에 있어야 하며, 이용하는 유아의 수를 제한하도록 한다. 또한 목공놀이 영역의 도구를 유아들에게 맞게 운영한다면 그 효율성을 더욱 높일 수 있다.

⑫ 요리영역

요리 영역은 독립된 영역으로 분리하여 고정적으로 배치하거나 필요할 때마다 융통성 있게 배치하도록 한다. 역할놀이 영역, 과학 영역 등과 연결하여 배치하거나 함께 이루어질 수 있다. 고정적으로 배치할 때는 특히 물을 쉽게 쓸 수 있도록 수도 시설과 가까운 곳에 배치한다.

(2) 벽면 구성

유아의 학습과 성정을 돕는 또 하나의 물리적 환경이 벽면 구성이다. 벽면 구성은 다음과 같은 점에서 교육적 효과를 지닌다.

첫째, 주제에 따라 연관된 실물, 모형, 사진, 그림 등을 전시함으로써 유아의 학습 동기를 유발할 수 있다.

둘째, 주제와 연관된 다양한 표현 활동의 산물을 전시함으로써 학습한 것을 확인하고, 또 새로운 학습의 동기를 유발하는 계기가 된다.

셋째, 유아들의 작품을 다양하게 전시해 줌으로써 유아가 자신이 한 활동에 성취감과 자신감, 자아 존중감을 느끼게 된다.

넷째, 여러 가지 정보자료나 유아들의 작품을 가장 잘 돋보일 수 있는 방법으로 전시함으로써 신비감을 기르게 한다.

다섯째, 교사의 주관에 의한 평가보다는 유아와 유아 상호 간에 보고 느끼는 작품 감상의 기회를 가짐으로써 다른 유아들의 생각과 느낌을 함께 나누는 기회가 된다.

여섯째, 성취감을 못 느끼는 유아에게는 다른 유아의 작품과 함께 전시된 자기의 그림을 보며 한 집단의 일원으로 소속함을 느끼게 한다.

벽면구성의 교육적 의미와 심리적 가치는 교사의 노력에 달려 있어 교사는 환경을 아름답게 재창조하려는 노력을 계속 해야 할 것이다.

(3) 실외 환경 구성

실외 환경은 실내에서의 흥미 영역을 연장, 확장시킬 수 있는 활동 공간이다. 실외의 공간과 적당한 시설은 유아들의 활동 영역을 넓혀 주며, 소근육 활동이나 개념 중심의 활동뿐만 아니라 신체 전반의 활동을 가능하게 해 준다.

실외 놀이공간 구성에 있어서 중요한 점은 통로를 분명히 구분해 놓은 일이다. 통로가 분명하게 구분되어 있지 않으면, 유아들은 서로 부딪히게 되고 공간이 있어도 마음대로 이동할 수가 없다. 실외 놀이공간은 울타리나 답장으로 둘러싸서 거리의 혼잡으로부터 안전하게 하며, 특히 정적 활동 영역의 근처는 낮은 관목을 심어 다른 활동 영역과 경계를 만들어 주도록 한다.

3~4세 유아와 5세 유아를 위한 놀이공간을 별도로 구성하는 것이 바람직하며, 놀이공간의 크기가 제한되어 있다면 놀이시설을 유아의 신체 및 제 발달적 측면에 적합하게 부분적으로 3~4세용과 5~6세용으로 구분하여 제공하도록 한다.

Part

3

우리나라 유아교육과정

Chapter
7

누리과정

1 3~5세 누리과정 확대 도입과 추진계획

1) 3~4세 누리과정의 도입 배경

초등교육이 시작되기 전까지 교육과 보육과정을 국가 차원에서 공통과정으로서 갖추고 있으며, 특히 5세 유아의 경우에는 공교육화가 이뤄지는 추세이다. 이에 OECD는 한국에 대한 권고문에서 유아교육에 대한 공공투자 확대와 5세 미만 유아를 위한 표준화된 교육과정을 제안하였다. 하지만 우리나라의 경우 3~5세의 동일유아를 대상으로 교육과 보육서비스를 제공하고 있음에도 불구하고 이들의 관리와 운영이 이원화된 담당부처들에 의해 이뤄져, 예산중복, 학부모 혼란, 원아 경쟁, 행정 마찰, 사회적 통합 저해, 비용 증가 등의 사회적 문제를 야기하였다. 이에 정부는 이러한 문제점을 해결하고자 유아교육 및 보육에 대한 국가의 공적 투자를 확대하여 교육 및 보육의 강화를 강조하였으며, 유아교육의 질을 제고하고 공공성을 확보하기 위해 유아에 대한 교육과 보육의 행정적 · 재정적 통합에 대한 다양한 논의가 이루어졌다. 그리고 여러 가지 통합방안 중 교육과정 통합은 다른 부분의 통합보다 상대적으로 용이하기 때문에 동일연령대상의 교육과정을 우선적으로 통합하는 것이 첫 번째 선결과제가 되었다.

2011년에 5세 유아를 위한 통합 교육과정인 '5세 누리과정'이 발표되었으며 2012년에 3, 4세까지 확대하는 방안이 발표되었다. 이에 따라 3~5세 유아를 위한 국가 차원의 통합 교육과정으로써 '누리과정'이 2013년부터 시행되게 되었으며 그 결과 이원화되어 있는 유치원 교육과정과 표준교육과정을 일원화하여 3~5세의 모든 유아들은 공통교육과정을 제공 받게 되었다. 이는 정부가 보장하는 의무교육을 10년으로 확대하고 교육기회의 공정한 출발선을 보장할 수 있는 제도를 마련하게 되었다는데 그 의의를 갖고 있다.

3~5세 연령별 누리과정을 살펴보면, 총론의 구성 체계와 내용을 강화하여 구성 방향, 목적, 영역별 총괄 목표 외에 편성 · 운영 · 교수 · 학습방법 및 평가 내용을

추가함으로써 국가 수준의 공통 교육과정의 형식을 갖추고자 하였다. 또한 영역 구성과 내용 범주는 5세 누리과정의 구성 방향과 구성 체계를 그대로 유지하였다. 단, 전체적인 체계와 맥락을 고려하여 필요시 내용을 통합하거나 명칭을 수정하였으며, 연령별 간의 차이성 및 난이도 수준을 고려하여 세부내용을 일부 조정하여 제시하였다(교육과학기술부 · 보건복지부, 2012).

2) 3~4세 누리과정의 도입 과정

'3~5세 연령별 누리과정'은 '5세 누리과정'부터 시작되었으며, '5세 누리과정'은 1997년 「초 · 중등교육법」에 만 5세 유아에 대한 무상교육과 보육의 원칙을 명시하면서부터 논의가 시작되었다. 이후 2004년 1월에는 기존의 「유아교육진흥법」을 폐지하고 「유아교육법」이 새롭게 제정돼 유아교육의 공교육체제 구축을 위한 법적 근거가 마련되었으며, 2005년 1월에는 「유아교육법 시행령」이 공포되었다. 2004년 1월 당시의 「유아교육법」에 의하면, '유아'는 '만 3세부터 초등학교 취학 전까지의 어린이'를(「유아교육법」 제2조 제1호) 말하고, '유치원'은 '유아교육을 위하여 설립 · 운영되는 학교'로(「유아교육법」 제2조 제2호) 정의되며, 유아교육과 관련해 동법에서는 '초등학교 취학 직전 1년의 유아교육은 무상으로 하되, 대통령령이 정하는 바에 따라 순차적으로 확대 실시'하도록(「유아교육법」 제24조 제1항 및 「유아교육법 시행령」 제29조) 명시함으로써 '5세 누리과정' 및 '3~5세 연령별 누리과정'의 법적 토대를 다지게 되었다.

2009년 11월에 미래 기획위원회는 초등학교 취학연령을 1년 앞당기는 학제 개편 방안을 발표하였고, 이에 대한 대안으로 2010년 6월에 교육과학기술부는 만 5세 무상교육 강화를 주요내용으로 하는 가칭 '만 5세 기초학년제 도입 방안'을 대통령에게 보고하였으며, 2010년 8월에 정부 관련부처들은 공동으로 TF팀을 구성하였다. 2011년 5월에 대통령은 라디오 · 인터넷 연설에서 취학 전 유아에 대한 국가책임을 강조하고 사실상 의무교육 기간을 9년에서 10년으로 확대할 것을 밝혔으며, 정부는 전 국민을 대상으로 명칭 공모를 실시하여 2011년 7월 15일에 '5세 누리과정'을 공식명칭으로 발표하였다. 8월에는 공청회 개최와 유치원 교육과정 소위원회의 심의를 거친 후, 2011년 9월 5일 교육과학기술부와 보건복지부는 유치원 교육과정과 어린이집 표준보육과정을 통합한 '5세 누리과정'을 고시하였다.

정부는 2011년 9월 30일에 '5세 누리과정' 도입의 근거 법령으로 「유아교육법 시행령」, 「영유아보육법 시행령」, 「지방교육재정 교부금법 시행령」 일부 개정령을 공포하였고, 시·도교육청과 보건복지부, 육아정책연구소는 2011년 10월에 '5세 누리과정 교사용 지도서' 개발의 기본계획을 수립하고 집필진을 구성해 생활주제별로 심의회를 구성·운영하였다.

2011년에는 만 5세 유아에 대한 유아학비와 보육료의 지원 대상을 소득하위 70% 이하 가구로 하였으나, 2012년부터는 「지방교육재정교부금법 시행령」 개정으로 교육비 외에 보육료를 지원할 수 있는 근거를 마련하여 보호자의 소득수준에 관계없이 유아학비 및 보육료가 지원되었다. 2012년에는 만 3~4세 유아의 소득하위 70% 이하 가정에게만 유아학비·보육료를 지원하였고, 2012년부터 2016년까지 연차적으로 인상하여 지원하기로 발표하였다.

정부는 2012년 1월 18일의 제3차 위기관리 대책회의에서 '3~4세 누리과정'을 2013년부터 도입한다는 계획을 확정·발표하고, 2012년 2월 27일 유아 무상교육을 초등학교 취학 전 1년에서 3년으로 확대하는 내용의 「유아교육법」 일부 개정안을 마련해 국회에서 통과시켰으며, 이에 따라 2012년 3월 1일부터 「유아교육법 시행령」, 「영유아보육법 시행령」 일부 개정령이 시행되었다. 또한 교육과학기술부는 공청회와 교육과정 심의회를 거쳐 2012년 7월 10일 '3~5세 연령별 누리과정'을 고시하였고, 국회통과를 거쳐 2013년부터 '3~5세 누리과정'이 시행되고 있다.

2014년까지의 '3~4세 누리과정'에 소요되는 예산은 국고와 지방비, 지방교육 재정교부금을 활용해 지원하기로 했고, 2015년부터는 지방교육재정교부금의 재원을 일원화해 2012년 월 20만 원이던 지원금을 2016년 월 30만 원까지 연차적으로 인상하기로 하였다.

3) 5세 누리과정 제정배경

우리나라의 최근 합계 출산율이 1.05명(통계청, 2017)으로 떨어지는 등 세계 최저 수준의 저출산이 고착화되는 현상이 보이고 있으며, 만 5세 유아에 대한 국가의 투자는 국제적인 흐름으로 경제협력개발기구(OECD)회원국들은 최근 유아교육과 보육의 공공성을 강화하기 위하여 무상 교육·보육을 확대하고 있으며, 지원 대상도 만 5세에서 만 2세까지 낮추어 가고 있다. 모든 유아, 특히 만 5세 유아에 대한 국가 지원을 확대하여 출발선상에서 평등권을 보장받을 수 있는 제도가 조속히 마련되어야 한다는 사회적 공감대가 형성되었다. 이러한 배경하에 정부는 2011년 5월 2일, 만 5세 교육·보육에 대한 국가의 책임을 강화하는 '만 5세 공통과정'을 시행한다고 발표하였다. '만 5세 공통과정'은 현행 교육과학기술부 소관의 유치원과 보건복지부 소관의 어린이집 관리 체계를 유지하면서 만 5세 유아의 교육과 보육내용을 통합하여 하나의 과정으로 만드는 것이다. 또한 만 5세 유아 학비·보육료 지원을 전 계층으로 확대하고, 지원 단가도 연차적으로 현실화 한다는 정책이다. 이에 따라 현재 이원화되어 있는 유치원 교육과정과 어린이집 표준보육과정을 '5세 누리과정'으로 일원화하여 모든 유치원과 어린이집의 만 5세 유아에게 공통적으로 적용할 수 있는 공통과정을 개발하게 되었다.

만 5세 유아는 2012년 3월부터 유치원과 어린이집에서 공통의 '5세 누리과정'을 배우게 되었다. 정부는 '5세 누리과정' 제정 및 적용을 통해 지난 15년간 미루어 왔던 취학 직전 1년간의 유아교육·보육 선진화를 실현하게 되었으며, 정부가 부담하는 의무교육 기간을 사실상 10년으로 확대하고, 공정한 출발선을 보장하는 계기를 마련하였다.

5세 누리과정의 목적은 만 5세 유아에게 필요한 기본 능력과 바른 인성을 기르고, 민주 시민의 기초를 형성하는 데 있다. 이러한 목적을 달성하기 위하여 '기본 운동 능력과 건강하고 안전한 생활 습관을 기른다.', '자신의 생각과 느낌을 자유롭게 창의적으로 표현하는 경험을 가진다.', '자신을 존중하고 다른 사람과 더불어 생활하는 태도를 기른다.', '아름다움에 관심을 가지고 예술경험을 즐기며, 창의적으로 표현하는 능력을 기른다.', '호기심을 가지고 주변 세계를 탐구하며, 일상생활에서 수학적 · 과학적 문제 해결 능력을 기른다.'는 다섯 가지 목표를 제시하였다.

4) 5세 누리과정에 대한 세부 고찰

5세 누리과정은 모든 만 5세 유아에게 균등한 양질의 교육 · 보육 서비스를 제공하고, 기관 유형과 부모의 소득수준에 관계없이 동일한 교육 · 보육비를 지원하며, 취학 전 유아의 교육 · 보육에 대한 국가적 책임을 강화하기 위해 도입되었다. 누리과정을 자료를 토대로 자세히 살펴보면 다음과 같다.

(1) '만 5세 공통과정' 도입 배경과 필요성

5세 누리과정은 유치원과 어린이집을 이용하는 만 5세에게 공통 교육과정을 적용함으로써 초등학교 의무교육이 시작되기 1년 전부터 가정 밖 교육 · 보육경험의 균등성을 보장하기 위한 것이다. 부모에 대한 비용지원을 전 계층으로 확대하여 취학 전 유아의 교육 · 보육에 대한 국가적 책임을 강화하고자 2012년부터 도입 · 시행되었다.

5세 누리과정 도입 필요성은 유아 단계에서 양질의 교육 · 보육을 제공하고, 교육 · 보육비 부담을 완화하여 경제적 부담 때문에 이용 혜택을 받지 못하고 있는 만 5세아에 대한 국가지원의 확대가 필요하였다. 또한 만 5세아 교육 · 보육의 중요성으로 영유아기는 인지 · 정서 · 사회영역 등의 기초 능력이 집중 형성되는 시기이며 각 생애 단계별로 투자비용을 동일하게 산정할 경우, 영유아기의 인적자원 투자 대비 회수비율이 가장 크게 나타난다고 한다.

유아교육 국제동향을 보면 북미 및 대부분의 EU 국가들은 K학년제 도입, 교사자격기준 및 의무 · 무상 교육 강화 등을 통하여 취학 직전 1년의 교육을 엄격히 관리하고 있고, 경제협력개발기구(OECD)는 유아교육 · 보육의 공공성을 강화하는 추세이기 때문이다.

이에 정부는 2011년 5월 2일 만 5세 공통과정을 도입한다고 발표하였고, 만 5세 유아의 발달 수준 및 학습 특성에 적합한 교육·보육 내용으로 구성된 5세 누리과정을 마련하였다. 이는 현재 유치원과 어린이집으로 이원화 되어 있는 교육·보육과정을 통합해 만 5세의 모든 어린이들이 새로운 공통과정을 배울 수 있도록 하는데 있다.

유치원과 어린이집에 만 5세 자녀를 보내는 모든 학부모(보호자)에 대해 교육비·보육비 지원하여 지난 1997년 「유아교육법」 및 「영유아보육법」 등 법률에 명문화된 만 5세아 교육·보육에 대한 국가책임을 실현하는 것이다. 그동안 사회 각계에서 취학 전 어린이에 대해 국가가 보다 큰 역할을 해야 한다는 공감대가 확산됨에 따라, 정부는 이번 5세 누리과정을 통해 지난 15년간 완성을 미뤄왔던 취학 직전 1년간의 유아교육·보육 선진화를 실현하려는 것이다. 이는 정부가 부담하는 의무교육이 사실상 10년으로 확대되는 효과가 있다고 한다.

(2) 5세 누리과정 제정의 중점

5세 누리과정은 유치원 교육과정과 어린이집 표준보육과정 중 만 5세 유아에게 필요한 기본 능력과 소양을 기를 수 있는 공통내용을 선정하였다. 유치원 교육과정의 5개 영역(건강생활, 사회생활, 표현생활, 언어생활, 탐구생활)과 어린이집 표준보육과정의 6개 영역(기본생활, 신체운동, 사회관계, 의사소통, 자연탐구, 예술경험)을 만 5세 유아를 위한 공통과정으로, 5개 영역(신체운동·건강, 의사소통, 사회관계, 예술경험, 자연탐구)으로 영역 구분, 연령별·수준별 구성의 차이점을 일원화하여 5세 누리과정으로 구성하였다.

두 과정의 내용과 내용 범주는 다소 다르게 구성되어 있었으나 세부 내용은 매우 유사하여 두 과정의 공통적인 내용 중 교과 위주의 인지적인 학습활동보다는 민주시민으로 성장하기 위해 만 5세에게 필요한 기본능력과 소양을 기를 수 있는 내용을 선정하였다.

교육·보육과정에서 강조했던 공통 방향, 즉 사람과 자연존중의 가치관, 지속

가능한 생태환경의 중요성, 우리 전통문화와 세계문화 이해, 유아의 성, 종교, 가족 배경, 신체적 특성, 민족배경에 대한 편견 배제 및 다양성 추구, 실생활과 관련된 내용과 방법 등은 그대로 유지하도록 하였다.

기본생활습관과 창의 · 인성 지도를 강조하되, 이를 별도의 영역으로 구분하지 않고 '5세 누리과정' 전 영역에서 강조하여 만 3~4세와 구분하되, 세부 내용수준은 연계되도록 하였다.

(3) 5세 누리과정의 기본·구성 방향

만 5세아의 기본생활습관과 질서, 배려, 협력 등 바른 인성을 기르고, 사람과 자연을 존중하고, 우리 문화를 이해하는 데, 전인발달이 고루 이루어진 창의적 인재를 기르는 데 중점을 둔다. 초등학교 교육과정과의 연계성을 고려하였고, 5개 영역을 중심으로 주도적인 경험을 강조하고, 놀이 중심의 통합과정으로 유치원이든 어린이집이든 1일 3~5시간의 운영을 기준으로 구성한다.

이는 현재 유치원은 1일 3~5시간을 기본교육과정 운영시간으로 하고, 그 이후 시간은 종일제(방과후)로 운영하도록 하고 있고, 종일반으로 운영되는 학급은 교육과정 운영시간을 포함하여 총 8시간 이상으로 운영하도록 하고 있다. 어린이집은 1일 12시간 운영을 기본으로 하고 있다. 유치원과 어린이집의 전체 운영시간은 다르지만, 5세 누리과정은 오전부터 시작해서 1일 3~5시간을 연속적으로 운영하는 기본과정 운영에 적절한 교육 · 보육의 내용과 양을 고려하여야 한다.

(4) 5세 누리과정의 목적과 목표

5세 누리과정은 만 5세에게 필요한 기본능력과 바른 인성을 기르고, 민주시민의 기초를 형성하는 것을 목적으로 한다. 기본 운동능력과 건강하고 안전한 생활습관, 일상생활에 필요한 의사소통 능력과 바른 언어사용 습관, 자신을 존중하고 다른 사람과 더불어 생활하는 태도를 기른다. 아름다움에 관심을 가지고 예술

경험을 즐기며, 창의적으로 표현하는 능력, 호기심을 가지고 주변세계를 탐구하며, 일상생활에서 수학적·과학적 문제해결능력을 기르는 5개 목표에 기초하고 있다. 이를 토대로 5개 영역 신체운동·건강, 의사소통, 사회관계, 예술경험, 자연탐구로 각 영역별에 20개 내용범주로 구성되었다.

(5) 5세 누리과정 정착을 위한 보완사항

5세 누리과정 발전방향은 '5세 누리과정' 혼합반 교육·보육활동 교사지침과 더불어 만 3·4세 공통과정 개발, 어린이집과 유치원의 특별활동 프로그램에 대한 공동 지침개발, 교사경력 등을 고려한 다각화된 교사교육 적용과 자율장학을 통한 프로그램 질 관리, 만 5세아 교사의 동일한 처우개선비 지급과 지역과 상관없이 동일한 연구개발 지원비 책정에 있다. 어린이집에서는 1·2급 교사를 우선으로 경력 순으로 매년 만 5세반 담당교사를 배치하는 지침을 제공함으로써 교사들이 만 5세반을 맡을 수 있는 동등한 기회보장에 있다.

만 5세 누리과정 현안은 교육과정 중 일부 영역에서 만 5세아 발달단계를 고려하지 못한 내용이 포함되었으며 영역별 세부교육내용의 중복문제 제기, 혼합반 운영 시 연령별 보육활동 진행의 어려움, 공통과정 운영 후 남는 시간에 대한 교육활동지침 부재로 특별활동 가열화 가능성 존재, 교사교육 시 대체교사 확보 문제 등이 있다. 또한 교사역량을 강화할 수 있는 체계적인 재교육방법 및 콘텐츠 개발시급, 담당 영유아 연령별 교사 처우 개선비 차등지원 및 지역별 연구개발비 지원책 차이로 인해 보육교사 및 지역 간 갈등발생 가능성의 존재를 들 수 있다.

2 3~5세 연령별 누리과정

1) 3~5세 연령별 누리과정의 구성 방향과 목적 및 목표

(1) 구성방향

누리과정은 신체운동 · 건강, 의사소통, 사회관계, 예술경험, 자연탐구의 5개 영역을 중심으로 구성되었다. 만 3~5세 발달과정에 맞춰 공통분모를 뽑아냈다. 요즘의 교육 트랜드인 질서와 협력 같은 바른 인성을 기르고, 민주시민의 기초를 형성하는 것을 목적으로 개발되었다. 전 영역에서 기본생활습관과 창의 · 인성 지도를 강조 하였고, 공통과정으로 유치원 교육과정과 어린이집 보육과정을 선정하였다.

국가수준의 공통과정인 누리과정의 도입으로 모든 만 5세 유아는 유치원과 어린이집에서 무상으로 누리과정을 경험할 수 있게 되었고, 부모의 교육비 부담을 줄이는 결과를 기대하게 하였다. 또 누리과정의 활동과 내용이 초등학교 저학년 교육내용과 연계되어 있어서 학부모의 보육 · 교육 서비스의 만족도도 높아질 것이라 예상하였다. 동일한 내용의 누리과정을 유치원 교사와 더불어 어린이집 교사에게도 진행하게하고, 만 5세아 인원 수에 따라 누리교육 수당을 20만 원 혹은 30만 원을 지급받게 되었다.

우리나라의 유아교육은 교육과 보육으로 이원화되어 있기 때문에 유치원과 어린이집에서 운영하는 교육과정이 서로 다르게 개발되어 왔다. 유치원 교육과정은 교육과학기술부가 제시하는 건강생활, 사회생활, 표현생활, 언어생활, 탐구생활인 유치원 교육과정을, 어린이집 보육과정은 보건복지부가 제시하는 기본생활, 신체운동, 사회관계, 의사소통, 예술경험, 자연탐구인 표준보육과정을 운영해 왔다. 신체운동 · 건강영역에서는 표준보육과정을 사회관계와 예술경험에서는 유치원교육과정 내용에 좀 더 가깝게 누리과정 영역이 이루어져 있다.

(2) 목적 및 목표

유치원과 어린이집의 통합적인 공통교육과정에 해당하는 누리과정은 만 3~5세의 유아들로 하여금 공통보육과 교육과정을 통해 보편적인 경험을 제공받도록 하기 위함이다. 대한민국의 모든 만 3~5세의 유아들에게 공통적으로 보다 수준 높은 양질의 교육과 보육 경험을 제공할 수 있도록 유도함으로써 모든 유아들의 공정한 출발선을 보장하고자 하는 것인 동시에 초등학교에 입학하기 전의 유아들에게 초등학교의 교육과정과 체계적으로 연계할 수 있는 보편적인 교육을 실시하고자 하는 것이다.

이러한 취지를 내포하고 있는 누리과정의 목적은 만 3~5세 유아들의 심신의 건강도모와 조화로운 발달을 돕고자 하는 것인 동시에 유아들에게 필요한 기본적인 능력함양과 더불어 바른 인성을 기를 수 있도록 함으로써 궁극적으로 민주시민의 기초를 형성하도록 하고자 하는 것이다.

이러한 목적을 통해 누리과정이 이루고자 하는 세부적인 목표는 다음과 같은 사항들이 존재한다.

첫째, 기본적인 운동 능력과 건강하고 안전한 생활 습관을 기른다.

둘째, 일상생활에 필요한 의사소통 능력과 바른 언어 사용 습관을 기른다.

셋째, 자신을 존중하고 다른 사람과 더불어 생활하는 능력과 태도를 기른다.

넷째, 아름다움에 관심을 가지고 예술 경험을 즐기며, 창의적으로 표현하는 능력을 기른다.

다섯째, 호기심을 가지고 주변 세계를 탐구하며, 일상생활에서 수학적, 과학적으로 생각하는 능력과 태도를 기른다.

2) 3~5세 연령별 누리과정의 편성과 운영

양질의 교육·보육 경험을 제공하기 위해 가장 우선적으로 고려해야 할 것은 누리과정을 체계적으로 편성하고, 효율적으로 운영하는 것이다. 3~5세 연령별 누리과정의 내용은 크게 4가지로 나뉜다. 누리과정에 대한 구성, 목적과 목표, 편성과 운영, 영역별 내용으로 구분된다.

첫째, 구성방향에서는 질서, 배려, 협력 등 기본생활습관과 바른 인성을 기르는 데 중점을 두어 공동체 안에서 건강하고 행복한 구성원으로 살아가기 위해서는 유아기부터 바른 기본생활 습관과 올바른 인성을 가져야 하는 것과 자율성 · 창의성을 기르는 데 중점을 두고 있다.

둘째, 누리과정의 목적은 만 3~5세 유아의 심신의 건강과 조화로운 발달을 도와 민주 시민의 기초를 형성하는 것을 목적으로 한다.

셋째, 누리과정의 편성은 1일 3~5시간을 기준으로 편성하며 전체 일과 운영을 분리하여 적용하는 것보다 오전 3~5시간 동안의 운영을 원칙으로 하며 유연하고 탄력적으로 편성한다. 누리과정은 연간, 월간, 주간 일일 활동에 이르기까지 각 영역별 목표와 내용을 균형 있게 반영하여 체계적으로 작성된 계획을 중심으로 운영하도록 하며 실내 · 외 환경을 다양한 흥미 영역으로 구성하여 운영하고 놀이를 중심으로 교수 · 학습이 이루어지도록 하며 유아의 흥미를 중심으로 활동을 선택하고 지속할 수 있도록 하였다. 그리고 누리과정의 구성에서 가장 중요시되는 부분이 바로 평가에 대한 항목이다.

누리과정에서는 기존의 표준보육과정이나 '5세 누리과정'과는 다르게 평가의 과정을 매우 중요시 하였다. 따라서 평가에 대한 항목을 운영평가와 유아평가로 나누어 진행하고 있으며 운영평가는 누리과정의 목표와 내용에 근거하여 편성 · 운영되었는지 내용 및 활동이 유아의 발달 수준과 흥미 · 요구에 적합했는지를 평가하는 것을 시작으로 한다.

유아평가의 내용은 누리과정 목표와 내용에 근거하여 유아의 특성과 변화 정도를 평가하며 유아의 지식 · 기능 · 태도를 포함하여 평가한다. 유치원에서는 평가의 질을 결정하는 다양한 요인 중에서도 누가 평가를 할 것인가, 어떻게 평가를 할 것인가, 무엇으로 평가를 할 것인가, 결과를 어떻게 피드백할 것인가 등의 평가체제는 평가의 질에 직접적으로 작용하는 요인이라고 할 수 있다. 따라서 유치원 평가체제에 대한 적합성과 효율성에 대해서는 부단히 검토하고 개선 방안을 모색해야 할 필요성이 있다. 이에 따라 누리과정 해설서 전문의 평가부분에서는 평가의 방법을 정해 놓지 않고 계획안 분석, 수업 참관 및 모니터링, 평가척도 등 다양한 방법을 활용하고 운영 평가의 결과를 반영하여 운영 계획을 수정 · 보완하거나 이후 누리과정 편성 · 운영에 활용하여 한 해 동안 이루어진 종합적인 평가결과를 다음 해의 교육 · 보육 계획을 수립할 때 반영하도록 하고 있다.

마지막으로 누리과정의 영역별 내용은 기존의 '5세 누리과정'의 영역의 수와 같이 5개의 영역으로 구성되어 있다. 신체운동과 건강, 의사소통, 사회관계, 예술경험, 자연탐구라는 5개의 영역을 균형 있게 통합적으로 유아들에게 제공하여 전인적인 성장과 발달이 이루어지도록 하고 있다.

3) 3~5세 누리과정 편성 및 운영의 원칙

'3~5세 누리과정 해설서(교육과학기술부, 2012)'에는 3~5세 유아에게 양질의 교육 · 보육 경험을 제공하기 위해 3~5세 누리과정을 적용하는 학급을 위한 편성 및 운영의 원리와 지침이 제시돼 있는 바, 3~5세 누리과정의 편성 · 운영 지침은 다음과 같다.

(1) 3~5세 누리과정 편성의 원칙

❶ 1일 3~5시간 편성의 원칙

유치원은 1일 3~5시간의 교육과정을 운영하고 이후 시간은 방과 후 과정으로 운영한다. 반면, 어린이집은 1일 12시간을 기본 운영시간으로 하고 있어 편성 · 운영 기준이 상이하다. 그런데 누리과정은 현행 유치원과 어린이집의 운영 기준은 그대로 유지하면서 공통과정을 제공하는 것이므로, 3~5시간 동안의 편성 · 운영을 원칙으로 하되 기관 및 교사의 탄력성을 부여하고 있다.

이때 만 3 · 4 · 5세 유아의 발달 수준과 학습 특성을 고려하여 교육 · 보육의 내용과 시간을 적절히 조절하며, 신체운동을 위한 1일 1시간 이상의 바깥놀이(대근육 활동시간 포함) 시간을 반드시 확보하여 유아들의 스트레스를 해소하고 또래와의 친사회적인 관계 형성을 원활히 하며 실외의 자연환경을 경험하고 관찰하기를 권고한다.

❷ 5개 영역의 균형 · 통합 편성의 원칙

누리과정은 만 3 · 4 · 5세 유아에게 필요한 기본 능력과 소양으로서 신체운동 · 건강, 의사소통, 사회관계, 예술경험, 자연탐구 5개 영역으로 구성돼 있다. 그리고 이들 5개 영역은 생애 발달의 기초가 형성되는 유아에게 모두 필요한 영역이므로 균형 있게 편성하되, 각 영역의 내용을 시기와 상황, 필요에 따라 통합적으로 편성하며, 5개 영역의 전체 또는 일부가 서로 연계될 수 있도록 하는 것이 바람직하다.

유아기에 형성된 태도와 습관은 평생 동안 지속되므로, 누리과정 전반에 기본 생활습관과 질서, 배려, 나눔, 협력 등 바른 인성 지도를 비중 있게 포함해야 하며, 특정 주제에 한해 일회적으로 다루기보다는 연중 전개되는 주제와 영역에서 계열성과 연속성을 가지고 반복될 수 있도록 편성해야 한다.

❸ 유아의 발달과 경험을 고려한 놀이 중심 편성의 원칙

유아는 발달 특성상 문자를 중심의 추상적 학습보다 생활 속에서 사물을 직접 다루는 놀이 활동을 통한 학습효과가 크므로, 유아가 흥미를 가지고 자발적이고 지속적으로 참여하는 놀이 중심의 교육 · 보육 활동을 편성한다. 유아는 스스로 놀이를 주도해 가면서 5개의 전체 영역에 걸쳐 통합적인 경험을 하게 되는데, 다만 유아의 연령과 개인차를 고려하여 융통성 있게 교육 · 보육활동을 전개하는 것이 필요하다.

유아 개인에게 의미 있는 일상생활 경험을 통한 지도는 누리과정의 개념이나 지식을 유아가 더 쉽게 받아들이게 하며, 학습에 대한 긍정적인 태도도 형성될 수 있도록 해 준다. 따라서 유아의 흥미와 발달 수준 및 실생활 경험을 고려하여 놀이를 중심으로 교육·보육 활동을 실시하도록 하여야 한다.

❹ 학급 특성에 따른 탄력적 편성의 원칙

누리과정은 단일 연령 학급, 혼합 연령학급(복식학급)의 효율적 적용을 위해 학급 및 개별 유아의 발달 특성이나 요구에 대한 폭넓은 이해를 반영한 적합한 활동을 계획하고 편성해야 한다. 특히 혼합 연령학급(복식학급)의 경우, 만 3·4·5세를 위한 개별 또는 소집단 활동 및 함께 할 수 있는 대집단 활동도 고르게 편성해야 한다.

연령별 발달 수준, 지식, 경험의 차이를 고려하여 차별화된 교육·보육과정을 적용해야 하며, 동시에 다양한 연령대의 유아가 서로 긍정적인 영향을 주고받을 수 있도록 충분한 활동을 제공해야 한다.

❺ 편견 없는 편성의 원칙

누리과정은 유아들이 성별, 종교, 신체적 특성, 가족 및 민족 배경 등에 따라 차별을 받지 않도록 편성해야 한다. 교육주제나 교수·학습 자료의 선정, 교사의 언어 사용에서도 이러한 편견이 없는지 점검해야 하며, 다문화 관련 주제를 전개할 때는 구체적인 교수·학습방법을 통해 유아의 일상생활 경험을 충분히 활용하도록 누리과정을 편성한다.

고정적인 성역할 개념이나 특정 종교의 강조 및 주입을 지양하고, 한 부모 가정, 조손 가정과 같은 다양한 가족 형태와 배경을 이해할 수 있도록 활동을 계획한다. 또한 유아들에게 다양한 문화를 이해할 기회를 제공하며, 서로의 문화와 가치관을 존중하고 배려할 분위기가 형성되도록 하며, 장애 유아는 그들의 독특한 교육적 요구에 적합한 교육내용과 활동으로 편성해야 한다.

❻ 심화·확장 편성의 원칙

누리과정은 3~5시간의 운영을 기본으로 하되, 유치원과 어린이집의 일과 운영

시간에 따라 심화·확장할 수 있도록 편성한다. 현재 유치원과 어린이집의 일과는 기본과정, 방과 후 과정, 종일제 등 다양한 형태로 운영 중이다. 그런데 이중 방과후 과정이나 종일제 과정은 특히 교육·보육의 질이 중요하므로, 누리과정을 심화·확장한 다양한 활동 중심의 교육·보육과정을 편성해야 한다.

기본 누리과정을 심화·확장할 때에는 지식 및 기능 위주 교육보다는 기본과정과의 균형과 활동의 양을 고려해 유아들이 부담감과 피로감을 느끼지 않도록 편안한 휴식과 낮잠, 안전, 영양 및 건강, 바깥놀이 등을 포함하도록 한다. 또한 개별 유아의 특성이나 물리적 환경을 고려해 집단 구성이나 운영 형태 등을 다양하게 편성한다.

(2) 3~5세 누리과정 운영의 원칙

❶ 연간, 월간, 주간, 일일 계획에 의한 운영

누리과정은 연간, 월간, 주간, 일일 단위별로 각 영역별 목표와 내용을 균형 있게 반영하여 체계적으로 작성된 계획안을 중심으로 운영한다. 단, 학기 초의 연간, 월간, 주간 계획안 작성 시에는 유아의 흥미나 상황을 면밀하게 고려해야 한다. 일일 계획은 보다 구체적으로 개별 유아의 수준에 따라 활동을 전개하도록 한다. 뿐만 아니라 유아가 전날 보였던 반응이나 당일의 상황 변화에 따라 활동을 조정하여 진행하도록 한다.

누리과정의 운영은 교사 주도와 유아 주도 활동 간의 균형, 대·소집단과 개별 활동 간의 균형이 이루어질 수 있도록 한다. 이를 위해 교사는 누리과정의 활동이 5개 영역 중 한 영역에 치우치지 않도록 계획하고 일과 평가, 주별 협의, 월중 회의 등을 통해 지속적으로 이를 점검한다.

❷ 실내·외 환경을 다양한 흥미 영역으로 구성해 운영

교사는 다양한 흥미 영역을 실내외에 구성하여 유아의 활동 선택권을 확대하고 자발적 참여를 촉진한다. 흥미 영역은 누리과정의 영역별 내용을 다양한 활동으로 전개할 수 있도록 구성하되, 흥미 영역에 제시되는 활동이나 자료는 주간 및 일일 학습주제와 관련돼야 한다. 교사는 실내 · 외 공간의 기능과 위치, 크기를 고려해 쌓기 놀이, 언어, 과학, 수 · 조작, 음률, 미술, 역할놀이, 모래 · 물놀이 등의 다양한 흥미 영역을 구성하되, 발표, 토의, 게임, 관찰, 실험, 조사, 현장학습 등과 연계시켜 유아의 심화학습을 유도하도록 운영한다.

흥미 영역은 유아의 흥미와 요구가 반영되도록 계획 단계에서부터 유아와 함께 협의하는 것이 바람직하며, 실외에서 흥미 영역을 배치하고 운영할 때는 움직임이나 소음 정도도 고려해야 한다.

❸ 유아의 능력과 장애 정도에 따른 운영

누리과정은 형평성을 강조하는 공교육 및 공보육의 특성상 유아의 능력과 장애에 따른 차별이 없이 운영해야 한다. 이를 위해 특수학급 및 일반학급에서 장애 유아의 개별화 교육계획에 기초해 누리과정을 운영하고, 교육 · 보육활동 계획 시에 장애 유아의 발달수준과 필요에 맞는 적절한 활동자료를 제공한다.

장애 유아와 일반유아의 통합교육 시에는 특별한 요구를 가진 장애유아를 배려한 환경과 활동자료를 제공하여 누리과정을 운영해야 한다. 필요한 경우 장애 유아의 참여를 촉진하기 위해 진행 중인 활동이나 교재를 수정하거나, 특수교육 교육과정 및 교수 · 학습 자료를 활용할 수 있다. 또한 장애 유아의 가장 중요한 조력자인 부모에 대한 교육을 실시하고, 관계 전문가들과 연계 · 협력하여 지원하도록 한다.

❹ 부모와 각 기관의 실정에 따라 부모교육 실시

부모교육은 누리과정의 실시 효과를 극대화 할 주요 요인이므로, 부모가 유아의 특성과 상황에 따른 적절한 부모 역할을 알고 실천할 수 있도록 부모교육을 실시한다. 부모교육은 연락장, 편지, 게시판, 자유로운 대화, 대 · 소집단 모임, 수업관찰과 면담, 자원봉사 활동, 부모참여수업, 의사결정 참여 등에서 다양하게 이루어질 수 있다. 유치원과 어린이집의 여건과 환경, 학급 연령 구성, 부모의 요구 등을 고려하여 부모교육의 내용과 방법을 계획하며, 정상적인 누리과정 운영이 가능한 범위 내에서 하루 일과, 교사 구성 등을 고려하여 융통성 있게 실시하도록 한다. 또한 지역사회의 부모교육 프로그램이나 워크숍 등에 관한 정보를 안내하고 참여할 수 있도록 하여 자녀 양육에 실질적인 도움을 제공한다.

❺ 가정과 지역사회의 협력 및 참여에 의한 운영

유치원과 어린이집, 가정, 지역사회 간의 협력은 교육·보육 활동뿐 아니라 가정과 지역사회에도 긍정적 영향을 미친다. 지역의 문화적·지리적 환경과 특성은 교육·보육 활동을 풍부하고 효과적으로 만들며, 가정, 지역사회와 연계한 누리과정 운영은 가정이나 지역사회로 하여금 유아의 건강하고 행복한 성장발달에 기여하는 보람과 사명감을 가질 수 있게 한다.

그리고 다양한 직업, 취미, 특기를 가진 가족구성원과 지역사회 인사들을 누리과정 운영에 적극 활용하고, 가정 및 지역 사회와의 교류를 통해 프로그램을 효율적으로 운영한다. 지역의 유적지, 산업시설, 문화시설 및 대학 등의 자원을 교육·보육 활동에 적절히 반영할 수 있고, 이를 위해 시·군·구청 및 보육 정보센터로부터 운영 전반에 대한 지원을 받을 수 있다.

❻ 교사 재교육을 통한 누리과정 활동의 개선 운영

누리과정의 효과적 운영을 위해서는 누리과정의 내용과 운영 방법에 대한 교사의 충분한 이해가 필수적이다. 따라서 누리과정의 운영 평가에 근거한 교사 재교육을 지속적으로 실시해야 한다. 이를 위해 교사협의회, 현장 연구, 수업 공개 및 참관 등과 같은 시설 내 자체 연수가 실시돼야 하고, 이외 지속적인 직무 연수 및 승급 교육을 통해 교사의 전문성을 유지하고 향상시켜야 한다.

특수교육의 경우 일반교사도 특수교육대상 유아에 대한 전문성을 확보하고, 특수 유아교사와의 협력관계를 증진시키도록 재교육과정을 강화해야 한다. 시·

도교육청, 시 · 도청, 유아교육진흥원, 보육 정보센터, 한국보육진흥원 등은 교사를 대상으로 지역 연수, 워크숍, 인터넷 강의 등의 교사 재교육 프로그램을 운영 · 제공해야 한다.

4) 만 3~5세 연령별 누리과정의 교수 · 학습방법

연령별 누리과정이 체계적으로 편성되고, 효율적으로 운영하기 위해서는 각 활동 및 과정의 목표를 달성하기 위한 적절한 교수 · 학습방법이 동반되어야 할 것이다. 유아를 위한 적절한 교수 · 학습방법에 대해 자세히 알아보고자 한다.

(1) 놀이를 중심으로 교수 · 학습활동이 이루어지도록 한다.

유아의 흥미를 돋울 수 있는 놀이 중심으로 교수 · 학습활동이 이루어지기 위해서는 교사의 교육적 의도가 중요하다. 유아의 자발적인 놀이가 자연스럽게 학습 경험으로 연계되도록 하는 것도 교사가 사전에 염두에 두고 있는 교육 목표와 내용이 있을 때 가능하다. 뿐만 아니라 교사는 의도하는 교육 목표와 내용이 서로 부합하며, 유아가 자발적이며 적극적으로 참여할 수 있는 놀이인지 사전에 꼼꼼하게 계획하여 제공해야 한다.

(2) 유아의 흥미를 중심으로 활동을 선택하고 지속할 수 있도록 한다.

교사는 세심한 관찰을 통해 유아의 관심이나 흥미가 무엇인지 파악하고 이에 적합한 활동을 제시해야 한다. 또한 유아가 보이는 관심과 흥미에는 개인차가 있으므로 교사는 다양한 활동을 준비하여 유아가 자신이 원하는 활동을 직접 선택할 수 있는 기회도 충분하게 제공해야 한다. 주의할 것은 유아의 흥미가 지속적으로 유지되어 학습이 이루어지기 위해서는 여러 활동을 단편적으로 경험하기보다 흥미 있는 활동을 반복하고 자신이 한 경험에 대해 생각할 기회를 제공하는 것이 필요하다.

(3) 유아의 생활 속 경험을 소재로 하여 지식, 기능, 태도 및 가치를 습득하도록 한다.

유아는 일상생활 속에서 여러 가지 경험을 하게 되며, 이를 통해 지식, 기능, 태도 및 가치를 형성해 간다. 유아의 생활 속 경험을 학습상황으로 이끌어가기 위해서는 교사의 역할이 중요하다. 교사는 유아와 직접적으로 관련된 가정과 유치원과 어린이집의 일과, 친구관계 등에서 유아가 하는 경험에 대해 잘 알고 있어야 한다. 동시에 유아가 습득해야 할 지식, 기능, 태도 및 가치가 무엇인지를 알고 있을 때 유아가 하는 경험을 학습의 장으로 연결할 수 있다. 유아의 일상적 경험을 학습 상황으로 이끄는 것은 교사의 유아에 대한 관심과 교육적 접근이 있을 때 가능하다.

(4) 유아와 교사, 유아와 유아, 유아와 환경 간에 능동적인 상호작용이 이루어지도록 한다.

교사는 교사-유아, 유아-유아, 유아-환경 간의 상호작용을 지원할 때 유아의 연령, 사전 경험, 발달 수준 등을 고려해야 한다. 만 3세 유아가 처음 기관 경험을 하는 경우에는 격리 불안과 낯선 상황에 대한 두려움을 배려하여 상호작용 하는 것이 바람직하다. 만 4세 유아는 생활·문화적 배경이 만 3세보다는 확장되며 조금 더 구조화된 시간 구성이 가능하므로 학기가 진행됨에 따라 주제에 대한 이야기 나누기나 대집단으로 생각을 공유하는 시간을 점차적으로 늘려간다. 만 5세 유아는 협동 능력과 규칙에 대한 인식이 발달하며 선호하는 또래와 우정을 형성하기도 하므로 또래 간 상호작용에 보다 중점을 두고 지원한다.

(5) 주제를 중심으로 여러 활동이 통합적으로 이루어지도록 한다.

주제 중심의 통합은 유아의 흥미와 발달, 학습에 적합한 주제를 선정하여 이를 탐구하는 과정에서 누리과정의 5개 영역과 관련되는 내용들을 통합하여 학습하는 것이다. 주제를 중심으로 통합적으로 활동들을 운영하기 위하여 교사는 주제 전개에 따른 전체적인 계획을 체계적으로 세워야 한다. 그러나 계획을 그대로 실행하는 것에만 중점을 두기 보다는 유아의 반응과 흥미에 따라 기존의 계획을 수정해감으로써 교사와 유아가 함께 만들어 가는 교육이 되도록 한다.

(6) 실내 · 실외 활동, 정적 · 동적 활동, 대 · 소집단 활동 및 개별 활동, 휴식 등이 균형 있게 이루어지도록 한다.

하루 일과에서 교사가 계획하여 제공하는 교수 · 학습활동은 실내 활동과 실외 활동, 정적인 활동과 동적인 활동, 개별 활동과 대 · 소집단 활동, 휴식 등이 고르게 안배되어야 한다. 유아는 일과 중의 많은 시간을 실내에서 보내게 된다. 그러나 교실 외의 바깥 공간에서 신선한 공기와 햇살을 받으며 자유롭게 몸을 움직이고 에너지를 충분히 발산할 수 있는 실외 활동도 매일 충분히 할 수 있어야 한다. 개별 활동과 대 · 소집단 활동도 유아의 연령 및 시기 등을 고려하여 고르게 실시되어야 한다.

(7) 유아의 관심과 흥미, 발달이나 환경 특성 등을 고려하여 개별 유아에게 적합한 방식으로 학습하도록 한다.

유아는 같은 연령이라도 각자 경험, 관심사, 학습 능력, 발달수준, 가정의 문화 등 많은 부분에서 서로 차이가 있다. 교사는 유아의 연령만을 기준으로 교육활동을 계획하는 것이 아니라 유아의 개별 특성을 함께 고려하여 활동을 제공하고 교수전략을 사용하는 것이 필요하다. 이를 위해 모든 유아가 동시에 같은 것을 하도록 기대하지 말고 난이도가 다른 다양한 활동을 제공하여 유아가 자신의 흥미와 능력, 학습 속도에 맞는 것을 선택할 수 있도록 한다. 또한 유아의 특성을 고려하여 개별 또는 소집단, 대집단 등으로 집단 형태를 다양하게 구성한다.

3 3~5세 누리과정의 영역별 목표 및 내용체계

1) 신체운동 · 건강

신체운동 · 건강 영역은 유아가 자신의 신체를 긍정적으로 인식하고 신체활동에 즐겁게 참여함으로써 유아기에 필요한 기본 운동능력과 기초체력을 기르고, 건강하고 안전한 생활을 실천하는 능력과 태도를 기르는 데 초점이 맞춰져 있다. 모든 연령별 누리과정에서는 신체 인식하기, 신체 조절과 기본 운동하기, 신체활동에 참여하기, 건강하게 생활하기, 안전하게 생활하기의 5개 내용범주로 구분되었다.

내용 범주별 내용에 있어서 신체 인식하기는 감각능력을 기르고 활용하기와 신체를 인식하고 움직이기, 신체 조절과 기본 운동하기는 신체 조절하기와 기본 운동하기, 신체활동에 참여하기는 자발적으로 신체활동에 참여하기와 바깥에서 신체 활동하기, 기구를 이용하여 신체활동하기, 건강하게 생활하기는 몸과 주변을 깨끗이 하기, 바른 식생활하기, 건강한 일상생활하기, 질병 예방하기, 안전하게 생활하기는 안전하게 놀이하기와 교통안전 규칙 지키기, 비상시 적절히 대처하기가 중심내용이 된다.

내용별 세부내용을 살펴보면 다음과 같다.

첫째, 감각능력을 기르고 활용하기는 감각적 차이를 경험하고 구분하기, 감각으로 대상이나 사물의 특성과 차이를 구분하기, 감각기관을 인식하여 활용해 보기, 여러 기관을 협응하여 활용하기가 주를 이루고, 신체를 인식하고 움직이기는 신체 각 부분의 명칭을 알고 움직임에 관심 갖기, 각 부분의 특성을 이해하고 활용하여 움직이기, 자신의 신체를 긍정적으로 인식하고 움직이기가 주를 이룬다.

둘째, 신체조절하기는 기본 신체균형 유지하기, 다양한 자세와 움직임의 균형 유지하기, 공간 · 힘 · 시간 등의 움직임 요소를 경험하기, 요소를 활용하여 움직이기, 신체 각 부분의 움직임을 조절하기, 각 부분을 협응해 움직임 조절하기, 눈과 손을 협응해 소근육 조절해 보기, 도구를 활용하여 여러 가지 조작운동을 하기가 주를 이루고, 기본운동 하기는 걷기 · 달리기 등 이동운동을 하고 뛰기 등 다양한 이동운동 하기, 제자리에서 몸을 움직여 보고 다양하게 움직이기가 주를 이룬다.

셋째, 신체활동에 참여하기는 신체활동에 자발적이며 지속적으로 참여하기, 다른 사람과 함께 하는 신체활동 참여하기, 자신과 다른 사람의 운동능력의 차이에 관심 갖기, 운동능력의 차이 이해하기가, 바깥에서 신체 활동하기는 규칙적으로 바깥에서 신체 활동하기가, 기구를 이용하여 신체 활동하기는 여러 가지 기구를 이용하여 신체 활동하기가 각각 주를 이룬다.

넷째, 몸과 주변을 깨끗이 하기는 손과 이를 깨끗이 하는 방법을 알고 실천하기, 스스로 몸을 깨끗이 하는 습관 기르기, 주변을 깨끗이 하며 습관 기르기가, 바른 식생활 하기는 음식을 골고루 먹고 적당량의 음식 먹기, 몸에 좋은 음식에 관심 갖고 알아보고 선택하기, 바른 태도로 식사하기, 음식을 소중히 여기기, 식사예절을 지키기가, 건강한 일상 생활하기는 규칙적으로 잠자고 적당한 휴식 취하기, 하루 일과에 즐겁게 참여하기, 스스로 화장실에서 배변하기, 바르고 규칙적인 배변습관 갖기가, 질병 예방하기는 질병의 위험을 알고 주의하며 예방하는 방법을 알고 실천하기, 날씨와 상황에 맞는 옷을 입기가 주를 이룬다.

다섯째, 안전하게 놀이하기는 놀이기구나 놀잇감 · 도구를 안전하게 사용하기, 바른 사용법을 알고 안전하게 사용하기, 안전한 놀이장소를 알고 안전하게 놀이하기, TV · 인터넷 · 통신기기 등을 바르게 사용하기, 위해성을 알고 바르게 사용하기가 주를 이루고, 교통안전 규칙 지키기는 교통안전 규칙을 알고 지키기, 교통수단을 안전하게 이용하기가 주를 이루며, 비상 시 적절히 대처하기는 학대 · 성폭력 · 실종 · 유괴상황을 알고 도움을 요청하기, 요청하는 방법을 알고 행동하기, 재난 및 사고 등 비상 시 적절하게 대처하는 방법을 알고 행동하기가 주를 이룬다.

이와 같은 신체운동 · 건강 영역의 세부내용은 연령별로 조금씩 상이한 바, 3~5세 신체운동 · 건강 영역의 구체적 활동내용은 〈표 7-1〉, 〈표 7-2〉, 〈표 7-3〉과 같다.

〈표 7-1〉 3세 누리과정 신체운동 및 건강 영역

내용 범주	내용	세부 내용
신체인식하기	감각능력 기르고 활용하기	감각적 차이를 경험한다.
		감각기관을 인식하고, 활용해 본다.
	신체를 인식하고 움직이기	신체 각 부분의 명칭을 알고, 움직임에 관심을 갖는다.
		자신의 신체를 긍정적으로 인식하고 움직인다.
신체조절과 기본운동하기	신체조절하기	신체균형을 유지해본다.
		공간, 힘, 시간 등의 움직임 요소를 경험한다.
		신체 각 부분의 움직임을 조절해 본다.
		눈과 손을 협응하여 소근육을 조절해 본다.
	기본운동하기	걷기, 달리기 등 이동운동을 한다.
		제자리에서 몸을 움직여 본다.
신체활동에 참여하기	자발적으로 신체활동에 참여하기	신체활동에 자발적으로 참여한다.
		다른 사람과 함께 하는 신체활동에 참여한다.
	바깥에서 신체활동하기	규칙적으로 바깥에서 신체활동을 한다.
	기구를 이용하여 신체활동하기	여러 가지 기구를 이용하여 신체활동을 한다.
건강하게 생활하기	몸과 주변을 깨끗이 하기	손과 이를 깨끗이 하는 방법을 알고 실천한다.
		주변을 깨끗이 한다.
	바른 식생활하기	음식을 골고루 먹는다.
		몸에 좋은 음식에 관심을 갖는다.
		바른 태도로 식사한다.
	건강한 일상생활하기	규칙적으로 잠을 자고, 적당한 휴식을 취한다.
		하루 일과에 즐겁게 참여한다.
		스스로 화장실에서 배변한다.
	질병 예방하기	질병의 위험을 알고 주의한다.
		날씨에 맞게 옷을 입는다.
안전하게 생활하기	안전하게 놀이하기	놀이기구나 놀잇감, 도구를 안전하게 사용한다.
		안전한 놀이장소를 안다.
		TV, 인터넷, 통신기기 등을 바르게 사용한다.
	교통안전 규칙 지키기	교통안전 규칙을 안다.
		교통수단을 안전하게 이용한다.

	비상시 적절히 대처하기	학대, 성폭력, 실종, 유괴상황을 알고 도움을 요청한다.
		재난 및 사고 등 비상시 적절하게 대처하는 방법을 안다.

〈표 7-2〉 4세 누리과정 신체 운동 및 건강 영역

내용 범주	내용	세부 내용
신체인식하기	감각능력 기르고 활용하기	감각적 차이를 구분한다.
		여러 감각기관을 협응하여 활용한다.
	신체를 인식하고 움직이기	신체 각 부분의 특성을 이해하고 활용하여 움직인다.
		자신의 신체를 긍정적으로 인식하고 움직인다.
신체조절과 기본운동하기	신체 조절하기	다양한 자세와 움직임에서 신체균형을 유지한다.
		공간, 힘, 시간 등의 움직임 요소를 활용하여 움직인다.
		신체 각 부분을 협응하여 움직임을 조절한다.
		눈과 손을 협응하여 움직임을 조절한다.
	기본 운동하기	걷기, 달리기, 뛰기 등 다양한 이동운동을 한다.
		제자리에서 몸을 다양하게 움직인다.
신체활동에 참여하기	자발적으로 신체활동에 참여하기	신체 활동에 자발적이고 지속적으로 참여한다.
		다른 사람과 함께 하는 신체활동에 참여한다.
		자신과 다른 사람의 운동능력의 차이에 관심을 갖는다.
	바깥에서 신체활동하기	규칙적으로 바깥에서 신체활동을 한다.
	기구를 이용하여 신체활동하기	여러 가지 기구를 이용하여 신체활동을 한다.
건강하게 생활하기	몸과 주변을 깨끗이 하기	손과 이를 깨끗이 하는 방법을 알고 실천한다.
		주변을 깨끗이 하는 습관을 기른다.
	바른 식생활하기	음식을 골고루 먹는다.
		몸에 좋은 음식을 알아본다.
		음식을 소중히 여기고 식사예절을 지킨다.
	건강한 일상생활하기	규칙적으로 잠을 자고, 적당한 휴식을 취한다.
		하루 일과에 즐겁게 참여한다.
		바른 배변습관을 가진다.
	질병 예방하기	질병을 예방하는 방법을 알고 실천한다.
		날씨와 상황에 알맞게 옷을 입는다.
안전하게 생활하기	안전하게 놀이하기	놀이기구나 놀잇감, 도구를 안전하게 사용한다.
		안전한 장소를 알고 안전하게 놀이한다.
		TV, 인터넷, 통신기기 등의 위해성을 알고, 바르게 사용한다.

	교통안전 규칙 지키기	교통안전 규칙을 알고 지킨다.
		교통수단을 안전하게 이용한다.
	비상시 적절히 대처하기	학대, 성폭력, 실종, 유괴상황 시 도움을 요청하는 방법을 알고 행동한다.
		재난 및 사고 등 비상시 적절하게 대처하는 방법을 알고 행동한다.

〈표 7-3〉 5세 누리과정 신체 운동 및 건강 영역

내용 범주	내용	세부 내용
신체 인식하기	감각능력 기르고 활용하기	감각으로 대상이나 사물의 특성과 차이를 구분한다.
		여러 감각기관을 협응하여 활용한다.
	신체를 인식하고 움직이기	신체 각 부분의 특성을 이해하고 활용하여 움직인다.
		자신의 신체를 긍정적으로 인식하고 움직인다.
신체조절과 기본운동 하기	신체 조절하기	다양한 자세와 움직임에서 신체균형을 유지한다.
		공간, 힘, 시간 등의 움직임 요소를 활용하여 움직인다.
		신체 각 부분을 협응하여 움직임을 조절한다.
		눈과 손을 협응하여 소근육을 조절해 본다.
		도구를 활용하여 여러 가지 조작운동을 한다.
	기본 운동하기	걷기, 달리기, 뛰기 등 다양한 이동운동을 한다.
		제자리에서 몸을 다양하게 움직인다.
신체활동에 참여하기	자발적으로 신체활동에 참여하기	신체 활동에 자발적이고 지속적으로 참여한다.
		다른 사람과 함께 하는 신체활동에 참여한다.
		자신과 다른 사람의 운동능력의 차이를 이해한다.
	바깥에서 신체활동하기	규칙적으로 바깥에서 신체활동을 한다.
	기구를 이용해 신체활동하기	여러 가지 기구를 이용하여 신체활동을 한다.
건강하게 생활하기	몸과 주변을 깨끗이 하기	스스로 몸을 깨끗이 하는 습관을 기른다.
		주변을 깨끗이 하는 습관을 기른다.
	바른 식생활하기	적당량의 음식을 골고루 먹는다.
		몸에 좋은 음식을 선택할 수 있다.
		음식을 소중히 여기고 식사예절을 지킨다.
	건강한 일상생활하기	규칙적으로 잠을 자고, 적당한 휴식을 취한다.
		하루 일과에 즐겁게 참여한다.

		규칙적인 배변습관을 가진다.
	질병 예방하기	질병을 예방하는 방법을 알고 실천한다.
		날씨와 상황에 알맞게 옷을 입는다.
안전하게 생활하기	안전하게 놀이하기	놀이기구나 놀잇감, 도구의 바른 사용법을 알고 안전하게 사용한다.
		안전한 장소를 알고 안전하게 놀이한다.
		TV, 인터넷, 통신기기 등의 위해성을 알고, 바르게 사용한다.
	교통안전 규칙 지키기	교통안전 규칙을 알고 지킨다.
		교통수단을 안전하게 이용한다.
	비상시 적절히 대처하기	학대, 성폭력, 실종, 유괴상황 시 도움을 요청하는 방법을 알고 행동한다.
		재난 및 사고 등 비상시 적절하게 대처하는 방법을 알고 행동한다.

2) 의사소통

의사소통 영역은 언어의 기본 형태인 구어와 문어를 활용하여 나와 다른 사람의 느낌·생각·경험을 상황과 상대방에 알맞게 소통할 수 있는 능력을 기르고 말과 글의 관계를 알고 읽기와 쓰기에 흥미를 가져 언어 사용을 즐기도록 하는데 초점이 맞춰져 있다. 의사소통 영역은 듣기, 말하기, 읽기, 쓰기의 4개 내용 범주로 구분되며, 내용 범주별 내용에 있어서 듣기는 낱말과 문장 듣고 이해하기, 이야기 듣고 이해하기, 동요·동시·동화 듣고 이해하기, 바른 태도로 듣기, 말하기는 낱말과 문장으로 말하기, 느낌·생각·경험 말하기, 상황에 맞게 말하기, 읽기는 읽기에 흥미 가지기, 책 읽기에 관심 가지기, 쓰기는 쓰기에 관심 가지기, 쓰기 도구 사용하기가 중심내용이 된다.

내용별 세부내용을 살펴보면 다음과 같다.

첫째, 낱말과 문장 듣고 이해하기는 낱말의 발음에 관심을 갖고 듣기, 비슷한 발음 듣고 구별하기, 일상생활과 관련된 낱말과 문장을 듣고 뜻 이해하기, 다양한 낱말과 문장을 듣고 뜻 이해하기, 이야기 듣고 이해하기는 다른 사람의 이야기를 관심 있게 듣고 이해하기, 이야기를 듣고 궁금한 것에 대해 질문하기, 동요 · 동시 · 동화 듣고 이해하기는 동요 · 동시 · 동화를 다양한 방법으로 듣고 즐기며 이해하기, 전래동요 · 동시 · 동화를 듣고 우리말의 재미를 느끼기, 바른 태도로 듣기는 말하는 사람을 바라보며 듣고 다른 사람의 이야기를 주의 깊게 들으며 끝까지 듣기가 각각 주를 이룬다.

둘째, 낱말과 문장으로 말하기는 친숙한 낱말을 발음해 보고 낱말을 정확하게 발음하고 말하기, 새로운 낱말에 관심을 갖고 다양한 낱말을 사용하여 말하기, 상황에 맞게 말하기, 일상생활에서 일어나는 일들을 간단한 문장과 다양한 문장으로 말하기가 주를 이루고, 느낌 · 생각 · 경험 말하기는 자신의 느낌 · 생각 · 경험 말해보기, 적절한 낱말과 문장으로 말하기, 주제를 정하여 함께 이야기 나누기, 이야기 지어 말하고 즐기기가 주를 이루며, 상황에 맞게 바른 태도로 말하기는 듣는 사람의 생각과 느낌 고려하여 말하기, 상대방을 바라보며 차례를 지켜 때와 장소 및 대상에 알맞게 말하기, 바르고 고운 말 사용하기가 주를 이룬다.

셋째, 읽기에 흥미 가지기는 주변에서 친숙한 글자를 찾아보고 글자 찾아 읽어보기, 읽어 주는 글의 내용에 관심 갖고 읽어 보기, 책 읽기에 관심가지기는 책에 흥미를 가지며 책 보는 것을 즐기고 소중하게 다루기, 책의 그림을 단서로 내용 추측해 보고 이해하기, 궁금한 것을 책에서 찾아보기, 쓰기에 관심 가지기는 말을 글로 나타내는 것에 관심을 보이고 말이나 생각을 글로 나타낼 수 있음을 알기, 자기 이름의 글자에 관심을 갖고 써 보고 주변의 친숙한 글자 써 보기, 자신의 느낌 · 생각 · 경험을 글자와 비슷한 형태로 표현하며 비슷한 글자로 표현하기, 쓰기 도구 사용하기는 쓰기 도구에 관심을 가지며 사용해 보고 도구의 바른 사용법을 알고 사용하기가 각각 주를 이룬다. 이와 같은 의사소통 영역의 연령별 세부내용은 조금씩 상이한 바, 각각의 구체적 활동내용은 〈표 7-4〉, 〈표 7-5〉, 〈표 7-6〉과 같다.

〈표 7-4〉 3세 누리과정 의사소통 영역

내용 범주	내용	세부 내용
듣기	낱말과 문장 듣고 이해하기	낱말의 발음에 관심을 가지고 듣는다.
		일상생활과 관련된 낱말과 문장을 듣고 뜻을 이해한다.
	이야기 듣고 이해하기	다른 사람의 이야기를 관심 있게 듣는다.
	동요, 동시, 동화 듣고 이해하기	동요, 동시, 동화를 다양한 방법으로 듣고 즐긴다.
	바른 태도로 듣기	말하는 사람을 바라보며 듣는다.
말하기	낱말과 문장으로 말하기	친숙한 낱말을 발음해 본다.
		새로운 낱말에 관심을 가진다.
		일상생활에서 일어나는 일들을 간단한 문장으로 말한다.
	느낌, 생각, 경험 말하기	자신의 느낌, 생각, 경험을 말해본다.
	상황에 맞게 바른 태도로 말하기	상대방을 바라보며 말한다.
		바르고 고운 말을 사용한다.
읽기	읽기에 흥미 가지기	주변에서 친숙한 글자를 찾아본다.
		읽어 주는 글의 내용에 관심을 가진다.
	책 읽기에 관심 가지기	책에 흥미를 가진다.
		책의 그림을 단서로 내용을 추측해 본다.
쓰기	쓰기에 관심 가지기	말을 글로 나타내는 것에 관심을 보인다.
		자기 이름의 글자에 관심을 가진다.

〈표 7-5〉 4세 누리과정 의사소통 영역

내용 범주	내용	세부 내용
듣기	낱말과 문장 듣고 이해하기	낱말의 발음에 관심을 가지고 듣는다.
		일상생활과 관련된 낱말과 문장을 듣고 뜻을 이해한다.
	이야기 듣고 이해하기	다른 사람의 이야기를 듣고 이해한다.
		이야기를 듣고 궁금한 것에 대해 질문한다.
	동요, 동시, 동화 듣고 이해하기	동요, 동시, 동화를 다양한 방법으로 듣고 즐긴다.
		전래 동요, 동시, 동화를 듣고 우리말의 재미를 느낀다.
	바른 태도로 듣기	다른 사람의 이야기를 주의 깊게 듣는다.
말하기	낱말과 문장으로 말하기	친숙한 낱말을 정확하게 발음해 본다.
		다양한 낱말을 사용하여 말한다.
		일상생활에서 일어나는 일들을 간단한 문장으로 말한다.
	느낌, 생각, 경험 말하기	자신의 느낌, 생각, 경험을 말한다.
		주제를 정하여 함께 이야기를 나눈다.
		이야기를 지어 말한다.
	상황에 맞게 바른 태도로 말하기	듣는 사람의 생각과 느낌을 고려하여 말한다.
		차례를 지켜 말한다.
		바르고 고운 말을 사용한다.
읽기	읽기에 흥미 가지기	주변에서 친숙한 글자를 찾아본다.
		읽어 주는 글의 내용에 관심을 가진다.
	책 읽기에 관심 가지기	책 보는 것을 즐기고 소중하게 다룬다.
		책의 그림을 단서로 내용을 이해한다.
		궁금한 것을 책에서 찾아본다.
쓰기	쓰기에 관심 가지기	말이나 생각을 글로 나타낼 수 있음을 안다.
		자기 이름을 써 본다.
		자신의 느낌, 생각, 경험을 글자와 비슷한 형태로 표현한다.
	쓰기 도구 사용하기	쓰기 도구에 관심을 가지고 사용해 본다.

〈표 7-6〉 5세 누리과정 의사소통 영역

내용 범주	내용	세부 내용
듣기	낱말과 문장 듣고 이해하기	낱말의 발음에 관심을 가지고 비슷한 발음을 듣고 구별한다.
		다양한 낱말과 문장을 듣고 뜻을 이해한다.
	이야기 듣고 이해하기	다른 사람의 이야기를 듣고 이해한다.
		이야기를 듣고 궁금한 것에 대해 질문한다.
	동요, 동시, 동화 듣고 이해하기	동요, 동시, 동화를 다양한 방법으로 듣고 이해한다.
		전래 동요, 동시, 동화를 듣고 우리말의 재미를 느낀다.
	바른 태도로 듣기	다른 사람의 이야기를 끝까지 주의 깊게 듣는다.
말하기	낱말과 문장으로 말하기	정확한 발음으로 말한다.
		다양한 낱말을 사용하여 상황에 맞게 말한다.
		일상생활에서 일어나는 일들을 다양한 문장으로 말한다.
	느낌, 생각, 경험 말하기	자신의 느낌, 생각, 경험을 적절한 낱말과 문장으로 말한다.
		주제를 정하여 함께 야기를 나눈다.
		이야기 지어 말하기를 즐긴다.
	상황에 맞게 바른 태도로 말하기	다른 사람의 생각과 느낌을 고려하여 말한다.
		때와 장소, 대상에 알맞게 말한다.
		바르고 고운 말을 사용한다.
읽기	읽기에 흥미 가지기	주변에서 친숙한 글자를 찾아 읽어 본다.
		읽어 주는 글의 내용에 관심을 가지고 읽어 본다.
	책 읽기에 관심 가지기	책 보는 것을 즐기고 소중하게 다룬다.
		책의 그림을 단서로 내용을 이해한다.
		궁금한 것을 책에서 찾아본다.
쓰기	쓰기에 관심 가지기	말이나 생각을 글로 나타낼 수 있음을 안다.
		자신의 이름과 주변의 친숙한 글자를 써 본다.
		자신의 느낌, 생각, 경험을 글자와 비슷한 형태나 글자로 표현한다.
	쓰기 도구 사용하기	쓰기 도구의 바른 사용법을 알고 사용한다.

3) 사회관계

사회관계 영역은 유아가 자신을 알고 소중하게 여기며 가족, 또래와 함께 원만하게 지내는 방법뿐 아니라 공동체에서 함께 살아가는 방법을 익히고 사회에 관심을 가지며 적응해 나갈 수 있는 기초능력과 인성을 기르는 데 초점이 맞춰져 있다. 사회관계 영역은 나를 알고 존중하기, 나와 다른 사람의 감정 알고 조절하기, 가족을 소중히 여기기, 다른 사람과 더불어 생활하기, 사회에 관심 갖기의 5개 내용범주로 구분된다.

사회관계 내용 범주별 내용에 있어서 나를 알고 존중하기는 나를 알고 소중히 여기기, 나의 일 스스로하기, 나와 다른 사람의 감정 알고 조절하기는 나와 다른 사람의 감정 알고 표현하기, 나의 감정 조절하기, 가족을 소중히 여기기는 가족과 화목하게 지내기, 가족과 협력하기, 다른 사람과 더불어 생활하기는 친구와 사이좋게 지내기, 공동체에서 화목하게 지내기, 사회적 가치를 알고 지키기, 사회에 관심 갖기는 지역사회에 관심 갖고 이해하기, 우리나라에 관심 갖고 이해하기, 세계와 여러 문화에 관심 가지기가 중심내용이 된다.

〈표 7-7〉 3세 누리과정 사회관계 영역

내용 범주	내용	세부 내용
나를 알고 존중하기	나를 알고, 소중히 여기기	나에 대해 관심을 갖는다.
		나와 다른 사람의 차이에 관심을 갖는다.
		나를 소중하게 여긴다.
	나의 일 스스로 하기	내가 할 수 있는 일을 알아본다.
		내가 하고 싶은 일을 선택해 본다.
나와 다른 사람의 감정 알고 조절하기	나와 다른 사람의 감정 알고 표현하기	자신에게 여러 가지 감정이 있음을 안다.
		다른 사람의 감정에 관심을 갖는다.
	나의 감정 조절하기	자신의 감정을 조절해 본다.
가족을 소중히 여기기	가족과 화목하게 지내기	가족의 소중함을 안다.
	가족과 협력하기	가족 구성원을 알아본다.
		가족을 위하여 내가 할 수 있는 일을 알아본다.

다른 사람과 더불어 생활하기	친구와 사이좋게 지내기	친구와 함께 놀이한다.
		나와 친구의 의견에 차이가 있음을 안다.
	공동체에서 화목하게 지내기	교사 및 주변 사람과 화목하게 지낸다.
	사회적 가치를 알고 지키기	다른 사람의 소유물을 존중한다.
		약속과 규칙을 지켜야 함을 안다.
사회에 관심 갖기	지역사회에 관심 갖고 이해하기	우리 동네의 이름을 안다.
		우리 동네 사람들에 관심을 갖는다.
	우리나라에 관심 갖고 이해하기	우리나라를 상징하는 것에 관심을 가진다.
		우리나라의 전통놀이와 풍습에 관심을 갖는다.

내용별 세부내용을 살펴보면 다음과 같다. 나를 알고 소중히 여기기는 나에 대해 관심을 갖고 알아보기, 나와 다른 사람의 차이에 관심을 갖고 차이점을 알아보고 신체적 · 사회적 · 문화적 차이 존중하기, 나를 소중하게 여기며 나에 대해 긍정적으로 생각하고 소중하게 여기기, 나의 일 스스로 하기는 내가 할 수 있는 일을 알아보고 해 보며 일을 스스로 하기, 내가 하고 싶은 일을 선택하고 계획하여 일을 해 보기, 나와 다른 사람의 감정 알고 표현하기는 자신에게 여러 가지 감정이 있음을 알고 자신의 감정을 표현하기, 다른 사람의 감정에 관심을 갖고 감정을 알고 공감하기, 나의 감정 조절하기는 자신의 감정을 조절해 보고 상황에 맞게 조절하기, 가족과 화목하게 지내기는 가족의 소중함과 의미 알기, 가족과 화목하게 지내기, 가족과 협력하기는 가족 구성원을 알아보고 역할에 대해 알아보고 다양한 가족구조에 대해 알아보기, 가족을 위하여 내가 할 수 있는 일을 알아보고 서로 도와야 함을 알고 실천하기가 각각 주를 이룬다.

〈표 7-8〉 4세 누리과정 사회관계 영역

내용 범주	내용	세부 내용
나를 알고 존중하기	나를 알고 소중히 여기기	나에 대해 알아본다.
		나와 다른 사람의 차이점을 알아본다.
		나에 대해 긍정적으로 생각하고 나를 소중하게 여긴다.
	나의 일 스스로 하기	내가 할 수 있는 일을 해 본다.
		내가 하고 싶은 일을 계획하고 해 본다.
나와 다른 사람의 감정 알고 조절하기	나와 다른 사람의 감정 알고 표현하기	자신의 감정을 알고 표현한다.
		다른 사람의 감정을 안다.
	나의 감정 조절하기	자신의 감정을 조절해 본다.
가족을 소중히 여기기	가족과 화목하게 지내기	가족의 소중함을 안다.
	가족과 협력하기	가족 구성원의 역할에 대해 알아본다.
		가족을 위하여 내가 할 수 있는 일을 알아보고 실천한다.
다른 사람과 더불어 생활하기	친구와 사이좋게 지내기	친구와 협동하며 놀이한다.
		친구와의 갈등을 긍정적인 방법으로 해결한다.
	공동체에서 화목하게 지내기	도움이 필요할 때 다른 사람과 도움을 주고받는다.
		교사 및 주변 사람과 화목하게 지낸다.
	사회적 가치를 알고 지키기	정직하게 말하고 행동한다.
		다른 사람의 생각, 행동을 존중한다.
		친구와 어른께 예의 바르게 행동한다.
		다른 사람과 한 약속이나 공공규칙을 지킨다.
		자연과 자원을 아끼는 습관을 기른다.
사회에 관심 갖기	지역사회에 관심 갖고 이해하기	우리 동네에 대해 알아본다.
		우리 동네 사람들이 하는 일에 관심을 갖는다.
		물건을 살 때 돈이 필요함을 안다.
	우리나라에 관심 갖고 이해하기	우리나라를 상징하는 것을 안다.
		우리나라의 전통놀이와 풍습에 관심을 갖는다.
		우리나라에 대해 자부심을 갖는다.
	세계와 여러 문화에 관심 가지기	세계 여러 나라에 대해 관심을 갖는다.
		다양한 인종과 문화에 관심을 갖는다.

친구와 사이좋게 지내기는 친구와 함께 놀이하고 협동하며 놀이하기, 나와 친구의 의견에 차이가 있음을 알고 갈등을 긍정적인 방법으로 해결하기가, 공동체에서 화목하게 지내기는 도움이 필요할 때 다른 사람과 도움을 주고받음을 알고 서로 협력하기, 교사 및 주변 사람과 화목하게 지내기가, 사회적 가치를 알고 지키기는 정직하게 말하고 행동하기, 다른 사람의 소유물을 존중하며 생각·행동을 존중하고 배려하여 행동하기, 친구와 어른께 예의 바르게 행동하기, 약속과 규칙을 지켜야 함을 알고 다른 사람과 한 약속이나 공공규칙을 지키기, 자연과 자원을 아끼는 습관을 기르기가 있다.

지역사회에 관심 갖고 이해하기는 우리 동네의 이름을 알고 알아보기, 우리 동네 사람들에게 관심을 가지며 하는 일이나 다양한 직업에 관심 갖기, 물건을 살 때 돈이 필요함을 알고 일상생활에서 돈의 쓰임에 대해 알기, 우리나라에 관심 갖고 이해하기는 우리나라를 상징하는 것에 관심을 갖고 상징하는 것을 알고 예절을 지키기, 전통놀이와 풍습·전통·역사·문화에 관심 가지기는 세계 여러 나라에 대해 관심을 갖고 서로 협력해야 함을 알기, 다양한 인종과 문화에 관심을 갖고 알아보고 존중하기가 각각 주를 이룬다. 이와 같은 사회관계 영역의 연령별 세부 내용은 조금씩 상이한 바, 각각의 구체적 활동내용은 〈표 7-7〉, 〈표 7-8〉, 〈표 7-9〉와 같다.

〈표 7-9〉 5세 누리과정 사회관계 영역의 내용범주, 내용, 세부내용

내용 범주	내용	세부 내용
나를 알고 존중하기	나를 알고 소중히 여기기	나에 대해 알아본다.
		나와 다른 사람의 신체적, 사회적, 문화적 차이를 존중한다.
		나에 대해 긍정적으로 생각하고 나를 소중하게 여긴다.
	나의 일 스스로 하기	내가 할 수 있는 일을 스스로 한다.
		내가 하고 싶은 일을 계획하고 해 본다.
나와 다른 사람의 감정 알고 조절하기	나와 다른 사람의 감정 알고 표현하기	자신의 감정을 알고 표현한다.
		다른 사람의 감정을 알고 공감한다.
	나의 감정 조절하기	자신의 감정을 상황에 맞게 조절한다.

가족을 소중히 여기기	가족과 화목하게 지내기	가족의 의미와 소중함을 안다.
		가족과 화목하게 지낸다.
	가족과 협력하기	다양한 가족구조에 대해 알아본다.
		가족과 화목하게 지낸다.
다른 사람과 더불어 생활하기	친구와 사이좋게 지내기	친구와 협동하며 놀이한다.
		친구와의 갈등을 긍정적인 방법으로 해결한다.
	공동체에서 화목하게 지내기	다른 사람과 도움을 주고받고, 서로 협력한다.
		교사 및 주변 사람과 화목하게 지낸다.
	사회적 가치를 알고 지키기	정직하게 말하고 행동한다.
		다른 사람을 배려하여 행동한다.
		친구와 어른께 예의 바르게 행동한다.
		다른 사람과 약속이나 공공규칙을 지킨다.
		자연과 자원을 아끼는 습관을 기른다.
사회에 관심 갖기	지역사회에 관심 갖고 이해하기	우리 동네에 대해 알아본다.
		다양한 직업에 관심을 갖는다.
		일상생활에서 돈의 쓰임에 대해 안다.
	우리나라에 관심 갖고 이해하기	우리나라를 상징하는 것을 알고 예절을 지킨다.
		우리나라의 전통, 역사, 문화에 관심을 갖는다.
		우리나라에 대해 자부심을 갖는다.
	세계와 여러 문화에 관심 가지기	세계 여러 나라에 대해 관심을 갖고, 서로 협력해야 함을 안다.
		다양한 인종과 문화를 알아보고 존중한다.

4) 예술경험

예술경험 영역은 유아가 친근한 주변 환경에서 발생하는 소리, 음악, 움직임과 춤, 모양과 색 등의 미술 요소에서 아름다움을 느끼고, 또래와 교사, 부모, 지역사회의 주민이나 작가가 표현한 예술작품을 가까이 접하면서, 이를 탐색하고 창의적으로 표현하는 것을 즐기며 감상하는데 초점이 맞춰져 있다.

예술경험 영역은 아름다움 찾아보기, 예술적 표현하기, 예술 감상하기의 3개 내용 범주로 구분되며, 내용 범주별 내용에 있어서 아름다움 찾아보기는 음악적 요소 탐색하기, 움직임과 춤 요소 탐색하기, 미술적 요소 탐색하기가, 예술적 표현하기는 음악으로 표현하기, 움직임과 춤으로 표현하기, 미술활동으로 표현하기, 극 놀이로 표현하기, 통합적으로 표현하기가, 예술 감상하기는 다양한 예술 감상하기, 전통예술 감상하기가 중심내용이 된다.

〈표 7-10〉 3세 누리과정 예술경험 영역

내용 범주	내용	세부 내용
아름다움 찾아보기	음악적 요소 탐색하기	다양한 소리, 음악의 셈여림, 빠르기, 리듬 등에 관심을 갖는다.
	움직임과 춤 요소 탐색하기	움직임과 춤의 모양, 힘, 빠르기 등에 관심을 갖는다.
	미술적 요소 탐색하기	자연과 사물의 색, 모양, 질감 등에 관심을 갖는다.
예술적 표현하기	음악으로 표현하기	간단한 노래를 듣고 따라 부른다.
		전래동요를 즐겨 부른다.
		리듬악기로 간단한 리듬을 표현해 본다.
		간단한 리듬과 노래를 즉흥적으로 만들어 본다.
	움직임과 춤으로 표현하기	신체를 이용하여 주변의 움직임을 자유롭게 표현한다.
		움직임과 춤으로 자신의 생각과 느낌을 표현한다.
		도구를 활용하여 다양한 움직임으로 표현한다.
	미술활동으로 표현하기	다양한 미술활동을 경험해 본다.
		미술활동에 필요한 재료와 도구에 관심을 가지고 사용한다.
	극놀이로 표현하기	일상생활의 경험을 극놀이로 표현한다.
	통합적으로 표현하기	예술활동에 참여하여 표현과정을 즐긴다.
예술 감상하기	다양한 예술 감상하기	다양한 음악, 춤, 미술작품, 극놀이 등을 듣거나 본다.
		나와 다른 사람의 예술 표현을 소중히 여긴다.
	전통예술 감상하기	우리나라의 전통예술에 관심을 갖는다.

〈표 7-11〉 4세 누리과정 예술경험 영역

내용 범주	내용	세부 내용
아름다움 찾아보기	음악적 요소 탐색하기	다양한 소리, 음악의 셈여림, 빠르기, 리듬 등에 관심을 갖는다.
	움직임과 춤 요소 탐색하기	움직임과 춤의 모양, 힘, 빠르기 등에 관심을 갖는다.
	미술적 요소 탐색하기	자연과 사물의 색, 모양, 질감 등에 관심을 갖는다.
예술적 표현하기	음악으로 표현하기	노래로 자신의 생각과 느낌을 표현한다.
		전래동요를 즐겨 부른다.
		리듬악기를 연주해 본다.
		간단한 리듬과 노래를 즉흥적으로 만들어 본다.
	움직임과 춤으로 표현하기	신체를 이용하여 주변의 움직임을 자유롭게 표현한다.
		움직임과 춤으로 자신의 생각과 느낌을 표현한다.
		도구를 활용하여 다양한 움직임으로 표현한다.
	미술활동으로 표현하기	다양한 미술활동으로 자신의 생각과 느낌을 표현한다.
		협동적인 미술활동에 참여한다.
		미술활동에 필요한 재료와 도구를 다양하게 사용한다.
	극놀이로 표현하기	일상생활의 경험이나 간단한 이야기를 극놀이로 표현한다.
		소품, 배경, 의상 등을 사용하여 협동적으로 극놀이를 한다.
	통합적으로 표현하기	음악, 움직임과 춤, 미술, 극놀이 등을 통합하여 표현한다.
		예술활동에 참여하여 표현과정을 즐긴다.
예술 감상하기	다양한 예술 감상하기	다양한 음악, 춤, 미술작품, 극놀이 등을 듣거나 보고 즐긴다.
		나와 다른 사람의 예술 표현을 소중히 여긴다.
	전통예술 감상하기	우리나라의 전통예술에 관심을 갖는다.

내용별 세부 내용을 살펴보면 다음과 같다. 음악적 요소 탐색하기는 다양한 소리·음악의 셈여림·빠르기·리듬 등에 관심 갖기, 다양한 소리·악기 등으로 탐색하기, 움직임과 춤 요소 탐색하기는 움직임과 춤의 모양·힘·빠르기 등에 관심 갖기, 움직임과 춤의 모양·힘·빠르기·흐름 등을 탐색하기가, 미술적 요소 탐색하기는 자연과 사물의 색·모양·질감 등에 관심 갖기, 색·모양·질감·공간 등을 탐색하기가 각각 주를 이룬다.

음악으로 표현하기는 간단한 노래를 듣고 따라 부르며 노래로 자신의 생각과 느낌을 표현하기, 전래동요를 즐겨 부르기, 리듬악기로 간단한 리듬을 표현해 보고 연주해 보기, 리듬과 노래 등을 즉흥적으로 만들어 보기, 움직임과 춤으로 표현하기는 신체를 이용하여 주변의 움직임을 자유롭고 다양하게 표현하며 즐기기, 움직임과 춤으로 자신의 생각과 느낌 표현하기, 도구를 활용하여 다양한 움직임으로 표현하고 창의적으로 움직이기, 미술활동으로 표현하기는 다양한 미술활동을 경험해 보고 다양한 미술 활동으로 자신의 생각과 느낌 표현하기, 협동적인 미술활동에 참여하고 즐기기, 활동에 필요한 재료와 도구에 관심을 가지고 사용하고 다양하게 사용하기, 극놀이로 표현하기는 일상생활의 경험을 극 놀이로 표현하고 간단한 이야기 · 경험을 극놀이로 표현하기, 소품 · 배경 · 의상 등을 사용하여 협동적으로 극놀이하기가, 통합적으로 표현하기는 음악 · 움직임과 춤 · 미술 · 극놀이 등을 통합하여 표현하기, 활동에 참여하고 창의적으로 표현하는 과정을 즐기기가 각각 주를 이룬다.

다양한 예술 감상하기는 다양한 음악 · 춤 · 미술작품 · 극놀이 등을 듣거나 보고 즐기기, 나와 다른 사람의 예술 표현 소중히 여기기가, 전통예술 감상하기는 우리나라의 전통예술에 관심을 갖고 친숙해지기가 주를 이룬다. 이와 같은 예술경험 영역의 연령별 세부내용은 조금씩 상이한 바, 각각의 구체적 활동내용은 〈표 7-10〉, 〈표 7-11〉, 〈표 7-12〉와 같다.

〈표 7-12〉 **5세 누리과정 예술경험 영역**

내용 범주	내용	세부 내용
아름다움 찾아보기	음악적 요소 탐색하기	다양한 소리, 악기 등으로 음악의 셈여림, 바르기, 리듬 등을 탐색한다.
	움직임과 춤 요소 탐색하기	움직임과 춤의 모양, 힘, 빠르기, 흐름 등을 탐색한다.
	미술적 요소 탐색하기	자연과 사물에서 색, 모양, 질감, 공간 등을 탐색한다.
예술적 표현하기	음악으로 표현하기	노래로 자신의 생각과 느낌을 표현한다.
		전래동요를 즐겨 부른다.

		리듬악기를 연주해 본다.
		리듬과 노래 등을 즉흥적으로 만들어 본다.
	움직임과 춤으로 표현하기	신체를 이용하여 주변의 움직임을 다양하게 표현하며 즐긴다.
		움직임과 춤으로 자신의 생각과 느낌을 표현한다.
		다양한 도구를 활용하여 창의적으로 움직인다.
	미술활동으로 표현하기	다양한 미술활동으로 자신의 생각과 느낌을 표현한다.
		협동적인 미술활동에 참여하여 즐긴다.
		미술활동에 필요한 재료와 도구를 다양하게 사용한다.
	극놀이로 표현하기	경험이나 이야기를 극놀이로 표현한다.
		소품, 배경, 의상 등을 사용하여 협동적으로 극놀이를 한다.
	통합적으로 표현하기	음악, 움직임과 춤, 미술, 극놀이 등을 통합하여 표현한다.
		예술활동에 참여하여 창의적으로 표현하는 과정을 즐긴다.
예술 감상하기	다양한 예술 감상하기	다양한 음악, 춤, 미술작품, 극놀이 등을 듣거나 보고 즐긴다.
		나와 다른 사람의 예술 표현을 소중히 여긴다.
	전통예술 감상하기	우리나라의 전통예술에 관심을 갖고 친숙해진다.

5) 자연탐구

자연탐구 영역은 유아가 자신을 둘러싸고 있는 주변 세계에 대해 호기심을 가지고 궁금한 것을 해소하기 위해 탐구하며, 일상생활에서 부딪치는 현상이나 문제해결을 통해 수학적 · 과학적으로 생각하는 기초 능력과 태도를 기르는 데 초점이 맞춰져 있다. 자연탐구 영역은 탐구하는 태도 기르기, 수학적 탐구하기, 과학적 탐구하기의 3개 내용 범주로 구분되며, 내용 범주별 내용에 있어서 탐구하는 태도 기르기는 호기심을 유지하고 확장하기, 탐구 과정 즐기기, 탐구기술 활용하기가, 수학적 탐구하기는 수와 연산의 기초개념 알아보기, 공간과 도형의 기초개념 알아보기, 기초적인 측정하기, 규칙성 이해하기, 기초적인 자료 수집과 결과 나타내기, 과학적 탐구하기는 물체와 물질 알아보기, 생명체와 자연환경 알아보기, 자연현상 알아보기, 간단한 도구와 기계 활용하기가 중심내용이 된다.

〈표 7-13〉 3세 누리과정 자연탐구 영역

내용 범주	내용	세부 내용
탐구하는 태도 기르기	호기심을 유지하고 확장하기	주변 사물과 자연세계에 대해 호기심을 갖는다.
	탐구 과정 즐기기	궁금한 점을 알아보는 과정에 흥미를 갖는다.
수학적 탐구하기	수와 연산의 기초개념 알아보기	생활 속에서 수에 관심을 갖는다.
		구체물 수량의 많고 적음을 비교한다.
		다섯 개 가량의 구체물을 세어보고 수량에 관심을 갖는다.
	공간과 도형의 기초개념 알아보기	나를 중심으로 앞, 뒤, 옆, 위, 아래를 알아본다.
		물체의 모양에 관심을 갖는다.
	기초적인 측정하기	두 물체의 길이, 크기를 비교해 본다.
	규칙성 이해하기	생활 주변에서 반복되는 규칙성에 관심을 갖는다.
	기초적인 자료 수집과 결과 나타내기	같은 것끼리 짝을 짓는다.
과학적 탐구하기	물체와 물질 알아보기	친숙한 물체와 물질의 특성에 관심을 갖는다.
	생명체와 자연환경 알아보기	나의 출생과 성장에 대해 관심을 갖는다.
		주변의 동식물에 관심을 가진다.
		생명체를 소중히 여기는 마음을 갖는다.
	자연현상 알아보기	돌, 물, 흙 등 자연물에 관심을 갖는다.
		날씨에 관심을 갖는다.
	간단한 도구와 기계 활용하기	생활 속에서 간단한 도구와 기계에 관심을 갖는다.
		도구와 기계의 편리함에 관심을 갖는다.

내용별 세부 내용을 살펴보면, 호기심을 유지하고 확장하기는 주변 사물과 자연세계에 대해 호기심을 갖고 지속적으로 알기가, 탐구과정 즐기기는 궁금한 점을 알아보는 과정에 흥미를 가지며 관심을 갖고 참여하며 즐기기, 탐구과정에서 서로 다른 생각에 관심을 갖기가, 탐구기술 활용하기는 일상생활의 문제를 해결하는 과정에서 탐색 · 관찰 등의 방법과 탐구기술을 활용해보기가 각각 주를 이룬다.

수와 연산의 기초개념 알아보기는 생활 속에서 수에 관심을 갖고 수의 여러 가지 의미를 알기, 구체물 수량의 많고 적음을 비교해보고 수량의 부분과 전체 관계를 알아보기, 구체물을 가지고 더하고 빼는 경험을 해 보기가, 공간과 도형의 기초개념 알아보기는 나를 중심으로 앞·뒤·옆·위·아래를 알아보고 위치와 방향을 여러 가지 방법으로 나타내 보기, 물체를 보고 그 차이점을 비교해 보기, 모양에 관심을 갖고 기본 도형의 특성을 인식하며 공통점과 차이점을 알아보기, 도형을 사용하여 여러 가지 모양을 구성해 보기가, 기초적인 측정하기는 두 물체의 길이·크기를 비교해 보고 일상생활에서 길이·크기·무게 등을 비교해 보거나 속성을 비교하여 순서를 지어 보기, 임의 측정 단위를 사용하여 길이·면적·들이·무게 등을 재어보기가, 규칙성 이해하기는 생활 주변에서 반복되는 규칙성에 관심을 갖고 알아보고 다음에 올 것을 예측해 보기, 반복되는 규칙성을 인식하고 모방하며 스스로 만들어 보기, 기초적인 자료수집과 결과 나타내기는 필요한 정보나 자료를 수집하기, 같은 것끼리 짝을 짓고 한 가지 기준으로 자료를 분류해 보고 다른 기준으로 재분류 해 보기, 그림·사진·기호나 숫자를 사용해 그래프로 나타내 보기가 각각 주를 이룬다.

〈표 7-14〉 **4세 누리과정 자연탐구 영역**

내용 범주	내용	세부 내용
탐구하는 태도 기르기	호기심을 유지하고 확장하기	주변 사물과 자연세계에 대해 지속적으로 호기심을 가진다.
	탐구 과정 즐기기	궁금한 점을 알아보는 탐구과정에 관심을 가지고 참여한다.
	탐구기술 활용하기	일상생활 문제해결 과정에서 탐색, 관찰 등의 방법을 활용해 본다.
수학적 탐구하기	수와 연산의 기초개념 알아보기	생활 속에서 사용되는 수의 여러 가지 의미를 안다.
		구체물 수량에서 '같다', '더 많다', '더 적다'의 관계를 안다.
		열 개 가량의 구체물을 세어보고 수량을 알아본다.
	공간과 도형의 기초개념 알아보기	위치와 방향을 여러 가지 방법으로 나타내 본다.
		기본 도형의 특성을 인식한다.
		기본 도형을 사용하여 여러 가지 모양을 구성해 본다.
	기초적인 측정하기	일상생활에서 길이, 크기, 무게 등을 비교해 본다.
	규칙성 이해하기	생활 주변에서 반복되는 규칙성을 알아본다.
		반복되는 규칙성을 인식하고 모방한다.

	기초적인 자료 수집과 결과 나타내기	필요한 정보나 자료를 수집한다.
		한 가지 기준으로 자료를 분류해 본다.
과학적 탐구하기	물체와 물질 알아보기	친숙한 물체와 물질의 특성을 알아본다.
		물체와 물질을 여러 가지 방법으로 변화시켜 본다.
	생명체와 자연환경 알아보기	나의 출생과 성장에 대해 관심을 갖는다.
		관심 있는 동식물의 특성을 알아본다.
		생명체를 소중히 여기는 마음을 갖는다.
		생명체가 살기 좋은 환경에 대해 관심을 갖는다.
	자연현상 알아보기	돌, 물, 흙 등 자연물의 특성과 변화를 알아본다.
		날씨와 기후변화에 관심을 갖는다.
	간단한 도구와 기계 활용하기	생활 속에서 간단한 도구와 기계를 활용한다.
		도구와 기계의 편리함에 관심을 갖는다.

물체와 물질 알아보기는 친숙한 물체와 물질의 특성에 관심을 갖고 알아보며 주변의 여러 가지에 기본 특성을 알아보기, 여러 가지 방법으로 변화시켜 보기가, 생명체와 자연환경 알아보기는 나의 출생과 성장에 대해 관심을 갖고 나와 다른 사람의 출생과 성장에 대해 알아보기, 주변의 동식물에 관심을 갖고 관심 있는 동식물의 특성과 성장 과정을 알아보기, 생명체를 소중히 여기는 마음을 갖기, 생명체가 살기 좋은 환경에 대해 관심을 갖고 녹색환경에 대해 알아보기가, 자연현상 알아보기는 돌 · 물 · 흙 등 자연물에 관심을 갖고 자연물의 특성과 변화를 알아보기, 낮과 밤 및 계절의 변화와 규칙성을 알아보기, 날씨 · 기후변화 · 자연현상에 대해 관심을 갖기, 간단한 도구와 기계 활용하기는 생활 속에서 간단한 도구와 기계에 관심을 갖고 도구와 기계를 활용하기, 편리함에 관심을 갖고 변화하는 새로운 도구와 기계에 관심을 갖고 장단점을 알기가 각각 주를 이룬다. 이와 같은 자연탐구 영역의 연령별 세부내용은 조금씩 상이한 바, 구체적 활동내용은 〈표 7-13〉, 〈표 7-14〉, 〈표 7-15〉와 같다.

〈표 7-15〉 5세 누리과정 자연탐구 영역

내용 범주	내용	세부 내용
탐구하는 태도 기르기	호기심을 유지하고 확장하기	주변 사물과 자연세계에 대해 지속적으로 호기심을 갖고 알고자 한다.
	탐구과정 즐기기	궁금한 점을 알아보는 탐구과정에 참여하고 즐긴다.
	탐구기술 활용하기	탐구과정에서 서로 다른 생각에 관심을 갖는다.
수학적 탐구하기	수와 연산의 기초개념 알아보기	생활 속에서 사용되는 수의 여러 가지 의미를 안다.
		구체물 수량의 부분과 전체 관계를 알아본다.
		스무 개 가량의 구체물을 세어보고 수량을 알아본다.
		구체물을 가지고 더하고 빼는 경험을 해 본다.
	공간과 도형의 기초개념 알아보기	위치와 방향을 여러 가지 방법으로 나타내 본다.
		여러 방향에서 물체를 보고 그 차이점을 비교해 본다.
		기본 도형의 공통점과 차이점을 알아본다.
		기본 도형을 사용하여 여러 가지 모양을 구성해 본다.
	기초적인 측정하기	일상생활에서 길이·크기·무게·들이의 속성을 비교하고, 순서를 지어본다.
		임의 측정 단위를 사용하여 길이, 면적, 들이, 무게 등을 재본다.
	규칙성 이해하기	생활 주변에서 반복되는 규칙성을 알고 다음에 올 것을 예측해 본다.
		스스로 규칙성을 만들어 본다.
	기초적인 자료 수집과 결과 나타내기	필요한 정보나 자료를 수집한다.
		한 가지 기준으로 분류한 자료를 다른 기준으로 재분류해 본다.
		그림, 사진, 기호나 숫자를 사용해 그래프로 나타내 본다.
과학적 탐구하기	물체와 물질 알아보기	주변의 여러 가지 물체와 물질의 기본 특성을 알아본다.
		물체와 물질을 여러 가지 방법으로 변화시켜 본다.
	생명체와 자연환경 알아보기	나와 다른 사람의 출생과 성장에 대해 알아본다.
		관심 있는 동식물의 특성과 성장 과정을 알아본다.
		생명체를 소중히 여기는 마음을 갖는다.
		생명체가 살기 좋은 환경과 녹색환경에 대해 알아본다.
	자연현상 알아보기	돌, 물, 흙 등 자연물의 특성과 변화를 알아본다.
		낮과 밤, 계절의 변화와 규칙성을 알아본다.
		날씨와 기후변화 등 자연현상에 대해 관심을 갖는다.
	간단한 도구와 기계 활용하기	생활 속에서 간단한 도구와 기계를 활용한다.
		변화하는 새로운 도구와 기계에 관심을 갖고 장단점을 안다.

Chapter

8

표준보육과정

1 표준보육과정의 기초

보육과정이란 용어의 사용은 1991년 「영유아보육법」이 제정되어 '탁아(care)'라는 용어 대신에 '보호'와 '교육'으로 새롭게 정의된 보육(educare)이라는 용어를 사용하면서부터라고 볼 수 있다. OECD 국가들도 보호와 교육은 분리될 수 없는 개념이고 양질의 서비스는 이 두 가지를 모두 제공해야 한다는 입장에서 보육의 개념을 환경, 재원, 운영시간, 프로그램의 내용과 상관없이 초등교육 단계 이전의 유아를 위해 제공하는 일체의 보호와 교육으로 정의하고 있으며 유아교육과 보호(early childhood education and care)라는 용어를 사용하고 있다(나정 · 장영숙, 2002).

'보육'은 영유아를 건강하고 안전하게 보호 · 양육하고 영유아의 발달특성에 적합한 교육을 제공하는 사회복지 서비스로 영유아의 건전육성과 보호자의 경제적 · 사회적 활동을 효과적으로 지원하여 가정 복지 증진에 기여함을 목적으로 한다.

'보육과정'은 보육의 목적을 효과적으로 달성하기 위한 구체적 접근양식이며 보육시설에서 영유아를 돌보는 틀이자 기준이다. 보육의 진정한 목적은 영유아의 성장과 발달에 대한 철학을 전제로 하기 때문에 보육과정의 의미와 개념은 보육과정을 보는 시각에 따라 다를 수 있다(이순형 외, 2006). 보육과정을 보육에 대한 전체적인 계획과 조직 및 틀이라 정의하고 보육과정을 위해서는 보육의 목적과 목표 설정, 목적과 목표 달성을 위한 활동 선정과 조직, 그리고 구체적인 교수 · 학습활동과 결과에 대한 평가와 같은 과정들이 요구된다고 하였다.

보육과정을 보육시설에서 시행되는 교육과정(curriculum)으로 보고, 교육과정이란 무엇을, 왜, 어떻게 가르칠 것인가에 대한 결정을 위한 것으로 교육 목적, 교육내용 및 방법, 평가의 4가지 요소로 구성된다. 이러한 교육과정의 개념을 근거로 보육과정을 살펴보면 보육과정은 보육목적, 보육의 내용 및 방법, 평가로 구성된다. 따라서 보육과정은 보육시설에서 영유아들을 어떻게 보육할 것인가 하는 보육의 내용으로만 볼 것이 아니라 보육목표, 보육내용, 보육방법이나 운영방식 평가를 포괄하는 폭넓은 개념으로 보아야 할 것이다.

2 표준보육과정의 의미 및 기본원리

표준보육과정은 유치원 교육과정, 초·중등학교 교육과정처럼 국가적 차원에서 우리나라 보육의 바람직한 방향을 설정하여 그에 따른 보육내용을 제시하고 있는 국가수준의 보육과정이다. 즉 표준보육과정은 보육시설 영유아의 보육 목적과 목표를 달성하기 위한 국가수준의 보육과정이며, 보육시설에서 운영해야 할 보편적 보육내용을 제시한 것이다(여성가족부, 2007).

영유아에 대한 관점, 영유아와 환경과의 관계, 영유아의 학습과 발달에 관한 관점 등을 바탕으로 한 표준보육과정의 기본 원리는 다음과 같다(여성가족부, 2005).

첫째, 모든 영유아는 어떠한 상황이나 환경에서도 자신의 발달과 경험을 스스로 구성해 갈 수 있는 능력이 있다.

둘째, 영유아의 발달이나 경험은 사회, 정서, 언어, 건강, 신체 및 인지적 측면이 서로 상호 연결되어 다차원적으로 관련되어 발달하며 한 영역의 발달이나 경험만을 강조해서는 바람직한 성장을 이룰 수 없다.

셋째, 영유아는 개인차가 있으며 개인차를 고려해 줄 때 자신의 잠재력을 최대한으로 발휘해 나간다.

넷째, 영유아 개인의 성장과 경험에 중요한 영향을 미치는 요인들은 보육환경, 보육교사, 또래, 가족 및 지역사회 구성원이다. 영유아의 발달에 적합한 환경은 우리나라 사회 문화에 적합하며 개별적 흥미가 고려될 때 영유아에게 더 바람직한 영향을 미친다.

다섯째, 영유아는 자신의 선택에 의한 놀이, 주변 환경의 직접 탐색에 대한 격려 시 관련된 지식, 기술 및 태도를 가장 잘 습득 할 수 있으며, 이 시기의 영유아는 수동적 경험보다 자신의 오감각을 사용하여 실생활에서 직접 체험하고 놀이할 때 가장 바람직한 행동 변화를 수반한다.

여섯째, 질적으로 우수한 교사란 영유아에게 다양한 경험 기회를 제공하고 편안하고 안전하게 보호하며 또래, 교구와의 상호작용을 통해 새로운 지식이나 기술을 습득할 수 있도록 세심한 관찰로 개별적이고 민감한 지원을 하는 교사이다.

3 표준보육과정의 개발과정

표준보육과정이란 영유아가 어린이집에서 경험하게 될 질적으로 우수한 양육과 의미 있는 학습에 대한 국가적 수준의 보육목표와 포괄적 보육내용을 제시한 것이다. 영유아가 심신이 건강하고 행복하게 생활하며, 전인적 발달을 도모하고 미래 민주시민으로 성장하기 위해 모든 영유아에게 적합한 구체적인 지식, 기술, 태도 및 가치로 구성된다.

표준보육과정은 「영유아법」이 1991년 1월에 제정되면서 종전의 단순한 탁아사업이 보육 사업으로 확대되어 발전되었으며 보육시설 수 또한 급증하였고, 이에 따른 보육의 질적 수준향상에 대한 요구도 급증하게 되었다. 급증된 보육시설에서는 구체적인 보육목표와 내용이 다르고 질적 수준의 차이가 나게 되어 보육시설에서의 보육에 대한 사회적 신뢰를 얻기가 힘들었다.

보육에 대한 국가적 수준의 지침이 필요하게 되었고 2004년 「영유아보육법」이 전면개정을 통해서 「영유아보육법」 제29조에 표준보육과정을 개발하고 보급하여야 함이 명시되어 표준보육과정의 시급한 개발이 이루어졌으며 2006년 11월에 여성가족부령으로 '표준보육과정'이 시행되었으며, 「영유아보육법 시행규칙」 제30조에 의거하여 2007년 1월에는 표준보육과정령을 실행하게 되었다(이훈희, 2008).

표준보육과정은 「영유아보육법」 제29조 제1항에 근거하여 영유아가 보육시설에서 경험하는 바람직한 태도와 가치, 지식, 기술을 제시하여 영유아를 보호하고 교육하는데 국가적 수준의 지침을 제공하였으며 출생에서부터 만 6세 미만 영유아의 연계적 발달 및 보육실제에서의 연령별 연계와 영역별 연계를 고려하여 영역별 균형을 맞추고 전인적 발달과 인성을 형성하도록 한다. 따라서 모든 보육시설은 「영유아보육법」 제29조 제3항에 근거하여 표준보육과정의 목표와 내용, 방법에 따라 영유아를 보육하도록 노력하여야 하며 보육시설의 장은 「영유아보육법」 제29조 제2항의 표준보육과정에 따라 영유아를 보육하며 노력하여야 한다.

영유아에게 있어서 보육교사는 영유아의 삶에 결정적인 영향력을 미치는 생애 최초의 교사이고 보육교사는 보육과정에 대한 전문적 지식, 의사결정력, 민감한 상호작용, 환경 및 자료제시 등을 통해 지속적으로 영유아에게 영향력을 미친다. 따라서 보육교사가 보육과정을 깊이 알고 실천할 수 있도록 부모와 영유아와의 관계, 양육 및 가족환경 등이 영유아에게 미치는 영향에 대한 이론과 연구결과들을 포함한 표준보육과정의 교사지침을 학문적 내용에 기초하여 별도로 제공하는 것이 바람직하다.

영유아가 재원 하는 어린이집은 최초의 집단 경험을 하는 시기로서 미래의 건전한 민주시민을 기르고자 하는 기본적 내용이 포함되어야 한다. 헌법 제9조에 의하면 '국가는 전통문화의 계승 · 발전과 민족문화의 창달에 노력하여야 한다' 라고 국가의 의무를 제시하고 있다. 우리나라의 전통적인 고유문화는 세계화의 시대적 배경에서 더 중요하게 고려되어야 할 내용이고, 우리나라 문화에 대해 자부심을 가짐은 물론 다른 문화 등에 대해 편견 없이 사회적 정체성을 긍정적으로 형성하는 내용을 기초로 한다.

보육은 영유아를 건강하고 안전하게 보호 · 양육하고 영유아의 발달 특성에 적합한 교육을 제공하는 사회복지서비스로 영유아의 건전 육성과 보호자의 경제적 · 사회적 활동을 효과적으로 지원하여 가정복지 증진에 기여함을 목적으로 운영하기에 보육과정은 보육의 목적을 효과적으로 달성하기 위한 구체적 접근 양식이며 보육시설에서 영유아를 돌보는 틀이자 기준이다.

보육과정의 정의를 보육에 대한 전체적인 계획과 조직 및 틀이라 하고 보육과정을 위해서는 구체적인 교수 · 학습활동과 결과에 대한 평가와 보육의 목적과 목표 달성을 위한 활동 선정과 조직 같은 과정들이 요구된다고 하였다(조복희, 2007).

교육과정이란 무엇을, 왜, 어떻게 가르칠 것인가에 대한 결정을 위한 것으로 교육 목적, 교육 내용 및 방법, 평가의 4요소로 구성되며 이러한 교육과정의 개념을 근거로 보육과정을 살펴보면 보육과정은 보육목적, 보육의 내용 및 방법, 평가로 구성된다 하였다. 따라서 보육과정은 보육시설에서 영유아들의 보육을 보육목표, 보육내용, 보육방법이나 운영방식 평가를 포괄하는 폭넓은 개념으로 보아야 할 것이다(백혜리, 2006).

4 표준보육과정의 특성

표준보육과정은 유치원 교육과정, 초등학교 과정처럼 국가적 차원에서 우리나라 보육의 바람직한 방향을 설정하여 제시하고 있는 국가수준의 보육과정이다. 표준보육과정은 보육시설 영유아의 보육목적과 목표를 달성하기 위한 국가수준의 보육과정이며 보육시설에서 운영해야 할 보편적 보육내용을 제시한 것이다. 따라서 보육시설의 시설장이나 교사들은 표준보육과정에서 제시하고 있는 구체적인 보육내용들을 영유아들이 경험할 수 있도록 표준보육과정에 기초한 보육계획을 세워야 함을 의미한다.

표준보육과정은 보육의 전문성과 보육의 질을 향상시키기 위해 개발된 국가수준의 보육과정이며, 우리나라 보육이 나아가야 할 방향을 제시하고 각 보육시설에서 보육과정 계획 및 운영 시 지침으로 사용하며 각 보육시설에 적합하도록 재구성하여 적용해야 할 것이다. 표준보육과정의 성격은 다음의 세 가지로 설명

되고 있다.

첫째, 표준보육과정은 「영유아보육법」 제29조 제2항 및 제4항에 따라 「영유아보육법 시행규칙」 제30조에 규정한 것으로 보육시설 영유아의 보육목적과 목표를 달성하기 위한 국가 수준의 보육과정이며, 보육시설에서 운영해야 할 보편적 보육내용을 제시한 것이다.

둘째, 표준보육과정은 만 6세 미만의 영유아가 갖추어야 할 바람직하고 적합한 태도와 가치, 지식과 기술을 포함하며 이를 통해 영유아의 잠재력을 최대한 발휘하고 영유아가 완전한 어른으로 성장하도록 한다.

셋째, 표준보육과정 운영을 통해 보육환경의 질을 높이고 교사의 역할을 강화하며 부모, 가족, 지역사회와 협력을 꾀한다. 또한 표준보육과정은 영유아와 보호자의 성, 연령, 종교, 사회적 신분, 재산, 장애, 출생지역, 민족배경 등에 따라 차별하지 않고 운영한다.

표준보육과정은 기본생활, 신체운동, 사회관계, 의사소통, 자연탐구, 예술 경험의 총 6개 영역으로 구성되어 각 영역은 영유아가 건강하고 안전하며 바르게 생활하는 데 필요한 내용과 신체, 사회, 언어, 인지, 정서 등 전인적 발달을 위해서 영유아가 갖춰야 할 지식, 기술, 태도를 포함한다. 각 영역은 영역별 목표와 그에 따른 내용 범주를 만 2세 미만, 만 2세, 만 3~5세의 세 연령 집단으로 구분하였으며, 각각의 보육내용은 연령, 발달, 개인차를 말하는 수준에 따라 만 2세 미만은 1 · 2 · 3수준, 만 2세 1 · 2수준, 만 3~5세는 1 · 2 · 3수준으로 구분한다. 또한 해당 연령에서 교사가 반드시 알아야 할 영유아의 발달적 지식, 물리적 환경 구성방법, 지도방법, 지도 시 유의점 등의 내용이 포함되어 있는 보육교사를 위한 연령집단별 지침서도 기술되어 있다.

5 표준보육과정의 목적 및 목표

표준보육과정의 목적은 보육시설을 이용하는 영유아에게 중점을 둔 보육프로그램을 기초로 하여 준비된 보육환경에서 준비된 보육교사가 영유아들과 하루 일과를 전개해 나가 전국의 보육시설이 최소한의 기준이 확보되는 서비스를 제공받을 수 있는 것이다. 표준보육과정은 목적을 토대로 하여 영유아에 대한 관점과 영유아와 환경과의 관계, 학습과 발달에 대한 관점에 대해 기본원리를 제시하고 있다.

영유아에 대한 관점의 기본원리는 모든 영유아가 어떤 상황이나 환경에서에서도 자신의 발달과 경험을 스스로 구성해 갈 수 있는 능력이 있다는 것과 영유아의 발달이나 경험은 사회, 언어, 인지, 정서, 신체 측면이 서로 상호 연결되어 다차원적으로 관련되며 발달한다는 것을 말한다.

영유아의 환경과 관계된 기본원리는 영유아는 자신의 학습속도와 기질, 상황, 사전경험, 환경에 따라 개인차를 나타내며, 이런 개인차를 고려해 줄 때 자신의 잠재력을 최대한으로 발휘하고 영유아 개인의 성장과 경험에 중요한 영향을 미치는 요인들은 보육환경과 보육교사, 또래, 가족 및 지역사회 구성원이며 영유아는 자신의 선택에 의해 놀이를 하고 주변의 환경을 직접 탐색하도록 격려될 때 관련된 지식, 기술 및 태도를 가장 잘 습득할 수 있는 것이다.

영유아의 학습과 발달에 대한 관점의 기본원리는 질적으로 우수한 교사가 자연스런 상황에서 영유아에게 다양한 경험을 할 수 있는 기회를 제공하여 편안하고 안전하게 보호하며, 영유아가 또래나 교구들과의 상호작용을 통해 새로운 지식이나 기술을 습득할 수 있도록 세심한 관찰로 개별적으로 민감하게 지원하는 역할을 말한다.

표준보육과정의 궁극적인 목적으로서 추구하는 인간상은 영유아가 일상생활에서 스스로 할 수 있는 기회를 주고 일상생활에서 인격체로서 존중하여 스스로 문제를 해결 할 수 있도록 북돋워 주는 자율적인 사람과 충분한 탐색을 할 수 있는 기회를 제공하고 다양하고 풍부한 환경을 구성하여 도전적인 과제를 해결할 수 있는 기회를 주어 창의적인 사람, 영유아의 기질, 생활습관 등 다양성을 인정하는 사람, 타인에 대한 배려와 존중으로 결정할 기회를 제공하고 결정을 책임질 수 있는 민주적인 사람, 자신의 문화를 사랑하되 새로운 가치를 추구하는 우리 문화를 사랑하는 사람이다.

표준보육과정은 자신을 사랑하고 존중하여 긍정적인 관계를 맺으며 사회에서 더불어 사는 태도를 기르고 일상생활에서 타인과의 의사소통 능력을 기르며 기초체력을 길러 운동능력을 향상시키고 창의적 표현을 즐기는 경험을 통해 풍부한 감성 및 심미감을 길러주어 주위의 여러 사물과 자연현상을 탐구할 때 필요한 기초 능력과 태도를 길러서 보육시설이나 사회에서 안전하고 건강하게 살아가는데 필요한 기본생활 태도를 기르는 것을 목표로 한다(여성가족부, 2005).

6 표준보육과정의 영역별 구체적 내용

1) 기본생활 영역

기본생활 영역은 일생의 기초이며 사회생활의 기본이 되는 건강, 영양, 안전에 관한 지식과 기술을 습득하고 바르게 생활하는 태도를 기르는 내용으로 구성한다. 기본생활 영역은 영유아의 건강하고 안전한 생활과 사회생활을 유지하는 데 기본이 되는 올바른 예절과 질서, 소비 생활 등이 고려된 바른 생활을 유지하기 위하여 필요한 기본적인 지식과 태도를 기르기 위한 내용으로 이루어져 있다. 기본생활 영역은 건강한 생활, 안전한 생활, 바른 생활의 세 가지 내용 범주로 구성되어 있다.

(1) 성격

기본생활 영역은 '건강한 생활', '안전한 생활', '바른 생활'의 3가지 내용 범주로 구성된다.

첫째, '건강한 생활'에서는 건강 · 영양 · 위생적인 생활을 강조하며, 영유아가 신체의 청결과 위생, 수면과 휴식, 바른 식생활 등 의식주에 대한 올바른 습관을 기르도록 하여 발달을 촉진하고 심신을 건강하게 한다.

둘째, '안전한 생활'에서는 안전사고 예방 · 대처능력의 향상을 강조하며, 영유아가 안전하게 놀이하는 방법과 위험한 상황을 알고, 위험한 상황에 직면하게 되었을 때 침착하고 적절하게 대처하며, 자신의 안전뿐만 아니라 타인의 안전을 배려하며 안전생활을 습관화하도록 한다.

셋째, '바른 생활'에서는 예절 · 질서 · 절약을 강조하며, 영유아가 공동생활과 인간관계의 기본이 되는 예절과 질서를 알고 지키며 습관화하고, 일상생활 속에서 절약을 실천하여 즐겁고 원만한 사회생활을 영위할 수 있도록 한다.

(2) 목표

건강, 안전, 바른 생활에 관한 지식 · 기술 · 태도를 배우고 익히며 올바른 습관을 길러, 자신의 건강과 안전을 자기 스스로 보호하고 타인을 존중하며 즐겁게 생활한다.

첫째, 청결과 위생, 수면과 휴식, 바른 식생활, 의생활 및 심신의 건강을 바탕으로 발달을 촉진한다.

둘째, 위험 요인과 상황에 대해 알고 안전하게 대처하는 능력을 길러서 자신과 타인을 보호한다.

셋째, 일상 속에서 예의 바르고 질서를 잘 지키며 절약하는 행동을 습관화하여 즐겁게 생활한다.

(3) 만 2세 미만 연령의 목표와 내용

❶ 목표

심신을 건강하게 하고 기본적인 안전생활습관을 길러 최적의 발달을 꾀하고 바른 생활습관을 형성한다.

첫째, 청결과 위생, 수면과 휴식, 바른 식생활, 의생활과 심신의 건강을 바탕으로 발달을 촉진하고 건강을 증진한다.

둘째, 위험 요인을 파악하고 이에 대해 기본적인 대처능력을 길러 자신을 보호한다.

셋째, 일상 속에서 기초적인 예절과 질서를 익혀 즐겁게 생활한다.

❷ 수준별 내용

<table>
<tr><th>내용 범주</th><th>내 용</th><th>1수준</th><th>2수준</th><th>3수준</th></tr>
<tr><td rowspan="11">건강한 생활</td><td rowspan="3">몸을 깨끗이 하기</td><td colspan="3">몸을 깨끗이 했을 때 기분이 좋음을 안다.</td></tr>
<tr><td colspan="2">도움을 받아 손을 씻는다.</td><td>스스로 손 씻기를 시도한다.</td></tr>
<tr><td></td><td colspan="2">도움을 받아 이를 닦는다.</td></tr>
<tr><td rowspan="3">즐겁게 먹기</td><td>편안하게 안겨서 우유(모유)를 먹는다.</td><td>단단한 음식에 적응한다.</td><td>제공된 음식을 골고루 먹는다.</td></tr>
<tr><td colspan="2"></td><td>먹을 수 있는 음식과 먹을 수 없는 음식을 구별한다.</td></tr>
<tr><td colspan="2"></td><td>도구를 사용하여 정해진 자리에서 먹는다.</td></tr>
<tr><td rowspan="2">알맞게 잠자기와 휴식하기</td><td colspan="3">수면을 충분히 취한다.</td></tr>
<tr><td colspan="3">편안하게 쉰다.</td></tr>
<tr><td rowspan="2">즐겁게 생활하기</td><td colspan="3">익숙한 공간에서 안정된 마음을 갖는다.</td></tr>
<tr><td colspan="3">하루 일과에 즐겁게 참여한다.</td></tr>
<tr><td>규칙적인 배설습관 갖기</td><td></td><td>배설의 의사를 표현한다.</td><td>정해진 곳에서 배설한다.</td></tr>
</table>

<table>
<tr><td rowspan="2">안전한 생활</td><td>놀잇감을 안전하게 사용하기</td><td colspan="2">놀잇감을 안전하게 살핀다.</td><td>놀잇감을 용도에 맞게 사용한다.</td></tr>
<tr><td>위험한 상황을 알기</td><td></td><td colspan="2">위험하다고 알려주면 주의한다.</td></tr>
<tr><td rowspan="3">바른 생활</td><td>예절 바르게 생활하기</td><td></td><td colspan="2">만나고 헤어질 때 인사한다.</td></tr>
<tr><td rowspan="2">질서 지키며 생활하기</td><td colspan="2"></td><td>자기 순서를 안다.</td></tr>
<tr><td></td><td>놀잇감이 있는 자리를 안다.</td><td>도와주면 놀잇감을 정리한다.</td></tr>
</table>

(4) 만 2세 연령의 목표와 내용

❶ 목표

건강하고 건전한 생활습관을 길러 자신의 건강을 보호하고 바르게 생활한다.

첫째, 청결과 위생, 수면과 휴식, 바른 식생활, 의생활 및 심신의 건강을 바탕으로 발달을 촉진하고 건강을 증진한다.

둘째, 위험 요인과 상황에 대해 알고 안전하게 대처하는 능력을 길러서 자신과 다른 사람을 보호한다.

셋째, 일상에서 예절과 질서 지키기를 생활화하여 즐겁게 생활한다.

❷ 수준별 내용

<table>
<tr><th>내용 범주</th><th>내 용</th><th>1수준</th><th>2수준</th></tr>
<tr><td rowspan="8">건강한 생활</td><td rowspan="2">몸을 깨끗이 하기</td><td colspan="2">이를 닦는다.</td></tr>
<tr><td colspan="2">손과 얼굴을 씻는다.</td></tr>
<tr><td rowspan="3">올바른 태도로 먹기</td><td colspan="2">음식을 골고루 먹는다.</td></tr>
<tr><td colspan="2">먹을 수 있는 것과 먹어서는 안 될 것을 구분한다.</td></tr>
<tr><td colspan="2">식사에 즐겁게 참여하고 올바른 식사태도를 가진다.</td></tr>
<tr><td rowspan="2">알맞게 잠자기와 휴식하기</td><td colspan="2">일과에 따라 규칙적으로 잠을 잔다.</td></tr>
<tr><td colspan="2">정해진 시간에 알맞게 휴식한다.</td></tr>
<tr><td>건강한 배설습관</td><td colspan="2">정해진 곳에서 배설한다.</td></tr>
</table>

	갖기	배설 후에 손을 씻는다.	
	스스로 옷 입고 벗기	스스로 옷 입기와 벗기를 시도한다.	
	즐겁게 활동하기	또래와의 놀이에 즐겁게 참여한다.	
		하루 일과에 즐겁게 참여한다.	
	건강에 관심 갖기	건강검진과 예방접종 등에 참여함으로써 건강에 관심을 가진다.	
안전한 생활	놀이 규칙에 따라 안전하게 놀이 하기	놀이에 규칙이 있음을 안다.	규칙을 지켜 놀이한다.
		놀이기구와 놀잇감을 안전하고 올바르게 사용한다.	
	위험한 상황을 알고 조심하기	시설물의 위험성을 안다.	
		화재의 위험성을 알고 조심한다.	
		위험물질(약품류, 세제류 등)을 알고 만지거나 먹지 않는다.	
	탈것의 위험을 알고 안전하게 다니기	탈것의 위험을 안다.	탈것의 위험성을 알고 조심한다.
		신호등의 의미를 안다.	신호등의 신호에 맞춰 성인과 함께 횡단보도를 건넌다.
바른 생활	예절 바르게 생활하기	상황에 맞게 인사를 한다.	
		바른 말을 사용한다.	
		다른 사람을 방해하지 않는다.	
	질서 지키며 생활하기	자기 순서를 안다.	순서를 기다린다.
		물건을 제자리에 정리한다.	
		간단한 약속을 지킨다.	

2) 신체운동 영역

신체운동 영역은 다양한 신체활동을 통하여 자신의 신체에 대해 긍정적으로 인식하고, 일상생활에 필요한 기본운동 능력을 기르며, 신체활동에 즐겁게 참여하는 내용으로 구성하여 영유아의 행복한 삶을 이루기 위한 내용으로 이루어져 있다. 신체운동 영역은 감각과 신체인식, 신체조절과 기본운동, 신체활동 참여 등의 네 가지 내용 범주로 구성되어 있다.

(1) 성격

신체운동 영역은 '감각과 신체인식', '신체조절과 기본운동', '신체활동 참여'의 세 가지 내용범주로 구성된다.

첫째, '감각과 신체인식'에서는 영유아가 감각능력을 기르고 기관을 활용하며 자신의 신체를 긍정적으로 인식하도록 한다.

둘째, '신체조절과 기본운동'에서는 영유아가 협응력과 신체조절능력을 기르고 신체균형 감각을 익히며 이동, 비이동, 조작운동 등의 기본운동능력을 습득하여, 자신의 신체를 유연하고 활발하게 움직이는 의지와 능력을 키우도록 한다.

셋째, '신체활동 참여' 에서는 영유아가 신체활동을 할 때 적극적으로 참여하고, 다양한 기구를 활용하여 안전하고 즐겁게 신체활동을 하는 경험을 통해서 기초체력을 형성하고 생활하면서 규칙적으로 운동할 수 있도록 한다.

(2) 목표

자신의 신체를 긍정적으로 인식하고 즐겁게 신체활동에 참여함으로써 영유아기에 필요한 기본운동능력을 기른다.

첫째, 기본적 감각능력을 키우고, 자신의 신체를 긍정적으로 인식한다.

둘째, 신체를 조절하고 기본운동능력을 기른다.

셋째, 신체활동에 즐겁게 참여한다.

3) 사회관계 영역

사회관계 영역은 자신을 존중하고, 가족과 또래 및 지역사회와 긍정적인 사회관계를 형성하며, 유능한 사회 구성원이 되기 위해 필요한 사회적 지식과 태도를 기르는 내용으로 구성한다. 사회관계 영역은 자신에 대한 존중감을 기르고 자신과 다른 사람의 정서를 인식하며 이를 사회적 관계에서 적절히 조절하여 활용할 수 있도록 하고, 가족과 또래, 그리고 지역사회와 긍정적인 관계를 형성하며, 유능한 사회 구성원으로 기능하기 위하여 필요한 사회적 지식을 획득하기 위한 내용으로 이루어져 있다. 사회관계 영역은 자기존중, 정서 인식과 조절, 사회적 관계, 사회적 지식의 4가지 재용 범주로 구성되어 있다.

(1) 성격

사회관계 영역은 '자기존중', '정서적 인식과 조절', '사회적 관계', '사회적 지식'의 네 가지 내용범주로 구성된다.

첫째, '자기존중'에서는 영유아가 자신의 독특한 자아에 대해 인식하고, 자신감과 독립심을 기르도록 한다.

둘째, '정서인식과 조절' 에서는 영유아가 자신과 다른 사람의 다양한 정서를 인식하고, 자신의 정서를 조절하고 표현할 수 있도록 한다.

셋째, '사회적 관계'에서는 영유아가 가족, 또래와 지역사회의 구성원으로서 관련된 다른 사람들과의 관계를 이해하고, 그들과 더불어 조화롭게 기능하며 살아가는 능력을 기르도록 한다.

넷째, '사회적 지식'에서는 영유아가 지역사회, 우리나라, 세계의 구성원으로서 필요한 자질을 갖추고 능력을 함양하며, 자신과 관계된 여러 사회현상에 관심을 가지고 이해하도록 한다.

(2) 목표

자신에 대한 존중감을 키우고, 자신과 다른 사람의 정서를 인식하고, 이를 사회적 관계에서 적절히 조절하여 활용할 수 있도록 하며, 가족, 또래, 지역사회와 긍정적인 관계를 형성하고, 유능한 사회구성원으로 기능하게 하기 위하여 필요한 사회적 지식을 획득하도록 한다.

첫째, 자신의 독특한 자아에 대해 인식하고 자신감과 독립심을 기른다.

둘째, 자신과 다른 사람의 정서를 이해하고 표현하며, 자신의 정서를 조절하고 활용한다.

셋째, 다른 사람과의 관계를 이해하고 더불어 살아가는 능력을 기른다.

넷째, 자신을 둘러싼 사회현상에 관심을 가지고 이해한다.

4) 의사소통 영역

의사소통 영역은 듣고 말하는 것을 즐기고, 상황에 맞는 의사소통 능력과 기초적인 읽고 쓰는 능력을 익히는 데 필요한 올바른 언어생활 태도와 능력을 기르는 내용으로 구성한다.

의사소통 영역은 다양한 의사소통 경험과 언어활동을 통하여 영유아가 듣고 말하는 것을 즐거워하고 상황에 맞는 언어를 익히도록 하며, 일상생활에 필요한 의사소통 능력과 기초적인 문자 해독능력을 기르고 바르고 즐거운 언어생활 태도와 습관을 형성하도록 돕기 위한 내용으로 이루어져 있다. 의사소통 영역은 듣기, 말하기, 읽기, 쓰기의 네 가지 내용 범주로 구성되어 있다.

(1) 성격

의사소통 영역은 '듣기', '말하기', '읽기', '쓰기'의 네 가지 내용범주로 구성된다.

첫째, '듣기'에서는 영유아가 주변의 소리에 관심을 가지고 구분하여 들을 수 있는 기회와 환경을 제공하고, 일상 대화나 동요 · 동시 · 동화 등을 잘 듣고 이해할 수 있도록 한다.

둘째, '말하기'에서는 영유아가 언어적 · 비언어적 의사소통을 할 수 있는 기회와 환경을 제공하고, 바른 태도와 정확한 발음으로 자신의 생각이나 경험을 대상과 상황에 맞게 표현할 수 있도록 한다.

셋째, '읽기'에서는 영유아가 주변의 글자나 그림책에 흥미를 가지고 이해하는 능력을 길러 읽기에 흥미를 느낄 수 있도록 한다.

넷째, '쓰기'에서는 영유아가 소근육을 사용하여 긁적거리기를 해보며 글자의 느낌을 경험하고, 쓰기 도구와 매체를 사용하여 자신의 느낌, 생각, 경험을 쓰기로 표현하기에 흥미를 갖고 참여할 수 있도록 한다.

(2) 목표

듣고 말하는 것을 즐기며 상황에 맞는 언어를 익혀 바른 언어생활을 하도록 하고 일상생활에 필요한 의사소통능력과 기초적인 문해 능력을 기른다.

첫째, 다른 사람의 이야기를 주의 깊게 듣는 태도와 이해력을 기른다.

둘째, 바르게 말하는 태도와 정확한 발음으로 자신의 느낌, 생각, 경험을 말로 표현하는 능력을 기른다.

셋째, 주위의 사람들과 대화하고 여럿이 함께 토론하며 서로의 의견을 나누는 경험을 하게 한다.

넷째, 글과 글자에 친숙해지는 경험을 쌓아 읽기와 쓰기에 흥미를 갖게 한다.

5) 자연탐구 영역

자연탐구 영역은 영유아가 다양한 감각을 이용하여 주변 사물과 환경을 지각하고 탐색하며, 이러한 과정에서 발생하는 의문점을 해결하는 데 필요한 수학적·과학적 기초 능력을 기르는 내용으로 구성한다. 자연 탐구 영역은 탐구적 태도, 수학적 탐구, 과학적 탐구 등의 세 가지 내용 범주로 구성되어 있다.

(1) 성격

자연탐구 영역은 '탐구적 태도', '수학적 탐구', '과학적 탐구'의 세 가지 내용범주로 구성된다.

첫째, '탐구적 태도'에서는 영유아가 주변의 사물과 자연현상에 대하여 관심을 가지고 보고, 듣고, 느끼고, 궁금해 하며, 끊임없이 알아가고자 하는 태도를 갖게 하고 이에 필요한 기초기술을 습득하도록 한다.

둘째, '수학적 탐구'에서는 영유아가 일상생활에서 수량과 공간을 인식하고 비교하며 규칙성을 인식하는 등 구체적인 경험과 조작활동으로 수학적 기초능력을 기르도록 한다.

셋째, '과학적 탐구'에서는 영유아가 주변의 사물, 생명체, 자연현상에 대하여 관심을 가지고 능동적이고 적극적으로 탐색하는 과정에서 과학적 기초지식을 습득하도록 한다.

(2) 목표

주변의 사물과 자연현상을 지각하고 호기심을 가지며, 지속적으로 탐구하는 태도를 가지며 문제해결을 위한 기초능력을 기르고, 자연을 사랑하는 마음을 가진다.

첫째, 주변 사물과 자연환경에 대해 지속적으로 호기심을 가지고 탐구하는 태도를 가진다.

둘째, 일상생활의 여러 상황과 문제를 수학적으로 이해하고 해결하기 위하여 기초능력을 기른다.

셋째, 주변 사물과 자연형상에 대한 기초 지식을 쌓고 자연을 사랑하는 마음을 가진다.

6) 예술경험 영역

예술경험 영역은 영유아가 출생 직후부터 주변 환경 및 생활 속에서 다양한 예술적 요소들은 흥미롭게 경험하고 즐길 수 있는 태도를 기르는 데 도움이 되는 내용으로 이루어져 있다.

영유아는 사물이나 소리, 자연, 예술작품을 관찰하고 탐색하며, 자신의 생각이나 느낌을 극, 동작, 음악, 미술로 표현하고 이렇게 표현된 것을 보고 즐김으로써 풍부한 감성 및 창의성을 기르는 내용을 구성한다. 이는 일생 동안 예술에 관심을 가질 수 있는 기본 성향을 형성하게 된다. 예술경험 영역은 심미적 탐색, 예술적 표현, 예술감상 등의 세 가지 내용 범주로 구성되어 있다.

(1) 성격

예술경험 영역은 '심미적 탐색', '예술적 표현', '예술 감상'의 세 가지 내용범주로 구성된다.

첫째, '심미적 탐색'에서는 영유아가 주변의 친근한 자연이나 생활환경에서 음악적 · 동작적 · 가작적 · 미술적 요소에 관련된 현상이나 사물을 흥미롭게 보며 집중하여 탐색하도록 한다.

둘째, '예술적 표현'에서는 영유아가 음악 · 움직임 · 모방 · 미술 경험을 마음껏 시도하고 표현하며 자유롭게 즐기도록 한다.

셋째, '예술 감상'에서는 친근한 소리나 노래, 아름다운 사물이나 환경, 춤 · 극놀이 · 미술작품을 즐기며 생활에서 예술에 대해 지속적으로 흥미를 가지도록 한다.

(2) 목표

주변의 친근한 환경과 생활에서 예술적 요소에 관심을 보이고 흥미롭게 경험하고 즐김으로써 창의성과 감성을 기른다.

첫째, 주변 생활에서 발견한 단순한 예술적 요소에서부터 점차 다양한 요소까지 아름다움에 관심을 보이고 탐색한다.

둘째, 자신의 생각과 느낌을 음악, 움직임과 춤, 극놀이, 미술활동으로 표현하는 것을 즐기며 점차 다양하고 창의적으로 표현한다.

셋째, 생활에서 자연, 사물, 예술 작품들을 보고 즐긴다.

7 표준보육과정의 적용 및 평가

1) 표준보육과정의 적용

표준보육과정에서는 보육과정의 운영을 보육계획수립, 보육과정 편성, 보육과정 실시, 보육과정 운영평가, 가정 및 지역사회의 협력으로 구분하여 제시하고 있다. 영유아 보육의 목적인 전인 아동으로의 성장을 위한 질 좋은 보육이 실행되려면 영유아의 발달에 적합하도록 연령적, 개별적 그리고 소속문화 집단의 특성을 고려한 교수·학습방법을 적용하여야 한다(백혜리 외, 2006). 표준보육과정에 따라 각 보육시설에서 표준보육과정을 운영할 때 다음과 같은 점들을 고려하도록 한다.

첫째, 보육교사는 보육프로그램을 계획하고 운영한다. 보육교사가 수립하는 보육계획에는 연간계획, 월간계획, 주간계획 등이 있다. 이와 같은 계획들은 어떤 주제를 선정하는지, 주제에 어떤 개념과 내용들을 포함시키는지, 언제 그리고 어떤 방법으로 영유아들에게 제시하고 보육하는지를 구체적으로 보여준다.

둘째, 보육교사는 표준보육과정을 숙지하여 영유아들에게 적합하면서도 효율적인 프로그램을 계획하고 운영한다. 보육교사는 보육프로그램이 지향하는 보육목표를 설정하고, 이에 기초하여 보육계획을 수립한다. 그러기 위해서 보육교사는 영유아보육법 상의 보육목적(1조) 및 보육이념(3조)과 표준보육과정에서 추구하는 보육과정의 목적 및 추구하는 인간상, 보육과정의 목표와 내용을 숙지하여 이를 근거로 프로그램의 보육목표를 설정하고, 이에 부합하는 보육계획을 세워야 한다.

〈영유아보육법 목적, 정의, 보육이념〉

※영유아보육법의 목적(제1조) : 이 법은 영유아를 심신의 보호와 건전한 교육을 통하여 건강한 사회구성원으로 육성함과 아울러 보호자의 경제적 · 사회적 활동을 원활하게 함으로써 가정복지 증진에 기여함을 목적으로 한다.
※영유아보육법의 정의(제2조2) : "보육"이라 함은 영유아를 건강하고 안전하게 보호 · 양육하고 영유아의 발달 특성에 적합한 교육을 제공하는 사회복지서비스를 말한다.
※영유아보육법의 보육이념(3조) : 보육은 영유아의 이익을 최우선적으로 고려하여 제공하여야 한다. 보육은 영유아가 안전하고 쾌적한 환경에서 건강하게 성장할 수 있도록 하여야 한다. 영유아는 자신 또는 보호자의 성 · 연령 · 종교 · 사회적 신분 · 재산 · 장애 및 출생지역 등에 따른 어떠한 종류의 차별도 받지 아니하고 보육되어야 한다.

셋째, 보육교사는 영유아의 발달적 적합성을 고려하여 보육계획을 세운다. 보육계획과 운영은 반드시 영유아의 발달에 알맞아야 하며, 발달의 전 영역을 균형 있게 다루어야 한다. 영유아의 전인적 성장과 발달을 위하여 6개 보육 영역의 보육목표를 균형 있게 설정하고, 영유아의 개인차를 존중하며 발전시키기 위해 각 영유아들의 흥미, 요구 등을 보육목표에 포함한다. 특히 이전에 했던 경험이나 지식, 기술을 좀 더 발전시킬 수 있도록 도와주어야 한다.

넷째, 보육교사는 보육계획을 융통성 있게 운영한다. 보육계획을 수립한 후 이를 그대로 수행하려고할 것이 아니라, 상황에 따라 융통성 있게 수정하고, 변화를 주어 실시하도록 한다. 보육교사는 계획대로 진행하는 가운데 스스로 평가함으로써 수정, 보완, 첨가해야할 부분을 파악하고, 이를 보육 계획에 반영시킬 수 있다.

다섯째, 표준보육과정에 근거한 보육계획은 각 보육시설이 갖고 있는 인적, 물리적 환경에 따라 현 수준으로 점진적으로 적용하여 발전시켜 나간다.

2) 보육과정의 평가

보육과정에 대한 평가는 교사가 보육과정을 계획하는 일에서부터 실제화한 전 과정이 모두 평가에 포함된다. 이는 변화의 정도를 알아보고자 하는 것이므로 체계적이고, 신뢰롭고, 타당한 평가를 통해 보육과정의 효율성을 분석하여 실행 중인 보육과정의 수정 혹은 이후의 보육과정 개발에 그 결과를 지속적으로 반영하여야할 것이다. 즉, 보육과정 평가는 보육과정을 실제로 수행하는 교사, 유아, 부모 그리고 관련 행정가들에게 유용한 정보를 제공한다.

우리나라에서는 2005년 이후 보육시설의 평가인증제가 도입되었다. 보육시설 평가인증제의 평가 영역은 보육환경, 보육과정, 상호작용, 건강과 영양, 안전, 가족 및 지역사회와의 협력의 7개 영역으로 구성되어 있다. 평가인증제와 같은 보육과정 평가는 양질의 보육을 위한 하나의 지표가 될 수 있으며, 평가의 결과는 각 영역별로 취약점을 분석하고 보완하는 기회가 된다.

첫째, 보육과정에 대한 평가는 보육과정의 질 관리를 위하여 각 보육시설에서 주기적으로 보육과정 구성과 운영에 관한 적절성과 실효성, 보육과정의 모든 내용을 포괄적으로 포함하며, 영유아의 발달수준, 흥미, 요구에 적합한 경험을 통해 학습을 촉진할 수 있는 다양한 활동과 교수·학습방법이 계획되고 통합적으로 운영되는지 평가하여 평가 결과는 다음 년도의 효율적인 보육과정 수립 및 운영에 반영한다.

둘째, 영유아에 대한 평가는 영유아의 전반적인 발달 특성과 정도, 영유아의 성장변화를 질적이고 종합적으로 기술하되 총체적으로 평가한다. 평가방법으로는 관찰기록, 작품분석, 부모면담 등 다양한 기법을 사용하여 영유아 자신뿐 아니라 영유아를 둘러싼 총체적 환경을 포함하여 평가하며, 평가결과는 영유아의 전인적인 성장, 생활기록부 작성, 학부모와의 면담자료로 활용한다.

8 제3차 표준보육과정의 이해

제3차 어린이집 표준보육과정(이하 '표준보육과정'이라 칭함)의 필요성과 개발과정에 대해 살펴보고, 제3차 어린이집 표준보육과정의 주요 개정내용을 서술하며, 표준보육과정의 전반적인 구성에 대해 알아 보고자 한다.

1) 제3차 표준보육과정의 필요성 및 개발과정

표준보육과정은 보육시설의 질이 영유아의 제반 발달과 정적 상관이 있다는 연구에 의해 유아의 보육경험 유무나 보육시설의 유형보다 보육시설의 구조적, 과정적, 전반적인 질을 높이는 것이 영유아 발달에 중요하다는 가설에서 시작된 것이다. 즉, 보육과정과 같은 과정적 질이 중요하다는 것이다. 이러한 보육시설의 질이 우수할 때 영유아가 안정적이며, 사회적으로 성숙하고 자기 통제력이 높아지고 또래와의 상호작용을 긍정적으로 할 것으로 기대할 수 있기 때문에 모든 영유아가 비슷한 수준의 보육을 받을 수 있게 하려고 표준보육과정이 구안된 것이다(최영미, 2005).

표준보육과정의 개발과 필요성은 보육현장의 요구, 사회적 요구, 법적인 요구로 정리하여 살펴볼 수 있다.

첫째, 표준보육과정의 개발과 필요성은 보육현장의 요구에서 시작되었다. 표준보육과정이 개발되기 이전의 보육현장을 살펴보면, 당시 우리나라 보육현장은 단편적이고 영유아의 발달적 수준에 적합하지 않는 지식제공이 만연하고 있었다. 그동안 개별 단체나 기관에서 어린이집을 위한 보육과정을 몇 차례 개발하거나 사용하였으나, 구체적인 보육목표와 내용에 대한 국가적 수준의 포괄적인 합의가 제대로 이루어지지 않았기 때문에, 보육의 질적 수준이 지역이나 기관마다 매우 달랐다. 또한 표준보육과정이 개발되기 이전에는 대부분의 어린이집에서 국가수준의 유치원 교육과정을 활동의 지침으로 사용하기도 하였다. 어린이집은 그 대상 연령이나 운영시간, 프로그램의 측면에서 유치원과 상이함에도 불구하고, 독자적인 보육과정이 없이 유치원 교육과정을 따라서 운영하였던 것이다. 따라서 어린이집의 대상과 운영 형태에 적합 하도록 독자적으로 개발된 보육과정의 필요성이 현장 및 학계에서 제기되었다.

둘째, 표준보육과정의 개발과 필요성은 사회적 요구에서 시작되었다. 여성의 취업 증가와 핵가족화로 인한 사회적 지원의 강화, 저출산과 고령화로 인한 인적자원 개발의 필요, 지식정보화에 따른 지식 · 기술 · 가치의 재점검 등에 대한 요구가 증가하게 되어 미래의 인재를 담당하는 어린이집의 질적 향상에 대한 의견이 대두되었다.

셋째, 법적인 요구이다. 보육현장과 사회적 요구를 반영하여 2004년 전문 개정된 「영유아보육법」에서 표준보육과정의 개발과 보급을 포함하면서, 개발의 필요성이 법적으로 명백하게 제시된 것이다(김상림 외, 2013).

이처럼 표준보육과정의 필요성이 대두됨에 따라 정부에서는 어린이집의 질적 수준을 높이고, 영유아의 조화로운 성장과 발달을 지원하기 위해 영유아의 연령 및 발달수준에 적합한 표준보육과정을 개발 및 보급하게 되었다. 여성가족부(2007)에 의하면, 표준보육과정은 영유아를 건강하고 안전하게 보호·양육하고 영유아의 발달 특성에 적합한 교육을 목표로 국가 수준의 어린이집에서 경험하는 바람직한 태도와 가치, 지식, 기술을 제시하여 어린이집에서 이들을 보호하고 교육하는데 지침으로 사용되도록 하기 위해 개발되었다.

표준보육과정은 영유아의 성, 종교, 가족배경, 사회적 신분, 재산, 장애 및 출생지역에 차별이 없어야 하며, 지역적 특성에 따라 융통적으로 사용할 수 있도록 표준보육과정은 구성되어 있다(여성가족부, 2007).

표준보육과정의 개발과정을 살펴보면, 표준보육과정은 2006년 11월 10일에 여성가족부령 제11호로 표준보육과정령(「영유아보육법 시행규칙」 제30조 관련)으로 공포되고. 2007년 1월 3일 '표준보육과정의 구체적 내용'이 고시(여성가족부 고시 제2007-1호)되었다. 이후 보육업무가 보건복지부로 이관되면서 2010년 9월 7일 '표준보육과정의 구체적 보육내용 및 교사지침'이 재고시(보건복지부 고시 제201070호)되었다. 이어 2012년부터 누리과정이 시작되면서 만 5세 연령을 제외한 0~4세 영유아를 대상으로 한 제2차 표준보육과정이 2012년 2월 29일에 고시되었다(보건 복지부 고시 제2012-28호). 제2차 표준보육과정이 정착하려던 중 누리 과정이 3~5세 아동으로 확대 되면서 결과적으로 정부는 제2차 표준보육과정의 수정 및 재개정이 불가피하게 되었다.

정부는 제3차 표준보육과정의 개정 연구를 진행하여 현재의 제3차 어린이집 표준보육과정을 2013년 1월 21일에 고시하게 되었다. 이로써 0~1세 보육과정, 2세 보육과정, 3~5세 보육과정(누리과정)의 구성체계를 갖춘 제3차 어린이집 표준보육과정이 탄생하게 되었다.

표준보육과정으로 인해서 전국 어린이집에서 연령집단별로 영유아의 발달 수준에 적합하며, 연속성과 통합성을 유지하는 국가수준의 보육목표와 보육내용 체계를 지니게 되었다. 표준보육과정은 어린이집에서 보육계획 수립의 기초를 마련하고 보육내용의 질을 높이는데 기여하게 되었다(보건복지부, 2013).

2) 표준보육과정에 기초한 연간 주제와 소주제

(1) 표준보육과정 연간 보육계획안

연간 보육계획안을 작성할 때 고려해야 할 점은 다음과 같다.

연초에 연간 보육계획안을 작성할 때는 전년도에 실시되었던 평가 기록을 중심으로 주제 및 활동 내용, 실시 기간, 시기의 적절성을 평가한 후 이에 기초하여 작성을 한다. 그리고 주제의 내용을 계획할 때는 연령별 주제의 범위와 연계성을 고려하여 결정하고, 연간 보육계획에 기초한 각 연령별 주제의 내용을 결정한다.

연간 주제를 선정할 때는 유아들이 친숙하게 접하는 주제에서 추상적인 주제로 확대되도록 고려하도록 하고, 국가적인 특별한 행사, 어린이집의 지역의 특성 등의 교육적 가치 판단 하에 교육 주제를 선정한다.

연간 보육계획안에 기초하여 주간 보육계획안 일일 보육계획안을 작성한다. 어린이집의 특성상 여름과 겨울에도 방학을 실시하기 어려우므로 연간 보육계획안을 계절적 특성에 맞도록 계획하여 교사와 유아들이 무리한 교육 일정에 의해 지치는 일이 없도록 고려한다.

생활주제 및 소주제를 중심으로 보육시설, 지역사회의 실정, 영아의 흥미나 요구 등을 고려하여 연간 보육프로그램을 계획하고 운영한다. 제시된 생활주제 및 소주제는 영아들의 발달 수준에 적합하고, 경험 가능한 것이며, 국가 수준의 표준보육과정의 인간상, 보육목적, 보육목표 및 내용 등을 통합하여 전개시킬 수 있는 것이다.

〈표 8-1〉 만 2세 연간 보육계획안

월	생활주제	소주제
3월	즐거운 어린이집	• 두근두근! 처음이에요 • 선생님 안아주세요 • 우리 반이 좋아요 • 엄마와 즐겁게 안녕! • 즐거운 어린이집
4월	나무를 심어요/ 재미있는 놀잇감	• 나무를 심어요 • 어린이집에 놀잇감이 많아요 • 신나는 바깥놀이 • 안전하게 놀이해요
5월	가족의 날/ 봄	• 어린이날/어버이날 • 예쁜 꽃과 나비 • 솔솔 봄바람이 불어요 • 봄나들이
6월	자랑스러운 나/ 사랑하는 가족	• 나의 얼굴 나의 몸을 살펴요 • 나의 몸이 하는 일 • 몸을 움직이고 느껴보아요 • 우리 가족이에요 • 우리 가족을 흉내 내요
7월	여름	• 햇님이 쨍쨍! • 초록빛 여름이에요 • 시원한 여름을 보내요 • 첨벙첨벙 물놀이해요
8월	즐거운 가족 여행/ 동물과 식물 친구들	• 산과 바다로 여행을 가요 • 여러 가지 동물이 있어요 • 여러 가지 식물이 자라요 • 동물, 식물 친구들과 놀아요 • 동물, 식물 친구들을 사랑해요
9월	추석/ 고마운 사람들	• 추석이에요 • 우리 동네에 있어요 • 하는 일이 달라요 • 고마운 사람들

10월	가을/ 재미있는 색깔과 모양	• 빨갛게, 노랗게 • 열매가 열렸어요 • 여러 가지 모양과 색깔 • 모양과 색깔이 변해요
11월	여러 가지 탈 것	• 땅에서 다녀요 • 물에서 다녀요 • 하늘에서 다녀요 • 신기한 탈 것 • 안전하게 타요
12월	겨울/ 눈이 와요	• 날씨가 추워졌어요 • 따뜻한 겨울을 보내요 • 겨울잠 자는 동물들 • 하얀 눈이 내려요
1월	친구야 놀자/ 설날	• 나의 것과 친구 것 • 친구와 사이좋게 지내요 • 우리나라 전통놀이 • 한 살 더 먹었어요
2월	씩씩한 형 · 언니가 될 수 있어요	• 몸과 마음이 자랐어요 • 동생들을 도와줄 수 있어요 • 혼자서도 잘해요 • 형, 언니 반에 가면 • 그리운 선생님과 친구들

(2) 표준보육과정 월간 보육계획안

월간 계획안은 해당 월에 진행되는 주제를 선정한 이유와 전체 활동의 개요를 소개함으로써 교사들이 활동의 목표를 분명하게 갖고 일관성 있는 보육을 할 수 있도록 한다. 월간 계획안 구성의 원리는 다음과 같다.

첫째, 각 생활 주제는 4개의 소주제로 구성한다. 각 주에 이루어지는 활동을 모두 제시하되 요일의 구별은 하지 않는다.

둘째, 활동은 영아의 특성을 고려하여 등원 및 맞이하기, 일상생활, 놀이활동, 기본생활습관, 귀가 및 가정과의 연계 등으로 구성하도록 한다. 그리고 하루 일과 중에 한 활동에서 다음 활동으로 이어지는 전이시간에 전이활동을 계획하여 활동 간의 연결이 원활하게 이루어질 수 있도록 한다.

셋째, 각 소주제마다 보육의 목표를 설정한다. 각 소주제에 서술되는 목표는 표준보육과정의 목표를 달성할 수 있도록 3~4가지의 개념이나 태도 등으로 구분하여 구성한다.

넷째, 일상생활 영역은 '식사 및 간식', '낮잠 및 휴식'으로 구성하고 놀이활동은 '신체', '쌓기', '역할', '언어', '창의적 표현', '탐색, 조작', '실외활동' 영역 등으로 구성한다.

〈표 8-2〉 10월 보육계획안(예시)

활동 \ 주		1주 추석이에요	2주 바람이 시원해요	3주 나뭇잎의 변화	4주 자연을 체험해요
자유선택활동	쌓기	• 친척집을 만들어 놀러 가요 • 블록으로 탈 것 만들어 성묘하러 가요	• 가을 소풍 가요 • 동극 무대를 만들어요	• 산을 만들어 등산해요 • 블록을 그림에 맞춰 놓아요	• 블록을 나무처럼 높이 쌓아요 • 공원을 만들어요
	역할	• 송편을 만들어요 • 추석상을 차려요	• 도시락을 만들어요 • '커다란 무' 동극하기	• 배낭 메고 등산가요 • 만든 나뭇잎 모빌로 놀이실 단장해요	• 과일가게에 놀러 오세요 • 환경지킴이가 되어요
	미술	• 잠자리채를 만들어요 • 친구들과 곡식 콜라주를 해요 • 가을 그림을 감상해요	• 바람에 흔들리는 풍경을 만들어요 • 동극 머리띠를 만들어요	• 낙엽으로 인형을 꾸며요 • 나뭇잎 모빌을 만들어요	• 여러 가지 색깔의 과일을 만들어요 • 자연물로 악기를 만들어요
	언어	• 누구의 그림자일까요? • 할아버지, 할머니 손인형으로 이야기해요	• 가을 열매를 이용한 소리를 들어요 • 수수께끼: 가을에 볼 수 있는 것	• 만든 낙엽 인형으로 인형극을 해요 • 색깔 병풍책 동시: 다람 다람 다람쥐	• '보리' 동시 듣기 어떻게 해야 할까요? • 자연에게 감사의 편지를 보내요
	수・조작	• 조각들이 모여 무엇이 될까요? • 같은 달 모양을 찾아요	• 커다란 무를 뽑아요 • 가을 퍼즐을 맞추어요 • 가을을 바느질해요	• 다음에는 무엇이 올까요? • 같은 것끼리 분류해요	• 가을 열매의 겉과 속 • 자연을 사랑해요 • 도토리 팽이를 돌려요

	과학	• 곡식을 관찰해요 • 요리: 송편을 빚어요 • 콩의 느낌을 느껴봐요	• 어린이집 주변의 여름과 가을 풍경 사진을 보고 이야기해요 • 바람을 만들어요	• 바깥에서 찾아온 나뭇잎을 관찰해요 • 색을 섞어 보아요 • 색반죽을 만들어요	• 여러 가지 과일, 견과류를 관찰해요 • 과일 샐러드 요리하기
	음률	• '잉잉잉' '추석' '달' • 달 모양에 맞춰 걸어요	• '가을바람' '구름' • 가을 음악을 들으며 스카프로 춤을 추어요	• 색깔목걸이 걸고 노래에 맞춰 돌아요 • '단풍 아가씨' 노래 부르기 • '가랑잎 배' 노래 부르기	• 도토리 발판 위에서 뛰어요 • 만든 악기로 노래 부르며 연주해요
	실외활동	• 잠자리를 찾아다녀요 • 허수아비를 꾸며요 • 젖은 흙을 뭉쳐 보아요 • 고리를 던져요	• 돗자리에 누워 가을 하늘을 바라보아요 • 거품 그림을 그려요 • 바람에 흔들리는 것을 찾아보아요 • 비닐 연을 날려요	• 색을 찾아요 • 나뭇잎 왕관을 만들어요 • 가을 길을 걸어요 • 낙엽을 살펴봐요	• 나무에 열린 열매를 살펴봐요 • 평균대 놀이 • 다람쥐에게 도토리를 던져 주어요 • 엄마와 나뭇잎으로 음식 만들기
대·소집단 활동	이야기 나누기	• 추석을 지내요	• 가을이 되었어요	• 색깔 보고 연상되는 것을 이야기해요	• 자연을 사랑해요
	문학	〈그림동화〉 솔이의 추석이야기	〈융판동화〉 커다란 무	〈OHP동화〉 파랑이와 노랑이	〈동시〉 '보리' 동시 듣기
	음악	〈노래〉 잉잉잉	〈율동〉 밀과 보리가 자란다		〈노래〉 도토리
기본생활 습관		'멈추기, 생각하기, 도와주세요' 알기	가을 날씨에 맞는 차림하기	부모님 전화번호 외우기	'길을 잃었을 때 제자리에 멈춰 있기' 알기

(3) 표준보육과정 주간 보육계획안

주간 보육계획은 앞서 제시된 기본 원리를 바탕으로 작성한 월간 보육계획을 기초로 작성한다. 월간 보육계획안에는 한 주 동안 실시될 활동이 요일 구분 없이 제시되어 있다. 따라서 주간 보육계획을 수립할 때에는 선정된 활동을 월~금(또는 토)요일에 걸쳐 어떻게 배분할지를 결정하는 것으로 시작한다. 특히 주간 보육계획안은 학급의 운영을 한 눈에 볼 수 있고, 일주일 동안의 준비사항이나 활동계획의 윤곽이 제시되기 때문에 하루 일과의 흐름에 따라 제시하도록 한다.

〈표 8-3〉 **주간 보육계획안(예시)**

주제 : 가을

소주제 : 바람이 시원해요　　　실시기간 : 10월 2주

<table>
<tr><th colspan="2">요일
활동</th><th>월</th><th>화</th><th>수</th><th>목</th><th>금</th><th>토</th></tr>
<tr><td colspan="2">등원 및 맞이하기</td><td colspan="6">어린이집 오면서 유아가 느꼈던 날씨에 대해 이야기 나누기</td></tr>
<tr><td rowspan="7">오전 실내 자유선택활동</td><td>쌓기</td><td colspan="3">가을 소풍가요</td><td colspan="3">동극 무대를 만들어요</td></tr>
<tr><td>역할</td><td colspan="3">도시락을 만들어요</td><td colspan="3">'커다란 무' 동극하기</td></tr>
<tr><td>미술</td><td colspan="3">바람에 흔들리는 풍경을 만들어요</td><td colspan="3">동극 머리띠를 만들어요</td></tr>
<tr><td>언어</td><td colspan="3">가을 열매를 이용한 소리를 들어요</td><td colspan="3">수수께끼: 가을에 볼 수 있는 것</td></tr>
<tr><td>수·조작</td><td colspan="3">커다란 무를 뽑아요</td><td colspan="3">가을 퍼즐을 맞추어요</td></tr>
<tr><td>과학</td><td colspan="3">어린이집 주변의 여름과 가을 풍경 사진을 보고 이야기해요 (화보)</td><td colspan="3">바람을 만들어요</td></tr>
<tr><td>음률</td><td colspan="3">'가을바람', '구름' 노래 부르기</td><td colspan="3">가을 음악을 들으며 스카프로 춤을 추어요</td></tr>
<tr><td colspan="2">정리정돈 및 전이활동</td><td colspan="6">율동: 밀과 보리가 자란다</td></tr>
<tr><td colspan="2">대·소집단 활동</td><td>〈율동〉
밀과 보리가 자란다</td><td>〈이야기 나누기〉
가을이 되었어요</td><td>〈융판동화〉
커다란 무</td><td colspan="3">〈게임〉
하늘 위의 구름을 따러 가요
(줄에 매달린 부직포 그림 따기)</td></tr>
</table>

실외활동	돗자리에 누워 가을 하늘을 바라보아요	거품 그림을 그려요(면도거품 이용)
점심 및 낮잠	‘깊은 숲 속에서는 잠 잘 시간이 되면’ 그림책 듣기 / 내가 먹은 반찬 이름 말해 보기	
오후 자유 선택 활동	▸실내 〈동극〉 커다란 무	〈수 · 조작〉 가을을 바느질해요
	▸실외 바람에 흔들리는 것을 찾아보아요 (나뭇잎, 머리카락, 스카프)	비닐 연을 날려요
기본생활 습관	가을 날씨에 맞는 차림하기	
귀가 및 가정과의 연계	귀가 시 유아가 선생님들과 인사하고 갈 수 있도록 안내하기	
참고사항	바람이 불었어 : 시공주니어(1999)	

(4) 표준보육과정 일일 보육계획안

일일 보육계획은 주간 보육계획에 기초하여 하루 일과의 시간대별로 활동의 순서를 정하여 활동의 목표와 내용, 활동에 필요한 준비물 등을 기록하는 것이다. 보육교사는 작성된 일일 보육계획안을 토대로 영아의 흥미와 하루 일과 중 일어나는 상황을 중심으로 일일 보육계획을 융통성 있게 운영한다. 다음은 일일 보육계획 및 운영 시 고려해야 할 점이다.

첫째, 하루 일과를 운영하는 데 영향을 주는 요인을 고려하여 상황에 적합한 계획을 수립한다. 낮잠 및 휴식, 식사 및 간식 지도 등의 일상적인 양육활동은 교사나 또래와 함께 즐겁고 안전하면서 교육적인 경험이 되도록 한다.

둘째, 조용한 놀이와 활동적인 놀이, 실내 놀이 활동과 실외 놀이 활동, 개별활동과 소집단 활동, 교사가 주도하는 활동과 영아가 주도하는 활동 등이 균형 있게 배치되어 영아가 편안하게 지낼 수 있도록 한다.

셋째, 하루 일과 중에 교사와 개별 영아의 상호작용, 교사와 대 · 소집단 영아와의 상호작용, 영아와 영아 간의 상호작용, 영아와 교구와의 상호작용 등의 기회가 골고루 제시될 수 있도록 계획한다.

넷째, 하루 일과를 일관성 있게 계획하고 운영한다. 이는 하루 일과에 어느 정도의 규칙성이 있어야 함을 의미한다. 하루 일과의 규칙성은 영아로 하여금 언제, 어디서, 무엇을, 어떻게 하는가를 알게 하므로 영아가 안정감을 가지고 자신의 행동과 요구를 조절하며, 능동적으로 활동할 수 있게 해 준다.

다섯째, 하루 일과는 당일 영아들이 보이는 흥미나 요구, 예상치 못한 상황이나 사건 등을 고려하여 융통성 있게 운영되어야 한다. 그리고 생리적인 요구를 충족시킬 수 있는 시간과 공간이 제공되어야 한다. 예를 들어, 낮잠시간이 아닌 때에 잠들더라도 수면이 방해받지 않을 수 있어야 한다.

〈표 8-4〉 **일일 보육계획안(예시)**

시간	활동	비고
7:30 ~ 9:30	등원 및 실내 자유선택 활동(통합보육)	• 미소로 아이를 반갑게 맞이한다. • 아이의 건강상태 관찰한다. • 놀잇감을 가지고 자유롭게 놀이를 한다.
9:30 ~ 10:00	화장실 가기, 손 씻기, 오전 간식 먹기	• 화장실에 다녀오도록 한다. • 스스로 손을 씻을 수 있도록 도와준다. • 포크를 사용하여 혼자 먹을 수 있도록 한다. • 간식준비와 뒤처리를 아이 스스로 하도록 도와준다.
10:00 ~ 11:20	오전 실내 자유선택활동	• 아이들로 하여금 자유롭게 놀이활동을 하도록 한다. • 아이는 탐색, 언어, 창의적 표현, 쌓기, 역할, 조작 놀이 등을 할 수 있다.
11:20 ~ 11:30	정리 정돈 및 화장실 가기	• 교사가 정리정돈을 하면서 아이도 스스로 제자리에 놓아보도록 가르친다. • 다음 활동으로 이어지는 전이시간에 짧은 전이활동을 진행함으로써 자연스러운 연결을 계획하도록 한다. • 화장실에 다녀오도록 한다.
11:30 ~ 12:00	전이활동 및 대·소집단 활동	• 활동이 바뀐다는 것을 미리 알려준다. • 한 장소에서 다른 장소로, 한 활동에서 다른 활동으로 전이되는 방법을 알려준다.
12:00 ~ 12:30	실외활동	• 실외 놀이활동이나 대근육활동, 물놀이, 모래놀이 등을 자유롭게 한다. • 산책하기

12:30 ~ 12:40	정리 정돈 및 손 씻기	• 잠자리를 정리하고, 스스로 손을 씻을 수 있도록 도와준다.
12:40 ~ 13:10	점심	• 점심식사 준비와 뒤처리에 아이를 참여시키며 혼자 먹을 수 있도록 돕는다.
13:10 ~ 13:30	이 닦기 및 화장실 가기	• 점심식사 후 스스로 이 닦기를 훈육한다. • 화장실에 다녀오도록 한다.
13:30 ~ 15:00	낮잠 준비 및 낮잠	• 낮잠 준비, 자장가를 들려준다.
15:00 ~ 15:30	낮잠 깨기	
15:30 ~ 17:00	오후 간식 및 자유선택활동	• 스스로 손을 씻을 수 있도록 유도한다. • 포크를 사용하여 혼자 먹을 수 있도록 도와준다. • 오후 자유놀이활동은 오전에 계획된 활동을 반복하거나 오전 놀이의 연계로 실시한다.
17:00 ~ 17:50	실외활동	• 보육실 외 다른 공간으로 이동하여 놀이활동을 할 수 있다.
17:50 ~ 19:30	귀가	• 귀가준비를 하고 보고서 작성 후 아이와 놀이한다. • 부모와 아이의 상태에 대해 이야기하고 귀가시킨다.

Part 4

유아교육 프로그램

Chapter

9

우리나라 프로그램

1 이화여자대학교 사범대학 부속유치원

우리나라의 아동을 위한 최초의 우리 유치원은 이화유치원이라고 볼 수 있다. 이화유치원은 1914년에 미국인 선교사 브라운리가 기독교 정신을 바탕으로 참된 민주시민을 육성하기 위해 설립한 이화여자대학교의 부속기관이다. 이화유치원의 원훈은 '참된 어린이 · 착한 어린이 · 아름다운 어린이'로, 이화가 추구하는 최상의 가치 이념들인 '진 · 선 · 미'도 함께 추구하고 있다.

1) 설립 배경과 성립 과정

어린이 교육을 올바르게 하는 것이 한국 근대화의 첩경임을 깨달은 당시의 이화학당 교장 프라이(Lulu Fray) 선생님의 뜻에 따라 이화학당이 설립된 지 28년만인 1914년에 정동 이화학당에 이화여자대학교 사범대학 부속 이화유치원을 창설하게 되었다. 한국의 어린이를 위한 한국 최초의 유치원으로 1914년 1월 7일부터 16명의 어린이를 대상으로 교사 브라운리와 한국인 보조교사 조앨리스가 기독교 정신을 토대로 하여 유아의 성장과 발달에 요구되는 교육적 환경 및 교육시설과 내용으로 심신이 건전한 민주시민을 육성한다는 교육이념을 가지고 유치원 교육을 시작하였다(이상금, 1987).

브라운리 선생님은 선교사로서 미국 오하이오의 신시내티 유치원 교사 훈련학교를 졸업한 유아교육 전문가였다. 1914년 1월 7일 손택(sontag)호텔에 방을 얻어서 시작한 이화유치원은 1915년 이화학당 안의 심슨 홀(현 이화여고) 1층의 피어스 기념실로 옮겨서 교육을 계속하였다.

1921년 후퍼(Hooper)씨가 희사한 거액으로 당시로는 초현대적인 유치원 전용건물을 신축하여 제1실습유치원으로 사용하였다. 그후 아현 제2실습유치원, 신촌 제3실습유치원 등을 계속 설립하였다. 이들 유치원은 1944년 일제의 전국 유치원 폐쇄령으로 문을 닫게 되었으나, 1947년 정동유치원과 신촌유치원은 다시 문을 열어 6.25전쟁 시에도 교육을 계속하였다. 1958년엔 현재의 위치인 이화여대 캠퍼스 내 새로운 원사를 신축하여 정동유치원과 신촌유치원을 통합하였다.

2) 이화유치원 교육과정의 철학적 · 심리적 기초

이화유치원 교육과정에는 전통 교육사상과 서구 교육사상이 공존하고 있는데, 우리나라의 전통사상과 기독교 정신, 프뢰벨의 교육이론, 1920년대 진보주의 이론, 그리고 1970년대 이후의 구성주의 이론이 교육과정의 철학적 · 심리적 기초를 이루고 있다.

이화유치원은 기독교 정신을 교육적 이념으로 하는 이화여자대학교의 부속기관이기 때문에 기독교 사상이 유치원 교육과정에 깊이 스며들어 있다. 또한, 이화유치원 90년을 거쳐 오는 동안 두 명의 외국인 원장과 미국에서 수학한 원장들에 의해 운영되었기 때문에 당시 서구의 지배적인 교육사상이나 교육적 담론으로부터 직접적인 영향을 받았다.

이화유치원 교육과정은 특히 서구의 교육사상과 미국의 유아교육계에서 주류를 이루는 발달이론, 학습원리 및 사회적 요구와 밀접한 관련을 지녀왔다(이화여자대학교 사범대학 부속이화유치원, 2002.). 그러나 조선 어린이를 조선 어린이답게 키우려는 교육과정과 목표도 함께 가지고 설립하였기 때문에 이화유치원의 교육과정은 우리 사회에서 추구하고 실현하고자 하는 가치와 기대를 반영하고 있다. 이화유치원 설립 당시 우리나라는 일본에게 국가의 주권을 빼앗긴 상태로 문화말살정책에 의한 민족적 위기를 겪고 있었기에 조국에 대한 사랑과 민족정신을 고취시키는 것이 중요하고도 절실한 과제였다. 결론적으로 이화유치원 교육과정은 기독교사상 및 서구의 교육사상과 맥락을 같이 하나 이화유치원이 뿌리를 내리고 있는 한국사회에서 전통적으로 강조해 온 교육사상에도 기초를 두고 있다. 이화유치원 교육과정의 이론적 기초가 되는 전통교육사상, 기독교와 프뢰벨주의, 진보주의 그리고 구성주의에 대해 살펴보면 다음과 같다.

3) 전통교육사상

우리나라 전통사회에서의 교육은 전체적으로 '도덕교육'이었다고 해도 과언이 아니다. 도덕적 인간 추구는 우리 민족의 종교 · 사상 · 생활방식의 기초가 될 뿐만 아니라 오늘날 윤리 · 도덕교육의 근간으로 한국인이 지켜가야 할 가치 규범이 되는 유교의 영향을 받은 것이다. 도덕적 인간이 갖추어야 할 하나의 중요한 덕목은 '효심'이다. 일상생활에서 효심을 키우고 효행을 실천하도록 하는 것은 우리 민족 전통문화의 중요한 부분이다.

우리 사회에서 전통적으로 강조해 온 교육사상은 이화유치원 교육과정의 이론적 기초를 구성하는 데 영향을 미쳤다. 예컨대, 이화유치원에서 추구하는 이상적 인간상은 도덕적 인간을 육성하는 데 있으므로 유치원에 등원한 첫날부터 유아들에게 예절교육을 실시한다. 인사 예절, 언행과 태도면에서 지켜야 할 예절, 그 밖에 집단생활에서 필요한 예절교육은 유치원 첫날부터 졸업할 때까지 지속적으로 이루어진다.

교사는 도덕적 인간교육을 기본생활습관 형성과 관련하여 매일의 일과에서 자연스럽게 또는 계획적으로 실시한다. 또한 늘 부모님의 사랑과 은혜에 감사하는 마음과 태도를 가지게 하며, 이를 자연과 이웃으로 확대시켜 서로 존중하고 도와가며 함께 사는 세상을 만들어 가도록 가르친다. 이화유치원에서는 전통적 신념에서 강조하는 것처럼 한 인간으로서의 기본적인 자세 확립과 발달을 위한 교육은 유아기에 이루어져야 하며, 교사의 책임 있는 역할을 중요하게 생각한다. 또 이화유치원에서는 공자가 강조했던 것처럼 학습자의 동기를 중시하고, 개인차를 고려한 가운데 융통성 있게 교수하도록 한다.

4) 기독교와 프뢰벨 사상적 배경

(1) 기독교의 사상적 배경

이화유치원은 선교사들이 기독교 정신에 바탕을 두어 설립하였다. 이화유치원 교육과정에 미친 기독교 영향은 첫째, 교육이념 및 생활주제 설정의 의의와 목표에서 찾아볼 수 있다. 이화유치원은 기독교 정신에 입각한 전인교육을 그 교육의 이념으로 삼고 있으며, 이러한 이념은 생활주제 선정의 기준이 되고 있다.

둘째, 교육활동을 들 수 있다. 기독교의 영향이 나타나는 교육활동으로는 예배, 성경동화, 찬송가, 기도가 있다. 이화유치원에서는 각 생활주제에 적합한 그림동화 외에 그림성경동화를 교육과정에 포함시키고 있다. 또 생활주제와 관련이 있는 내용의 찬송가나 복음성가를 가르치기도 한다.

(2) 프뢰벨의 사상적 배경

이화유치원 교육과정에 영향을 미친 프뢰벨의 교육사상은 일본식으로 변형된 프뢰벨의 교육원리와 미국인 선교사들에 의해 기독교 정신이 강조된 프뢰벨의 교육원리였다(이기숙, 1992). 프뢰벨 교육의 원형이라고 볼 수 있는 은물과 작업은 이화유치원의 초창기 프로그램에서 찾아볼 수 있다.

이순일(제6대 원장) 원장에 의하면 이화유치원 초창기의 하루 일과는 유희실 큰 방에서 모든 유아들이 함께 모여 예배를 보고 율동을 한 후에 연령별로 집단을 나누어 각 연령에 맞는 종이접기나 구슬꿰기 등의 작업, 노래, 이야기 듣기, 동작, 색공과 같은 은물을 가지고 하는 원 에임 등의 활동을 하였다고 한다(1996. 6. 8, 면담). 이는 이화유치원 초기에 프뢰벨의 이론 중 아동의 자유를 강조하는 자발활동의 원리보다는 통제적이고 규제적이며 집단적 활동을 부각시켰던 일본식 프뢰벨 교육원리가 적용되었음을 말해 준다(이기숙, 1992).

5) 진보주의

1900년대 초반 미국의 유아교육계에 가장 커다란 영향을 미치는 진보주의 학자들이 모여 있던 곳은 콜롬비아 대학이었다. 이화유치원을 설립한 선교사 브라운리나 김애마(제2대 원장), 서은숙(이화유치원 사범과 교수) 등이 모두 이 곳에서 수학

했음을 상기해 볼 때 이화유치원의 교육과정이 진보주의 학자들로부터 당연히 많은 영향을 받았음을 알 수 있다. 이화유치원 교육과정에 미친 진보주의 학자들의 영향을 살펴본다.

첫째, 이화유치원 교육과정은 유아의 경험과 흥미를 반영하는 생활주제를 중심으로 이루어지는 통합적 교육과정이다.

둘째, 이화유치원에서는 유아가 또래나 교구의 활발한 상호작용을 통해 학습할 수 있도록 흥미 영역별로 학급 환경을 구성하고 자신의 흥미에 따라 자유롭게 영역을 선택하게 하였다.

셋째, 이화유치원에서는 유아의 현재의 삶에 초점을 맞추고 문제를 해결할 수 있는 능력을 신장시켜 주기 위하여 일반적 교육과정과 더불어 이를 보완해 주는 발현적 교육과정을 실시해 왔다.

넷째, 이화유치원에서는 공동체 사회 속에서 지켜야 할 기본 생활습관 교육을 중요시한다.

6) 구성주의

구성주의는 인식론에 대한 일반적 접근 방법으로 인간의 지식의 특성을 이론화한 것이며, 1980년대 이후 이화유치원 교육과정의 역사적·철학적 기초에 계속 영향을 주고 있다. 구성주의는 지식이 구성되는 방법을 보는 견해에 따라 크게 개인적 구성주의와 사회적 구성주의로 나누어진다.

(1) 개인적 구성주의 : 피아제

피아제의 개인적 구성주의 이론은 이화유치원의 교육과정에서 교사의 역할을 확고하게 정립하는데 영향을 미쳤다. 다양한 교사의 역할 중에서 피아제의 이론을 통해 다시 중요하게 인식된 것은 환경 구성자로, 또한 학습의 안내자로서 교사의 역할을 주도적으로 계획·실행, 학습 결과를 확인할 수 있도록 다양하고도 풍부한 학습 환경을 제공해 주는 것을 강조한다.

(2) 사회적 구성주의 : 비고스키

비고스키의 사회적 구성주의 이론은 이화유치원 교육과정의 역사적, 철학적 기초에 영향을 주었다기보다 이화유치원 교육과정의 우수성을 재확인하게 해준다. 예로는 이화유치원에서는 교사가 의사 결정자(decision-maker)로 유아들에게 사회 · 문화적으로 의미 있는 경험, 지식, 태도 및 능력을 배양해 줄 수 있는 교육과정을 계획, 실행, 평가하는 중요한 역할을 담당하기 때문이다.

이화유치원에서는 언어발달의 중요성과 집단 대화의 교육적 가치를 인식하고 유아들로 하여금 교사와 또래들과의 언어적 상호작용을 통해 의사소통 능력을 기르고, 사회적으로 지식을 구성해 갈 수 있도록 '이야기 나누기'활동을 제공한다.

7) 이화유치원의 교육목표

이화유치원의 교육목표는 기독교 정신을 토대로 유아의 전인적 성장 · 발달에 요구되는 최적의 교육환경을 제공하여 심신이 건전한 민주시민을 기르는 데 있다.

- 몸과 마음의 건강과 조화로운 발달을 도모한다.
- 기본생활습관을 기르고 더불어 사는 삶에 필요한 능력을 배양하며, 사회현상에 대하여 관심을 가지게 한다.
- 긍정적인 자아 개념을 가지고 즐겁고 행복한 삶을 살도록 한다.
- 예술 세계에 대하여 관심을 가지고 자신의 생각과 느낌을 창의적으로 표현하게 한다.
- 말과 글에 관심을 가지고 일상생활에 필요한 의사소통능력을 기른다.
- 자연 및 주변 세계에 대한 관심을 가지고 창의적인 사고능력과 문제해결력을 기른다.

8) 이화유치원 교사의 역할

이화유치원원 교사들은 다음과 같은 구체적인 역할을 수행하고 있다.

(1) 유아의 교육과 관련된 역할

❶ 교육과정의 계획자로서의 역할

교사들은 각 연령에 적합한 교육과정을 계획한다. 교육과정은 국가수준 교육과정, 이화유치원 프로그램의 목적 및 목표, 유아들의 연령, 부모들의 요구, 사회적인 요구 등을 고려하여 정기적인 교사 회의를 통해 계획된다. 계획된 교육과정은 연간, 월간, 주간, 일일 계획안에 나타난다.

❷ 교육환경의 제공자로서의 역할

교사들은 유치원 공간 전체와 주변 지역을 교육의 장으로 보고 최대한의 교육적인 환경을 제공하기 위하여 노력한다. 특히, 교실환경은 자발적인 학습이 이루어질 수 있도록 안전하게 구성된다. 이를 위하여 교사들은 새로운 생활주제가 시작되면 각 영역의 교재 및 교구, 출석 표시판, 그림, 사진 등을 교체해 주며 필요한 자료를 첨가하기도 한다.

❸ 교육과정의 실행자로서의 역할

교사들은 계획된 교육과정을 수행하면서 유아들이 스스로 지식을 구성해 갈 수 있는 능력이 있음을 강조하고 유아들의 발달 단계를 고려하며 교사가 비계설정자로서의 역할을 수행해야 한다.

❹ 교육과정 및 유아 평가자로서의 역할

교육과정을 실행한 후 교사들은 정기적인 교사 회의와 일과 평가를 통하여 교육 과정이 교육목표 및 목적에 맞게 실행되었는지를 평가하게 된다. 또한 교사들은 유아들을 교육하면서 이들의 학습이나 발달을 관찰하고 평가하게 된다.

(2) 연구자로서의 역할

교육부령 '연구학교 규정'을 살펴보면 사범대학의 부속학교는 의무적으로 연구를 해야 하고 연구 결과를 교육 실제에 적용함으로써 솔선수범을 보여야 하는 것으로 규정하고 있다. 이화유치원 교사들은 유아, 부모 및 사회의 요구나 새로운 이론이 도입되었을 때 이를 기초로 유아들에게 적합한 교수 · 학습방법을 연구하고 이를 현장에 적용하는 역할을 수행해 왔다.

(3) 교사 교육자로서의 역할

이화유치원 교사들은 유아교육과 학부 1, 2학년 교과목 시간에 이루어지는 예비 교사들의 현장 관찰 대상이 되어 주며, 또 그들의 질문에 답을 함으로써 예비 교사들이 이론과 실제를 연결하는데 중요한 역할을 해준다.

(4) 시범을 보이는 역할

부속기관의 역할 가운데 중요한 것은 이론과 실제가 결합된 교육현장을 운영하며, 이를 필요로 하는 사람들에게 시범을 보이는 것이다. 이화유치원의 교사들은 다양한 실습 프로그램을 통하여 예비 교사들에게 교육의 실제에 관한 시범을 보인다.

9) 이화유치원의 '단원중심 교육과정'

이화유치원은 초기부터 '단원(unit)중심'의 교육과정을 진행해 왔다. 유아교육에서 단원이란 학습내용을 비슷한 것끼리 계열별로 묶은 것을 뜻한다. 그러므로 단원중심 교육과정이란 교육내용을 통합하여 유아교육의 전통적인 흥미 영역활동을 중심으로 교육하는 것을 말한다. 여기서 '통합'은 부분들을 전체에 관련시켜 결합시키는 과정으로 학문, 경험, 학습 등 모든 것의 유기적인 전체성에 관심을 두고 접근하는 관점이라고 볼 수 있다.

부분들을 전체에 관련시켜 결합시키는 과정이다. 단원에 따른 교육내용은 중요한 지역사회의 사건, 흥미로운 일에 관련된 폭넓은 주제나 테마에 대한 활동들을 유아들의 흥미중심으로 선정한다. 주제와 관련되어 선정된 교육내용들은 많은 교과 영역의 지식을 통합하고 있으며, 개념 발달에 기여하고 유아의 개별적 흥미에 부응한다. 따라서 이화유치원의 단원의 중심 교육내용 선정은 몇 가지 주제에 대한 심화학습이라기보다는 많은 주제에 대한 개괄적 인식을 목적으로 한다. 그러기 위해서 대부분의 단원들은 유아의 현재 주변생활을 충분히 반영하고 있다. 그러나 1995년 이후 교육부에서 제5차 유치원 교육활동 지도 자료집을 발간하면서 '생활주제'라는 용어를 사용하게 됨에 따라, 이후 이화유치원에서도 '단원'과 같은 의미로 '생활주제'라는 용어를 사용하고 있다.

이화유치원은 설립 당시부터 '생활주제(단원)'에 따라 유아의 흥미와 요구에 기초하여 구체적 활동, 직접적 경험학습을 통해 전인적 발달이 이루어지도록 교육내용을 선정하고 있다. 유아들이 주변 세계에 대한 관심과 이해를 높일 수 있도록 다음의 원리를 기초로 교육내용을 선정한다.

- 유아의 연령, 발달단계, 개인차, 유아의 가능성을 고려한다.
- 유아의 흥미와 경험에 적합한 것인지 고려한다.
- 유아들은 생활 속에서 자연스럽게 많은 것을 알게 되므로 유아들이 즐겨 참여할 수 있는 계절에 관계되는 내용을 선정한다.

이화유치원 교육내용의 선정 및 조직방법은 이상의 기본 원리를 따르되 연령별(만 3, 4, 5세), 유형별(반일제, 종일제) 특성에 따라 다르다. 만 3세 반일제 학급은 유아의 발달 특성에 맞게 선정된 '즐거운 유치원' 외 9개의 생활주제(제3장 교육과정 계획과 운영의 실제참조)에 따라 주제를 선정하고 그에 따라 전개할 수 있는 구체적인 교육내용을 선정한다.

10) 실제활동의 예(일일 계획안)

<table>
<tr><td>생활주제</td><td>봄(식물의 성장) /
나와 가족(아버지 참여일준비)</td><td>관찰 시간</td><td>20○○년 4월 12일</td></tr>
<tr><td>목표</td><td colspan="3">▶봄에 볼 수 있는 식물의 성장과 변화하는 모습에 관심을 갖는다.
▶유치원에 아버지를 초대할 준비를 하며, 유치원에 대한 정보를 아버지께 소개하는 경험을 갖는다.</td></tr>
<tr><td colspan="4">활동 내용</td></tr>
<tr><td colspan="4">◎ 9 : 00 ~ 9 : 10
◆등원 및 유아 맞이하기◆
• 인사 나누기
• 조작영역, 언어영역에서 놀이

◎ 9 : 10 ~ 9 : 40
◆계획하기◆
• 주의 집중 – '닮은 곳이 있대요.', '우리집' 노래 부르기
• 하루 일과 계획
• 작업 소개하기 – 데칼코마니
• '아버지 참여일' 계획하기
– 아버지 참여일에 어떻게 지낼까?
(아버지께 유치원과 활동실을 안내해 드리고, 함께 놀이하기, 간식을 대접하기, 노래하기 등 우리가 지내는 모습을 보여 드린다.)
– 유치원에 대한 정보(아버지께 드리는 편지)를 아버지께 알려 드릴 수 있도록 이야기한다.
◎ 9 : 40 ~ 10 : 20
◆실내 자유선택활동◆
• 조형영역 – 데칼코마니
• 언어영역 – 아버지께 편지쓰기
• 과학영역 – 꽃씨의 생김새와 크기 비교하기
◎ 10 : 20 ~ 10 : 30
◆정리정돈, 화장실 다녀오기, 간식 준비◆
◎ 10 : 30 ~ 10 : 50
◆간식(소보루빵, 우유)◆
◎ 10 : 50~11 : 00
◆동화 – 철수와 당근씨(그림동화)◆
• 주의 집중 – 봄 꽃 자리 바꾸기
• 동화를 듣고 나서 동극을 할 것임을 알린다.
◎ 11 : 00 ~ 11 : 30
◆동극 – '철수와 당근씨'◆
• 동극이란 무엇일까?
– 이야기 속에 나오는 사람이 되어 몸을 움직이고 말도 하는 것을 연극이라고 하는데, 어린이들이 하는 연극을 동극이라고 한다.</td></tr>
</table>

<table>
<tr><td colspan="2">
- 동화내용을 다시 기억하여 이야기한다.
- 무대와 준비물을 결정한다. (당근씨, 수레, 물뿌리개, 삽)
- 배역을 결정한다. (철수, 아빠, 엄마, 형, 당근)
- 동극을 하는 유아들은 자신의 배역을 소개를 한다.
- 1차 동극을 한다.
- 평가를 한다.
- 2차 동극을 한다.
◎ 11 : 30 ~ 12 : 00
◆실외 자유선택활동◆
• 토끼, 닭, 오리, 공작새에게 먹이 주기
• 평균대 건너가기

◎ 12 : 00 ~
◆귀가지도◆
• 하루 지냈던 일을 회상해 보고 평가하기
</td></tr>
<tr><td>준비물
및
유의점</td><td>
• 하루일과표 준비
• 작업 순서도
• 유아가 한 데칼코마니 작품 준비
• 보조교사에게 유아들이 이야기한 내용을 받아 적도록 미리 부탁하기
• 유아가 말한 내용을 정자체로 써서 유아들이 보고 쓸 수 있도록 준비하기
• 물감 튜브병(빨강, 노랑, 파랑, 분홍), 건조대 준비
• 3cm 간격으로 연필로 흐리게 줄을 친 후 코팅한 도화지, 검정 네임펜 준비
• 간식(소보루빵, 우유)
• 동극을 할 수 있도록 간식을 먹은 후에는 중앙의 책상과 의자를 치운다.
• 주의 집중 자료, 동화 자료
• 배역이 대기하는 곳을 미리 정하여 대사를 하고 난 후에도 안정적으로 동극이 진행될 수 있도록 한다.
• 신호악기 준비
• 짐승먹이
• 평균대
</td></tr>
<tr><td>비고</td><td>
• 머리 염색약 담는 통을 데칼코마니 작업에 쓰는 물감 튜브 통으로 쓰면 한 방울씩 떨어져 작업하기에 좋다.
• 동극을 할 때 배역을 맡고자 하는 유아가 많은 경우에는 형 외에 누나와 동생을 첨가하여 배역의 수를 늘릴 수 있다.
</td></tr>
<tr><td>평가</td><td>
• 아버지께 드리는 편지를 쓰는 과정을 통하여 유치원에 대한 정보를 아버지께 알리고 하루의 일과를 미리 계획하여 아버지 참여일을 유아와 함께 준비하는 경험을 가질 수 있었다.
• 동극활동을 통해 식물의 성장에 대해 관심을 갖고, 대상이나 상황에 맞게 적절한 언어를 사용하여 표현해보고 동극을 관람할 때의 바른 태도에 대하여 알게 되었다.
</td></tr>
</table>

2 중앙대학교 사범대학 부속유치원

1) 배경

중앙대학교 부속유치원은 1916년 9월 20일 박희도 선생에 의하여 정동교회 부속유치원의 분원으로 설립되었다. 그 후 1932년 임영신 박사가 인수하여 1956년 중앙대학교 사범대학 부속유치원으로 인가받아 오늘에 이르고 있다. 1986년에 연구 · 개발하여 '취미 있는 방법'과 '쉬운 교육과정', '부드러운 사랑'을 유치원 교육현장에 구현하기 위한 노력을 해오고 있다.

'활동중심 통합교육과정'이란 그동안 우리나라에 소개되어졌다. 코메니우스, 루소, 프레벨, 몬테소리, 피아제 등의 이론 중 유아들에게 적절한 개념이다. 놀이와 활동, 감각교육, 개별성, 창의성, 책임감 및 독립심, 자유와 선택, 자아존중, 개념발달, 상호작용의 중요성을 통합하여 우리나라 유아교육현장에 적용해 보려는 노력의 일환이다. '활동중심 통합교육과정'은 1990년대 초반까지 우리나라 유치원에서 실시하여 왔던 단원중심 유아교육에 대한 재구성 노력의 결과이다.

활동중심 통합교육과정에서는 교육이론 및 실제가 아동 중심적으로 이루어지도록 노력한다. 이는 유아를 인격적인 존재로 존중할 뿐만 아니라 교육이 유아에게 의미 있게 이루어지도록 한다는 뜻이기도 하다.

2) 활동중심 통합교육의 교육 목표

(1) 목표

유아를 위해 목표가 존재할 수 있도록 교육의 시작과 중심과 끝을 유아에게 맞추려고 한다. 유아들의 학습을 보다 의미 있게 하기 위해서는 교사는 목적이나 목표를 구체적으로 설정하고, 교육내용이나 활동을 마련해 주지만 이는 어디까지나 지향적 방향이고 안내지침일 뿐이다. 중앙대학교 부속유치원은 다음과 같이 교육목표를 설정하였다.

- 몸과 마음을 건강하게 하며 기본생활 습관을 기른다.
- 의사소통을 위한 언어능력과 바른 언어 사용 습관을 기른다.
- 자신을 존중하고 다른 사람과 더불어 생활하는 능력과 태도를 기른다.
- 자신의 생각과 느낌을 창의적으로 표현하는 능력과 태도를 기른다.
- 호기심을 가지고 주변세계를 탐구하며 자연을 존중하는 태도를 기른다.
- 우리나라를 사랑하고 문화적 다양성을 기른다.

(2) 목적

유아들의 품성을 갖춘 전인, 즉 신체가 건강하고 창의적이며 슬기로운 유아 자신이 속한 사회에서 행복하고 즐겁게 지내되 책임감 있고 협동하는 유아로 성장할 수 있도록 돕는 것이다.

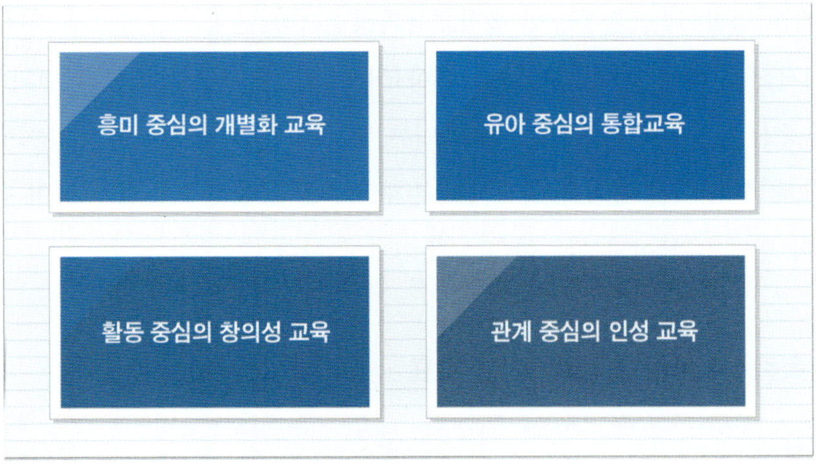

[그림 9-1] 중앙대학교 부속유치원의 교육과정 핵심요소

3) 활동중심 통합교육

- 과거, 현재, 미래의 경험의 통합
- 유아와 교사의 경험을 연결시키는 통합
- 학교와 지역사회와의 통합
- 유아의 지식이나 개념의 통합
- 유아 발달 영역간의 통합
- 영역별 활동 간의 통합을 통한 전인교육을 의미한다.

4) 교육의 본질

활동중심 통합교육에서는 교육현장에서의 활동이나 경험이 유아에게 의미를 줄 때에만 교육의 효과를 볼 수 있다고 믿기 때문에, 유아의 현재 경험이나 지식을 보다 확장시키기 위해 위와 같은 교육의 목적 및 목표를 설정하기는 하지만 유아의 흥미나 필요, 발생하는 문제상황에 따라 융통성 있게 변화 시킬 수 있어야 한다는 점을 강조하고 있다.

5) 일과의 구성

중앙대학교 부속유치원의 하루 일과 시간표는 같은 시간대에 다양한 내용과 활동이 이루어지는 것은 다음과 같다.

(1) 이야기 나누기 및 일과 계획시간

유아와 교사가 함께 협의하여 결정한 주제에 대하여 유아와 교사가 함께 수집한 자료를 중심으로 이야기를 나눈다. 이 시간에 유아는 소집단 토의를 하거나, 새로 소개되는 활동 영역별 자료 소개, 일과 계획하기, 자유선택활동 시간의 활동 계획하기 등이 이루어진다.

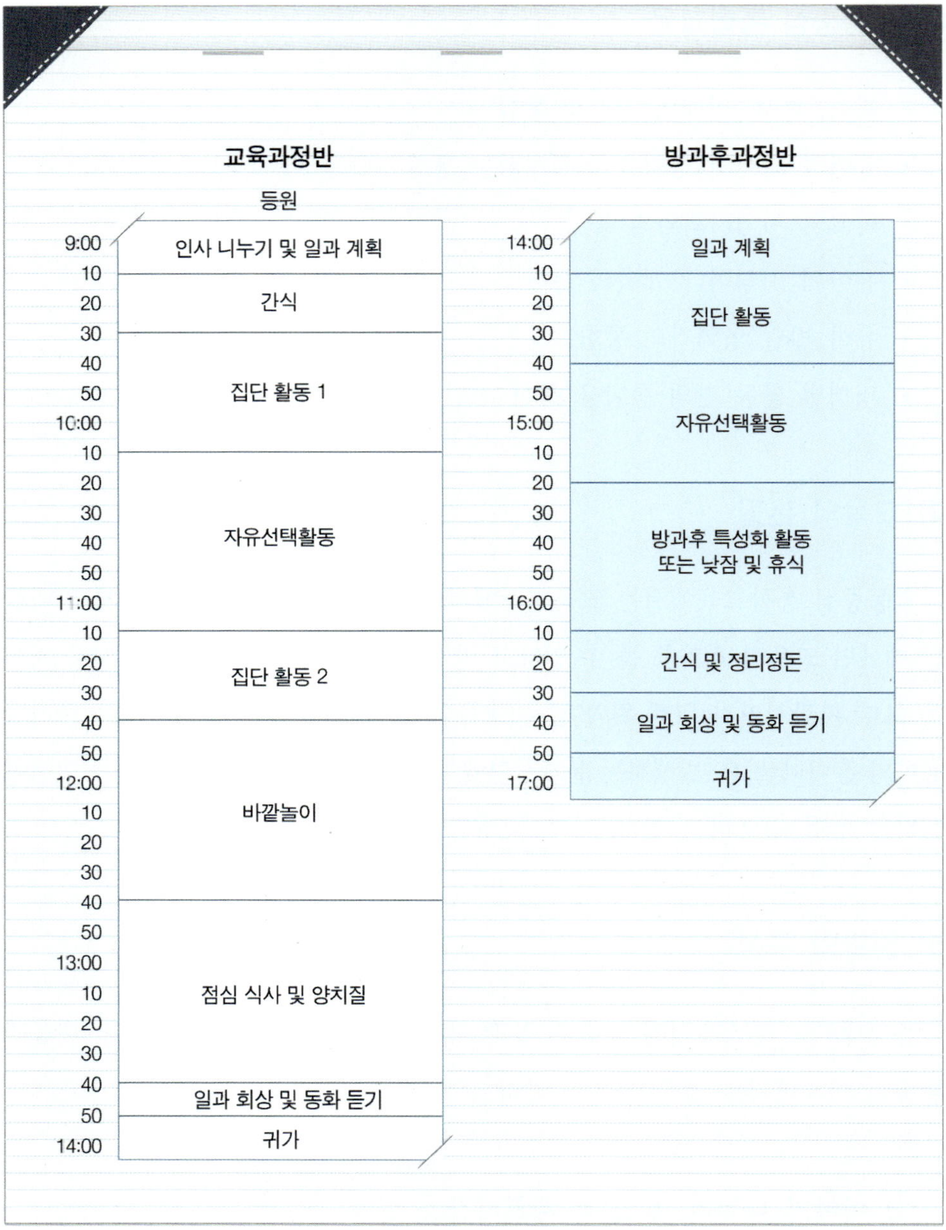

[그림 9-2] **일과구성**

(2) 회상하기

실내 자유선택활동이 끝난 후와 실외 자유선택활동(혹은 집단활동)이 끝난 후에 유아와 교사가 잠깐 둥글게 모여 앉아 활동에 대해 회상하는 시간이다. 이 시간에는 활동한 표상결과를 다른 유아들에게 보여주며 동기나 과정 등을 들려주며, 활동 영역에서 일어났던 여러 상황들에 대해서 이야기 나누기 등을 함으로써 발표력 증진과 다른 학습동기를 유발하는 기회를 만들어 준다.

(3) 집단활동시간

음률, 신체활동, 게임, 극놀이, 동화, 동시, 음악 감상, 노래 부르기, 악기 다루기 등의 활동이 이루어진다. 하루에 두세 가지 활동을 준비하고 유아가 직접 우선순위를 선택하여 활동을 하거나, 한 가지 활동을 대집단으로 하기도 한다.

6) 전시의 중요성 및 가치

(1) 유아의 학습동기 유발

주제에 따라 연관된 실물, 모형, 사진, 그림 등을 전시함으로써 유아의 학습동기를 유발할 수 있다.

(2) 다른 학습의 동기 유발

주제와 연관된 다양한 표상활동의 결과를 전시함으로써 학습을 재인하고 또 다른 학습의 동기를 유발하는 계기가 된다.

(3) 성취감, 자신감, 자아존중감 느끼는 기회

유아의 작품을 다양하게 전시하여 줌으로써 유아가 자신이 한 활동에 성취감과 자신감을 느끼고 자아존중감을 느끼는 기회가 된다.

(4) 심미감을 기름

심미감, 즉 미적감각을 기르게 된다.

(5) 다른 유아들의 생각과 느낌을 나누는 기회

교사의 주관에 의하여 비교, 평가하는 것이 아니라 유아와 유아, 상호 간에 보고 느끼는 작품감상의 기회를 가짐으로써 다른 유아들의 생각과 느낌을 함께 나누는 기회가 된다.

(6) 소속감을 느끼기

성취감을 못 느끼는 유아에게는 다른 유아의 작품과 함께 전시된 자기의 그림을 보며 한 그룹의 일원으로 소속감을 느끼게 한다.

7) 교수원리 및 교사의 역할

중앙대학교 유치원의 교수원리 및 교사의 역할은 다음과 같다.

① 유아를 존중한다.

② 유아의 학습은 그들의 흥미에서 시작하여 개념이 확대되도록 돕는다.

③ 유아의 학습을 개별화를 원칙으로 하되, 집단에서의 경험도 균형 있게 제공한다.

④ 유아가 자신의 학습을 선택하고 결정하는 기회를 갖도록 한다.

⑤ 주제 및 활동은 융통성 있게 다루어지도록 한다.

⑥ 유아가 친구들과 합의해 보는 경험을 갖게 한다.

⑦ 유아에게 책임감을 기를 수 있는 기회를 제공한다.

⑧ 부모교육을 강화하여 유아교육에 관한 부모와 교직원, 부모와 부모 간의 합의 및 동의가 지속적으로 이루어지도록 노력한다.

⑨ 교사는 유아의 학습과정에서 관찰한 정보에 근거하여 유아 개인에게 적절한 주제를 하도록 한다.

⑩ 유아는 그들의 교사가 열정적일 때 더욱 쉽고 즐겁게 학습한다.

⑪ 교사는 시간을 최대한 효율적으로 사용할 수 있는 방법을 모색한다.

⑫ 하루의 시간 계획을 마련할 때에는 되도록 계획하기, 활동하기, 회상하기의 계열성을 고려한다.

⑬ 건물을 최대한 활용하여 유아의 각 개인이 활동할 공간의 면적을 넓혀준다.

8) 교육과정의 운영

(1) 교육과정의 수립

❶ 활동중심 통합교육과정

㉠ 연간 교육주제 목록안

선정된 주제의 도입 전개 시기를 특정한 월, 주, 일로 명시되지 않는다. 교사는 교육계획 수립 시 연간 교육주제 목록을 1, 2학기로 분류한 다음, 어떤 주제가 어떤 시기에 진행되어 질 때 가장 효과적일 것인지를 예상하여 계획을 세우기는 하지만, 주제 도입시기를 고정시켜 놓지는 않는다.

활동중심 통합교육과정에서는 어떤 주제의 도입시기가 교사에 의해서 일방적으로 결정, 고정되어 있는 것이 아니라 유아들의 자연스러운 흥미유발, 유아의 제안과 합의, 교사의 제안과 합의에 따라 융통성 있게 결정되기 때문이다.

㉡ 연간 교육주제의 목록

교사의 경험에 근거하여 볼 때, 유치원 유아들이 여러 해에 걸쳐서 공통적으로 관심을 보여왔던 주제이다. 그 해에 실시될 것으로 예정된 국가행사와 관련된 주제이고, 교육부의 유아교육지도 자료집에 제시된 주제이다. 교육을 진행하는 과정에서 유아의 제안과 합의에 의해 도입된 주제이고, 교육을 진행하던 중에 교사의 제안과 유아의 합의에 의해 새롭게 첨가된 주제이다.

❷ 주제별 연관활동 목록안

특정 주제와 연관된 활동들의 총체이다.

㉠ **주제 선정과 재조직**

주제별 연관활동 목록안을 수립함에 있어서, 교사는 유치원의 교재, 교구 목록과 영역별 활동목록을 참고로 하여 특정 주제와 연관된 활동들을 일차 선정한 다음 활동영역들 간의 균형과 통합이 잘 이루어지도록 활동들을 재조직한다.

㉡ **개별적, 집단적(대집단, 중집단, 소집단)**

주제별 연관활동은 개별적으로 이루어지는 경우도 있고, 집단적으로 이루어지는 경우도 있는데 집단의 규모는 활동의 종류, 내용 및 방법에 따라서 대집단, 중집단, 소집단으로 나뉘어진다.

(2) 활동영역별 연간 활동계획안

활동영역별 활동목록의 총체는 다음과 같다.

첫째, 유아의 발달수준을 고려하여 순차적으로 조직이다. 활동영역별 연간 활동계획안을 수립함에 있어서 교사는 활동영역별로 가능한 모든 활동을 수집 · 선정한 다음, 유아의 발달수준을 고려하여 활동의 난이도에 따라 활동을 순차적으로 지적한다.

둘째, 활동의 위계성과 난이도를 잘 나타난다. 활동의 위계성과 난이도를 잘 나타내주기 때문에 활동영역별 연간 활동계획안은 주제별 연관 활동계획안 수립 시 참고자료로서 유용하게 사용되어질 뿐 아니라, 교육진행 중에 주제와 관계없이 유아에게 준비해 주게 될 활동들을 선정하는 데 있어서 지침이 되어 준다.

(3) 교육계획의 운영

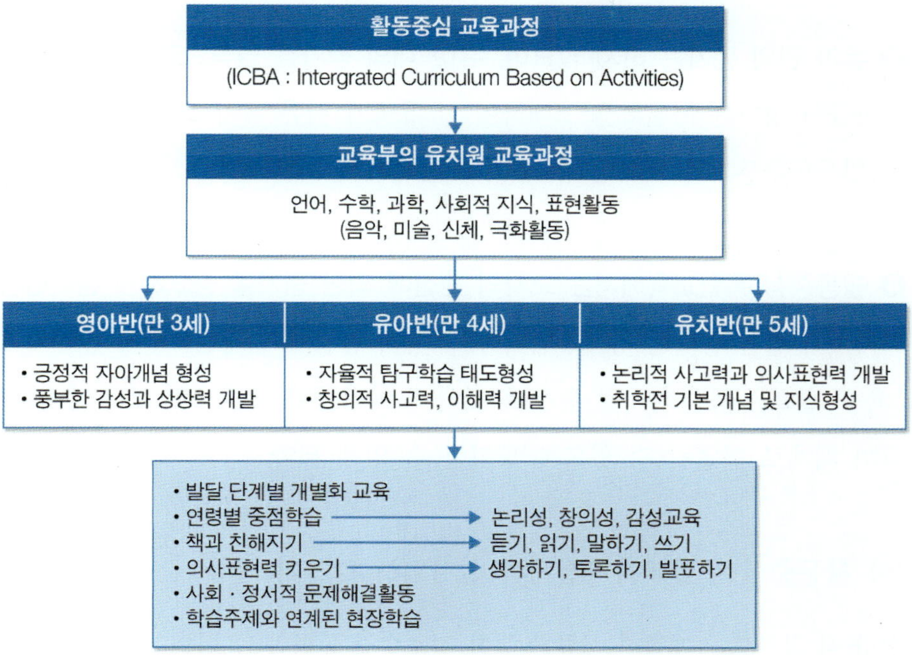

(4) 평가

❶ 교사가 유아를 평가하는 것 뿐 아니라, 교사 자신의 평가도 포함한다.

교사 자신의 교육활동에 대한 평가 없이는 교육의 질적 발전을 도모한 수 없기 때문에 교사평가를 중요하게 생각한다. 교사들이 서로 이야기를 나누고 합의 및 평가를 하는 과정에서 교사 개개인은 교사로서 자신의 위상을 파악할 수 있게 된다.

❷ 미래지향적 평가를 추구한다.

성장, 발달이 계속되는 유아기는 불확실성과 변화로 특정 지어진다. 유아교육기관에서의 교육을 결과적으로 평가하는 일은 위험한 일이다. 어떤 형태의 평가도구이든 그 평가결과는 장래 유아를 돕기 위한 기초자료로서의 의미를 가질 뿐이다. 교사는 유아 자신의 과거, 현재, 미래의 발달 상황을 중요한 내용으로 삼고,

이러한 유아내의 평가가 미래지향적으로 적용되도록 노력한다.

❸ 유아 간의 평가는 하지 않으며, 유아 내의 평가를 원칙으로 한다.

유아들의 평가는 서열화를 초래하여 한 유아가 다른 유아보다 우수하다든지 또는 열등하다든지를 비교할 수 있기 때문에 위험이 따른다.

❹ 활동중심 통합교육에서는 교사의 관찰에 의한 평가를 중요하게 생각한다.

교사의 관찰은 중요한 평가방법이다. 교사의 관찰력이 예민할수록 유아의 흥미, 욕구, 필요는 즉시 파악될 수 있을 것이며, 이러한 흥미, 욕구가 보다 체계화된 지식의 체계로 연결될 수 있도록 도와줄 수 있게 된다.

(5) 활동중심 통합교육과정에서 실시되는 평가의 종류

입학 시 학부모가 제출한 서류를 통한 정보수집을 한다. 유아의 성장과정, 가족관계, 가정환경, 발달상의 특징, 질병의 유무, 부모가 보는 관점에서의 유아의 특성 등에 대한 정보를 수집한다. 사전파악은 교사가 유치원에서 유아의 여러 상황을 이해하는 데 도움이 된다.

❶ 지능검사

유아를 평가하는 데 있어서 절대적인 가치를 지니는 것은 아니며, 다만, 그 유아가 지능검사의 내용 중 어떤 부분이 잘 발달되어 있으며 어떤 부분이 부족한지 부족한 부분을 어떻게 도와 줄 수 있는지에 관한 정보를 얻기 위해 사용한다.

❷ 창의성 검사

유아들의 창의성 발달 정도를 대략적으로 파악함으로써, 창의성 계발을 도울 수 있는 참고자료로 활용하고 있다.

❸ 일화기록

여러 상황 속에서 자연스럽게 관찰하는 것이므로 유아를 가장 객관적이고 확실하게 파악할 수 있다.

❹ 자유선택활동 계획표 및 상황표

유아들은 매일 어떤 활동을 할 것인지를 계획한 횟수를 일일 자유선택활동 계획표에 표시를 한다. 그 유아가 즐겨 선택하는 영역과 그렇지 않은 영역을 파악하여 그 이유를 알아보고, 자주 선택하지 않은 영역에도 자연스럽게 흥미를 보이도록 돕거나 그 유아가 즐겨 선택하는 영역에서 다른 활동 영역과의 통합이 이루어지도록 중재한다.

(6) 활동중심 통합교육과정의 특징

활동중심 통합교육과정의 특징은 다음과 같다.

첫째, 활동중심 통합교육에서의 통합의 의미는 구체적이며 확장적이다.

둘째, 상대주의 교육철학으로 유아들을 어떻게 교육해야 하는가 하는 지침들은 객관주의 또는 행동주의적 교육철학에서 설정하는 목적이나 목표보다 경직되어 있지 않고 융통성이 있다.

셋째, 교육이론 및 실제가 유아중심적으로 이루어지도록 노력한다.

넷째, 교사는 교육 목적이나 목표를 수립하기는 하나 교육의 중심을 항상 유아에게 두고 융통성을 갖는다.

다섯째, 유아와 교사, 유아와 유아 상호 간의 대화를 통하여 합의점을 찾는 경험을 대단히 소중하게 여긴다.

(7) 실제활동의 예 : 일일 계획안

일일활동계획안

주제 : 새는 왜 잘 날 수 있을까?

예상한 목표 :

1. 새가 잘 날 수 있는 이유를 추측한다.
2. 궁금한 것을 책에서 찾는 방법을 안다.
3. 새의 움직임을 실제로 표현한다.

새는 왜 잘 날 수 있을까?

이야기 나누기

- 잘 나는 새와 잘 날지 못하는 새 알아보기(갈매기, 매, 제비, 닭, 집오리, 거위)
- 잘 나는 새와 잘 날지 못하는 새 비교(생김새, 날개 등등)
- 새는 왜 잘 날 수 있을까 추측하기(날개가 길다, 날씬하다, 가볍다 - 공기주머니)
- 새의 공기주머니에 대해 책 찾아보기

음률

'날아보자'

- 새가 나는 모습의 사진 또는 비디오 테이프를 보며 나는 모습과 순서에 대하여 이야기 나누기
- 새의 움직임과 나는 모습을 신체로 표현하기
- 언어적 지시: 날개를 편다, 먹이를 발견했다, 나뭇가지에 앉는다.
  (준비물: 비디오테이프, 사진, 카세트 테이프 '새춤')

동요

'새들의 결혼식'

동화

'물총새와 마법의 물고기'

실외자유선택활동

- 유치원의 새 관찰하기
- 깃털 줍기
- 날려보기(새, 종이비행기)

자유선택활동

〈언어〉
- 듣기활동: 동운어 듣기와 찾기 (빨간새 작은새)
- 말하기: 이것은 !입니다.(새의 구조)

〈수〉
- 1:1 대응: 새와 새장, 닭과 달걀
- 그래프 그리기: 내가 좋아하는 새
- 순서대로 놓기: 알의 부화과정

〈과학〉
- 새 기르기(먹이 , 생김새, 움직임 관찰)
- 새 박제 관찰 비교하기
- 깃털 분류 · 관찰하기(물에 띄워보기)

〈미술〉
- 깃털 콜라주, 닭뼈로 구성하기
- 새모빌 만들기(종이끈, 옷걸이, 종이접기)

〈역할〉
- 손인형극 '미운 오리 새끼'

비고(첨가된 자료)

- 과학활동영역: 잘 나는 새와 잘 날지 못하는 새에 관한 책과 분류자료
- 미술활동영역: 여러 가지 재료를 이용하여 날개 만들기
- 이야기 나누기 시간에 새의 공기주머니에 대한 이야기가 나와 공기에 대한 흥미가 유발되었기 때문에 다음날 주제로 '공기'가 선정되었다. 공기가 지금 우리 주위의 어디에 있는지 찾아보고 공기를 모을 수 있는 방법을 알아보고, 다음날 공기를 모아 오기로 합의하였다.

3 덕성여자대학교 부속유치원

1) 유아교육 프로그램

상호작용원리에 의하면 유아는 놀이를 통하여 학습이 이루어지므로 유아교육과정은 놀이 중심의 교육활동으로 구성한다(Dewey, 1900). 유아는 놀이를 통하여 주변 세계와 상호작용하면서 경험하게 되는 문제들을 해결하고, 감각 및 운동능력을 발달시키며, 자신의 주변 세계를 탐색하게 된다. 또한 유아는 또래와의 놀이를 통하여 사회적 관계와 기술을 발달시키고, 언어와 사고의 풍부한 의미를 확장시키고, 정서적인 욕구를 표현하며 사회적 역할과 활동을 시도하게 된다.

유아교육과정의 발달적 기초에 의하면 유아가 성장하고 발달한 사회 문화적 환경 내에서 유아의 개별적 발달에 적합한 교육이 이루어질 수 있는 교육활동으로 구성한다(Piaget, 1950; Vygotsky, 1962, 1978). 유아의 발달은 자율적이며 독립적이고 내적인 동기 유발에 기초하여 개별적이며 질적으로 다르게 이루어진다. 교사는 유아의 발달 수준을 고려하여 자발적이며 발달에 적합한 개별 활동이 이루어질 수 있도록 사회·문화적 환경을 준비하여야 한다.

상호작용의 원리에 의하면 유아의 발달은 상호연결되어 이루어지므로 발달적 통합이 이루어질 수 있도록 교육활동을 구성한다(Piaget, 1972; Elkind, 1986; Forman & Kuschner, 1983). 발달은 세분화된 학습이나 기술의 습득, 분리된 행동의 변화보다는 교사와 또래의 상호작용과 격려를 통하여 형성되는 유아의 주도적인 경험에 의한 전체적인 발달이다.

유아는 자기 주도적 활동을 통하여 교사와 또래와의 긍정적 상호작용, 다양한 지식의 수용과 활동 경험에 기초한 다양하고 기능화된 통합적인 발달을 이루게 된다. 상호작용에 의한 철학 및 발달적 기초에 의한 교육과정의 구성방향은 유아에게 연속적이며 순환적인 활동을 제공할 수 있는 주제에 의한 활동을 통하여 의미 있는 구조로 교육활동을 구성한다(덕성여자대학교 유아교육연구소, 1993).

유아는 사전지식과 경험에 의하여 획득된 사고의 구조와 사회적 물리적 환경과의 상호작용을 통하여 직접적이며 구체적인 경험 속에서 발달에 적합한 과제를 수용한다. 따라서 교사는 유아가 단순한 지식에서 복잡한 지식으로 확대하고 심화하여 통합적으로 발전시킬 수 있도록, 연속적이고 순환적인 발달적 상호작용이 가능한 교육활동을 제공한다.

2) 교육과정 구성의 기본원리

덕성여자대학교 부속유치원은 상호작용이론에 기초한 기본원리는 다음과 같다.

첫째, 유아의 교육활동은 유아가 능동적인 상호작용을 통해 스스로 지식을 구성해 나갈 수 있도록 계획되어야 한다. 그러므로 교육활동의 주제전개 시 학습할 주제의 선정이나 활동의 진행방향 결정에 유아와 함께 토의하기 등의 과정을 통해서 유아가 다양한 과제를 능동적으로 발견하는 다양한 기회를 부여해야 한다.

둘째, 유아의 교육활동은 유아의 언어, 인지, 사회, 정서, 신체적 발달이 통합적으로 이루어지도록 계획되어야 한다. 따라서 교사는 교육활동의 선정 시 유아의 일상생활과 사전경험을 중심으로 언어활동, 미술활동, 조작 및 구성활동과 신체 및 실외활동의 경험이 연결되어 통합되도록 구성하여야 한다.

셋째, 유아의 교육활동은 유아가 자신의 발달 수준, 흥미 및 이해 정도에 따라 학습활동을 선택하고 학습속도를 조절할 수 있도록 개별화되어야 한다. 교사는 개인적 다양성을 고려하여 다양한 학습과제와 교수전략, 교수자료 및 다양한 선택의 기회를 제공하여 개별 유아들의 학습이 보다 효율적으로 이루어질 수 있도록 해야 한다. 즉, 유아 개인의 흥미와 능력을 고려하여 다양한 교육환경을 마련해 주어야 한다(Bredekamp & Rosegrant, 1995).

넷째, 유아의 교육활동은 자발적이며 흥미 있는 유아 주도의 놀이를 중심으로 이루어져야 한다. 유아의 놀이를 중심으로 제시되는 활동들은 유아의 자발적인 선택과 계획, 참여를 유도하게 되며, 유아에게 새로 습득한 기술이나 지식을 여러 상황에 자발적으로 적용 할 수 있는 기회를 제공하고, 유아에게 감정 조정, 타인과의 상호작용, 문제해결력 등을 배우는 기회를 제공한다.

다섯째, 유아의 교육활동은 구체적인 학습자료와 상황으로 제시되어야 하며 활동의 과정과 결과의 표상활동이 격려되어야 한다. 교사는 유아에게 추상적인 설명이나 개념을 제공하기보다는 구체적인 학습자료의 조작을 통한 활동의 과정을 중요시해야 하며, 교사는 학습과정에서 유아들이 자신의 아이디어나 가설, 이론을 그림이나 기록으로 표출할 수 있도록 격려하는 것이 필요하다.

여섯째, 유아의 교육활동은 유아의 생활과 가정 및 지역사회 등 유아가 소속된 사회 문화적 맥락을 반영해야 한다. 유아들이 직접 경험하는 것들을 중심으로 한 생활과 관련된 주제는 유아가 소속된 사회·문화적 맥락을 반영하는 데 도움이 된다. 따라서 유아가 활동을 통하여 경험하게 되는 '박물관'이나 '농장의 동물'과 같은 주제는 유아가 박물관이나 농장을 견학하는 등의 경험을 했을 때만이 더욱 의미 있는 주제가 될 수 있다.

일곱째, 유아의 교육활동은 실수를 인정하는 수용적인 분위기와 융통성을 가진 환경에서 이루어져야 한다. 교사의 수용적인 태도는 유아의 자유로운 탐색과 창의적인 사고력의 확장, 자기조절능력과 자기존중감을 발달시키는 데 도움을 주게 된다.

3) 교육과정의 운영

교사는 유아의 흥미와 발달에 적합한 주제를 선정하고, 선정된 주제의 개념과 아이디어를 전개하여, 교육내용과 활동의 틀을 구성하여야 한다. 유아의 활동을 위하여 분류된 개념과 아이디어는 놀이활동을 통해 통합적으로 다루어지면서 연령 또는 발달 수준에 적합한 활동으로 계획되어 진행되도록 구성한다. 상호작용 이론에 기초한 유아교육활동의 계획 및 운영은 다섯 가지의 과정을 통하여 전개된다.

첫째, 교사는 유아의 사전 지식과 경험 및 흥미에 기초하여 교육활동의 주제를 선정한 후 주제에 관련된 자료를 검색하거나 수집한다.

둘째, 교사는 유아의 연령, 발달 및 사전활동 경험을 고려하여 발달에 적합한 개념망 및 활동망을 조직한다.

셋째, 교사는 유아를 위한 교육목표와 교육환경을 고려하여 주간 교육계획 및 일일 활동계획을 작성한다.

넷째, 교사는 계획된 주간 교육계획안을 근거로 주제를 전개하여 진행하되, 일일 활동계획과 유아의 흥미에 근거하여 하루 일과를 융통성 있게 운영한다.

다섯째, 교사는 일일 활동의 평가 및 주간 교육계획에 근거하여 다음날의 주제와 활동을 융통성 있게 계획하고, 주제에 따른 유아들의 흥미와 관심의 정도에 따라 주제의 진행을 마무리하고 평가한다.

(1) 주제선정

교사는 교육활동의 주제 선정 시 유아의 발달 수준, 유아의 흥미와 관심의 적합성, 유아의 지식, 기술 및 태도의 발달에 대한 유익성, 유아의 일상생활 경험과의 관련성, 다학문적인 통합 가능성, 교육과정 영역에서의 균형성, 탐색과 탐구적인 학습의 가능성, 활동을 위한 유용한 자원 및 정보의 활용 가능성 등을 고려한다.

(2) 개념망 및 활동망의 조직

교사는 개념망 작성을 위하여 주제와 관련된 책, 비디오, 인터넷 등의 자료를 수집하고, 검색하여 유아에게 제공할 보다 적절하고 다양한 개념을 선정한다. 교사는 주제에 대한 개념망이 작성되면 유아의 연령과 발달수준, 흥미와 관심, 실천 가능성 등을 고려하여, 유아가 개념과 지식을 확장하고 구성할 수 있도록 구체적 활동을 선정한다.

(3) 주간 교육계획 및 일일 활동계획

교사는 유아의 생활과 밀접하며, 감각적이고 직접적인 개념 및 활동을 먼저 경험할 수 있도록 구성한다. 주간 교육계획에는 교육활동의 주제를 의식하고, 탐색활동을 통하여 아이디어를 탐구하고, 활동에 적용하고 활용하는 학습주기를 반영하여 활동을 구성한다.

일일 활동계획은 하루 전날 전개되었던 유아의 관심과 반응, 활동에 대한 평가를 반영하여 융통성 있게 계획한다.

(4) 주제에 의한 활동의 전개

❶ 주제의 시작

- **주제에 관한 이야기 나누기** : 주제가 정해지면 교사와 유아들은 함께 모여 유아들의 사전 경험이나 관심분야, 앞으로 하고 싶은 활동 등에 대해 이야기를 나눈다.
- **주제에 적절한 환경 구성하기** : 교사는 교실의 활동실을 주제의 특성에 따라 변화있게 구성하고 특정 영역의 확장 또는 축소, 활동실과 활동실 밖의 공간을 연결하여 놀이하도록 도와준다.

❷ 주제의 진행

- **현장견학 및 전문가 초청하기** : 현장견학은 유아에게 다양한 경험과 지식을 제공하여 유아의 학습을 심화시키고 확장시킨다. 전문가를 초청할 때에 교사는 유아들이 궁금해 하는 내용 등에 대한 정보를 미리 알려주어 준비하도록 한다.
- **탐색 및 관찰하기** : 유아는 새로운 사물, 사건, 장소의 탐색과 관찰과정에서 여러 가지 의문점을 발견하고 해결하는 과정을 통하여 주제에 관련된 여러 가지 개념과 지식, 정보를 얻게 된다.
- **조사하기** : 조사하기 활동은 유아의 자발성과 독립성 및 문제해결력을 증진시킨다.

- **구성하기** : 협동놀이를 통한 구성활동은 유아에게 많은 대화와 토론의 기회 및 구성물의 질을 향상시키는데 많은 도움이 된다.
- **극화하기** : 극화활동은 유아가 현실에서 경험하지 못한 사물, 사건, 장소의 탐색과 관찰과정을 자신의 경험으로 구체화 하여 행동으로 표현하면서 주제에 관련된 여러 가지 개념과 지식, 정보를 현실에 적용하게 된다.
- **토론하기** : 유아와 토의한 평가의 결과에 기초하여 새로운 경험이 지속적으로 심화되고 확장되어 제공되어지면 주제에 대한 유아의 흥미와 관심은 지속적으로 유지되고 극대화된다.
- **활동의 기록물이나 결과물을 게시하거나 놀이에 활용하기** : 유아들의 활동 기록물을 게시하는 방법은 결과물의 형태에 따라 달라지며, 입체적인 조형물은 책상, 선반에 제시하고 그림, 그래프 등 평면적인 자료는 병기나 게시판, 창문에 전시한다.

❸ 주제의 마무리

- **주제에 관한 개념과 지식을 반영하여 활동하기** : 유아는 주제에 관한 개념과 지식이 통합적으로 반영된 노래 짓기나 이야기 짓기, 그림 그리기 등의 활동을 할 수 있다.
- **주제에 관한 평가 및 이야기나누기** : 교사는 유아와 함께 주제 전개과정에서 새롭게 발견하거나 알아 낸 내용은 어떤 것들이 있는지, 어떤 활동을 했었는지 이야기 나누면서 주제에 관한 개념 및 활동에 대해 평가를 할 수 있다.
- **조사한 내용과 발견한 내용을 널리 알리거나 계몽하기** : 교사는 유아가 주제 전개과정에서 알아낸 내용 중에서 다른 사람과 함께 생각해 보아야 할 내용이나 계몽해야 할 내용을 다른 사람에게 적절하게 알릴 수 있는 방법에 대해 유아들과 의논할 수 있다.

  유아는 물이나 전기, 종이 등 자원낭비실태나 환경오염 등의 문제를 인식한 후 자원의 절약, 환경보존 질서 지키기 등에 대하여 함께 생각해 보고,

실생활에 적용하기 위하여 표어나 포스터 붙이기, 가정이나 다른 학급에 편지보내기 등의 활동을 제안할 수 있다.

- **전시회나 발표회하기** : 유아들의 경험과 노력을 기록한 것을 준비하고 전시하는 과정은 유아들에게 자신의 활동 경험을 되돌아보는 기회를 제공하고, 학습된 지식과 개념이 명료화되고 확장되는 기회를 제공한다.

4) 교사의 역할

(1) 교수계획자로서의 교사

교사는 주제 선정시 개별 유아 및 집단의 발달적 수준 및 흥미와 요구, 계절적인 특성, 기관 전체의 행사 등을 고려하여 유아들의 관심과 가장 밀접하고 실천 가능한 주제를 선택한다. 주제와 관련된 자료는 책자, 인터넷이나 CD-ROM과 같은 최첨단의 매체를 활용할 수 있도록 여건을 조성하는 것이 좋다.

(2) 교육환경 구성자로서의 교사

교사는 사회적 환경과 물리적 환경을 구성해야 하는데, 사회적 환경은 온화하고 자유로우며 수용적인 분위기를 조성하는 것이다. 또한 유아에게 보호와 관심을 보여 주어 유아가 자신의 활동에 대해 긍정적인 태도를 가지고 능동적으로 학습할 수 있도록 격려해 주는 것을 말한다.

물리적 환경은 활동영역 구분 및 공간 크기에 적절한 활동인원을 배치하여 유아의 원활한 활동이 가능한 환경을 조성해 주는 것이다. 따라서 교사는 유아가 직접 활동 도구와 자료를 사용하는 경험을 할 수 있도록 준비해 주고 도와주어야 한다.

(3) 교수 및 상호작용자로서의 교사

유아는 능동적이고 주도적인 존재이므로 유아를 위한 교사 역할 행동은 칭찬하기, 모델 보이기, 촉진시키기, 지지하기, 지원하기, 협동하기, 시범 보이기, 지시하기가 있다.

(4) 전문가 및 연구자로서의 교사

교사는 교사의 역할을 수행하기 위하여 유아교육을 위한 자료와 내용 선정에 필요한 정보를 수집하고 분석할 수 있어야 하며, 유아교육의 이론과 실제에 관한 현직 교육의 기회를 갖기 위하여 권위 있는 유아교육단체의 회원으로 역할을 수행하여야 한다. 또한 교사는 자기 장학을 통해 교사로서의 자질을 스스로 평가해 보고 끊임없는 개선의 노력을 하여야 한다.

(5) 양육자로서의 교사

유아의 자기관리와 안전관리를 돕고 안전하고 안정적인 분위기에서 학습할 수 있도록 돕는 역할을 수행한다. 즉, 교사는 유아를 위한 기본적인 보호와 더불어 사랑과 같은 사회·정서적인 지원을 제공해야 한다.

(6) 관찰자 및 교육평가자로서의 교사

교사가 유아의 행동을 관찰하여 유아의 사전 지식과 흥미, 교사의 상호작용의 필요성, 유아의 문제를 해결하기 위해 어떠한 도움을 제공해야 하는가를 결정짓는 자료를 얻게 된다.

(7) 부모상담 및 교육자로서의 교사

교사는 부모의 가치관을 이해하여 상호친밀감을 형성하고, 교실참관, 부모상담, 강연회, 워크숍 등 다양한 형태의 부모교육을 계획하고 실시함으로써 부모들의 자녀에 대한 이해를 높인다.

5) 실외놀이 영역

- **전이 영역**: 실외놀이를 계획하고 준비하는 공간으로 실외놀이터로 나와서 탐색을 시작하고 원하는 활동을 준비하는 영역
- **대근육 운동 영역**: 복합놀이, 자전거타기, 그네타기, 미끄럼타기, 오르기, 달리기 등의 대근육을 사용하는 놀이가 이루어지는 영역이므로 넓은 공간을 확보하여 각각 독립적인 영역으로 구성한다.
- 복합놀이기구, 미끄럼틀타기 영역, 그네 영역, 자전거 영역, 기타 대근육놀이 및 개방 영역(시소, 흔들말 영역)
- **자연물놀이 영역**: 물놀이 영역, 모래놀이 영역
- **동식물기르기 영역**: 동물 사육장, 식물 재배장
- **정적 놀이 영역**: 역할놀이, 미술이나 조작 등의 조형활동, 신체표현활동을 하거나 책을 읽을 수 있도록 전체 실외놀이 공간의 1/3 정도를 할당하여 구성한다.
- 역할놀이 영역, 조형놀이 영역, 신체표현활동 영역, 휴식 및 조용한 활동 영역
- **창고**: 창고에 놀이기구 및 놀잇감을 정리 · 보관할 때에도 유아의 눈높이를 고려하여 글씨나 그림으로 표시하여 붙여줌으로써, 유아가 스스로 놀이를 선택하고 정리하는 데 도움을 줄 수 있다.

6) 실제 활동의 예 : 일일 계획안

일일활동계획안

9월 23일 수요일
자유선택활동 계획 및 놀이(9:00~10:50)

영역별 활동

쌓기놀이 영역–옷가게 놀이	언어영역 – 「씨실 날실」 「옷」 책 첨가
작은 나무블록 영역	역할놀이 영역 – 옷가게 놀이
조작놀이 영역–옷감짜기 (직조틀, 부직포, 굵은 실 준비)	음률 영역 – 옷에 관한 노래만들기
수 영역–옷 사러 가요 게임	조형 영역 – 여러 가지 옷 만들기 (한지, 신문지, 부직포, 조각천 준비)
과학영역–옷감은 어떻게 만들어질까? 조사하기	기타 – 개별 간식 9시 40분부터 우유, 달걀 · 야채 샌드위치

정리정돈(10:50 ~ 11:00)

모임시간(11:00 ~ 11:20) 옷감은 어떻게 만들어질까?
유아가 조사한 것 소개하기 및 옷감 만드는 방법에 대해 더 자세히 알아 볼 수 있는 방법에 대해 이야기 나누기

실외놀이 및 소집단활동(11:20 ~ 11:50)

실내)
실외)

귀가지도(11:50 ~ 12:00) 옷에 관한 노래 만든 것 소개하기
옷이나 옷감에 관한 책 가져오기 안내

4 연세대학교 어린이생활지도연구원

1) 아동관

연세대학교 부설 교육기관인 '어린이생활지도연구원'은 실험적인 유아교육기관으로서 1970년대 후반부터 개방식 접근에 의한 유아교육과정을 실시하였다. 초기에는 그 대상이 3~5세까지였으나, 취업모를 대상으로 종일반 프로그램을 시범적으로 실시하고 대상연령을 2세까지 하향화하여 걸음마기 유아에게 접근한 프로그램을 개방하였다. 이제부터 연세대학교의 개방주의 교육에 기초한 유아교육과정을 알아보고자 한다.

연세 개방주의 교육과정은 듀이의 실용주의 철학, 피아제의 발생학적 인식론 그리고 인본주의 심리학을 이론적 기초로 삼고 있다. 이러한 연세 개방주의 교육에 대한 이론적 배경을 서술하기 위해서, 먼저 개방주의 교육에 대한 정의를 살펴보고, 개방주의 교육의 기초를 이루는 실용주의와 인본주의 사상을 고찰하고자 한다. 또한 연세 개방주의 교육의 구성에 직접 관련이 있는 영국의 유아학교와 'Bank Street Program'에 대해 개략적으로 살펴보기로 한다.

(1) 개방주의 교육의 정의

개방주의 교육의 핵심은 교육 내용이 아니라 교육 과정과 형태이며, '학교'가 갖는 그 당시의 전통적 모습을 과감하게 탈피해 인본주의적 사상을 실천한 것이라 할 수 있다. 특히 전통적으로 고수되던 연령별 집단구성이나, 교육공간이 '교실'에 제한되던 개념에서 벗어나 혼합 연령 구성이나 교육공간의 개방 내지 확대로의 변화는 개방주의 교육의 혁신적인 측면으로서 교육 형태의 다양성과 비정규성을 증가시켜 주었다.

개방주의 교육에 대한 개념을 정리해 보면, '아동에 대한 신뢰와 존중심을 기본 바탕으로 하여 학습의 개별화와 상호 작용을 강조하는 개방된 형태의 교수 접근 방법'이라고 정의할 수 있다.

(2) 듀이의 실용주의 철학

듀이의 실용주의는 과거의 교육철학이 지식이나 내용, 형이상학적 진리 탐구에 역점을 두었던 것에 반해, 의미와 가치의 세계를 지향하는 실험적 탐구 이론, 즉 문제해결의 과정을 강조하였다. 이러한 실용주의 철학의 주요 개념 및 주장은 경험과 의미, 지식과 탐구, 가치론 등으로 나누어진다.

(3) 피아제의 발생학적 인식론

피아제는 지식이란 아동이 외부로부터 주어진 어떤 것을 내면화시킴으로써 습득되는 것이 아니라 자신의 내부로부터 구성함으로써 획득되는 것이라고 하였다. 또 그는 지식을 물리적 지식과 논리 · 수학적 지식으로 구분하였으며, 이러한 지식의 구성은 출생 시부터 시작하여 성인기까지 계속되는 긴 과정을 거친다고 하였다.

그 유아의 사고는 성인과 다르므로 그들이 스스로 사고를 구성하도록 기회를 주어야 하며, 그 지식은 학습에 적극적으로 참여함으로써 획득될 수 있다고 하였다. 또한 유아들의 경험은 유아의 인지발달에 도움을 주며, 교육과정에서 특히 유아가 놀이하는 과정에서 인지를 발달시킬 수 있다고 보고 있다.

(4) 인본주의

인본주의는 메슬로우에 의해서 주장된 심리학에서 제3세력으로 등장한 이론이다. 실존주의 철학에 입각한 인본주의는 근본적으로 또 다른 인간의 본성의 이미지를 부각시켰다. 즉, 인간은 근본적으로 선하며 존경받을 만하고, 환경조건이 적당하기만 하면 잠재능력을 실현하려고 한다는 것이다.

(5) 영국의 유아학교

영국의 유아학교는 1960년대 미국에서 개방주의 교육을 파급시키게 한 직접적인 계기를 제공해 주었다. 영국의 유아학교는 만 5세에서 7~8세까지의 유아를 대상으로 하는 공교육 기관이다. 영국 유아학교에서의 새로운 교육운동이 미국에 알려지게 된 계기는 최초로 교육 프로그램이 개발된 레스티셔(Leicestershire) 지역의 유아 학교에 대한 미국 교육자들의 방문과 영국의 중앙교육심의회의 보고서였다.

레스티셔 지역의 유아학교에서는 실리(seeley)의 지도하에 교사들에 의해서 이루어진 매일매일의 학급 활동을 중심으로 9년간에 걸친 연구 결과, 새로운 교육 프로그램이 개발되었다.

(6) Bank Street Program

'Bank Street Program'은 아동발달, 특히 인지발달을 도모하기 위한 학습 환경을 제공해 주는 것을 목적으로 한다. 'Bank Street Program'에서 교과 과정의 내용은 아동의 지적 숙달 및 학습 정도, 각 아동의 경험, 그리고 가정에서의 기능과 학교 환경에 대한 아동의 관심 및 생각을 표현하고 세련시킬 수 있도록 계획된 것이다.

그리고 이러한 교과 과정은 각 아동의 능력, 관심, 생활환경에 기초하고 있기 때문에 융통성 있게 조직되어야 하며, 이때 교사의 역할이 대단히 중요하게 된다. 따라서 교사는 모든 기회를 적절히 사용하여 아동이 보이는 어떠한 변화라도 고무시켜 주어야 하며, 아동이 실패했을 경우라도 그 행위 과정에서 중요한 의미를 찾을 수 있도록 해 주는 것이 이 프로그램의 교수 원리이다.

2) 유아교육과정의 구성

연세 개방주의 유아교육과정의 구성은 절충식 교육과정 설계 모델에 입각하여 구성되었다. 절충식 교육과정은 기본적으로 교육과정의 테두리가 분명하지 않고 각 요소 간의 구분도 엄격하지 않게 상호 연결되어 있는 통합체이다. 절충식 교육과정 설계모델의 특징에 대해 Zais는 다음과 같이 설명하였다.

- 전체 교육과정의 형체가 뚜렷하지 않다.
- 각 교육과정 요소간의 구분이 애매하다.
- 교육과정은 목표, 내용, 학습활동, 평가 등의 네 가지 요소로 구성되어 있다.
- 여러 가지 이론적 기초가 상호 관련되어서 교육과정에 영향을 준다.
- 철학적 기초나 기본 가정이 전체적인 교육과정의 기초로서 가치 판단에 영향을 준다.

이러한 교육과정 설계 모형에서 가장 중요한 부분은 철학적 기초나 기본 가정이다. 본 프로그램의 교육과정은 개방주의 교육철학에 기초하여 우리나라의 실정에 맞는 개방주의 유아교육과정을 계발, 활용하려는 의도에서 시도된 교육과정이다. 개방주의 교육철학은 방법론과 문제해결 과정을 강조한다.

개방주의 철학에서의 강조점을 유아교육과정에서 적용한다면, 구체적인 교육목표나 내용을 명시하는 것보다는 교육의 과정을 중시하고, 지식이나 기술보다는 문제해결 방법을 터득하게 하며, 유아로 하여금 다양한 문제해결 상황에 적극적으로 참여시키고, 통합식 교육과정의 운영을 통하여 문제해결을 위한 정보를 얻게 하는 일이라 하겠다.

연세 개방주의 유아교육과정에서는 이와 같은 개방주의 철학에 입각한 교육과정을 구성하였다. 따라서 교육목표와 내용에 있어서 구체적인 행동목표를 중심으로 서술하기보다는 흥미 영역별 학습활동과 환경구성, 그리고 교수방법 등에 역점을 두어 구성하였다.

3) 교수 · 학습방법 및 환경구성

(1) 교수방법

❶ 교사의 역할

개방주의 유아교육과정에서의 교사 역할은 매우 다양하다. 교사는 아동과 개인적으로 또는 대 · 소집단으로 대화할 수 있으며, 토의나 시범을 통해 아동의 관심과 흥미를 확대시켜 주며, 각 아동의 수준과 단계에 맞게 개입함으로써 학습을 돕고 촉진시켜 주며, 아동의 학습활동 참여 상태를 주시하고 관찰하고 있어야 한다.

이상의 역할들을 수행함에 있어서 교사는 아동을 관찰하는 데 매일 어느 정도의 시간을 할애하여야 하며, 교사는 주로 아동과의 개별적인 상호 작용에 하루 일과의 많은 시간을 소요하게 된다. 또한 소집단 활동에는 어느 정도 시간을 보내게 되나 대집단 활동은 교사 중심이 되기 쉬우므로 극히 적은 편이라 할 수 있다.

일반적으로 개방주의 교실에서는 아동과 아동의 흥미를 중심으로 운영되어야 한다고 믿기 때문에 교사는 사전에 아무런 교육 계획을 하지 않아도 된다고 생각하는 경우가 있다.

연세 개방주의 유아교육과정에서는 'Bank Street Program'에서 강조하는 것처럼 교사로 하여금 학습에 대한 치밀한 계획과 준비를 하도록 함으로써 개개 아동의 학습을 자극하고 보이지 않는 규율로 학급에 질서를 부여한다. 또한 아동의 학습 상황과 성취도를 정확히 관찰하고 평가함으로써 보다 합리적이고 과학적인 교육 계획안을 수립한다. 그러나 교육 계획안을 준비해서 제공하는 것은 보다 체계적이고 다양한 교육 환경을 제공하기 위한 참고 자료일 뿐, 계획된 안대로 실시할 것을 강요하거나 교사가 의도적으로 주도하지는 않는다.

개방주의 교육에서 아동이 경험하는 중요한 과정은 의사 결정에 관한 것이다. 개방주의 교육에서는 아동이 스스로 학습에 관한 여러 가지 결정에 참여하게 하며 참여한 후에는 스스로 평가할 수 있는 기회를 줌으로써 선택과 자유에는 책임이 따른다는 것을 학습 과정을 통해 배우도록 해야 한다.

❷ 교사 팀의 활용

개방주의 교육과정에서의 하나의 특징은 교사 팀의 활용이다. 여러 가지 활동이 동시에 진행이 되고 연령과 능력이 다른 아동이 섞인 상황에서 한 명 이상의 교사가 이를 맡아 운영해야 한다. 따라서 2명, 또는 그 이상의 교사가 협동적으로 아동의 학습 경험을 계획하고 실천해 가게 되는데, 이를 팀 티칭이라고 한다.

(2) 학습 환경의 구성

① 실내외 환경을 아동의 흥미와 요구에 기초하여 풍부하게 제공함으로써 스스로 탐색하고 배울 수 있도록 개방적으로 융통성 있게 조직, 운영한다.

② 실내외 환경은 아동의 흥미를 자극하기 위한 흥미영역과 특수한 목적의 학습활동이 일어나는 학습센터로 구성한다.

③ 실내 환경은 작업, 소꿉, 쌓기 놀이, 언어, 음률, 수 · 과학, 간식 등의 흥미영역을 구성되어 있다.

④ 실외 환경은 극화 활동, 신체 활동, 작업 활동, 음률 활동, 탐구 활동, 물 · 모래 활동영역으로 구성되어 있다.

(3) 하루일과

개방주의 교실에서 하루의 일과는 최소한의 시간표로 조직되어 있으며, 학습활동이 계속 연결될 수 있도록 휴식 시간이 적은 것이 특징이다. 통합된 하루라는 개념으로 흔히 설명된다.

시간표가 시간 계획에 따라 일정하게 다른 내용으로 바꾸어지는 것이 아니라, 같은 시간대에 여러 종류의 내용이 다루어지는 횡적인 시간표라는 점이다. 또한 아동 자신의 흥미, 능력에 따라 교실 영역에 비치된 교재를 통해 스스로 학습해 나가도록 하는 방법이다.

4) 평가 및 기록

(1) 프로그램 평가

평가의 목적은 프로그램의 정기적 효과 검증과 교육 방법 및 환경의 개선에 있다.

첫째, 활동 상황 분석을 통한 형성평가를 한다. 활동 상황 분석을 통해 교육 목표와의 관련성, 아동의 흥미, 교사의 태도에 대해 수시로 평가하여 교육 계획에 반영한다.

둘째, 명문화된 교육과정 분석이다. 정기적으로 매 학기 말에 1~2회 정도 아동학과 교수들과 연구원장 및 교사 전원이 수립된 교육과정안과 실시된 교육활동 보고서 등을 분석하고 평가한다. 또한 교육과정의 내용 중에서 실내외 환경 구성, 활동의 적절성, 하루 일과의 진행 상황 등에 대해서는 원 1회 실시되는 교사 세미나와 주 1회 실시되는 교사 회의를 통해 수시로 평가하여 이를 교실 운영에 반영한다.

셋째, 매일의 교사 간 평가이다. 수시로 매일, 학급의 두 교사 간에, 그리고 두 학급(오전, 오후반)의 교사 간에 프로그램 운영에 대한 평가 시간을 갖고 반영시킨다. 또한 교사 각자는 실내외 환경에 대한 배치 및 구성에 대해 수시로 평가하고 서로 의논한다.

넷째, 부모를 통한 평가이다. 부모와의 면담 시 프로그램 운영에 대한 건의를 통해서 또는 설문지 조사 결과, 그리고 자원 봉사 부모들의 평가회 모임에서 건의되는 내용을 통해 프로그램을 평가하고 반영한다.

다섯째, 기관 운영 관리에 대한 평가이다. 본 연구원 원장 및 연세대학교의 기획실장, 교무처장, 총무처장, 가정대학장, 가정대학과장, 아동학과장으로 구성된 운영 위원회가 연 2~4회 개최되어, 연구원의 운영관리 측면에 대한 평가와 아울러 운영에 관한 제반안건을 상의한다.

(2) 아동 발달 상황 평가

❶ 검사를 통한 평가

학교 준비도 검사, 지능 검사, 신체검사(키, 몸무게, 치아 등)를 통해 아동 발달 상황을 평가한다.

❷ 교사 기록을 통한 평가

교사는 아동 개개인의 관찰 기록을 일정한 계획과 양식에 따라 정기적으로 한다. 아동발달의 전반적인 측면을 점검하는 발달 평정 척도나 일화 중심의 기록들을 많이 사용한다.

❸ 아동의 자기 평가

개방주의 교육에서는 아동의 자기 평가가 중요한 부분을 이루므로, 계획 · 평가 용지에 대한 기록을 통해 자신이 결정한 계획에 대한 실천 여부나 성과에 대해 스스로 평가할 수 있는 기회를 만든다.

❹ 부모를 통한 평가

부모와의 면담 시 가정에서의 아동의 태도나 부모가 관찰한 아동의 발달 상황들을 전해 들음으로써 좀 더 정확한 평가를 내릴 수 있다.

5) 교육 프로그램 운영

주요 사업으로 교육 프로그램을 운영하고 있으며, 연구 및 교사훈련, 아동 및 가족 상담 활동을 하고 있다.

(1) 교육 프로그램

교육 프로그램의 구성은 반일제와 종일제, 엄마 · 아빠와 함께하는 영아교육 프로그램, 과학캠프로 나누어진다.

❶ 개방주의 유아교육 프로그램에 따른 반일제 유아교육 프로그램

반일제는 만 3·4세 혼합연령반, 만 5세반으로 구성되어 있다. 만 3·4세 혼합연령반은 아동이 원하는 활동을 스스로 선택할 수 있는 기회를 최대한 보장함으로써 개방주의 교육철학을 가장 잘 강조하여 실시하고 있다.

만 5세반은 개방주의 교육철학에 입각하여 진행되나 초등학교 입학에 대비하여 부분적으로 교사가 주도적으로 이끄는 진단활동이 첨가되어 좀 더 구조화되고 심화된 학습상황을 제공한다. 종일제반은 만 2.5세에서 만 5세의 취업모 자녀를 대상으로 하여 개방주의 교육철학과 함께 발달적 상호작용주의를 이론적 기초로 한다.

❷ 만 2세 영아와 부모를 위한 엄마/아빠와 함께 하는 영아교육 프로그램

만 2세 영아와 그 부모를 대상으로 하여 영아의 발달 증진과 부모의 자녀양육기술 습득 및 부모로서의 유능감 형성을 돕고자 하는데 목적을 두고 있다(연세대학교 어린이생활지도연구원 편, 2005).

❸ 초등학생을 대상으로 하는 어린이 과학 캠프

- **목적**: 연세대학교 어린이 과학캠프는 개방주의 교육철학과 방법에 기초하여, 아동으로 하여금 구체적인 과학 활동을 통해 창의적인 문제 해결 과정에 주도적, 능동적으로 참여함으로써 과학적 사고 능력을 계발 할 수 있도록 한다.
- **특징**

ⓐ **전문성**: 연세대학교 어린이 생활지도연구원의 교사, 아동·가족학과의 이공계 관련 학과의 전문 교수진과 연구진에 의해 개발, 협의 및 진행이 이루어지므로 탄탄한 이론적 기초와 실제를 가진 프로그램이다.

ⓑ **과학적 문제 해결 과정의 강조**: 과학적 지식 전달과 결과 확인에 초점을 맞추기 보다는, 문제를 해결해 가는 과정과 과학적 사고방식을 중시한다.

ⓒ **아동 중심의 접근 방식**: 아동의 흥미와 호기심, 실제 생활에서 구체적으로 경험할 수 있는 주변 현상으로부터 사고를 확장시킴으로써 아동이 능동적으로 전 과정에 참여 할 수 있도록 한다.

ⓓ **소집단의 진행**: 모둠별 전담 교사와 아동간의 소집단 상호작용을 통해 개별 아동의 다양성과 창의성, 주도성이 충분히 발휘될 수 있도록 한다. 소집단 활동을 구성함으로써 아동들이 공동 목표 달성의 과정을 통해 사회성 증진 및 긍정적인 또래관계를 형성하도록 지지한다.

❹ 부모 · 교사 교육 프로그램

연구원 재원아동의 부모를 대상으로 하는 다양한 부모교육 프로그램과 유아교사를 대상으로 하는 워크샵, 세미나 등의 교사 재교육 프로그램을 실시하고 있으며, 그 외에 아동 · 가족학과 학생실습 및 관찰지도, 외부참관지도 등을 담당하고 있다.

(2) 연구 · 훈련센터

연구 · 훈련센터는 아동, 유아교육, 가족 복지와 관련된 연구 활동을 지원하고, 전국에서 활동하고 있는 유아교육관련 전문가들을 양성, 재교육하기 위해 설립되었다. 연구 · 훈련센터는 연구팀, 출판팀, 교사 교육팀으로 구성된다.

(3) 아동 가족상담센터

연세대학교 어린이 생활지도연구원에서는 아동 가족상담센터를 개설하여 심리, 정서, 행동, 적응 문제로 어려움을 겪고 있는 아동과 청소년을 위한 상담, 의사소통의 문제나 갈등을 경험하고 있는 부부들을 위한 부부 상담, 그리고 가족 간의 원만한 관계를 도모하기 위한 가족 상담을 실시하고 있다. 또한 아동관 청소년을 대상으로 놀이치료도 실시한다.

개인이나 부부 · 가족 상담 외 더 좋은 부모가 되기 위한 집단 프로그램, 행복한 결혼생활에 도움이 되기 위한 예비부부, 신혼부부의 집단 프로그램과 아동의 리더십 증진을 위한 집단 프로그램이 준비되어 있다. 아울러 아동의 발달과 성격에 관련된 검사와 성인을 위한 검사도 실시하고 있다.

(4) 실제의 예 : 일일 계획안

- **장소** : 음률 영역
- **시간** : 자유놀이시간 중 (10 : 15~10 : 35)
- **상황** : 자유놀이시간 중에 음률활동 영역에 있는 모양 놀이판을 가지고 게임을 함.
- **주요 활동** : 모양의 이름 알기 및 신체의 민첩성 기르기
- **준비물** : 동그라미판(지름 25cm 정도) 5개, 네모판(가로 25cm×세로 25cm) 5개, 세모판(밑변 25cm×높이 25cm) 5개
- **참여한 아동 수** : 6명

놀이시간	모양놀이	활동에 관한 목표 분석
10 : 15 ~ 10 : 35	• 재헌(남) : 선생님, 이 판 가지고 뭐 하는 거예요? • 교사 : 이 모양의 이름이 뭔지 아니? • 재헌 : 동그라미요. • 교사 : 그래, 이 동그라미, 네모, 세모판을 가지고 모양놀이를 하려고 준비하신거야. • 재헌 : 어떻게 하는 건데요? • 교사 : 이 모양들을 놀이방 바닥에 다 펴놓고 선생님하고 노래를 부르다가 노래를 멈추고 선생님이 모양의 이름을 부르면 너희들이 그 모양을 찾아 그 위에 올라가는 거란다. 어떻게 하는 것인지 알겠니? • 재헌 : 네. • 교사 : 그러면 모두 노래를 부르면서 모양판의 주변을 돌아다니자. "산토끼 토끼야, 어디를 가느냐, 깡총깡총 뛰면서 어디를 가느냐" • 교사 : 세모! (세모 모양을 찾아서 그 위에 선다. 그러나 세모 모양이 어떤 것인지 잘 모르는 아동에게는 모양의 이름과 모양을 확인시킨다. 활동이 익숙해진 후에는 교사의 역할을 어린이들이 돌아가면서 하도록 한다.) • 교사 : 이제는 선생님 대신 친구들에게 모양 이름을 불러 줄 수 있는 친구? • 성연(여) : 저요. • 교사 : 그래, 이번에는 정연이가 선생님이 되어 보도록 하자. "따르릉 따르릉 비켜나셔요. 자전거가 나갑니다. 따르르르릉…" • 정연 : "동그라미!" 정연이에 이어 재헌, 용훈, 경아 등이 차례로 교사의 역할을 해 봄.	• 목표 11: 논리·수학적 사고를 위한 기본개념을 형성하고 학습의 가치를 인정한다. • 11-3: 자신의 경험이나 주어진 정보를 기억하기 • 목표 7: 환경과 주변 자원을 효과적으로 이용하는 능력을 기른다. • 7-5: 환경에 대한 감각 식별력 높이기 • 3-4: 자기가 한 일에 대한 만족감 느끼기

- **장소** : 간식 영역
- **시간** : 10 : 35 ~ 10 : 40
- **상황** : 자유놀이를 끝내기 바로 직전 세 어린이를 다시 부른다.
- **주요 활동** : 이야기 나누기 (평가)
- **참여한 아동 수** : 3명

놀이시간	놀이평가	활동에 관한 목표 분석
10 : 15 ~ 10 : 35	• 교사 : 우리 친구들이 놀이 시작하기 전에 선생님하고 놀이 계획을 했었는데, 그 이후 어떻게 놀이를 했는지 선생님하고 이야기 나누어 보자. 경아부터 얘기해보자. • 경아(여) : 저는요, 소꿉 영역에서 밀가루 반죽 놀이했구요. • 교사 : 누구와 했니? • 경아 : 세화하고, 연희, 성미, 금희, 그렇게 했어요. • 교사 : 그 친구들과 무슨 놀이를 했니? • 경아 : 내가 엄마 하구요. 세화는 대학교 다니는 언니구요. 연희는 그 다음 언니구요, 성미는 작은 엄마구요, 금희는 애기 했어요. • 교사 : 아빠는? • 세화(여) : 아빠는 워낙 없는 집이예요. (남자 친구들을 시켜 주는 것이 싫어서 계속 아빠 역할은 만들지 않았었음.) • 교사 : 그래? 그리고는 또 무슨 놀이를 했니? • 경아 : 간식 먹구요, 음률 영역에서 모양놀이도 했구요, 동화도 들었어요. • 교사 : 무슨 동화를 들었니? • 경아 : 돌돌이와 바퀴 이야기 들었어요. 그런데 오늘 만들기를 못했어요. • 교사 : 왜? • 경아 : 소꿉놀이에서 놀고 나서 가려고 했어요. 그런데 선생님이 치우는 시간하신다고 했잖아요? 그래서 못 갔어요. • 교사 : 그래, 시간이 모자랐구나. • 경아 : 네. (세화와 수진이의 이야기도 모두 듣고 난 후 치우는 시간을 했음.) 경아와 친구들이 소꿉놀이에서 진행했던 엄마놀이의 이야기는 놀이시간 중 교사가 참여하여 진행 과정을 들었으므로 평가 시간에도 자세히 묻지 않았음. 평가 시간이 그렇게 길지 않으므로 참여하겠다고 한 영역과 참여한 영역에 대하여 주로 이야기 나눔. 과정에 대한 자세한 이야기는 교사가 놀이방에서 놀이에 참여하는 동안 어린이에게서 들음.	• 목표 5: 의사 결정 능력을 기른다. • 5-2: 자기의 행동에 대한 책임감 기르기 • 5-3: 자기의 하루 일과 및 학습활동을 계획하고 평가하기 • 목표 10: 자신의 생각이나 감정을 적절히 표현하고 타인의 말을 바르게 이해하는 능력을 기른다. • 10-7: 사물의 명칭을 알고 사건이나 현상을 언어화하기 • 10-9: 질문에 대해 올바르게 반응하기 • 목표 5: 의사 결정 능력을 기른다. • 5-2: 자기의 행동에 대한 책임감 기르기

〈표 9-2〉 우리나라 교육 프로그램 4개 유치원 비교표

이화여자대학교 부속유치원 이화유치원 교육과정	중앙대학교 부속유치원 활동중심 통합교육과정	덕성여자대학교 상호작용이론에 기초한 유아교육과정	연세대학교 어린이 생활지도연구원 개방주의교육과정
• 전통아동교육사상 • 기독교정신 • 프뢰벨 • 듀이 • 피아제 • 비고스키	• 코메니우스 • 루소 • 프뢰벨 • 듀이 • 몬테소리 • 피아제	• 듀이 • 미드의 상징적 상호작용론 • 피아제	• 듀이 • 피아제 • 인본주의 심리학 • 절충식 교육과정
아동 중심의 철학적 사상과 발달이론	활동중심 통합	놀이 중심의 교육활동	아동 흥미 중심
유아들의 전인적인 발달 도모	유아 중심적	개별적 발달에 적합한 교육	아동 스스로 평가
사회 · 정서적인 발달 중요시	언어적 · 상호작용 사회적 합의과정 중요시	발달적 통합	실외환경 중시-바깥놀이(물, 모래놀이)
유아들의 흥미와 경험을 반영하는 생활주제를 중심으로 통합적 유아교육	• 계획 X • 계획보다는 예상이라는 단어 사용	• 교육내용 – 사회 • 문화적으로 의미 있는 것	• 교사의 개입 최소한 풍부한 환경 • 융통성 • 교사는 안내자
• 자유선택활동 • 대 · 소집단활동	• 개별활동 • 집단활동		• 대집단-거의 X • 만 5세만 약간(교사주도 약간) • 만 3, 4세는 소집단 주 교사주도 X
	• 교사예상 – 주제선정 • 유아+교사 – 주제선정 융통성		
	• 전시 • 놀이와 활동 • 감각교육 • 개별성 • 창의성 • 책임감 및 독립심 • 자유와 선택 • 자아존중 • 개념 발달 • 상호작용의 중요성 등을 통합		

Chapter

10

외국 프로그램

1 몬테소리 프로그램

1) 시대적 배경

'몬테소리(Montessori)'라는 한 사람의 이름이 걸린 프로그램으로 이탈리아 최초의 여의사이자 과학자이자 교육자인 몬테소리 여사는 철학자이자 성직자이자 지질학 교수, 시인이었던 외삼촌의 영향을 받았으며 로마대학에서 보조원으로 일할 때 방문한 정신지체아 수용소에서 멸시받은 아동을 보고 이들 교육에 관심을 갖고 1907년 로마의 산 로레즈 빈민가에 세계최초의 '어린이집'을 개원하고 1911년 미국에 최초로 몬테소리 학교가 설립된다.

몬테소리 프로그램의 시대적 배경은 19세기 후반 시대정신을 이루었던 주된 사상은 19세기의 산업혁명과 시민혁명을 거치면서 사람의 존귀함과 교육의 민주화라는 개념이 등장한다.

20세기 전반은 진보주의와 자유주의로 교육에서 민주화가 실질적으로 뿌리내리기 시작했으나, 교육내용과 방법은 여전히 권위적이고 주입적인 것으로 아동과 여성의 직위는 극히 낮은 수준이어서 자유롭게 사고하고 자신의 운명을 개척하려는 새로운 인간교육 운동이 일어났으며, 몬테소리 영향으로 아동의 내재적 동기를 유발하고 자발적 학습활동을 강조하고 인간의 내면의 세계에 관심을 갖는 교육개혁 운동이 일어났다.

2) 프로그램의 기본 개념 및 목표

프로그램의 기본 개념은 이탈리아 여의사 마리아 몬테소리가 정신지체 영유아를 위한 교육방법과 관련 교구들을 개발하여 점차 빈민지역의 일반 영유아에게 적용하여, 영유아가 사물을 만지고 느끼는 과정을 반복하여 경험하는 과정에서 학습이 가장 효율적으로 진행된다는 원리에 근거한다. 몬테소리 방식은 아이들의 창조적인 잠재력, 학습에 대한 욕구한 개인으로서 대우받을 권리에 대한 믿음에 바탕을 두고, 영유아가 활동을 직접 경험하면서 감각을 통해 스스로 배우는 것이 최상의 교육방법이라고 본다. 그리고 교사는 영유아의 발달단계에 적절한 교구를 준비해주는 것이 중요하며, 교사는 준비된 환경 제공자로서 영유아가 학습의 중심이 되어 스스로 환경과의 상호작용이 이루어지도록 도와줘야 한다고 본다.

몬테소리 프로그램의 목표는 지식의 전수가 아니며, 영유아의 개별적 민감기에 적합한 학습 욕구를 충족시켜주는 환경을 조성해 줌으로써 영유아가 교구를 통한 학습을 할 수 있도록 하여 정상적인 상태에 도달하도록 하는 것이며 또한 신체적 · 정신적 에너지가 상호작용하여 내면적인 안정을 갖추는 조화로움에 목표를 두고 있다.

3) 몬테소리 프로그램의 개념

(1) 준비된 환경

준비된 환경이란 아동의 요구와 성장단계에 적합하여 아동의 성장과 발달을 이끌어내도록 자극을 줄 수 있는 교육적 환경을 말한다. 이 준비된 환경 속에는 교육환경의 시설 · 설비 · 교재 · 교구 등의 물리적 환경 뿐만 아니라, 어린이 자신 · 동료 · 부모 · 교사 등의 인적 환경의 범주가 포함되는 포괄적인 개념을 뜻한다.

아동교육을 위해 준비된 환경을 제공해야 하는 목적으로 첫째, 성장 중인 아동을 가능한 한 성인으로부터 독립하게 하는 것, 둘째 정신적인 태아인 아동을 보호하는 것, 셋째, 어린이의 정신을 자유롭게 해주는 것이다.

몬테소리는 환경을 위해 세 가지 기본 생각을 중시하였다.

첫째, 환경을 이차적인 삶 자체로 중시하여야 한다.

둘째, 환경은 유아를 위해 지적이고 감각적인 성인에 의해 세심하게 준비되어야 한다.

셋째, 성인은 유아의 삶과 성장 속에 참여할 수 있어야 한다.

따라서 교사에 의해 준비된 환경은 교육의 목적달성을 위한 중요한 요인인 동시에 전제된 조건으로, 반드시 유아가 그의 행동을 발달시킬 기회를 제공하는 환경이며 모든 교재는 유아가 자유롭게 선택하고 즐겁게 사용하며, 그들의 욕구와 상황에 따라야 한다.

(2) 자동교육

자동교육은 준비된 환경 내에서 자유롭게 활동을 선택하고 자발적으로 참여하는 가운데 학습이 자연스럽게 진행되어 스스로 학습하는 것을 의미하고 몬테소리 교구를 통해 스스로 실수와 오류를 발견해 가면서 자기 수정의 과정을 거친다.

교사는 영유아와 교구 간의 시범을 보이지만 환경과의 교류가 이루어져 영유아가 교구에 적극적으로 몰입하게 되면 개입을 최소화하고, 작업 중에는 영유아를 방해하거나 중단시키지 않고 스스로 시행착오를 통해 깨닫도록 배려한다.

(3) 흡수 정신

흡수정신은 영유아가 환경 내에서 그 환경을 무의식적으로 흡수하여 학습하게 되는 능력이다. 흡수정신은 6세까지 지속되며 무의식 단계와 의식단계를 거친다. 출생에서 만3세 무렵까지는 가능한 한 모든 인상들을 무의식적으로 흡수하는데, 이때 보고, 듣고, 맛보고, 만지고, 냄새 맡으면서 오감각이 발달된다. 만3세에서 만6세까지는 의식의 단계로 무의식 단계에서 이루어진 기본 능력을 통합시키고 좀더 정교해지기 위해 다양한 자극을 요구하게 된다. 의식적 단계의 유아는 계획적으로 환경과 상호작용을 하고, 직접 하고자 하는 의지가 강하게 나타나므로 교사는 유아가 선택한 활동에 몰입하여 내적 만족과 즐거움을 느끼며 스스로 학습 동기를 얻게 되도록 존중해주는 것이 필요하다.

(4) 민감기

민감기는 유아가 어떤 행동에 대해 좀더 영향을 받기 쉽고, 특정한 기능을 보다 쉽게 배우는 시기를 의미한다. 예를 들어, 걷기의 민감기에 이르면 목적지에 이르려고 걷는다기보다 자신의 힘을 기르고 자기 존재를 형성하기 위해 걷기를 시도한다. 유아는 민감기를 통해 적극적으로 환경과 접촉하여 환경에 적응하게 되는데 각 유아마다 민감기가 나타나는 시기가 다르므로 교사는 영유아를 잘 관찰하여 그 시기를 효과적으로 보낼 수 있도록 돕는 것이 필요하다.

4) 몬테소리 프로그램의 보육과정

(1) 일상생활 훈련

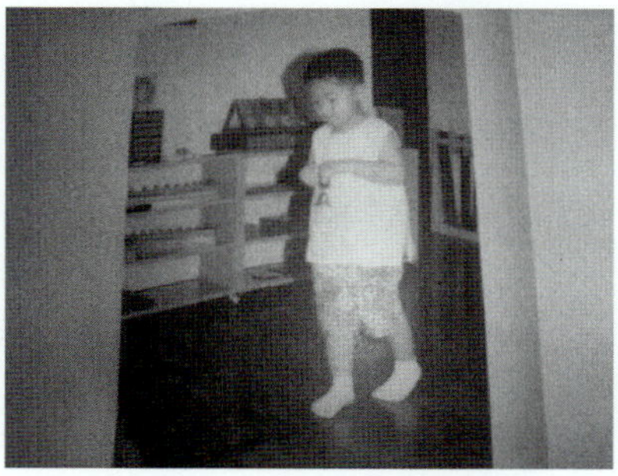

일상생활 훈련이란 유아의 매일의 생활에서 행해지는 활동으로 개인관리, 환경관리, 사회적 관계, 동작의 조정과 분석으로 구성된다. 개인관리는 손 씻기, 이 닦기, 신발 신기, 옷 입고 벗기, 양말 신고 벗기 등 자신의 보호에 필요한 활동이다. 환경관리는 물 따르기, 자르기, 청소하기, 상 차리고 치우기, 동식물 기르기 등 교실에서 자신의 환경을 보호하도록 배우는 활동이다. 사회적 관계는 인사하기, 감사 표현하기, 사과하기, 또래에게 도움 청하기, 축하하기 등과 같은 예절교육이 포함된다. 동작의 조정과 분석은 선 따라 걷기, 균형잡기와 같은 이동활동과 침묵게임과 같은 활동을 조정하는 능력, 집중할 수 있는 능력을 기르는 활동이 포함된다.

(2) 감각교육

감각교육은 오감을 발달시키는 데 도움을 주도록 고안된 활동이며 이러한 활동들은 읽기를 위한 학습과 사고능력에 기초를 제공한다. 시각자료로는 꼭지 달린 원기둥, 꼭지 없는 원기둥, 분홍 탑, 갈색 계단, 기하학적 도형, 빨간 막대, 색판 등을 사용 하며 촉각자료로는 촉각판, 입방체, 비밀 주머니, 무게 변별판 등이 있으며 청각자료는 소리상자와 음감벨과 실생활에서 나는 여러 음과 악기를 통해서 듣는 음을 구별하는 연습을 하고, 미각은 맛보기 병을 통해 기본적 맛의 종류의 감각을 훈련시키고 후각은 냄새 맡기 상자에 여러 가지 구체물을 넣어 그 냄새를 구별하도록 교육한다.

(3) 언어교육

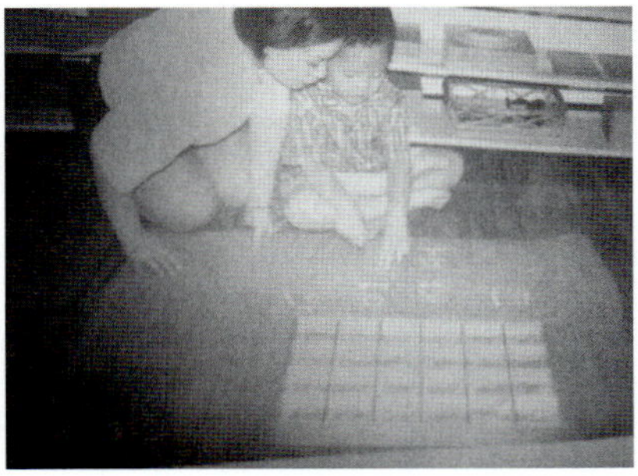

언어교육의 내용은 구두언어교육과 읽고 쓰기를 위한 교육을 포함하며, 모국어를 정확하게 이해하고 표현하기 위해 자유로운 대화와 지속적인 자기표현 활동을 사용한다. 구두언어교육과 관련된 활동으로는 '계절에 대해 말해보기', '질문하기 게임', '경험 이야기하기', '소리 듣고 구별하기', '이야기 듣기' 등이 있다. 읽고 쓰기를 위한 교육으로는 '모래종이 글자', '자음과 모음 글자', '단어카드' 등이 있다.

(4) 수학교육

수학교육 내용은 1~9까지의 수 이름과 양의 이해 등 기본 개념을 위한 수 소개 활동, 십진법 관련 활동, 1~100까지 논리적으로 알게 하는 세기 활동, 덧셈 · 뺄셈 · 곱셈 · 나눗셈의 기본적인 결합을 기억하게 하는 학습활동, 구체적인 것에서 추상적인 계산이 가능하도록 고안된 활동, 사람 모형을 이용한 곱셈 기초활동, 분수 끼우기 틀을 이용한 분수활동 등이 있다.

(5) 문화교육

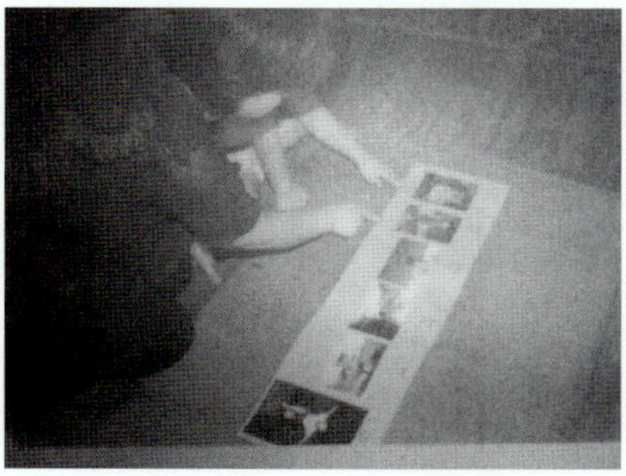

문화교육은 지리, 역사, 과학, 미술, 음악 등에 관한 내용이 포함 되며 교육활동을 통해 사회 내에서 용납되는 양식, 습관, 예술, 문학, 삶의 형태를 받아들일 수 있는 태도와 능력을 길러주는 데 목표를 두는 교육활동이다.

5) 몬테소리의 교사관

(1) 교사의 자질

몬테소리에서 유념해야 할 점은 전통적인 방법으로 교육을 하는 교사와 몬테소리 교사 사이에 차이점이 있다는 것이다. 몬테소리 교육은 한 사람의 의지를 다른 사람에게 강요하는 데 목적이 있는 것이 아니고, 건설적인 자기 발전을 위해 개인 스스로의 잠재력을 자유롭게 한다는 점에서 치료에서 상용되는 개념과 유사하다.

몬테소리 교육에서 교사의 접근방법은 직접적인 것이 아니며, 실제적으로 간접적인 방법을 취하고 있다. 그래서 릴라드(Lillard)는 몬테소리 교사들은 '교사'라고 불려지는 것보다는 '지도자'라고 불려져야 한다고 보았다.

몬테소리 교육에 있어서 교사들은 성장하는 사람, 즉 자신의 잠재력을 향상시키기 위해 노력해야 하는 사람이어야 한다. 이것을 실현하기 위해 교사는 자신에 대한 실제적인 지식을 가지고 있어야 하며, 자신의 능력과 행위에 대해 객관적으로 평가할 수 있는 눈이 있어야 한다. 이러한 것들은 몬테소리 교사가 되기 위한 필수적인 것들이다.

❶ 인도되는 교사

몬테소리가 강조한 것은 '인간의 생명'인데, 그렇기에 교사는 어린이가 자신이 가지고 있는 모든 능력을 살려서 스스로 충실한 창조활동으로 인도할 수 있어야 한다는 것이다.

몬테소리 교사관의 기본 지침은 교사가 어린이에게 어떤 교재를 가르치거나 특기를 숙련시키게 하는 것이 아니라, 교사 자신도 어린이와 함께 인도되고 있다는 것이다. 즉, 어린이가 보다 큰 근원적인 힘을 향해 발돋움하고자 할 때, 교사는 그 발돋움을 도와주기 위해 어린이 옆에 파견되어 있음을 느끼게 되고, 어린이를 올바로 인도하기에 앞서 자기가 올바로 인도되기를 원하게 된다는 것을 의미한다.

❷ 교사의 기본적인 준비 : 마음의 깊이

몬테소리의 교사관에는 '자중', '겸손', '자제', '깊은 정신성' 등의 단어들이 자주 등장한다. 그러므로 몬테소리는 우선 교사에게 필요한 것은 마음의 깊이이며, 이는 교사 자신이 우주적인 질서 속에 올바로 인도되기를 언제나 원하는 것이라고 말하고 있다. 이런 상태를 가리켜 몬테소리는 '투명한 마음' 또는 '정신적인 겸허'라는 말로 설명하고 있다.

❸ 관찰하는 겸허한 교사

아이들을 이해하고 존중하기 위해서 몬테소리 교사들은 아이들을 관찰하는 의욕과 능력을 개발하여야 한다. 어린이를 관찰할 때에는 기회에 알맞게 개입하거나, 후에 말하거나 침묵을 지킬 줄 아는 적절한 태도를 갖는 것도 중요하다.

교사들이 관찰하고자 하는 것은 외적인 성장이나 활동들이 아니라, 이런 성장이나 활동들이 보여주고 있는 내적인 조정이다.

❹ 중개자로서의 교사

중개자로서의 교사란 "교사는 어린이에게 무엇을 가르치는 것이 아니라 스스로 배우게 하는 중개자가 되어야 한다."는 뜻이다. 교사는 아이들에게 교육 환경을 접촉하게 하는 연결자이기도 하다.

어린이의 자발적인 활동, 자기 개발을 지켜봐 주고 원조해 주는 존재로 그 위치나 역할을 제시하고 있다. 교사는 어린이를 위한 교육환경의 준비자와 대화자로서 봉사해야 한다. 교사들은 아이들을 직접 대하기에 앞서 많은 것을 준비하고 있어야 하는데, 그러기 위해서는 교사로서의 기술적인 면보다도 오히려 생명의 공감에 의해 적절하게 움직일 수 있는 인간적인 면이 요구된다.

❺ 전체를 한눈에 보는 교사

몬테소리 교육을 실시하는 교사라면, 몬테소리의 인간관과 세계관, 교육관을 이해하여야 하는 것은 당연한 일이다.

㉠ '인간이 지닌 생명'의 특징은, 자연의 프로그램에 따라 올바로 성장하며 창조에로 지향하며, 동시에 기쁨과 사랑, 자비, 평화, 감사, 장 등이 넘치게 된다(인간관).

㉡ 우주 전체가 하나의 조화를 이루고 있으며, 인간의 지성은 이 우주적인 전체의 질서를 요구하여 무한히 확대될 수 있다(세계관).

㉢ 생명은 스스로를 완성해 가는 특성이 있으며, 교육은 스스로 발전하고 있는

생명을 돕는 것이다(교육관).

교사는 어린이를 어른으로 향해 천천히 변모되는 과정에 놓여 있다고 보고, 그 각각의 과정의 의미를 전체로서 이해해야 한다.

(2) 교사의 역할

몬테소리 교육에서 '교사'는 준비된 환경의 하나로서 유아의 각 발달단계에 나타나는 양상을 잘 관찰하고, 다음의 발달을 이룰 수 있는 경험을 제공하여 한 단계에 도달한 유아가 그 자신에게 도움이 되는 경험을 스스로 찾게 한다는 것으로 정의한다.

환경의 조성자인 교사가 마련한 '준비된 환경'에서, 교육의 주체자인 유아가 스스로 교구를 선택하여 작업함으로써 집중현상을 일으켜 정상화에 이르도록 한다. 이런 면에서 몬테소리는 유아를 독립된 개체로 존중하고 신뢰하며 유아에게 선택의 기회를 부여하는 교사의 역할을 중시한다. 그리고 교사는 유아에게 그 틀을 만들어 주기보다 스스로 틀을 만들도록 도와주어야 하며, 설명만 하는 것이 아니라 먼저 '관찰자'나 '인간발달의 연구자'이어야 한다. 따라서 교사는 일반 교사라기보다는 '지도자(director)'이어야 한다.

몬테소리의 준비된 환경에서 지도자로서의 교사는 유아를 세 가지 방법으로 도와줄 수 있는데 이는 첫째, 유아의 작업과정과 발달을 관찰하는 '관찰자(observer)'로서 도움을 준다. 둘째, 작업공간에서 유아를 보호하는 '보호자(caretaker)'로서 도움을 준다. 셋째, 유아와 교구 간의 상호작용이 촉진되도록 도와주는 '촉진자(facilitator)'로서의 역할을 한다.

❶ 관찰자로서의 교사

지도자로서 '관찰자' 역할은 유아의 발달단계와 성장발달에 수단이 되는 작업에 대한 능력을 판단해야 한다. 그러기 위해서는 교구에 대한 정확한 지식을 가지고 있어야 한다. 관찰자는 매일 유아가 스스로 교구를 선택해서 작업하는 것을 관찰한다.

유아가 독립적으로 교구를 선택해서 작업할 때, 어느 부분을 어려워하는지, 특별히 강조해야 할 사항이 있는지, 다른 제시가 필요한지, 작업에 집중할 수 있는지 등을 관찰하여 도움을 준다.

❷ 보호자로서의 교사

'보호자' 역할은 매우 중요하다. 왜냐하면 유아가 교구를 가지고 안정된 환경에서 독립적으로 작업함으로써 자기 발달을 성취할 수 있기 때문이다. 이를 위해서 보호자는 어떻게 하면 환경이 유아에게 즐거움과 편안함을 줄 수 있는지 고려해야 한다. 먼저 보호자는 유아를 교구와 연결시켜 주는 것 이외에도 유아를 유아의 환경 속에 존재하고 있는 질서(order)와도 연결시켜 주어야 한다. 따라서 보호자는 유아가 질서를 지킬 수 있도록 모든 교구와 자료는 지정된 장소나 선반 위의 정확한 위치에 두도록 한다.

유아는 교구가 진열된 곳에서 자유롭게 교구를 선택하여 작업할 수 있으며 작업이 끝났을 때는 반드시 처음에 꺼냈을 때와 똑같은 상태로 제자리에 넣어 두어야 한다. 유아는 자신이 선택한 교구를 다른 유아에게 건네 줄 수 없고 다른 유아로부터 교구를 빼앗을 수도 없어야 한다. 그리고 비록 그것을 원한다 해도 다른 유아가 작업을 끝내고 제자리에 갖다 놓을 때까지 기다리고 참는 질서감을 배워야 한다.

한편, 교구가 빠진 부분이나 부족한 부분이 없도록 항상 완벽하게 준비하며 연필이나 종이와 같은 자료는 충분한 양을 사용할 수 있도록 준비한다. 흠집이 있거나 긁힌 교구, 부러지거나 빠진 부분이 있는 교구는 완벽하게 수선해야 한다. 이처럼 보호자 역할에서는 일상의 문제들만을 수행하는 것뿐만 아니라 교구에 대한 유아들의 반응에도 주의해야 한다.

예를 들어, 만약 유아가 교구를 사용하고 있지 않다면 이는 아마도 교구 사용에 어려움이 있기 때문일 것이다. 이때는 사용하기 쉬운 장소로 교구를 옮겨 놓는다.

그리고 유아들이 교구를 사용하지 않는 또 다른 경우로는 교구가 손상이 되었을 경우이다. 이때는 수선을 하거나 다른 것으로 대치해 놓는다.

❸ 촉진자로서의 교사

'촉진자' 역할은 유아가 무엇을 할 수 있을까에 대해 많은 시간과 열정이 요구된다. 촉진자의 역할에서 지도자는 유아에게 몬테소리 활동을 실제적으로 시범을 보인다. 활동은 항상 한 번에 1명의 유아에게 한 가지 활동을 제시한다. 시범을 수행하는 데 있어서 지도자는 다음의 세 가지 책임을 갖게 된다.

첫째, 각 활동은 특별히 유아발달의 적절한 시기에 맞게 되어 있으므로 정확하게 시범을 보여 유아가 지적·신체적 능력에 도전을 할 수 있게 하며 나중에는 독립적으로 활동을 시도해 볼 수 있게 한다.

둘째, 활동이 제시된 이후에 유아의 호기심이 충분히 자극되었으면 지도자는 감상적인 충동으로 유아를 도와주는 것은 억제해야 한다. 유아가 새로운 교구를 자유롭게 탐색하고, 제시된 활동을 여러 번 반복해서 재현하려는 노력을 격려한다. 그러나 유아가 제시된 활동을 파악하지 못하거나 중요한 단계에서 기술의 부족으로 좌절되는 것처럼 보일 때, 때때로 지도자는 재시범을 보일 수 있다. 시범을 반복하면서 지도자는 유아가 이전에 실수한 부분을 정확하게 제시하여 알게 해야 한다. 따라서 지도는 정확한 제시를 할 수 있도록 철저한 준비를 하는 것이 필요하다.

셋째, 많은 실행을 해 본 이후에 유아가 최종적으로 활동을 수행하고, 관계가 있는 연습을 했을 때 지도자는 '유아가 활동과정에서 무엇인가 학습 되어진다'라는 것을 깨달을 수 있도록 도와준다. 이런 과정을 통해서 유아는 활동을 수행해 봄으로써 기술과 지식을 획득할 수 있다. 그러나 지도자는 새로운 기술을 적용하기 위한 다른 기회를 준비해야 한다. 지도자의 역할은 유아의 흡수정신과 민감기를 파악하여 유아의 지적 구조가 바르게 전개되도록 도와준다. 따라서 몬테소리의 지도자 역할은 어렵더라도 유아의 내적 발달을 자유롭게 전개시킬 수 있는 좋은 환경이 되도록 도와주어야 한다.

교사의 세 가지(관찰자, 보호자, 촉진자) 역할들을 수행하기 위하여 교사가 유념해야 할 태도에 대해 다음과 같이 명시하고 있다.

① 환경을 정비하고 관리한다.

② 간단명료하고 정확하게 교구 사용법을 제시한다.

③ 유아가 환경과 상호작용을 시작할 때까지는 적극적으로 하되 상호작용이 시작된 뒤에는 소극적으로 개입한다.

④ 유아가 스스로 찾을 수 있고 할 수 있는 작업을 지도자에게 쉽게 의지하면서 도움을 청할 때는 스스로 해 보도록 지도자는 인내의 한도를 보여준다.

⑤ 유아가 교사를 찾을 때는 즉각 반응한다.

⑥ 유아가 말할 때에는 주의 깊게 잘 듣는다.

⑦ 유아의 작업을 존중하고 도중에 중단시키거나 질문을 하여 방해되는 일이 없도록 한다.

⑧ 유아가 범한 오류를 직접적으로 정정하지 않는다. 단지 유아 스스로 깨닫도록 유도할 뿐이다.

⑨ 쉬고 있는 유아나 남의 작업을 관심 있게 보고 있는 유아를 무리하게 부르거나 작업을 하도록 강요하지 않는다.

⑩ 작업을 거부하는 유아나 잘 모르는 유아, 오류를 범하고 있는 유아에 대하여 방심하지 않고 조심스럽게 올바른 작업으로 유도한다.

⑪ 교사를 찾는 유아에게는 옆에 있음을 느끼게 하고, 교사를 부담스럽게 의식하고 있는 유아에게는 없는 것처럼 유아의 시야에서 모습을 감춘다.

⑫ 온 마음을 기울여 자신이 만족스럽게 작업을 끝마친 유아에게는 조용히 다가가 함께 만족한 표정을 지어준다.

2 프로젝트 접근법

1) 프로젝트 접근법의 개념

프로젝트 접근법은 프로젝트 수업 또는 프로젝트 학습, 활동 등과 같은 의미로 사용되고 있다. 'Project'란 '앞으로 던진다', '계획하다', '연구하다', '예상하다', '투영하다' 등의 의미로 쓰이며, 무엇인가 마음속에서 생각하고 있는 것을 구체적으로 실현하고 형상화하기 위해 스스로 계획을 세워 수행하는 활동을 말한다. 프로젝트를 교육과 관련지어 생각할 때 프로젝트 수업의 의미는 '한 명 또는 그 이상의 아동이 특정 주제에 대하여 심층적으로 연구하는 것'이라고 할 수 있으며, 프로젝트의 주제는 구체적일 수도 있고 추상적일 수도 있으며 아동의 생활주변에서 경험할 수 있는 것들 중에서 선택되어진다.

프로젝트의 의한 학습의 첫 배경으로는 1830년대 코벳(Cobbet)에 의한 교육방법을 들 수 있는데 이것은 실생활과는 무관한 주입식교육을 받는데 불만을 품고 실생활에 필요한 활동을 통한 교육방법을 시도하는 것이었다. 프로젝트 접근법의 효시가 된 것은 듀이(Dewey)이다. 듀이는 1886년에 세워진 자신의 실험학교에 사회생활과 같은 조건을 재현하고 교사에 의한 파동적 교육이 아닌 활동을 통한 학습을 실현하고자 하였다. 따라서 그의 실험학교 교육과정은 기존 학교와 같은 전통적인 교과목에 의한 것이 아니라 프로젝트 형식을 취하는 일련의 워크숍과 유사한 것이었다. 즉, 아동들이 주어진 프로젝트 수행하고 문제를 해결해 나가면서 필요한 경우에 그때그때 산수, 읽기, 역사, 과학 등의 교과를 도입하는 것이었다. 듀이가 시도한 교육의 이면에는 아동들이 진정으로 흥미 있어 하는 문제를 탐구하게 되면 스스로 탐구하고 사고하는 방법을 배울 수 있다는 것이다. 그에게 있어서 사고하는 방법의 학습이란 곧 문제해결을 의미하는 것이었다(지옥정, 2000).

이러한 듀이를 배경으로 킬패트릭(Kilpatrick)은 프로젝트에 의한 활동들을 이론적으로 정립하였다. 그는 프로젝트의 본질을 '진심을 다하는 유목적적 활동'이라고 정의하였으며 활동의 목적이 프로젝트의 전 과정에서 핵심적인 역할을 하는 것으로 보았고 목적설정 과정에서 학습자의 능동적인 참여와 학습자의 주체적 역할 수행 등이 스스로 내적으로 동기화되어 학습에 전념하게 된다고 주장하였다(김상욱, 2000).

프로젝트를 오늘날 유아교육의 현실에 맞게 재조직한 카츠와 차드(Katz & Chard, 1989)는 프로젝트에 의한 활동이 유아의 학문적, 인지적, 정서적 발달을 저해한다는 어떠한 증거도 찾을 수 없었으며, 오히려 매우 바람직한 영향을 미친다는 점을 확인할 수 있었다고 주장하면서 종전의 프로젝트에 의한 학습방법을 '프로젝트 접근법(Project Approach)'이라는 용어로 발표하였다. 결국 프로젝트 접근법은 듀이의 이론적 바탕 위에서 킬패트릭이 체계화한 '프로젝트법'을 카츠와 차드가 오늘날 유아교육의 현실에 맞게 재조직한 교육방법이라고 할 수 있다(지옥정, 2000).

프로젝트 접근법을 교사 주도의 교과목 중심의 교수방법에서 탈피하여 학습자 자신이 능동적으로 참여하고 학습 진행과정에서 학습자 스스로 자신의 학습에서 주체자가 되어 역할을 수행하고 내적으로 동기화 되어 학습에 몰입하는 아동 중심 교육방법과 통합교육과정의 원리로 보고 있다(조정숙, 2001).

프로젝트 수업은 교사가 제시한 문제의 정답을 찾는데 있지 않고 아동들이 동료학생 또는 교사와 함께 협력하면서 주제에 관련된 탐구 문제들에 대해 깊이 있게 보다 능동적, 적극적으로 학습해 나가는 것으로 보았다. 한국교육개발원에서는 프로젝트 학습은 교사·학생 주도로 초등학교 학생의 관심과 흥미, 주제 중심, 문제 중심, 활동 중심의 수업을 전개해 나가는 학습방법이라고 정의하고 있다(유승희, 2007).

프로젝트 접근법은 교사나 학교의 선호도나 의무 그리고 한계 등에 따라 다양한 방법으로 유아교육과정에 통합될 수 있으며 프로젝트에서 행해지는 연구는 지적, 학습적, 사회적 기술과 능력의 다양한 응용을 포함한다. 프로젝트는 개인이나 대·소집단 혹은 전체 학급이 참여할 수 있다. 또한 무엇을 가르치고 배우느냐의 내용뿐 아니라 가르치는 것과 배우는 방법을 의미한다. 이 접근법은 아동들이 각자 사람이나 물건, 그리고 자신의 환경과 각자의 의미 있는 방법으로 상호작용하도록 격려해 주는 교사의 역할을 강조하고 있다. 학습의 방법으로써 프로젝트 접근법은 아동들로 하여금 학습에 활발히 참여할 것을 강조한다(Katz & Chard, 1989).

2) 프로젝트 접근법의 목적과 특성

프로젝트 접근법의 주 목적은 "어린이의 주변 세계에 대한 이해를 증진시키고 계속 학습하고자 하는 성향을 강하게 키워 주는 것"(Katz & Chard, 1989)이며, 교육목표로서 지식과 기술을 획득하고 성향과 감정을 배양하는 것으로 제시하였다.

첫 번째 목표는 지식의 획득으로 유아들은 새로운 지식을 토론하는 동안 접하게 된 새로운 정보와 개념의 의미를 이해하려고 노력한다. 조사와 구성, 극놀이 과정에서 잘못된 개념들은 수정하고 새로운 어휘를 익히고 친숙한 용어의 뜻을 명료화한다.

두 번째 목표는 인지적, 사회적, 의사소통 및 신체적 능력발달에 필요한 기술의 획득이다. 기술은 쉽게 관찰되고 비교적 짧은 시간 안에 실행되는 분리된 행동의 단위로써 모든 유아교육과정 구성에 기초가 되어 왔다.

세 번째 목표는 성향을 키우는 것으로 여러 상황에서 겪는 경험에 대해 지속적으로 독특하게 반응하는 행동, 태도, 습관을 의미한다.

네 번째 목표는 긍정적 감정을 키워 가는 것이다. 긍정적 감정이란 수용감, 자신감, 소속감, 안정감, 유대감, 상호 의존감 등과 같이 집단생활을 하는 가운데 주관적으로 느끼는 긍정적 감정 혹은 정서 상태를 의미한다.

프로젝트 접근법은 다음과 같은 측면에서 위에서 기술한 네 가지 교육목표를 성취시켜 준다(Katz & Chard 1989; Chard, 1992, 1994).

첫째, 주변세계가 심층적으로 연구할 만한 흥미로운 것임을 깨닫게 하여 생활 전반에 대한 지적 호기심을 북돋아 준다.

둘째, 프로젝트는 참여자의 협의에 의해 점차적으로 발전되어 가므로 자발적

놀이와 교사의 체계적 교수 간에 균형을 맞출 수 있다.

셋째, 학교생활이 곧 일상생활, 사회생활과 밀접한 관련이 되어 있으며 학교교육은 실생활에 도움을 준다는 것을 인식한다.

넷째, 교실 상황을 하나의 공동사회로써 경험하고, 소속감과 협동심을 기른다.

다섯째, 다양한 프로젝트를 탐구하는 과정에서 새롭게 도전 받고 현실적 어려움을 극복하고 주변 생활세계에 대해 보다 폭넓은 관심과 식견을 지닌 사람으로 성장 · 발전하게 된다.

카츠와 차드(1989)는 듀이(1886)의 아동중심 교육철학과 킬패트릭(1919)의 구안법, 영국의 비고츠키(1978)의 사회문화이론, 가드너(1987)의 다중인지이론 등을 참고로 프로젝트를 중심으로 접근하는 유아의 학습방법의 특징을 제시하였다.

첫째, 프로젝트 접근법은 학습내용의 선정방법과 교수 · 학습방법을 함께 제시하고 있는 방법론적 이론이므로, 프로젝트 접근법에서 학습내용은 교사가 사전에 확정하는 것이 아니라 교사와 학습자의 관심에 따라 새롭게 수정되거나 추가 될 수 있다.

둘째, 프로젝트 접근법에서는 학습의 전 영역이라고 할 수 있는 지식, 기능, 성향, 느낌의 상호 보완적이고 유기적인 관계를 통한 인격적 통합을 강조한다. 유아가 자발적인 내적 동기를 갖고 프로젝트에 참여하는 과정에서 유아들은 프로젝트 주제에 대한 책을 찾아볼 필요성을 느끼게 되고, 책을 찾아보는 동안에 글을 읽고 싶어하는 성향이 계발될 수 있다. 이러한 성향은 읽기 기능의 발달을 촉진하게 되며 책을 읽을 수 있는 기능을 획득되면 더욱더 읽고자 하는 성향을 촉진하게 만드는 요인이 된다. 즉, 지식, 기능 성향, 느낌은 상호 유기적인 관계 속에서 영향을 주고받으면서 발전하게 된다고 보고 있다.

셋째, 프로젝트 접근법에서는 학습내용이 학습자 개개인에게 유의미해야 한다는 점을 강조한다. 학습자가 주제에 대한 개념이나 이해의 정도에 따라 학습의 방법이 다를 수 있다. 이는 모든 사람이 동시에 동일한 방법으로 학습하는 기존의 학습방법보다 각 개인의 강점에 기초하는 다중지능이론과 결부되는 중요한 부분이라 할 수 있는데, 프로젝트 활동에서는 이러한 점을 보완하는 효과적인 학습방법임을 보여준다.

넷째, 교수 · 학습과정면에서 프로젝트 접근법은 시작, 전개, 마무리의 3단계 과정으로 구분되는데 각 단계마다 중심사건과 과정, 그리고 아동들의 활동내용 이 다르며 이와 유기적인 관계 속에서 교사의 관심과 역할이 달라진다. 이는 프로젝트 접근법의 구조적 특징으로 프로젝트의 각 단계를 프로젝트 활동의 전형적인 요소인 토의, 현장활동, 표현, 조사, 전시로 구조화하는 것이다.

다섯째, 프로젝트 접근법은 바람직한 유아교육을 위해 부모나 주변 사람들, 더 나아가 사회 구성원들과 협력적 관계를 강조한다. 이는 교육을 위한 모든 준비와 책임을 교사와 교육기관이 전담해서는 효과적이지 못하다는 견해에서 출발한다. 유아는 교육기관에 입학하기 이전부터 지금까지 가정의 영향을 받고 있으므로 효율적인 교육이 되기 위해서는 가정 즉 부모와 연계가 필요하다는 것이다. 또한 지역사회는 현장견학에 있어서 견학의 장으로서 뿐 아니라 자원의 원천으로서 유아교육의 책임을 함께 나눌 것을 강조한다.

여섯째, 프로젝트 접근법에서는 프로젝트 전 과정을 통하여 교사와 유아, 유아와 유아 간의 적극적인 교류와 상호작용 및 협동적 학습이 될 것을 강조한다. 비고츠키(1978)는 학습자의 인지발달이나 학습자의 능동적인 참여가 인지발달을 촉진한다고 하였다. 이러한 점에서 교사와 학습자, 학습자와 학습자 상호간의 적극적인 관계와 학습자의 능동적인 참여가 장려되는 프로젝트를 통한 활동의 지지 근거가 된다.

3) 프로젝트 접근법의 보육과정

(1) 단계별 전개과정

프로젝트 접근법의 전개과정은 한편의 좋은 이야기처럼 발단, 전개, 종료순으로 진행되며 일반적으로 3단계(준비 및 시작단계, 전개단계, 마무리 단계)를 거친다

(Chard, 1994; Helm & Katz, 2001; Katz & Chard, 1989).

❶ 1단계 : 준비 및 시작 단계

1단계는 프로젝트를 계획하고 시작하는 단계이다. 교사는 스스로가 계획망을 사용하여 교육과정을 살펴보고 주제의 실행가능성을 평가해 본다(Chard, 1992, 1994; Helm & Katz, 2001). 1단계에서 유아들과의 협력 연구를 위해 적합한 주제의 선정은 매우 중요하다. 주제 선정을 위해 유아의 생활과 관심사를 반영하도록 하며(Chard, 1992, 1994), 지역적으로 적합한 주제를 선정하기 위한 주제선정 기준을 통해 평가한다.

주제선정 기준(Katz & Chard, 1989)은 다음과 같다.

첫째는 유아들에게 친숙한가, 둘째, 심층적으로 연구되고 이해할 만한 가치가 있는가, 셋째, 유아들의 흥미를 끌 수 있는가, 넷째, 현실적이면서 또한 상상력을 자극할 수 있는가, 다섯째, 직접 수집 · 실험 · 조작 · 탐구할 수 있는가, 여섯째, 다양한 표상활동을 할 수 있는가를 고려하여 주제가 선정되면 교사는 유아들을 위한 경험, 흥미, 자료제공 및 현장 경험의 가능성들을 생각하면서 예비 프로젝트 주제망 또는 개념 지도를 미리 조직해 본다.

교사는 프로젝트의 구상과정에 유아들을 참여시키고 각자 프로젝트에 대해 무엇을 알고 있는지, 무엇을 하고 싶은지, 무엇을 해보고 싶은지, 그리고 무엇을 할 수 있는지에 대해 의논한다. 이를 통해 교사는 주제에 대해 유아들이 이미 알고 있는 지식, 경험, 아이디어를 파악하고 수렴하여 보다 확장, 발전된 프로젝트 망을 구축한다. 유아들에게 주제와 관련된 경험을 글이나 그림 등 다양한 방법으로 표현하고 주제에 대한 생각 나누기, 유목화, 주제망 구성을 교사와 함께 하며 질문목록을 작성한다.

프로젝트에 부모의 참여는 프로젝트의 성공적 수행에 매우 중요하다. 부모들은 프로젝트와 관련된 경험담을 들려주고 자료들을 제공해주고 현장활동을 계획 · 조정 · 안내하는 역할을 맡을 수 있다. 직접 참여하여 도움을 줄 수 없는 부모들도 현재 학급에서 수행되고 있는 프로젝트에 대해 관심을 가지고 자녀들의 이야기를 경청하고 어린이들의 작품을 관람함으로써 프로젝트의 성공에 기여할 수 있다.

❷ 2단계 : 전개 단계

전개 단계의 주요 특징은 질문에 대한 답을 찾기 위해 탐색과 표상 활동을 하는 것이다. 처음의 질문의 망이나 목록들을 다시 살펴보고 유아들은 지역의 특정 장소, 사물 또는 사건 등을 현장 견학하고, 관찰·발견한 것을 다양한 방법으로 그리기, 쓰기, 읽기, 그래프, 차트, 도표, 벽의 장식, 모형 만들기, 극놀이 등을 표상하며 주제에 대해 깊이 생각하도록 격려해 준다.

현장견학은 가까운 이웃이나 지역사회에서 쉽게 현장학습을 할 수 있는 장소, 사람, 물체, 사건들을 찾아본다. 현장견학 후 토의시간을 갖고 견학을 통해 어떤 것을 배우고 느꼈는지에 대해 공통적, 개별적 경험들을 재확인한다. 현장에서 그린 스케치는 보다 상세한 그림으로 완성시키거나 도표를 작성하여 비교하거나 조형품을 구성하는데 사용한다.

유아들은 관찰한 것을 그리거나 조형물로 만들고 관찰·발견한 것에 대하여 기록하고 예측하고 결과를 토론하고 새롭게 이해된 것을 극놀이로 표현한다. 서적들을 조사하여 새로운 질문을 제기할 수 있다. 문해 능력이 있는 유아들은 혼자서도 표상작업을 수행할 수 있지만 문해 능력이 부족한 유아들은 보다 많은 교사의 지도와 대화를 필요로 한다.

❸ 3단계 : 마무리, 전시, 평가단계

3단계는 마무리 단계로 프로젝트 1단계와 2단계를 거치면서 이루어진 활동의 결과에 대해 검토와 정리, 다른 사람을 초대하기 위한 재창조 작업을 통해 결과물을 발표하고 평가하는 단계이다. 프로젝트를 진행하는 동안 만든 여러 결과물(예: 주제 망, 주제와 관련한 질문 목록, 그림, 도표, 관찰 보고서, 저널, 조형품, 프로젝트 활동 과정에 관한 사진 등)을 전시한다. 다른 학급의 어린이들과 교사들, 원장선생님, 학부모 및 지역사회 인사들을 초대하여 프로젝트 활동을 하는 동안 무엇을 배우고 어떻게 배웠으며 어떠한 절차를 밟았는가를 설명하고 발표한다.

(2) 교사의 역할

프로젝트 접근법의 교수·학습방법에서 교사의 역할은 매우 중요하다. 같은 주제라도 어떻게 진행시키느냐에 따라 그 활동의 질이 달라지기 때문이다. 교사는 아동의 반응에 민감하여야 하고 아동에게 끊임없이 자극을 주어 흥미를 유발시키며 더 나은 방향으로 이끌기 위해 노력해야 한다. 프로젝트 활동을 진행해 나가면서 교사는 그 역할이 역동적일 수밖에 없다. 왜냐하면 프로젝트는 각 단계별 특성에 따라 교사의 역할이 달라져야 하며 유아의 성숙 정도나 특성, 또는 활동에 몰입정도에 따라 적절하게 끌어 주고 촉진하며 중재하는 역할이 필요하다(지옥정, 2000).

시작 단계에서 교사는 교사와 유아, 유아와 유아들 간에 주제에 대하여 지식과 경험이 충분히 공유될 수 있도록 하며, 유아 자신의 이전 경험을 다양한 방법으로 표현할 수 있도록 이끌어 준다. 유아들의 경험, 잘못 알고 있는 내용이 무엇인지 파악하며 주제에 관해 궁금한 내용을 유아들이 스스로 찾아볼 수 있도록 장려한다. 전개 단계에서는 교사는 각 유아의 특성에 맞게 활동에 적극적으로 참여하도록 동기를 부여하며 필요한 자원 준비를 상황에 맞게 해주어야 한다.

유아 또는 소집단의 활동내용, 표현방법을 잘 관찰하면서 프로젝트 진행이 바른 방향으로 이루어질 수 있도록 전체적인 조정자 역할을 한다. 학급의 다른 유아의 활동과정이나 결과물에도 관심을 갖고 의견을 교환할 수 있도록 공유 시간을 효과적으로 운영한다. 마무리 단계에서 교사는 되돌아보는 시간을 갖고 주제망과 질문목록을 유아들과 함께 검토하고 평가해 보면서 어떤 내용이 다루어졌는지 진행과정에서 계획 세운 활동을 모두 마쳤는지 점검한다. 적절한 역할 분담과 고른 참여로 전시회 및 발표회가 준비되어 시행될 수 있도록 조정해 준다.

(3) 집단의 구성

Katz & Chard(1989)는 프로젝트를 '한 명 또는 그 이상의 유아들이 주제에 대해 깊이 있게 탐구하는 활동'이라고 정의한데서 프로젝트 활동이 소집단 중심활동임을 내포하고 있다. 또한 Malaguzzi(1993)는 상호관계를 중시하는 프로젝트 활동에서는 소집단이 가장 적합한 형태의 학급조직이라 하였다.

소집단에서 두 사람이라는 집단은 두 사람 사이의 대화를 서로 이해할 수 있고 자신을 상대에게 맞출 수 있게 한다. 그러나 3명으로 구성된 아동집단은 매우 다른 역동이 발생한다.

아동이 짝수가 아닌 홀수이기 때문에 서로 연합하거나 외톨이가 될 수 있고 서로 분리되거나 갈등이 생길 수도 있다. 마찬가지로 아동이 4명이 된다면 3명이 집단을 이룰 때와는 또 다른 가능성이 발생하게 된다(서영숙, 1997). 교사는 프로젝트 주제의 특이성에 따라 대집단으로 할 것인가, 소집단으로 할 것인가의 적절한 집단 구성에 대한 사전 계획을 하여야 한다.

3 레지오 에밀리아 접근법

1) 시대적 배경

레지오 에밀리아는 이탈리아 에밀리아 주의 레지오라는 지명이다. 이곳은 기원전 2세기경에 로마인들에 의해 세워졌으며, 사회주의적 성향이 강한 도시로 아동복지와 사회보장제도가 잘 되어 있는 이탈리아의 부유한 지역이다(임현혜, 2003).

1945년 2차 세계대전이 끝나고 천주교에 의해 독점되어 오던 교육이 국민들의 교육적 요구가 증가하면서 진보주의에 입각한 생활교육을 실시하였고 교육의 주도권도 중앙정부에서 지방정부로 이관하게 되었다. 교사들은 교육개혁의 필요성을 주장하였다. 이와 동시에 부모 공동 조합 형태의 학교를 설립하고자 하는 자발적 시도가 이루어졌다. 그 중 레지오 에밀리아시는 여성이 중심이 되어 부서진 탱크, 말, 트럭을 팔아 부모협동학교를 설립하였다(김은희, 2001). 여기에 감동을 받은 개혁적 교육 실천가 말라구치(Malaguzzi)는 부모협동학교를 시립학교 체제로 전환 시켰고, 1963년에 진보적인 유치원을 개원하기에 이르렀다. 유치원에서 최초로 적용된 교육과정의 하나가 바로 레지오 접근법이다(임상도, 2000).

1970년대는 4개월~3세의 유아를 위한 영유아 센터를 설립함으로써 교육서비스의 조직망을 형성하기 시작했다. 학교는 부모들의 요구에 따라 시간을 연장하여 탁아의 욕구도 충족시켜줌으로써 아동복지에 발전을 가져오고 성인 가족에 대한 사회복지 차원의 욕구와 아동이 양질의 교육을 받아야 한다는 가치가 통합되어 현재 수준의 유아교육체제를 형성하였다(홍경란, 2008).

1980년 중반기는 시교육기관이 가장 발달한 시기이며 필요로 하는 부모들이 모두 시립 기관을 이용할 수 있었던 것은 아니었다. 이렇게 수용에 시립교육기관을 더 확장하고 운영해야 할 필요성을 느끼게 되었고, 1987년에는 몇몇 사회사업관이 시와 특별 협약하여 영유아센타나 유아학교의 교육행정과 협력하는 부모협력 영유아센터가 문을 열었다(김하진, 2011). 이 지역에서는 인간 간의 사회적 관계 형성과 의사소통을 중요시하고 있으므로 유아들 또래 · 교사 · 역사 · 사회 문화적 환경과의 관계 속에 소속되어 있는 것으로 본다. 따라서 어느 누구도 유아에 대한 문제 해결에 독점권을 가질 수 없음을 인식하여 부모뿐만 아니라 지역 주민이 상호 긴밀한 관계를 가지고 학교 활동 및 교육적 의사 결정에 개입한다.

레지오 에밀리아는 이탈리아 특유의 아름다움과 미학에 대한 깊은 인식을 가지고 있어 주변 환경에는 어디든 청결과 심미적 질서가 있으며, 위대한 미술 작품과 건축물을 볼 수 있다.이러한 문화적 전통은 학교의 물리적 환경에 반영되어 심미적 즐거움을 주는 형태와 색을 갖춘 건물, 가구, 설비, 3차원적인 공간 조직, 자연물과 빛의 활용, 유리벽, 아뜰리에 등이 반응적인 환경을 이루며 유아의 상징적 표상을 통한 학습활동을 자극한다(오문자, 1995).

2) 레지오 에밀리아 접근법의 목적

레지오 에밀리아 접근법은 유아를 또래나 성인, 사회 · 문화적 환경과의 관계로부터 동기 유발되며 학습하는 풍부한 잠재력과 권리를 가진 주제로 보는 관점에 기초하며, 레지오 에밀리아 접근법의 교육목적은 표현적, 의사소통적, 인지적인 언어를 통합하여 유아 스스로 사고하는 힘을 구축해 갈 수 있는 총체적인 어린이(whole child)를 길러 내는 것이다(안영주, 1997). 이처럼 재통합된(re-integrated) 유아는 하나의 고립된 탐구자가 아니라, 주변 다른 사람의 도움을 필요로 한다고 믿는다. 그러나 언제나 유아를 주체로 본다(Edwards, Gandini & Forman, 1993).

구체적으로 아동의 복지와 가족의 사회적 요구 지원, 최상의 환경에서 발달을 지원받을 권리, 능력있는 개인으로서의 자율성 및 자기 표현력 신장과 동시에 아동의 모든 표현적, 의사소통적, 상징적, 인지적, 윤리적, 은유적, 논리적, 상상적, 관계적 언어발달을 통한 통합된 어린이를 길러내는 것이다(Gandini & Edwards, 1998; 지옥정, 1998). 즉 레지오 에밀리아 접근법의 목적은 유아교육의 궁극적 목적처럼 각 아동의 성장 발전과 바람직한 사회구현에 있는 것이라 할 수 있다.

3) 레지오 에밀리아 접근법의 특징

레지오 에밀리아 교육의 주창자인 로리스 말라구치(Loris Malaguzzi)는 레지오 교육을 "상호작용, 구성적 특징, 강력한 관계성, 협력정신의 중요성, 그리고 개별적이면서도 집단이 함께 하는 탐구활동"이라고 주장하며 학교의 목표를 모든 표현, 의사소통, 인지적 언어를 재검토하고 통합하여 자기 스스로 생각하고 선택하는 힘을 구축할 수 있는 통합된 아동을 만드는 것이라 하였다.

학교 교육이 언어와 비언어적 학습으로 분리되어 있으며 전통적 교육이 흔히 언어적 학습을 강요하고 있으나 레지오에서는 이 두 가지 학습 모두가 통합되어 같이 짜여 있으며, 언어를 통한 내용이 논리-수학적 모형의 인지구조적 학습을 통해 미적 수준이 더해지는 것으로 밝히고 있다(서영숙 · 서지영, 2002).

(1) 잠재력이 있고 유능한 아동의 이미지

레지오 에밀리아 접근법은 잠재성을 지닌 유능하면서도 강한 아동관을 설정하고 있다. 유능한 어린이는 타인과 상호작용이 원만하고, 뚜렷한 정체성의 형성과 현상에 대한 자신의 지식을 구성하는 어린이를 말한다. 이러한 어린이는 스스로 가치를 소유하고 있고 또 가치를 창출해 내는 어린이이다. 아동은 자발적으로 학습하려는 욕구를 소유하고 있어서 잠재력, 유연성, 성장 욕구, 호기심, 지식 습득과 다른 사람과 관계를 맺고 상호 작용하는 데 적극적이다. 이러한 욕구를 타고난 그들의 권리로 인정하는 것으로서 교실, 지역사회, 문화와의 조화와 상호교류를 통해 자기완성을 추구하는 활동적이고 유능한 주인공으로 개인적 · 역사적 · 문화적 정체성과 의사소통자로서의 능력과 권리를 갖고 있다고 보고 있다(서영숙 · 서지영, 2002).

말라구치는 어린이들은 능동적으로 활동하고 생각하는 방법과 의지를 본래 타고났다고 한다. 레지오 에밀리아 참여자들은 윤리적, 가치적으로 보수적이거나 중립적인 입장이기보다는 진보적인 입장에서 선택하고 책임지며 헌신하는 삶을 거쳐 왔다.그것은 정치, 교육, 삶의 장에서 서로 배반하지 않고 일관성을 유지해 왔음을 의미한다. 그래서 그들은 교육을 발전시키기 위해, 보다 나은 사회를 위해 노력하는 국가 및 지역사회와 시민사회와의 관계를 중요시한다. 또한 유아들은 유전적으로 이미 사회화하기, 의사소통하기, 기억하기, 변형하기, 그리고 이해하는 방법을 배우기에 적합하게 타고났다는 것이다(오종숙, 2003).

아동은 의사소통 능력을 가지고 교실, 지역사회, 문화와의 조화와 상호교류를 통해 자기완성을 추구하는 활동적이고 유능한 주인공으로서 개인적, 역사적, 문화적 정체성과 의사 소통자로서 능력과 권리를 가지고 있다(Edward, 1995). 타인, 즉 다른 아동이나 교사, 부모 등과의 의사소통과 관계형성, 물리적 세계와의 관계, 그리고 아동 자신의 역사, 그가 속한 세계의 사회적, 문화적 환경과 관계를 맺고 있는 개체로서의 아동을 강조한다(Rinaldi, 1998).

아동은 성인이 생각하는 것보다 훨씬 더 다양하게, 더 잘 표현할 수 있음을 보여준다. 레지오 접근법에서 아동은 단순히 문자 언어만이 아니라 온갖 종류의 표현적, 대화적, 상징적, 인지적, 윤리적, 은유적, 상상적, 관계적 상징 등 수백 가지의 언어로 자신의 감정과 생각을 탐색하고 표현하도록 허용하는 것을 중요하게 여긴다. 특히 프로젝트를 통해 얻은 정보와 아이디어를 여러 가지 도색 매체를 통해 표현하도록 한다.

유아에 대해 갖고 있는 이미지는 교육 철학과 실제의 중심으로 여기며 강하고, 유능하고, 풍부한 유아 이미지를 갖고 있다. 유아를 단순한 욕구권리를 지닌 독특한 주체로 사고하는 존재이며, 유아들은 학습에 적극적이고 즉각적으로 참여하는 능력을 갖고 태어났기 때문에 진지하게 다루어야 하며 유아들의 사고는 들어줄 가치가 있음을 인식하고 함께 탐구해야 한다. 따라서 강하고 유능한 유아 이미지에는 적절한 교육체제에 대한 모든 원리가 들어 있다(김은희, 2004).

그러므로 레지오 에밀리아의 아동은 권리를 가진 존재로서 끊임없이 자신의 정체성을 찾고 독특성과 차이점에 대해 존중받으며, 사회가 부여한 어린이의 권리를 인정받는다. 또한 성인은 유아를 어른의 종속물이나 교육의 대상이 아닌 그 존재 자체로 인정하고 또래간의 관계와 상호작용을 중요하게 여기며, 상호협력과 협상, 상호교육의 가치를 살리는 활동을 전개하며 유아의 의견을 경청하며 많은 선택의 기회를 주어야 한다. 그래서 아동이 여러 활동에 더 적극적으로 참여할 수 있도록 아동에게 귀를 기울여야한다.

(2) 참여를 통한 관계의 교육과 커뮤니케이션을 통한 협동

어린이는 개인보다는 서로 관계를 맺고, 모든 대상이 함께 공유하는 공동체 중심의 교육을 지향하도록 지도 한다.여기서 관계란 생태적 관계망 속에서 서로가 서로에게 영향을 주고 양향을 받는 생명력 있게 만들어지는 교육을 의미한다. 물론 참여 및 관계에 따른 갈등도 있을 수 있다. 레지오 에밀리아 접근법에서는 사회 인지적 갈등 요인을 학습의 중요한 기제로 보기 때문에 교사는 유아들 간의 갈등을 억제하기보다 발전적 토의나 새로운 학습의 계기로 활용한다.

유아들은 또래뿐만 아니라 유아와 성인 간 그리고 환경적 맥락에서 사회적 상호 작용이 이루어질 수 있는 학습 상황을 의도적으로 계획하여 제시한다. 유아들은 또래 간 상호작용에 참여하여 상징적 · 언어적 의사소통을 통해 서로 간 불일치와 일치를 경험하고, 협상해 나가는 과정에서 유아 자신에 대한 정체감을 강화하고 개인과 또래 집단의 자율성을 증진시키며 학교에 대한 자신감과 소속감을 갖게 된다(김창숙, 2009). 상호작용에는 여러 가지 장점이 있다.

첫째, 무엇을 어떻게 묘사할 것인가를 결정 프로젝트에 참여하는 사람끼리 어떻게 협동하고 생각이 다르면 어떻게 해결할 것인지에 관한 결정 등과 같은 도전할 만한 일에 대한 집중이다.

둘째, 교사와 아동 모두 공동 관심사에 집중되어 있으므로 교사 또한 이 프로젝트에 집중한다. 따라서 레지오 프로젝트는 성인과 어린이뿐만 아니라 어린이 상호간에 대화다운 대화를 할 수 있다(Edwards, 1995). 성공적인 교육의 핵심은 상호호혜, 교환과 대화이다(Forman, 1993)라는 신념에 기초하여 문제-환경과 문제-해결 경험은 성인들과 유아들 사이에서 뿐만 아니라 유아들 간에도 확장된 대화를 할 수 있도록 알맞은 맥락을 제공한다(Kate, 1993). 이러한 맥락 안에서 유아들은 협력과 의사교환이 보다 자주 일어나며 보다 자극을 제공해 주고 보다 쉽게 일어나게 해준다.

따라서 유아들이 스스로 혹은 친구들과 함께 습득한 지식은, 교사로 하여금 교육적 전략과 과정의 근거로 삼고 있는 생각과 행동의 조직에 중요한 역할을 하게 된다.이러한 과정들은 유아 혼자서 작업해서는 이룰 수 없는 문제해결을 하도록 해준다(Malaguzzi, 1993). 또래 간의 상이한 견해를 서로 접하게 함으로 해서 사회인지적 갈등을 야기 시키기 위하여 공동 작업을 많이 장려하고 공동의 문제해결 상황을 의도적으로 제시하기도 한다. 또래 간뿐만 아니라 성인과 아동 간의 사회적 상호작용을 매우 중요한 학습 수단으로 보며, 그 상황에서 성인의 역할은 지식의 일방적 전달자가 아니고 아동의 근접발달 영역 내에서 스캐폴딩(Scaffolding)을 통해 지원하는 것이다.

특히 의사전달이라는 맥락에서 상호작용을 하도록 설정함으로 해서, 타인의 관점을 인식하고 새로운 관점에서 현상을 보게 되며, 자신의 이론을 상대방에게 알리는 과정에서 다시 한 번 자신의 사고를 재고찰해 보도록 하여 논리의 일관성을 추구하도록 자극하고자 한다(김현지, 2001).

(3) 프로젝트 수업활동

프로젝트 접근법이란 전인교육의 목적 아래 통합적 교육과정 맥락에서 교사 중심이 아닌 아동 중심의 듀이의 진보주의 철학을 바탕으로 한 카츠와 차드(1989)에 의해 아동교육계에 소개된 교육방법이다. 이 방법은 교사의 지도하에 개별 유아, 소집단 유아, 또는 학급 전체가 수행하는 주제에 대한 철저하고 심도 깊은 연구이며, 일상생활을 통해서 배워 나가는 것이다. 다시 말하면, 프로젝트란 어떤 것에 대하여 더 많은 것을 배울 만한 가치가 있는 주제를 심층적으로 연구 조사하는 것을 말한다.

레지오 에밀리아 접근법에서도 프로젝트를 '투영하다'는 동사어로 보면서 유아와 활동하는 방식뿐만 아니라 협력해서 토의하고, 연구하고, 각자의 의견을 표현하고, 민주적인 방식으로 결정하다는 넓은 의미로 사용하며 카츠와 차드가 정의한 바와 유사하게 '소주제 또는 topic을 중심으로 아동들의 심도 있는 연구 활동을 하는 것'을 뜻한다.

프로젝트의 주제는 우연한 사건이나 아이디어로부터 포착되어 시작되기도 하고 한 명 또는 몇 명이 제안한 문제에서 시작되기도 하며 교사가 직접적으로 주도하는 경험으로부터 시작되기도 한다(Hendrick, 1990). 주제 선정은 아동과 교사의 상호 협상에 의해서 이루어진다. 즉, 아동이 주제를 제시한 경우 교사가 교사 회의를 통해 프로젝트의 주제로 적합한지 여부를 판단하여 결정을 한다. 반대로 교사가 쌓아온 경험 및 아동 관찰에 의해 잠정적으로 주제를 선정한 후, 아동들에게 제시해 본 후 아동들이 흥미 있어 하는지 계속 추진할 것이지 여부를 결정한다.

프로젝트가 성공적으로 이루어지기 위해서는 집단의 구성은 인지적 학습과정의 극대화를 위해 한 학급 전체 아동이 아닌, 5명 정도의 소집단 구성이 바람직하며 이러한 집단 형성이 학습과 아이디어의 교환을 극대화시킨다고 한다(Edwards, Gandani & Forman, 1995).

그 기간은 6주에서 8주까지 다양하고, 아동들의 관심이 지속되는 한도에 따라 기간이 정해진다. 최근 들어 프로젝트의 개념을 확대시켜, 레지오 교육자들은 짧게는 2시간 정도라 해도 아동의 집중적인 탐색이 한 주제를 중심으로 행해진 경우를 모두 프로젝트 또는 미니 스토리라고 말하고 있다.

(4) 발현적 교육과정(Emergent Curriculum)

레지오 에밀리아 교육과정은 발현적 교육을 중시하는 것으로서, 발현적 교육과정이란 과거 아동이 가지고 있는 대상에 대해 아동이 열정을 가지고 계획하며, 자료를 수집하여 새로운 경험을 하는 과정을 말한다.

레지오 에밀리아 교육에서는 교사가 일반적 교육의 목표는 세우지만 세부목표는 미리 세우지 않고 과거의 경험과 유아에 대해 알고 있는 것을 기초로 가설을 세우고, 유아의 욕구와 흥미에 적응할 수 있는 융통성 있는 목표를 세움으로써 유아의 욕구에 따른 표현을 유발시키는 발현적 교육 과정을 실시한다. 발현적 교육과정은 계획 또는 결과에 대한 것이라고 단정할 수 있는 성질의 것이 아니라 교사가 특정 학습자를 특정 장소에서 특정 시간에 반응적이 되도록 요구하는 계획의 과정이다(Nimmo, 1995).

발현적 교육과정을 운영하기 위해서는 프로젝트 활동의 진행 및 특성에 있어 융통성 있게 구성해나가야 한다. 프로젝트 활동의 진행과정 동안 유아간 혹은 교사-유아 간에 이루어지는 끊임없는 대화에 따라 프로젝트의 방향이 달라질 수 있기 때문이다. 그러므로 교사는 프로젝트가 진행될 방향에 대한 가설을 세움으로 적절한 준비를 하고, 활동 속에서 유아들을 관찰한 후에 그 관찰을 동료와 함께 비교, 토의하고 해석한 다음, 탐색과 학습을 위한 방법과 제안할 내용을 유아들과 공유하여 선택을 해야 한다(Gandini, 1993).

리날디(Rinaldi, 1998)는 학습은 누적적이며 예상 가능한 단계에 따라 순차적, 한정적 또는 결정론적으로 진행되는 것이 아니라, 오히려 다방면으로의 전진, 정체, 그리고 퇴보가 동시에 일어나면서 생성된다고 한다. 사람들은 다른 사람들이 가지고 있는 가설과 이론들을 접하고 또 다른 사람과 갈등을 겪으면서 사고가 풍요로워지고, 다른 한편으로 자신의 생각을 확인하고 부인하기도 하는 연속적 상황을 거치면서 그 과정에 참여한 사람들의 정체성을 구성함으로 해서 발전한다(Rinaldi, 1998). 이 과정에서 일어나는 문제와 갈등을 통해 아이들은 새로운 가설을 세우고, 실행하며 검증하는 방법을 통해 이론을 끊임없이 수정하고 자신들 만의 새로운 이론을 만들어 낸다.

(5) 상징화 주기(Cyclesof Symbolization)

인간은 상징과 표상이 있음으로 인하여 기억, 회상, 문제해결, 추론이 가능해지고 이에 능동적으로 된다. 유아가 어떤 것을 안 것 혹은 이해한다는 것을 표현하면 더 명료화된다. 즉, 직관적인 사고가 의식적인 사고가 되기 위해서는 상징이나 표상으로 나타내어야 한다. 한가지 상징체계로 표상할 때 나타나지 않는 개념도 다 상징적 매체를 이용하면 쉽게 나타낼 수 있다. 특히 다양한 매체가 반성적 사고 과정에 이용되면 이해의 수준을 넓고 깊게 할 수 있다(성숙향, 2003).

프로젝트가 전개되면 유아는 학습과정 속에서 한 가지 상황이나 개념을 언어로 토의하고 그림으로 그리고 탐색한 후 그 탐색을 바탕으로 다시 그리고 대상물을 복사하여 가상의 모형(simulate)을 만들다. 이와 같은 과정을 통해 유아는 자신의 초기 가설과 아이디어를 표상한다. 일차적으로 표상한 것을 실제 장면을 재방문하여 재표상한다. 이렇게 하여 거듭 표상과정을 거치는데, 이런 과정을 포맨(Forman, 1996)은 '상징화 주기(Cycles of Symbolization)'라는 개념을 사용하였다.

사이클이라는 의미에는 반복의 의미가 들어 있지만 그 반복이 동일한 과정과 절차를 거치는 단순 반복이 아니라 매체를 바꾸어보기도 하고, 새로운 시각에서 보기도 하며, 새로운 맥락에서 유아들이 동일한 현상이나 개념을 다루어보는 것이다(오문자, 1996). 이 개념은 반성적 사고 능력을 향상시키기 위한 교수 전략으로 유아들이 현재의 가정, 아이디어, 이론을 그림으로 그리고, 다시 그리게 하여 깊이 생각하는 능력을 향상시키는 데 의미가 있다.

(6) 표상을 통한 학습

레지오 에밀리아의 교육법에서 표상활동은 매우 중요하다. 표상은 아직 언어가 완전히 발달하지 않는 유아들에게 효과적인 사고의 수단이 되며, 그들의 이해의 정도를 객관적으로 가늠할 수 있는 잣대가 된다. 표상은 또 가시화될 수 있기 때문에 객관화, 반복, 반성이 가능하여 학습내용을 교사가 탐색할 수 있다. 특히 객관화의 과정에서 타자들과 표상에 대해 합의, 소통할 수 있다는 점에서도 유용하다. 레지오 교사들은 아동이 자신의 생각을 다른 사람이 이해할 수 있도록 표현하는 의사소통적 맥락의 표상활동을 강조한다. 여러 프로젝트에서 공통적으로 사용하는 방법으로 교사는 아동들이 이해한 것을 잘 모르는 학습의 다른 아동에게 발표하거나 어린 아동을 위한 사용지침서를 만드는 단계를 반드시 포함시킨다.

레지오 에밀리아 학교에서 사용한 상징적 표상은 학습과정의 한 부분으로 사고를 구성해 가는 중요한 요소이다. 자신의 경험을 반성하고 해석하며, 기억력을 일깨우거나 다른 사람의 아이디어를 나누기 위해 사용된다. 의사소통을 위한 표상은 다른 사람이 잘 이해할 수 있는 상징을 사용해야 한다. 포맨(1996)은 한 가지 주제나 개념의 이해를 위해서 다양한 매체를 사용하여 표상, 재표상 하여 다양하게 표상 한다면 각 매체의 서로 다른 인지 조직적 특성이 통합, 축적되어서 결국 주제에 대한 학습을 심화될 수 있다고 하였다.

레지오 교육에서 표상의 개념은 말로 생각과 느낌을 표현하는 언어적 표상, 사인펜, 연필 등을 이용한 그림을 그리고, 종이, 나무 구성물과 점토로 조각을 해 보는 도식적 표상, 제스처를 사용하는 신체표상, 또는 음악적으로 극화적 표상 등을 모두 포함한다. 이처럼 다양한 상징을 이용한 표상을 아동들의 특정 개념에 대한 이해를 심화시키고자 한다. 즉, 표상을 학습의 도구로 사용한다. 특히 도식적 표상은 유아들이 자신의 그림이나 다른 유아의 그림을 읽는다고 말한다. 도식적 표상을 통해 현재 유아가 하고 있는 활동이나 주제에 대한 이해의 정도, 전 단계를 어떻게 이용하는지 알 수 있고 이것은 그리고, 가정, 설정, 토론, 토의의 기호가 되어 다음 단계의 조사와 지식을 심화시키는 자료가 된다(성숙향, 2003).

(7) 기록작업(Documentation)

레지오 에밀리아 접근법에서의 기록은 연구목적을 위한 관찰기록과는 다르다. 기록 작업은 대안 평가의 한 방법으로, 기록을 통해서 유아를 평가하는 것이다. 즉 기록화란 유아들의 활동에 관한 모든 과정을 기록으로 남기는 과정과 유아 행동의 결과로써 작품 두 가지 측면 모두를 의미한다(김희진 · 오문자, 1995).

다큐멘테이션은 어린이들의 활동의 전 과정을 다양한 기록으로 남긴다. 비디오, 슬라이드, 전사된 녹음기 등의 모든 다큐멘터리 조각들은 어린이들이 과정을 해석하고 이 과정에 어린이들이 부여하는 의미, 그들의 상징과 상징체계를 개인적으로 확장시키는 과정을 이해하는 데 근간이 된다. 다큐멘테이션된 프로젝트는 어린이들의 사고, 이론, 흥미와 관심 등이 녹아들어 있다. 관찰하고 기록한 것에 대한 해석들은 교사들이 어린이들과 함께 일하는 데 중요할 뿐만 아니라, 부모들을 위해서도 중요하다. 이 같은 시각에서 본 다큐멘테이션은 가족 참여에 새롭고 색다른 의미를 부여하여 가족 참여가 늘어나고 그 질이 향상되도록 해 준다(Rinaldi, 2002). 기록작업이 유아교육의 질 향상에 기여하는 바를 네 가지 측면으로 생각해 볼 수 있다(Kate & Chard, 1989).

첫째, 기록작업은 유아들이 말과 행동에 대한 구체적이고 가시적인 기억을 함으로써 자신과 타인의 느낌과 사고를 재방문 · 재수정 · 재고찰함으로 다음 학습을 위한 출발점이 되고 심화학습이 된다.

둘째, 교사들은 기록한 자료를 토대로 유아들을 보다 더 잘 이해할 수 있고, 다른 교사들과 함께 활동을 확장하여 이후 방향의 결정을 위해 분석하고 토의한다.

셋째, 기록을 통해 부모들은 유아에 대한 정보와 유치원 교육과정의 목표를 인식하고 교사들을 신뢰하고 존중하게 될 뿐만 아니라, 교육활동에 부모를 적극적으로 참여시키는 수단이 된다.

넷째, 기록화는 그것이 수행되는 발현적 교육과정으로 인한 유아의 관심과 흥미 정도에 따라 유아에게 많은 자율성을 준다(신현자, 2000).

이처럼 기록화는 대안 평가의 한 방법으로, 기록을 통해서 유아를 평가하는 것이다. 기록화 활동이 유아교육의 질 향상에 기여하는 바를 네 가지 측면으로 나누어 본 결과, 기록화가 유아, 교사, 부모, 교육과정에 모두 효과적임을 알 수 있다. 즉, 기록화는 유아들의 심화학습을 조장해 주고, 교사는 유아에 대한 깊은 이해가 가능하고 자신의 교수전략의 반성적 평가에 도움을 준다. 또한 부모에게는 유아에 대한 폭넓은 이해가 가능하고 발현적 교육과정의 계획과 평가를 가능하게 한다고 효과를 밝히고 있다. 레지오 에밀리아 접근법에서 모든 기록은 기록으로 끝나지 않고 전시로 이어진다.

4) 레지오 에밀리아 접근법에서의 교사의 역할

레지오 접근법에서 교사는 학습자, 협동자, 연구자, 청취자, 활성자, 모델 등 여러 역할을 한다(Edwards, 1993). 서지영 · 서영숙(2002)은 레지오 접근법을 적용하는 영유아 보육 및 교육기관 교사가 수행해야 할 역할을 다음과 같이 정리하고 있다.

(1) 안정감을 주는 친근한 교사

영유아를 위한 보육 · 교육기관은 아동과 애착관계를 형성하고 가족적인 안정성을 유지하는 것이 매우 중요하다. 즉, 유아교육기관과 교사는 가정생활이 주는 중요한 이점과 특징을 살리면서 아동과 친밀해야 하고 지속적으로 전문가 역할과 기관의 규칙, 제한과 기준을 지켜서 조화를 이루게 해야 한다. 한 기관에서 한 선생님과 같이 지내는 것은 친밀성과 지속성에 대한 요구를 채울 수 있다.

교사는 개별 아동의 특성, 요구, 흥미를 상세히 조사, 관찰, 기록하여 매주 교사 토론에서 상세한 정보를 나누기도 하고, 부모 참여를 중요하게 여겨 기관과 가족의 연결을 강화해야 한다. 이것은 유아교육기관에서만 끝나는 것이 아니라 지역사회와 연결하여 지역사회는 재정 지원을 통해 가족 관계의 장점을 살릴 수 있는 교육이 현실적으로 이루어지게 해야 한다. 또한 아동을 격려하고 보호함으로써 아동을 지역사회의 일꾼으로 키워야 한다.

(2) 동기를 유발하는 교사

교사는 연구와 학습의 흥미를 자극하는 환경을 만들고, 아동이 이미 갖고 있는 학습의 능력을 바탕으로 더 나아가게 격려해야 한다. 교사나 성인은 아동과 상호작용 방식에 따라 아동의 동기유발과 학습에 영향을 준다.

아동은 교사와의 상호작용을 통해 가능성의 범위가 넓어질수록 강하게 동기화되고 더욱 풍부한 경험을 하게 된다. 따라서 교사는 아동을 위해 가능성의 범위를 확장시켜 주어야 한다. 교사는 질문하고, 제안하고, 증명해 보여주고, 자극적인 상황을 만들어 아동의 호기심을 불러일으키며 생각을 격려하는 역할을 해야 한다.

(3) 함께 감탄하고 탐구 · 표현하는 교사

프로젝트에서 사태가 어떻게 전개될지는 아무도 정확하게 모른다. 모든 참여자가 다 그 방향과 시간에 영향을 미치는 사회적 구조 속에서 협력하며 탐색해 간다. 이런 구조에서는 마치 탐정이 사용하는 것과 비슷한 연역적 방법을 사용하는데 여기서 "의문"과 "감탄"이 환영받는 요소이다(Filippini, 1993; Rinaldi, 1992). 즉, 집단 토론과 활동으로 이어지는 일종의 지적 스파이크를 일으키는 것이다.

아동의 놀이 상황에서 참여와 의사소통은 교사의 도움 없이도 일어나지만 교사가 그런 상황을 놓치지 않는 것이 중요하다. 교사는 아동의 대화, 공동 활동, 지식의 공동 건설을 자극하고 촉진하는 것을 통해 발견의 기회를 제공하는 것이다.

이것은 아동과 함께 활동에 참여하는 과정에서 잘 일어난다.

(4) 지식을 빌려주는 자원이 되는 교사

교사와 부모는 아동이 원할 때 도와 줄 수 있는 자원이 된다. 자원 인사는 단지 질문에 답해 주는 것이 아니라 아동이 해답을 찾도록 도와주고, 더욱 중요한 것은 아동 스스로 좋은 질문을 생각해 낼 수 있도록 돕는 것이다(Rinaldi, 1993). 그러므로 레지오의 교사들은 아동이 가진 경험이나 생각과는 다른 경험이나 생각, 풀어야 할 문제 등을 아동에게 제공하는 역할을 중요하게 생각한다. 소위 비고츠키가 말하는 근접발달영역(ZPD), 즉 가능한 실제의 발달수준과 잠재적 발달수준 사이의 영역은 성인과 아동 간의 상호작용과 협력을 위한 풍부한 가능성을 시사한다.

때때로 근접발달영역 이론이 성인 중심적이고 교수 중심적인 과거의 관점으로 퇴행시킬 우려도 있다. 그러나 말라구치는 아동이 "도약"할 수 있는 기대와 준비를 하고 있음을 보일 때 성인의 역할은 중요하다(Malaguzzi, 1993)고 보며, 그런 상황에서 성인은 아동에게 그의 판단과 지식을 빌려줄 수 있고 또 그렇게 해야 한다고 주장한다. 그러나 이것은 조건이 있는 대여, 그리고 아동이 다시 갚을 것이라는 조건을 전제로 한 대여이다. 이런 대여를 통해 아동은 즉각적으로 되돌려 주고 풍부해지며 더욱 정교하게 성장한다(Rinaldi, 1993).

(5) 반응적 경청을 하고, 기다리고, 적절하게 개입하는 교사

지적 발견은 근본적으로 사회적 과정이라고 본다. 그러므로 교사는 아주 어린 아동도 남의 말을 듣고, 타인의 목적과 아이디어를 고려하고 타인과 성공적으로 의사소통하는 것을 배우도록 도와주어야 한다. 교사는 아동에게 필요한 시간을 주는 방법을 알아야 한다. 개인을 고립시키지 않고도 창의력과 주관성을 보호해 주고 소집단의 일원으로 문제에 직면하고 해결할 수 있는 기회를 주어야 한다. 아동이 자신들의 방식대로 사고하도록 지원해 주기 위해 교사는 주의 깊게 듣고,

기다리고, 적절하게 개입해야 한다. 아동의 몸짓과 언어에 더욱 주의를 기울이고 그것의 의미를 해석하는 능력을 키워야 아동의 활동에 더 잘 피드백 하도록 자신을 조절할 수 있다.

레지오의 교사는 아이들을 주의 깊게 관찰하고 그들의 대화를 경청하여 어떻게 활동을 계획하고 진행할 것인가에 대한 근거 자료로 활용한다. 즉, 교사는 아동의 생각, 가설을 발견하고 기록하고 그것을 근거로 토의한 다음 융통성 있는 계획과 준비를 한다. 레지오의 교사들은 아동의 말하는 것을 듣고 다시 듣고 또 아동이나 동료, 학부모와 나누기 위해 녹음기를 사용하여 아동의 대화를 녹음하기도 한다.

교사는 아동의 사고와 활동을 지원하기 위해 집단 토의시간에 초점이 될 수 있는 개별 아동이 아이디어를 물색하고, 아동으로 하여금 자기가 한 일, 생각한 것, 결정한 것을 기억하도록 돕고, 아동에게 아이디어와 정보를 제공하고, 아동들이 사회적, 인지적 과정을 계속해 나가도록 중재하며, 아동의 질문이 형성되도록 돕고, 어떤 질문에 가치를 부여하고 주의집중을 하도록 영향을 미치는 등 동시에 많은 역할을 한다(Rankin, 1997). 교사는 아동에게 어떤 생각을 제시하거나 습관을 형성시키기 위해 학교에 있는 것이 아니라, 지역사회의 한 일원으로서 아동에게 영향을 줄 수 있는 것을 선택하고 아동이 그 영향에 적절하게 반응하도록 돕는 반응적 관찰자로서의 교사의 역할을 해야 하는 것이다(Dewey, 1956).

(6) 아동의 활동을 기록하고 전시하는 교사

레지오의 교사는 학습을 나선형과정으로 보고 아동이 경험한 내용을 발견하며, 재방문할 기회를 가지도록 제안하고 그들 학습과정의 파트너로 인식한다. 교사들은 탐색한 내용을 아동활동에 연결시켜 지도할 뿐 아니라, 기록과 전시를 통해 아동에게는 물론, 교실 밖의 사람들에게 전달하는 역할도 한다. 기록과 전시가 주는 교육적 효과를 살펴보면 다음과 같다.

첫째, 기록화는 유아에게 자신의 감정 및 아이디어가 의미 있는 것임을 인식하게 하고 긍정적 확신감을 갖도록 하는 역할을 한다(Edwards, 1993). 유아간의 상호작용을 촉진시킬 뿐만 아니라 다른 유아와의 협력도 가능하게해 주고, 유아에게 지난번의 경험을 다시 제공함으로써 경험의 재발견을 통한 지식의 재구성 자료가 되기도 한다.

둘째, 기록은 교사와 부모의 유대관계에 긍정적 영향을 주고, 교사 간 의견교환의 촉매제 역할도 한다(Malagguzi, 1993; 박정옥, 1998). 기록은 반영적 사고뿐만 아니라 유아들의 발달상황이나 학습 진전을 평가할 수 있는 평가도구도 될 수 있다(Helm, Beneke, Steinh, 1998). 교사에게는 연구자로서 자세를 갖고 유아들의 사고에 관해 알아보는 방법으로 활용, 향후 프로젝트 및 교육활동 고안의 자료가 된다.

셋째, 부모에게 유아와 교사와의 의사소통에 있어서 효과적인 방법을 제시하고, 프로젝트 활동에 부모를 참여시키는 수단이 된다.

넷째, 기관의 방문객들에게 기관의 교육방법을 알리고 피드백을 받을 수 있는 의견 교환의 방법이 된다.

다섯째, 기록의 전시는 유아교육기관의 모든 벽에 유아와 교사가 창출해낸 것을 영구적 또는 단기적으로 전시하는 장소로 사용한다. 유아들의 작품 옆에는 항상 유아들이 작업하는 사진, 의견, 질문을 글로 옮긴 것 등이 함께 전시되게 한다. 이러한 전시는 프로젝트의 주제가 교실 전체에 스며들게 할 뿐 아니라 부모나 다른 교사에게 알리는데도 도움이 된다.

(7) 연구하고 발전하는 교사

레지오의 교사들은 교육과정 계획과 교사발전을 위해 매일 학급에서 실시되고 있는 활동에 대한 체계적인 연구를 한다(Edwards, 1993; Malaguzzi, 1993a). 아동들 사이에서 어떤 프로젝트에 대한 흥미가 떠오르면 그 프로젝트를 어떻게 전개시켜가야 할 것인지, 그 프로젝트와 관련된 아동의 사전경험은 어떤 것이 있는지, 아동들의 표현활동은 그들의 사고와 어떻게 연결되어 있는지, 아동이 사물이나 사건에 대해 세우고 있는 그들 나름의 가설은 무엇이며, 그것을 어떻게 드러내는지 등 교사들의 연구 주제란 끝이 없다. 교사들은 이런 질문들을 혼자서 연구하는 것이 아니라 같은 반 동료교사나 기관에서 같이 근무하는 교사, 장학사, 장학관, 부모들과 더불어 같이 고민하여 의사결정을 내린다.

교사의 전문가로서의 성장은 자기 스스로의 노력에 의해서도 이루어지겠지만, 동료나 부모들과의 대화와 토론, 아동과의 생활을 통해서 더욱 풍성해진다(Malaguzzi, 1993; Rinaldi, 1994). 그러므로 현장에서 아동과 생활하며 선배 교사와의 교류를 통해 전문성을 성장시켜가는 현장교육을 중요하게 여긴다.

(8) 동료 교직원과 협동하는 본이 되는 교사

레지오 에밀리아 학교에서는 원장이 없으며 주교사와 보조교사의 차이가 없이 교사 간의 공동 작업을 통해 기관이 운영된다. 교실에서 공동 담임교사 간의 협동이 있는가 하면, 교사와 아동 간의 협동, 기관 전체 교직원과의 협동, 그리고 부모나 지역사회와의 협력 등을 생각할 수 있다.

교육과정 계획단계에서부터 문제나 위험부담에 대해 충분히 의견을 나누고, 실수도 함께 해결하며, 상호 협력하여 노력한 결과도 공유한다. 이런 교사의 협동 행위는 개방적으로 토론하는 의사소통의 분위기를 만드는 데 기여한다. 또한 아동은 교사들이 어떻게 협동하며 작업하고, 토론하고, 연구하는지를 보면서 배운다. 협동은 레지오 접근법의 특징적인 요소이다.

(9) 정치적 활동에 참여하는 교사

레지오의 교사들은 일반적인 교사역할 외에도 공립 유아교육·보육을 위한 정치적 활동에 참여한다(Edwards, 1993). 정치적 활동이란 학교운영 자문위원회나 학교조정위원회에 참석하여 교육 프로그램이나 재정, 정책 등에 대한 발언을 하는 것을 비롯하여, 지역사회의 모임이나 행사에 참여하여 아동의 권리를 옹호하고 발전시킬 수 있는 발언이나 행동을 하는 것 등을 의미한다.

(10) 다양한 매체를 제공해 주는 자원을 재활용하는 교사

자원재활용이나 재활용센터의 중요한 목적은 버리는 물건, 불완전한 상품, 쓸모없는 물건을 활용하여, 이런 물건들이 커뮤니케이션과 창의성에 새로운 가능성을 준다는 생각을 북돋우고자 하는 것이다. 어린이는 같은 개념을 다른 매체로 표상할 때 더 깊이 있게 배운다.

각 매체들은 각기 다른 유용성을 가지고 있으며, 매체마다 다른 유용성으로 인해 특별한 시각을 야기시키고, 쉽게 사용할 수 없는 매체와 타협하는 것을 배우게 하며, 기본 단위 방식, 시간의 지속성, 피드백의 양과 같은 매체의 여러 양상들이 아동의 표상적 관점에 영향을 미친다(Forman, 1994). 그리고 자원재활용을 통해 자연에 대한 존중은 물론, 유치원과 어린이집이 지역사회에 갖는 의미, 사회가 유아를, 유아가 사회를 어떤 존재로 보는가 하는 새로운 지역사회와의 관계를 형성하는 계기가 된다(서영숙, 1998).

(11) 다양한 시청각 기자재를 활용하는 교사

공간 꾸미기와 더불어 레지오에서는 집기류나 시청각 기자재를 갖추는 작업도 이루어진다. 삼각거울, 라이트테이블, 다양한 모양의 선반 등이 있고, 조명등, OHP, 환등기 등의 시청각 기자재와 스캐너 등 컴퓨터 관련 제품도 활용된다. 이 모든 것이 더 많은 사회적 상호작용을 이끌어내고 더 다양한 표상작업이 이루어질 수 있도록 교구 교재를 갖추는 것이며, 프로젝트 과정에서 순환이 더 잘 이루어지도록 전시를 효과적으로 하기 위한 도구를 갖추는 것이다. 그리하여 교실은 더욱 매력적으로 변하고, 그 속의 아동과 교사는 점차 자극을 받아 새로운 환경과 활동에 관심이 끌리게 된다.

4 발도르프 프로그램

1) 시대적 배경

발도르프 교육철학은 제1차 세계대전으로 인한 사회적·경제적 혼돈 속에서 독일의 교육사상가인 슈타이너의 인지학적 관점을 바탕으로 정립된 것이며, 1919년에 남부 독일 슈투트가르트에서 발도르프 아스토리아 담배공장 노동자들의 자녀들을 위해 처음 학교를 세우고 발도르프 교육철학을 실천할 수 있는 교육의 장이 마련되었다. 발도르프 교육철학은 인간을 그 중심에 두고 인간의 신체, 영혼, 정신의 건강한 발달을 추구한다.

슈타이너는 발도르프 교육을 통하여 학령기에 있는 7세부터 21세까지의 교육대상자에게 육체와 정신이 조화롭게 성장할 수 있도록 돕고자 했다. 보편적인 발달단계에 맞는 교육내용과 개별적인 아이의 발달특성에 근거한 개별화교육이 함께 이루어진다. 교육계획과 교수법은 아이의 발달상태에 맞추어져 있으며, 이는 담임교사의 통찰과 노력이 끊임없이 요구되는 일이기도 하다.

슈타이너가 성장하고 진화하는 존재로서 인간의 본성을 중시하는 그의 인지학을 바탕으로 만든 교육모델인 발도르프 교육은, 산업 시대의 물질만능주의와 인간소외와 상실의 문제, 학습자의 가치와 자율성 및 삶을 소외시키는 지식과 결과위주의 학교교육의 문제를 극복하기 위함이었으며, 인지학에 기초한 것으로 20세기 아동중심교육의 하나로 시작되어 현재까지도 전 세계에 대안교육으로 성장해오고 있으며, 슈타이너의 정신이 실천되고 연구되고 있다.

발도르프 교육의 특징은 남녀공학, 에포크수업, 전인교육, 성적이 없는 성적표, 교과서 없는 수업, 외국어 수업의 발달, 자치 행정 등이 있다. 루돌프 슈타이너는 레알슐레에 다니던 시기에 칸트의 순수이성비판에 흥미를 느꼈다. 그러나 그는 칸트의 의견에 반대하며 '사고와 경험은 끊임없이 발달할 수 있는 것'이라는 생각을 가졌다. 대학진학 이후 그는 피히테, 셸링, 헤겔 등의 책을 탐독했고, 당시 문학을 가르쳤던 슈레어 교수의 영향을 받아 정신세계와 물질세계 사이의 관계를 새롭게 바라보게 되었다(정윤경, 2004). 이는 발도르프 교육학에 적용되었는데, 그는 당시의 학교교육이 가시적인 물질세계에만 매달리고 있는 것을 비판하며 가시적인 물질세계와 비가시적인 물질세계를 연계하려고 노력했다(정윤경, 2004).

슈타이너는 쉴러의 저서 '인간의 미적 교육에 대한 편지'와 괴테의 자연과학에 관한 글 등의 영향을 받았다. 슈타이너는 교육이란 인간 본성에 대한 올바른 인식에서 출발해야 한다고 강조하였고, 인간의 본질을 이해하기 위한 여러 가지 개념을 제시하였다. 슈타이너는 인간을 신체(body), 영혼(soul), 정신(sprit)의 세 가지 요소의 통합체라고 하였을 뿐 아니라, 전체적인 인간의 발달과정을 설명하기 위하여 인간을 외형체(physischerleib), 생명체(etherleib), 자아체(ichleib)라는 네 가지 구성체로 설명하였다. 슈타이너는 현대의 물질 위주의 사고로는 대상을 제대로 파악할 수 없다고 하였다.

인간의 신체적인 특성도 영혼적이고, 정신적인 부분의 특성이 반영된 결과라고 말한다. 현대사회의 교육을 바라볼 때, 교육의 진정성 및 방법론, 교육철학에 대한 갈등은 늘 존재하며, 교육적 가치와 실천방법 및 결과에 대해 끝나지 않는 문제의식은 지속적인 과제로 이어지고 있다.

2) 발도르프교육에서의 환경

(1) 환경구성의 기본원리

발도르프 유아교육기관의 환경구성은 발도르프 교육학을 기본으로 되어져야 하며, 그 근거한 구체적인 원리가 실제적인 환경에도 담겨져 있어야 한다. 발도르프교육 공간은 인간발달에 따라 정서적, 신체적, 영혼적 발달에 따라 조성됨을 볼 수 있으며 어린이를 보호하는 환경, 어린이가 스스로 만들어 가는 환경, 질서와 조화, 자유로운 놀잇감, 자연과 계절에 어우러지는 삶의 공간 등의 다섯 가지를 도출할 수 있다(윤선영, 2010).

슈타이너의 인지학적 이념이 드러나는 환경은 발도르프 학교 건물에서부터 찾아 볼 수 있다. 발도르프 유치원과 학교의 건물은 각이 없는 곡선으로 이루어진 것을 특징으로 지붕, 교실, 복도, 모두 곡선으로 되어 있다. 발도르프 유치원의 실외 놀이터에는 모래밭과 조그만 놀이집, 나무가 있을 뿐, 유치원에 반드시 있어야 한다고 알고 있는 미끄럼틀, 정글짐 등이 없는 곳도 많다(곽노의, 1999). 이러한 물리적 공간의 특성은 어린이들이 최대한 자연과 가까운 곳에서 교육받을 수 있도록 설계된 것이다.

발도르프 유치원의 실내 역시 안정과 자연스러움을 추구한다. 유치원의 실내는 목재로 되어 있어 자연스러움과 부드러움, 편안한 분위기를 느낄 수 있고, 환경을 구성하는 기본재료는 자연에서 온 재료들이다. 각 계절에 맞는 자연물로 환경을 구성하여 유아가 도시나 밀폐된 주거환경에서 사계절 리듬을 직접 경험하지 못하는 것을 유치원에서 느낄 수 있도록 고려하여 환경을 구성한 것이다(김정임, 2006). 특히 슈타이너는 환경을 구성하는 데 있어 색채에 관한 것을 중요하게 생각하였다(Steiner, 2008). 화려하고 지나치게 화려한 색은 자극적일 수도 있고 회색이나 갈색은 음울하게 만들 수 있기 때문에, 교실의 벽은 문양이 없고 단순하고 은은한 색을 권장한다. 따라서 발도르프 유치원에서는 분홍색 벽지와 커튼의 색을 추천한다. 아이들이 태어나기 전에 태반이 분홍색이기에 유아들은 분홍색에 안정감을 느낄 수 있기 때문이다(김유라, 2014).

❶ 어린이들이 자신의 신체기관을 만드는데 도움을 주는 환경

슈타이너는 '어린이는 온전한 감각기관'이라 했다(Sassmannshausen, 2003). 이는 주변 환경이 어린이의 성장발육에 직접적인 영향을 미치고 있음을 의미한다. 예를 들어, 주변의 모든 색, 조명, 형태, 재질 등은 감각적으로 어린이들의 신체 형성에 영향을 미친다. 색깔은 어린이들의 신체형을 촉진하거나, 영혼의 상태에까지 영향을 미친다. 벽의 색깔은 생명력을 활성화하는 색깔이 좋으며, 옷의 색깔은 소극적인 어린이의 경우 녹색을, 활동적인 어린이는 붉은 색깔로 입혀 보색의 영향에 따른 영혼의 상태를 고려한다(Steiner, 1992). 그래서 만일 교실 분위기가 항상 산만하다면, 작은 무늬들이나 장식이 너무 많거나, 녹색이 너무 많지는 않은지 살펴볼 필요가 있다(윤선영, 2010). 재질은 자연물과 같이 영유아의 유기체 형성에 좋은 자극을 주는 것이어야 한다.

발도르프 교육은 '자연친화적'이라 자연물을 제공한다고 여기기 쉽지만, 사실은 자연물이 무엇인가를 규정하는 것이 없어서 어린이들이 자유자재로 사용할 수 있다는 점과, 겉과 속이 같은 '진실한 세상'이라고 보기 때문이다. 또한 다양한 색, 재질, 크기의 천연 직물도 어린이들이 마음껏 무엇인가 만들어 볼 수 있는 놀잇감으로서 일차적인 자연물에서의 같은 효과를 지닌다(윤선영, 2010).

❷ 질서 있는 환경

발도르프 유아교육학에서는 심리학적 관점에서 어린이가 '세상은 항상 정돈되어 있다'는 신뢰감을 갖는 환경이 필요하다고 본다(Sassmanshausen, 2008). 영유아기 어린이들은 세상에 대하여 거리감을 가지고 지적으로 기억하고 이해하며 대하지 않고, 세상과 직접적인 관계 속에서 놀이에 대한 강한 의지로 접하고 있다. 그래서 놀잇감들은 늘 제자리에 있어야 하고, 그렇지 않을 때에는 당황스러워 한다. 심지어 자기가 찾는 놀잇감이 바로 옆에 있는데도 없다고 말을 하곤 한다.

교실 안의 모든 물건들은 제자리를 가지고 항상 거기에 놓여 있어야 한다. 이러한 공간적 질서는 어린이들로 하여금 놀이에 대한 충동을 항상 새롭게 불러일으키고 세상에 대한 안정감을 형성해 준다(윤선영, 2010).

❸ 자연과 계절의 흐름에 어우러지는 삶의 공간

발도르프 유아교육기관에서는 영유아가 인위적인 목표에 의해 학습하지 않고 삶에 참여하면서 배울 수 있도록 생활을 조성하는 것을 중시하고 있다(Sassmannshausen, 2008). 그래서 학습은 간접적인 과정이 된다. 영유아는 이 세상에 살기 위해 태어났으며, 그들이 가지고 있는 삶에 대한 신뢰감은 곧 학습의 질을 결정한다. 발도르프 유아교육학에서는 영유아가 최대한 삶을 경험할 수 있도록 실제의 생활이 영위되는 공간이 제공되어야 함을 요구한다. 그것도 삶을 가르치기 위함이 아니라, 삶이 요구하고 있기 때문에 삶에서 필요한 작업이 이루어질 수 있는 공간을 의미하는 것이다.

오래전부터 인간은 계절에 적절히 어울리는 생활을 지혜롭게 해 왔다. 청소하기, 빨래하기, 다림질하기, 채소와 과일나무 가꾸기, 요리하기, 식사준비, 축제준비와 같은 생활 작업이 자연스럽게 이루어지며, 어린이들에게 필요한 놀잇감이 만들어지고, 고장난 것은 고치고 놀이기구나 부서진 것을 수리하는 일들이 생활 속에서 이루어져야 한다. 즉 삶과 환경과는 서로 상관이 있어야 한다(윤선영, 2010).

물리적인 발도르프 영유아교육기관의 공간 특징 가운데 실외환경은, 외부는 자연으로부터 어떠한 형태를 모방하고자 한 것이 아니라 자연에서의 성장·변화하는 원리를 건축에 도입하여 건물을 자연 속에서 호흡하는 실체로서 하나의 살아있는 유기체로 보았다. 영유아교유기관은 영유아의 성장과 변화의 장으로써 생명감, 아름다움, 인간과 자연, 그리고 우주가 소통하고 교감하는 장소로서의 역할을 할 수 있게 하며, 실내외 어느 곳에서나 자연을 마주할 수 있도록 구성되어있다. 또한 영유아의 신체를 발달시킬 수 있는 자연물로 만들어진 놀이 기구들이 있다. 큰 나무 원통, 나무를 이용하여 만든 놀이집, 흙을 쌓고 그 위에 미끄럼을 놓아 만든 미끄럼틀, 커다란 나무에 튼튼한 줄을 이용해 묶어놓은 그네, 모래밭, 다양하게 잘라 놓은 나무토막, 나뭇가지, 긴 밧줄, 짧은 밧줄, 모래용 삽, 그릇, 쇠수저 등이 있다.

유아들은 주어진 모든 놀잇감을 이용하여 놀이를 통해 균형 감각을 발달시키며, 신체발달을 촉진시킨다. 자연에 대한 이해와 감사하는 마음, 자연을 마주하는 법을 직접 경험할 수 있는 살아있는 환경을 제공하고 있다. 실내공간을 살펴보면 교실의 형태도 외형과 마찬가지로 부드러운 곡선의 형태이며, 기둥이나 벽과 천장, 창문의 모양에서도 직각이 없는 부드러운 곡선을 느낄 수 있다. 건축에 관련하여 슈타이너의 지침에 따르면, 유아들이 지내는 건물은 부드러운 곡선으로 이루어져 있어야 하고 아늑한 곳과 놀이공간이 유아들을 포근하게 둘러싸고 있는 듯한 느낌을 줄 수 있어야 한다(Dandy, 2002). 또한 복도나 거실을 거치지 않고 교실에서 바로 실외영역으로 나갈 수 있게 구조화되어 있어 교실내의 활동을 실외로 쉽게 연장할 수 있다.

3) 발도르프교육 놀잇감의 원리

놀잇감은 유아의 상상력을 자극하고 촉진할 수 있도록 매우 단순한 것들이다. 이러한 가장 기본적인 형태를 갖도록 만든 장난감보다 영유아로 하여금 새로운 것을 상상하도록 하여 다양하고 독창적인 놀이를 할 수 있는 여지를 만든다.

발도르프 교육기관에서 영유아의 창의적인 놀이를 돕는 데 중요한 부분을 차지하고 있는 것이 바로 인형이다. 단순한 형태로 구체적인 부분이 최소한으로 표현된 인형을 통해, 영유아는 자기 나름대로의 상상력을 동원하여 구체적인 부분들을 마음속에서 완전하게 만들기도 하고, 이미지를 필요에 따라 다양하게 변화시키면서 내면의 정서를 표현하는 수단으로 사용한다(강도은 역, 2007).

(1) 촉각과 관련된 놀잇감

영유아로 하여금 놀잇감에서 자연 속에 숨겨져 있는 존재의 비밀을 무의식적으로 감지하고, 상상력이 발동하여 다양한 용도로 사용하며, 놀이를 창조하게 한다. 또한 '진짜'의 질감을 경험하면서 동시에 영유아들은 자신을 경험한다. 이때 비로소 자신의 경계를 느끼고, 자신 안으로 들어와 다시 세상을 향할 수 있게 된다. 그리고 자연에 대한 경외심이 생기는 것이다. 만일 자연물의 다양한 재질에 대하여 실험을 통해 알아본다면 자연의 정신적인 신비감은 소멸되고, 자연을 사랑하는 마음보다는 소비를 지향하는 물질주의적 사고방식을 키울 수 있다(윤선영, 2010).

(2) 방향 및 균형감각과 고유운동감각에 관련된 놀잇감

모래주머니, 평균대, 오름집 등의 방향 및 균형감각, 고유운동감각을 위한 놀잇감은 영유아가 모험적으로 여러 가지 동작을 시도하여 봄으로써 신체 조절능력이 발달되며, 특히 균형잡기 놀이는 수학적 지능에도 필요한 능력을 길러준다.

체조나 체육활동이 특정한 신체부위의 기능적인 운동능력에 초점을 두는 데 반해, 이러한 움직임은 삶에 필요한 신체의 전반적인 힘이 길러지는 데 기여한다. 그것은 태권도나 체조와 같이 기계적이며 절도 있는 움직임을 너무 이른 시기에 배우게 되면 자발적인 움직임을 배울 기회가 그만큼 줄어들기 때문이다. 또한 인간이 균형을 유지하면서 자아를 인식할 뿐 아니라 타자, 즉 만물의 존재를 인식할 수 있다고 한다(Soeman, 2007).

(3) 청각과 관련된 놀잇감

오음계 악기들은 부드럽고 아름다운 소리를 내어, 꿈을 꾸는 듯한 분위기를 자아내며, 아직 꿈꾸는 듯한 상태에서 자라나고 있는 영유아의 정서와 잘 어울리며, 음악적인 감각 발달에도 긍정적인 영향을 준다. 이는 5도음이 어린이들을 감싸 보호하는 효과가 있기 때문이다. 그러나 이 세상에서 가장 좋은 악기는 사람이 가진 성대이며 가장 아름다운 소리는 사람의 목소리이다. 따라서 교사가 직접 불러주는 노래는 가장 훌륭한 음악이 될 수 있다(윤선영, 2010). 놀이활동을 통해 교사가 나지막하게 불러주는 노래는 모두의 합창이 되고 놀이를 더욱 더 재미있고 흥미롭게 하는 요소가 된다.

(4) 시각과 관련된 환경과 놀잇감

라쥬어가 되어있는 벽면의 살구 빛 또는 복사꽃과 같고 엄마의 자궁 속과 같은 색깔은 엄마 품에 안긴 듯 따스하고 편안함을 느낄 수 있게 한다. 벽면에 그림이나 전시물을 게시할 때에는 선보다 면으로 그린 그림을 게시하며, 인형극을 할 때에는 등장인물은 단순하게 표현하고 옷의 색깔로 등장인물의 특성을 나타낼 수 있도록 표현하게 된다. 영유아는 색에 대한 감각이 활성화되어 있다.

따라서 성인보다 직접적이며 본질적인 특성으로 선과 악, 좋고 나쁨, 악마와 천사 등의 특징을 가르쳐주지 않아도 옷의 색깔로도 구분하여 즉각 알아차린다. 벽에 그림을 걸거나 할 때에는 선을 배제하고 면으로 그림을 만들어 벽면에 붙여놓는데 이 그림들은 시야를 자유롭고 편안하게 한다. 그리고 놀잇감 및 환경의 제공에 있어서 가짜가 아닌 진짜의 것을 제공해주고자 한다. 그 이유는 발도프로 유아교육기관에서는 가짜의 삶이 아닌 실제의 삶을 살도록 하며, 따라서 실제의 사물을 제시하여 실제로 사용하고 있는 것이다. 이는 "실제의 사실적 논리"와 관련이 있다. 사용하는 도구가 어떻게 만들어지고 우리의 생활에 어떻게 사용되며 우리 삶에 효용성을 부여하는지? 그리고 어떻게 다루어야 하는지 등을 생생하게 경험하여 인과관계 및 과정, 사물들의 관계성 등을 알 수 있는 생생한 체험을 가능하게 한다는 것에 의미를 두기 때문이다.

실제의 것을 사용하면 자칫 위험해 보여 안전사고가 발생하지 않을까 우려되어 보통 일반 유아교육기관에서는 가짜의 모조품을 사용하거나 아예 제공하기를 꺼려한다. 그러나 영유아는 진짜의 물건을 다룰 때 더욱 조심하게 되고 사물에 대한 관심도 더 커진다. 도구와 기계에 대하여 그림으로 옛것과 오늘날에 사용하는 것, 용도 등을 간접적이고 주지주의적인 교육방법으로 다루는 것보다, 실제 생활 속에서 사용하게 되면 영유아는 훨씬 많은 것을 체험하게 된다(윤선영, 2010).

(5) 상상력과 창의력을 키우는 환경을 조성

완벽하게 만들어져 있고, 볼에 볼터치를 한 '아름다운' 인형은 어린이에게 잘못된 미적 감각을 심어줄 수 있을 뿐만 아니라, 영유아의 두뇌활동이 별로 활성화되지 못한다(Steiner, 1992). 공장에서 찍어낸 같은 모양, 같은 색깔, 같은 표정의 인형이 모든 영유아들의 놀이감이 된다면 그 안에서 개별적이고 상상력이 풍부하며 창의적인 감각과 생각을 이끌어내는 데에는 한계가 있다. 영유아가 스스로 상상하며 개발하고 만들어가는 활동이야말로 두뇌를 발달시키며, 창의적인 두뇌의 형태를 조성해 나갈 수 있는 여건을 제공해 주는 것이다. 그러므로 발도르프교육에서의 중심적 과제는 영유아에게 가능한 많은 자유의 공간을 주는 것이다. 이것은 영유아가 태어날 때 지니고 온 많은 과제들을 스스로 수행할 수 있도록 하는 힘을 기르는 것과도 관련이 있다(Sassmannshausen, 2009).

영유아에게 최소한의 것을 제공하고 보여주는 일은 영유아 스스로 상상하고 채워갈 수 있는 여지를 주어, 영유아다운 판타지의 경험을 충분히 풍부하게 하며 표상능력을 갖게 한다. 이후 학교에 들어가면 형상화(Imagination) 능력으로, 그리고 사고력으로 발달하게 된다. 상상력은 창의성뿐만 아니라 자신의 신체를 인식하는 정도를 고려하여 제공하는 것이 좋다. 예를 들어, 줄인형이나 줄인형극의 경우 영유아의 영혼에 작용하는 폭이 크기 때문에 가급적 큰 어린이에게 제공한다(윤선영, 2010).

발도르프 유아교육에서 유아의 상상력 발달은 매우 중요하다. 영유아는 삶을 모방하면서 삶의 행위를 배우고, 인간의 노동행위, 식물이나 동물과 같은 자연과 인간과의 관계, 인간간의 관계, 언어(모국어)까지도 배우게 된다. 이와 같은 경험은 상상력의 기초가 되어 유사한 경우나 물건을 보게 되면 다시 내적인 활동(표상)으로 살아 움직이게 된다(설희정, 2008).

슈타이너는 영유아의 내면에는 상상력이 숨겨져 있으며 영유아는 본래 상상력이 가득 차 있는 존재라고 하였다. 유아가 7세경이 되면 자유로운 상상을 하게 되는데 이것은 자유로운 사고와 기억능력이 있다는 것을 의미한다. 외부로부터 자극을 받지 않은 채 유아가 스스로 하고자 하는 것들을 기억해 낼 수 있으며, 자기만의 독특하고 자유로운 상상을 펼친다. 이러한 상상력은 항상 존재하는 눈에 띄는 대상에 적용된다(김성원, 2001).

(6) 조화롭고 아름다운 환경

영유아들의 환경을 교육적으로 의도된 교재교구가 채워진 공간으로부터 아름답고 자연스러우며 조화로운 환경으로의 제공을 하는 것도 의미 있는 일이다. 식사시간에 조명을 조정하여 온화한 분위기를 만들고 아름다운 촛대에 초를 켜고 예쁜 꽃이 담긴 꽃병으로 장식한 식탁에 식탁보를 깔고 수저와 젓가락, 밥그릇 등이 정갈하게 놓여 있을 때 전체적으로 조화로우며 아름다운 경험을 하게 되며, 그 식사시간을 통해 영유아는 존재감을 느끼게 된다. 바쁜 일과 속에서 조용히 자리에 앉아 빨리 먹어치우는 상황과는 질적으로 다르다.

햇빛이 비쳐 들어오는 유리창에 투명한 색지를 이용하여 별, 천사 등을 장식하는 것은 교실 공간에 자연이 선사하는 조화와 아름다움을 더 빛나게 한다. 낮잠을 잘 때에는 포근한 잠자리에 나지막한 소리로 불러주는 자장가나 낮잠으로 이끄는 동화 들려주기 등 적절한 분위기를 조성하고, 축제가 있을 때에는 그 축제에 적절한 환경이 조성되는 등, 조화로움 속에 아름다움이 조성된다. 정리정돈이 잘 되어 있는 것도 역시 조화다. 교실의 탁자와 의자들, 그리고 놀잇감 장 등을 어떻게 배치하는가에 따라 상황이 편리하고 안정감을 주며, 또한 놀이에 대한 욕구도 자극한다(윤선영, 2010).

(7) 자연, 계절의 변화와 어우러진 환경조성

발도르프 유아교육기관에서의 환경조성은 영유아가 신체발달의 과정에 있으며, 시간의 흐름 속에 있으므로 영유아가 그 안에서 시간의 흐름을 감지할 수 있도록 조성하는 것이 좋겠다. 영유아기에는 주변 세계와 직접적으로 연결되어 있다. 영유아들을 주변세계와 분리해서 자연의 법칙과 인간생활에 대하여 교육하는 것은 적절치 않다. 그것은 영유아는 아직 세상을 객관적인 대상으로서 바라볼 수 없으며, 그 자체가 영유아들의 일부라고 보기 때문이다. 따라서 발도르프 유아교육기관에서는 자연의 변화와 밀접한 생활을 영위하고 있다.

영유아들은 자연을 통해서 자신의 모든 감각과 신체를 발달시키는 것이다. 시간의 흐름, 계절의 변화, 자연은 영유아들에 있어서 세계의 일부이며 동시에 학습의 장이 된다. 그 속에서 영유아는 세상의 본질인 정신적인 것과의 만남이 이루어진다. 자연과 세상을 사랑하는 마음은 바로 여기에서부터 생겨난다. 그래서 '종교적'이다. 소스먼(Soesman, 2007)은 종교란 인간의 초월적인 존재와의 합일을 갈구하는 것, 즉 근원에 도달하고자 하는 것이며, 이는 감각적인 세계를 통해서 이루어진다고 했다(윤선영, 2010).

(8) 삶을 위한 환경에의 의미부여

계절의 변화와 어울리게 삶을 살아가는 것이 본래 인간의 모습이었다. 영유아의 건강하고 행복한 삶을 위해서 우선 영양, 건강, 안전 등을 보살펴줌으로 해서 물리적 신체의 건강을 돕고, 세상에 대한 열린 태도와 신뢰감, 삶의 의미가 만들어질 수 있도록 '밀착감' 형성을 위한 영혼의 보살핌이 있어야 한다.

성인의 모법을 통해 삶의 긍정적인 즐거움을 배우며, 신체, 영혼, 정신의 보살핌을 통해 인간의 생산적이며 창의적인 '삶의 도발에 맞서는 힘'을 길러준다. 그러나 이러한 자율성은 지적 학습과정을 통한 결과가 아닌 삶을 통한 모방과 놀이경험, 신체적 성장, 자신의 육신에 주인으로서 자유롭고 환타지가 가득한 놀이를 하며, 세상과 행위적인 상호작용을 함으로써 생겨나는 것이라 한다. 특히 일상생활에서의 가사일과 수작업은 영유아가 '삶과 삶을 위한 작업과의 관계'를 투명하게 볼 수 있게 한다(윤선영, 2010).

발도르프 교육기관에서의 놀이 환경은 자연스럽고 인위적이지 않으며 자유로움을 제공하는 반면, 우리나라의 유아교육기관에서의 놀이 활동은 절반의 자유와 구조화된 틀 안에서 생활주제와 그날의 교육계획안에 맞추어진 교사에 의해 준비된 놀이를 진행하며, 맘껏 하는 놀이가 아닌 과제를 수행하는 것과 같은 놀이형태를 띠는 것을 볼 수 있다. 어린이는 마음껏 자유로움 속에서 놀이 활동이 이루어져야 한다고 보는 측면에서, 놀이 활동 속에 교사의 의도를 빼고 자유롭게 놀 수 있도록 배려할 필요를 갖는다.

4) 발도르프 교육이 추구하는 교육내용 및 방법

발도르프 교육이 추구하는 교육방법은 통합적이고, 발달에 적절한 교육, 리듬과 모방에 따른 교육으로 대부분 혼합 연령집단으로 학급을 구성한다. 이 속에서 유아들은 서로 상호작용하면서 형제자매 관계를 형성하게 된다. 현재 우리나라의 교육체제는 동일 연령집단 구성으로 이루어져 있는 상황에 익숙해져 있다.

한편, 현대사회의 가족구성을 보면 대가족에서 핵가족으로, 핵가족에서 단일가족, 한부모가족, 친구가족 등 다양한 형태의 가족구성의 구조를 가지고 있으며, 출산율의 저조로 인해 한 자녀가족의 형태가 많은 것이 현실이다. 이러한 때 발도르프 교육기관에서의 교육적 상황에서는 혼합연령 체제의 윗 연령과 아래 연령의 통합을 경험할 수 있으며, 그 안에서 서로 도움을 주고받으며 형제애를 느끼고 서로의 입장을 배려하는 등의 사회성을 배울 수 있는 기회를 갖게 된다. 또한 발도르프 교육기관에서는 개별성을 존중하며 개별화 교육을 지향하고 있다.

개별화 교육을 통해 교사들 모두가 보다 취약한 학생들을 촉진시키려고 노력하고 언제나 본보기로서의 모범을 통해 유아들을 지도한다. 활동은 우선 교사의 자극으로 시작되기는 하지만 어떤 숨겨진 강요없이 소규모 집단으로 행해지므로 모든 영유아에게 효과적이다. 그리고 발도르프 교육기관에서는 영유아를 보다 깊이 이해하기 위해 유아교육기관의 경우 3~5세 동안 3년간, 초등학교 단계는 1학년 부터 8학년 까지 8년간을 같은 선생님이 계속 담임을 맡는다. 이렇게 같은 선생님에게 한결같은 지도를 받으면서 인생은 지능의 높낮이만으로 좌우되는 것이 아님을 깨닫게 되고, 자기 나름대로의 사회적 역할을 자각하도록 도와준다.

발도르프 교육기관의 하루 일과의 생활계획을 리듬생활이라고 표현하는 것은 하루생활 계획이 들숨(정적활동)과 날숨(동적활동)이 조화롭게 배치되어 유아로 하여금 안정적이며 고른 호흡이 하루 종일 유지하기 위함이다. 또한 하루 중 동네나들이, 숲 나들이와 같은 바깥나들이는 비가 오나, 눈이 오나, 바람이 부나 한결같이 실시한다. 이는 영유아로 하여금 자연의 변화와 현상 등을 자신의 온 감각을 통해 느끼며, 자연에 대처하는 능력을 키우며, 자연의 조화로움, 아름다움, 감사

함을 체감할 수 있도록 하여 균형있는 신체발달을 도모하기 위함이다.

우리나라에서 지난 시간동안 발도르프 교육이 뿌리내리면서 어느 발도르프 교육기관이든 우리나라의 세시풍속 및 절기에 따른 놀이활동, 예술활동, 라이겐, 노래, 요리활동, 전통 수 작업 등의 활동을 리듬활동에 접목하여 우리의 풍습 지키고 실천하는 활동들로 구성하고 있다. 그리고 실제 생활을 경험하기 위해 놀잇감도 주로 자연물 놀잇감으로 실제의 감각을 느낄 수 있도록 하며, 요리활동을 하더라도 썰고 다지고 자르기를 할 때 다루게 될 도구의 성질과 위험요소 등에 대한 이야기를 충분히 나누고, 교사의 실제적이고 조심스러운 행동의 본보기를 직접 보고 느끼고 익힐 수 있도록 한다. 이는 세상을 살아가면서 위험요소는 어디에나 존재하지만 그것에 주의를 기울이고 조심성 있게 대처한다면, 그 위험요소는 더 이상 위험요소로만 작용하지는 않는다는 것을 인식하게 하는 실제의 교육으로 이는 보편적인 발도르프 교육의 교육활동방법이며 내용이 된다.

5) 발도르프 교육에서의 교사 역할

발도르프 교육에서 교사는 아이가 하고자 하는 것을 하도록 격려한다. 슈타이너는 "아이들의 자유로움을 존중해야 한다"고 하면서 사람들은 자신이 가진 자유의 감정이 파괴되면 다른 한편으로 무의식적인 의지가 남아있다고 한다. 교사의 삶에 대한 태도는 유아에게 중요한 교육환경이 되며, 교사 개인의 삶이 곧 인간이라는 존재이고 삶의 본질에 대한 정신세계를 보여주게 된다(윤선영, 2010). 따라서 교사는 유아들에게 삶의 동반자로서 함께 삶을 경험하며, 인간으로서 어떻게 살아야 하는지에 대한 질문을 무의식적인 행동으로 끊임없이 제기하고 있다. 유아들은 이 세상이 '도덕적'이라는 무의식적인 가정을 하고 대한다(Steiner, 1975).

발도르프 교육에서 교사는 설명이나 지시적인 어법보다 유아가 발달과정에서 자신의 행동을 모방할 수 있다는 것을 의식해야 하고, 발달에 적합한 모델을 제시해줄 수 있어야 한다. 이는 유아들이 자발적으로 성인의 행동을 선택하고 모방하는 가운데 내면화가 일어나며, 자신에 맞는 발달조건 속에서 자기 스스로 조절을 통해 서서히 발달하기 때문이다. 특히 인간의 개별성을 존중해 주어야 한다(김정임, 2016).

발도르프 교육에서 교사는 업무를 수행하기 위한 기능인이 아니라 삶의 동반자로서 함께 하면서 영유아들의 삶에 영향을 미치고 있으며, 돌보는 것이다. 교육은 교사가 지닌 교육에 대한 태도와 지식이나 능력을 넘어설 수 없다. 교사는 유아 각 개인은 자신의 특성과 기질, 잠재력, 삶의 배경 및 고민, 성장단계, 그리고 신체적 · 정신적 소질을 다 다르게 갖고 있으므로 이를 관찰하는 방법을 훈련받거나, 스스로 훈련하는 등 꾸준한 앎의 자세와 노력을 기울일 필요가 있다. 슈타이너는 최초의 학교를 설립할 즈음에 가진 세미나의 발문에서 교사의 네 가지 자질을 다음과 같이 제시하였다(자스만스하우젠, 2009).

첫째, 교사는 크고 작은 전체에서 주도권을 쥐고 있어야 한다.

둘째, 교사는 모든 세계 및 인간존재에 대한 관심을 가져야 한다.

셋째, 교사는 자신의 내면에서 허위와 타협해서는 안된다.

넷째, 교사는 신선해야 한다.

유아들에게는 에테르체가 독립적인 성장을 하여 자유로워져서 영유아의 신체 성장에 온전하게 작용할 수 있도록 개념을 너무 일찍 가르쳐서는 안된다고 한다(슈타이너, 2008). 이상과 같이 발도르프 교육의 유아교육적 함의를 교육의 원리, 내용과 방법, 교육평가, 교사의 역할을 모두 살펴보았을 때 발도르프 교육은 하나의 프로그램이 아니다.

발도르프 교육은 유아의 본성을 탐구하는 일에서 출발하여 그 본성을 잘 발현시키는 것이 교육의 목적이 되고, 이를 위해 인적, 물적 환경을 정비하고 제공하는 일이 교육의 내용과 방법, 그리고 교사의 역할이 된다. 또한 유아의 영적 본성과 그것을 관장하는 초월적이고 우주적인 힘들을 믿고 의지하는, 마치 종교적 신념과 같은 확신을 공공히 하는 데서 교사교육과 부모교육이 함께 마련되어야 하며 유아의 본성을 거스르고 그것을 방해하는 일들을 점검하고 반성하며 제거해 나가는 일이 교육평가가 되어야 한다(최숙연, 2010).

5 생태유아교육 프로그램

1) 시대적 배경

현대의 산업문명은 자연생태계의 파괴와 인간성 상실이라는 커다란 위기에 봉착해 있으며, 이로 인해 인간의 본성인 자연과 함께 어우러져 살아가는 본성을 잃어가고 있다. 자연생태계 파괴는 곧 공해문제와 오존층의 파괴, 그리고 다양한 생물종의 급격한 감소에 이르렀으며, 환경오염과 자원고갈 등과 같은 현상이 발생하여 인간소외, 인성파괴, 비인간화 문제로 이어졌고 이러한 영향은 곧 우리 아이들에게 나타나게 되어 절박함을 요한다. 생태파괴로 인한 절박함을 다음과 같이 알아보고자 한다.

(1) 산업문명의 발달로 인한 병든 아이들

산업문명의 경제성장은 우리 아이들에게 TV와 게임기, 컴퓨터, 스마트폰 등 아이들이 갖고 싶어 하는 것 들은 모두 다 가질 수 있게 되었지만, 파란 하늘과 맑은 공기, 푸른 숲과 흙, 즉, 자연을 알고 지낼 수 없게 되었다. 뿐만 아니라, 바쁜 현대인들의 가족구조에도 그 기능이 변화하면서 우리아이들은 부모에게서 진정한 사랑을 받을 수 없고, 할아버지와 할머니의 사랑과 자상함을 알지 못하게 되었다. 자연에서 뛰어 놀아야 할 아이들이 시멘트와 철물로 둘러싸인 유치원과 어린이집, 놀이터에서 놀게 되고, 신선한 야채들의 섭취보다는 인스턴트 음식과 농약에 오염된 음식을 섭취하게 되었다.

이러한 현상으로 인해 우리 아이들은 '양계닭'의 처지와 비슷하게 되었고, 심신이 나약한 아이, 버릇없는 아이, 이기적인 아이, 욕심 많은 아이, 남을 배려할 줄 모르는 아이, 참을성이 없는 아이, 정서적으로 불안정한 아이, 마음이 조급하고 공격적인 아이, 또래와 어울리지 못하는 아이, 진취성이 없는 아이 등으로 자라나게 되었다(임재택, 2008).

이처럼 급속도로 성장하는 산업문명 속에서 우리 아이들은 갖는 것보다는 잃는 것이 많게 되었고, 우리 아이들의 몸과 마음은 병들어가고 있는 심각한 문제에 직면해있다.

(2) 유해식품으로 인한 아이들의 질병

옛말에 '잘 먹고, 잘 자고, 잘 싸는 아이가 건강한 아이다.'라는 말이 있듯이 골고루 영양분을 섭취하고 자연의 이치에 맞게 제철음식을 먹으며 인간은 면역력을 기르며 살아왔다.

현재 우리 아이들은 각종 인스턴트 식품에 노출되어 자극적인 맛에 입맛이 길들여져서 자연스럽게 피자나 햄버거, 자장면과 라면 등 유해식품이 들어간 음식을 섭취하고 있다. 이에 비해 자연에서 갓 따온 나물과 김치, 콩류와 생선은 아이들이 싫어하는 음식이 되어 소아비만과 과잉행동장애(ADHD), 폭력적인 행동, 뇌신경장애, 아토피 피부염 등을 유발하게 되었다. 아토피 피부염은 각종 인스턴트 식품과 유해식품의 과잉섭취로 인해 잘못된 식습관에서 발병하는 경우가 크다.

(3) 아토피 피부염의 증가

아토피 피부염은 환경오염, 불량한 먹을거리, 스트레스, 생활리듬 파괴 등 외부자극에 대해 인체가 적절히 대응할 수 있는 면역체계가 약화되어 피부로 나타난 증상이다(임재택, 2008). 여기서 문제시 보아야 할 점은 지금 우리 아이들의 아토피 피부염과 피부 알레르기는 급격하게 증가하고 있으며, 보통 10명 중 4~5명의 수준이라는 것이다.

자연에서 뛰어 놀던 예전의 아이들은 아토피 피부염을 겪지 않았고, 겪는다 해도 금방 개선되어 드문 질환으로 여겼다. 이처럼 계속해서 환경오염이 가속화되고 아이들의 먹거리 풍토가 개선되지 않는다면, 우리 아이들의 아토피 피부염은 더 빠르게 증가할 것이다.

(4) 체격은 크나 체력이 약한 아이들

요즘 아이들의 경우 체격은 커졌을지 모르지만 체력은 형편없는 수준이다. 요즘 아이들이 잘 먹어서 크다고 하지만 아이들이 즐겨 먹는 음식물에 들어 있는 성장 호르몬의 영향이 더 큰 것인지도 모른다. 옛날 사람들은 8척 거구라고 하면 진짜 힘도 세고 골격도 탄탄했는데, 요즘 사람들은 덩치만 크고 체력은 형편없는 경우가 많다. 요즘 사람들은 고기 양을 늘리려고 성장 호르몬이든 사료를 먹여 키우는 소나 돼지나 닭처럼 덩치만 커진 게 아닌가 하는 의구심을 갖지 않을 수 없다(임재택, 2008). 또한 각종 인스턴트와 유해음식을 입에 달고 사는 아이들일수록 유아비만이 오게 되어 성장발달에도 문제를 일으키고, 두뇌활동에 이상을 나타내게 되는 큰 문제점을 호소하게 된다.

(5) 정신적 질환에 시달리는 아이들

산업문명 사회는 많은 편리함이 존재하지만 그에 비해 많은 사건과 사고도 발생하고 있어 안전을 핑계로 우리 아이들은 밖에서의 활동을 잃어버리게 되어 뛰어 놀 공간을 빼앗기게 되었다. 뿐만 아니라, 아이들은 TV를 보거나 컴퓨터로 게임을 하고, 스마트폰으로 많은 영상들을 보며 플라스틱 장난감을 가지고 놀게 되었다.

매스미디어에 매몰된 아이들은 감각차단 결핍증, TV · 컴퓨터 · 스마트폰 · 인터넷 중독증, 정서불안, 과잉행동장애, 스트레스, 히스테리, 성격불안, 초조, 고립, 이상과 현실의 혼돈, 환상, 자아상실, 인간기피증, 쾌락 추구 등 각종 정신적 질환이 증가하는 추세에 있다(임재택, 2008).

2) 생태유아교육의 개념

생태유아교육은 생태(eco)와 유아교육(early childhoodeducation)이 결합하면서 생긴 말로서, 생명론 내지 생태론과 유아교육의 만남이면서 생태론적 접근의 유아교육이라는 의미를 내포한다(임재택, 2007). 생태유아교육에 대한 정의는 다양하게 제시되고 있으며, 그중 심시원(2007)은 생태유아교육의 개념을 다섯 가지로 구분하고 있다.

첫째, 생태유아교육은 생명사상내지 생태론적 세계관에 바탕을 둔 생명론적 접근의 유아교육이다. 생태유아교육은 생명학(virology)과 생태학(ecology)을 비롯한 우리나라와 동·서양의 생명사상에 바탕을 둔 유아교육이다. 따라서 생태유아교육은 아동중심 유아교육을 포괄하면서 그것을 넘어서는 보다 높은 차원의 근원적인 생명중심 유아교육이다.

둘째, 생태유아교육은 새로운 패러다임(paradigm)의 유아교육이다. 생태유아교육은 최근 산업문명의 최대 피해자인 우리 아이들의 병든 몸과 마음을 살리고, 나아가 성장과 개발, 자본과 경쟁의 논리가 지배라는 지금의 유아교육 현실을 개선하고자 하는 새로운 패러다임의 유아교육이다.

셋째, 생태유아교육은 자연의 순리를 따르는 자연친화적 유아교육이다. 생태유아교육은 자연의 본성을 지닌 아이들이 자연의 순리대로 스스로 잘 자라도록 돌보고 기르는 일을 하는 것이다. 본래 아이는 부모의 자식, 사람의 아이인 동시에 자연의 아이이다. 따라서 생태유아교육은 아이를 사람의 아이이면서 자연의 아이로 기르는 것으로써 자연의 순리대로, 사람의 도리대로 아이를 기르는 것을 의미한다.

넷째, 생태유아교육은 생명의 원리에 따라 아이라는 생명을 모시고 살리는 생명살림의 유아교육이다. 아이라는 생명체 속에는 본래부터 한 사람으로 스스로 자라날 수 있는 생명의 씨앗이 유전인자 형태로 내제되어 있다. 이는 나락 한 알 속에는 장차 지수화풍(地水火風)의 도움으로 뿌리를 내리고, 잎이 나고, 줄기가 자라고, 꽃이 피고, 열매를 맺고, 벼로써의 생명을 다하면, 다시 흙으로 돌아가는 벼에 일생의 유전정보가 내제되어 있다는 것과 같은 이치이다. 즉, 생명의 기운을 잘 발휘할 수 있도록 돌보고 기르는 일이 생태유아교육인 동시에 생명 살림의 유아교육 근본이다.

다섯째, 생태유아교육은 우리 조상들의 아이를 기른 지혜에 바탕을 둔 역사 깊은 미래 지향적 유아교육이다. 우리 조상들은 지난 5000년 동안 한반도에 터를 잡고 자식들을 길러 세계적으로 드높일 만한 찬란한 민족문화를 꽃피웠다. 그러한 조상들의 자녀양육 지혜를 오늘의 현실에서 창조적으로 활용하는 것이 생태유아교육의 관심이고 접근이다. 생태유아교육은 우리 민족의 문화이고, 우리 민족과 아이들의 삶이며, 생활 그 자체이다(심시원, 2007).

생태유아교육은 생태지향적인 가치를 추구하고, 자연친화적 교육을 실천하는 특성을 가지며, 자연의 본성을 지닌 유아와 자연과의 신체적 · 정신적 교류와 교감을 통해 인간과 자연의 공생 및 상생의 지혜를 터득하고 실천하도록 돕는 것이다. 생태유아교육은 생명사상 및 생태론적 세계관에 바탕을 둔 생명론적 접근의 유아교육이며 자연의 순리대로 스스로 잘 자라도록 돕고 기르는 일을 하는 것이며, 생명의 원리에 따라 아이라는 생명을 모시고 살리는 생명살림의 유아교육인 것이다(임재택, 2008). 이는 사람의 아이이면서 자연의 아이로 키우는 것을 말하며, 자연의 순리대로 사람의 도리대로 우리 조상들의 아이 기른 지혜에 바탕을 둔 교육을 말한다.

3) 생태유아교육 본질

생태유아교육의 본질은 생태유아교육에서 바라보는 아이, 교육, 생명에 대한 본질이 깃들어져 있다. 이러한 생태유아교육의 본질을 임재택 · 김은주 · 하정연 · 권미량 · 조채영(2008)은 세 가지로 분류한다.

첫째, 아이는 생명의 본질이다. 아이는 하나의 생명체이고, 아이는 자연의 모든 생명체 중의 하나이다. 아이라는 생명체는 자연에서 태어나서 자연 속에서 살다가 수명이 다하면 다시 자연으로 돌아가지만, 그 생명체의 본성인 생명(生命)은 없어지지 않는다. 즉, 아이는 생명의 본성과 자연의 순리에 따라 스스로 살아가는 동시에 다른 생명체들과 어울려 살아가는 존재라는 것이다. 아이는 모든 생명체와 자생(自生)하면서 공생(共生)하는 생명체인 것이다.

둘째, 교육은 아이와 아이 삶의 살림이다. 인간이 세상을 살아가는 인생사(人生事)는 밥하고 빨래하고 청소하고 아이를 돌보는 일이다. 인생사의 근본은 의식주와 육아이다. 인간은 의식주를 통해 생존하고 육아를 통해 종족을 번식한다. 그래서 의식주는 인간을 살리는 가장 기본적인 행위이다. 결국 인간의 의식주는 인간의 '삶'이고 '생활'이며, 인간을 살리는 '살림'이면서 '살림살이'이다. 즉, 아이가 살아가는 것은 입고, 먹고, 자고, 놀고, 생각하는 일을 반복하는 것이다. 아이가 살아가려면 가족들은 물론 가축, 곡식 및 채소들과 땅과 물과 공기가 살아 있어야 하며, 또한 이들은 각자가 살려면 서로를 살려야 한다. 그래서 가정집은 모든 생명체를 살리는 생명의 기운이 깃든 생기 있는 살림집이어야 한다.

셋째, 유아교육은 아이 · 생명의 살림살이다. 지금 우리 아이들은 가정집과 유치원 · 어린이집 등에서 주로 생활한다. 지금의 병든 가정집을 본래의 모습대로 살림집으로 회복해야 하듯이 유치원 · 어린이집에서도 아이들의 삶을 생태적으로 전환하여 어린 생명체들이 생기발랄하고 신명나는 아이들로 자라도록 돌보는 생명의 살림집으로 바꾸어야 한다. 즉, 유치원 · 어린이집에서는 아이들을 '양계닭'처럼 키우는 것이 아니라 '토종닭'처럼 돌보는 방향으로 전환해야 한다. 아이들에게 잃어버린 자연과 놀이와 아이다움을 되찾아주는 노력을 기울여야 하고, 유치원 · 어린이집의 의식주를 자연적, 생태적, 생명적인 살림의 의식주로 바꾸는 노력이 필요하다(임재택 외, 2008).

4) 생태유아교육 프로그램의 내용

생태유아교육 프로그램을 통해 기르고자 하는 아이상은 '신명나는 어린이'로 음양의 조화를 이룬 아이, 달리 말하면 개성과 창의력을 지니면서 흥겨움과 우리 멋이 흘러넘치는 가운데 자연과 하나되어, 사람과 더불어 행복한 삶을 누리는 어린이다운 어린이를 말한다(하정연, 2009). 현재 실천되고 있는 생태유아교육 프로그램들이 다양하며 또 앞으로 유아교육현장에 적용할 수 있는 활동들도 다양하게 고안할 수 있으나 본 연구에서는 구체적인 교육활동 실천 프로그램으로는 1995년 3월에 개원된 부산대학교 부설 어린이집에서 실시하고 있는 생태유아교육 프로그램 위주로 살펴보고자 한다.

프로그램 내용은 바깥놀이 프로그램, 산책프로그램, 손끝놀이 프로그램, 노인·아동 상호작용 프로그램, 세시풍속 프로그램, 텃밭 가꾸기 프로그램, 동물 교감 프로그램, 명상 프로그램, 먹을거리 교육 프로그램, 절제·절약 프로그램, 도시·농촌 교류 프로그램, 몸짓놀이 프로그램, 등이 있다. 다양한 프로그램 중에서 몇 가지 프로그램의 내용을 살펴보면 다음과 같다.

바깥놀이 프로그램은 아이들이 자신이 가지고 있던 지식, 개념, 경험을 자유롭게 펼치는 시간이다. 바깥놀이를 통하여 지적인 호기심과 상상력을 키우고 계절의 변화와 친구들과 더불어 살아가는 능력을 갖게 하며 자연을 통해 생명의 소중함을 깨닫게 한다. 산책활동 아이들에게 온갖 자연물을 직접 보고, 만지고 듣고, 느끼고, 냄새 맡을 수 있는 체험적 교육활동으로 아이들에게 사람, 사물, 현상과의 관계성을 알게 한다.

세시풍속 프로그램은 아이들에게 계절의 변화에 따른 생활의 주기를 알게 하고, 우리의 건강한 먹을거리를 알게 하며, 더불어 즐길 수 있는 놀이와 조상들의 삶의 지혜를 알 수 있게 하는 프로그램이다. 동물 기르기 프로그램은 아이들에게 동물을 기르며 새끼가 어미가 되고 언젠가는 죽음에 이르는 것을 보면서 생명의 성장과 순환을 경험하게 한다(임재택, 2008).

(1) 노인·아동 상호작용 활동

우리의 현대사회는 핵가족화라는 거대한 사회적 변화 속에서 세대 간의 단절이 심각하다. 즉 노인과 젊은이, 노인과 아동과의 교류가 잘 이루어지지 않고 있으며, 아이들은 할머니·할아버지의 깊은 사랑을 맛보지 못하고 있다. 이러한 상황

속에서 현대사회에서 단절되어 있는 노인과 아동과의 교류를 유아교육기관이라는 장을 통하여 의도적으로 연결하려는 노력의 일환이 바로 노인·아동 상호작용 활동이다. 즉 노인·아동 상호작용 활동은 '노인에겐 보람을, 아이에겐 사랑을'이라는 취지 아래 노인들이 유치원이나 어린이집의 영유아 보육활동에 자원봉사자로 참여하여 아이들과 함께 생활하면서 노인·아동간의 상호작용 기회를 체계적으로 제공하려는 활동이다(임재택, 2005).

노인·아동 상호작용 활동의 유형은 아이들의 연령이나 발달 수준, 노인봉사자의 취미, 능력을 고려한 역할 수준에 따라 달라지나, 대체로 동화, 노래, 산책, 요리, 전통놀이, 텃밭 가꾸기, 예절교육, 행사보조, 간식 및 식사지도 등과 같이 다양하다(임재택 외, 2006). 이러한 노인·아동 상호작용 활동에서(박경란 외, 2003) 노인·아동 상호작용 활동 프로그램을 통하여 아동들은 노인 및 노화에 대한 인식이 긍정적으로 많이 바뀌고, 부정적인 인식이 많이 줄어들어든 것으로 나타났다고 밝히고 있다.

또한 부산대학교 부설 어린이집의 실천사례(임재택 외, 2001)는 노인·아동 상호작용 활동을 통해 노인들은 소일거리가 생겨서 인생의 보람, 생활에 대한 활기와 의욕 및 자신감을 갖게 되며, 아이들은 조부모들의 사랑을 경험하고, 노인에 대한 긍정적인 태도와 우리의 전통문화를 체득할 수 있는 좋은 기회를 갖게 되었다고 한다.

(2) 명상

명상이라는 말은 '눈을 감고 고요히 생각하는 것', '마음을 닦는 것', '참된 자기를 찾는 것', '참된 삶의 길을 찾는 것', 혹은 '의식의 집중을 통해서 자기 초월과 자기 성숙을 이룩하는 정신적인 과정'과 같은 다양한 의미로 사용되고 쓰이고 있다. 즉, 명상이란 내가 진정 내면적으로 어떤 존재인지, 그 자아가 외부의 상황에 어떻게 반응해 나아가고 있는지를 알아가는 과정이다(임재택 외, 2006). 유아들은 본래 신비적이고 명상적인 존재이다. 그러나 여러 가지 기술과 정보가 강조되는 경쟁적이고 기계적인 사회 속에서 왜곡된 유아들에게 본래 자신의 모습을 찾고, 자신의 본래 모습을 느낄 수 있도록 하기 위해 명상이 필요하게 되었다(임재택, 2005).

명상은 우선 특별한 절차나 방법을 따르기보다는 일상생활 속에서 자연스런 체험활동으로 접근하는 것이 중요하다(김우경, 2006). 침묵해 보기, 생각해 보기, 기도해 보기, 자연의 소리에 귀 기울여 보기 등 하루 일과 중에서 어느 특정한 시간을 정하여 매일 하는 명상을 통하여 유아들은 자신의 인식함으로서 타인을 배려하고, 모든 생명을 존중하는 마음이 생긴다. 또한 감정조절을 통해 정서적으로 안정감을 얻고 스트레스에서 벗어나 몸과 마음이 조화를 이룬 행복하고 기쁨이 넘치는 삶을 살아가게 된다(권은주 · 고성민, 2006).

(3) 절제 · 절약 활동

절제 · 절약 활동은 아이들에게 생태의 기본핵심인 순환과 돌림의 경제를 인식시키고 실천하도록 도와주는 데 목적이 있다. 동시에 낡은 옷 하나도 그 존재가치를 인정하고 섬기려는 옛 어른들의 '섬김의 문화'가 갖는 의미를 아이들에게 전하기 위함과 학부모와 지역사회 전체가 절제 · 절약 활동을 생활화 하자는 뜻을 담고 있다(하정연, 2004).

구체적인 실천방법은 '아나바다 운동'에서 찾고 있다. '아껴 쓰고 나눠 쓰고 바꿔 쓰며 다시 쓰는' 생활로 현대 경제가 가져온 문제를 실천적인 면에서 해결해 가려한다(임재택, 2005). 실천할 수 있는 활동으로는 아이들의 시장놀이를 통한 물물교환, 알뜰마당, 각종 폐품 재활용하기, 입던 옷 물려주기, 전기 · 수도 아껴쓰기, 1회용품 안 쓰기, 쓰레기 분리수거, 음식쓰레기 퇴비 만들기 등이 있이 있으며, 이는 유아의 생활 속에서 지속적인 습관으로 연계되어야 한다(교육부, 1998).

(4) 먹을거리 활동

아이는 먹으면서 자란다. 보통 '잘 먹고 잘 놀고 잘 싸는 아이'는 건강한 아이의 상징이다. 아이들의 먹을거리는 아이들이 제대로 자라느냐 자라지 못하느냐 하는 중요한 문제가 걸린 일이다. 또한 먹을거리는 의식주의 중요한 일부로 민족의 정체성과 문화의 표현이기도 한다(임재택, 2005).

아이들에게 자연의 맛을 알게 하고 신토불이(身土不二)의 맛으로 한국인의 정서를 심어주기 위해 노력해야 한다. 육류보다는 신선한 채소와 과일을 많이 제공한다. 동시에 올바른 식습관을 기르고 우리의 전통음식을 되살리며 나누는 삶을 가르치고, 한 방울의 물과 한 톨의 쌀에도 감사하는 마음을 갖게 해야 한다(하정연, 2004).

생태적 식생활과 관련한 한 연구(채영숙, 2005)에서 생태적 프로그램 운영을 통해 유아들이 제철 음식과 우리 전통음식을 잘 먹게 되었고, 음식을 소중하게 생각하고 골고루 먹게 되었으며, 음식의 섭취량과 종류도 증가한 것으로 나타났다. 이에 아이들에게 생명력이 깃든 올바른 먹을거리 문화를 되찾아주기 위해 모유 먹이기, 신토불이음식 먹이기, 제철음식 먹이기, 육류섭취 줄이기, 유기농 농산물 먹이기, 아침밥 먹이기 등의 실천과 함께 유아교육기관과 학부모, 지역사회의 적극적인 협조가 필요하다(서형숙, 2002).

(5) 손끝놀이

손끝놀이란 말 그대로 아이들이 손끝을 사용해서 할 수 있는 놀이를 말한다. 손놀림은 단순한 육체적 과정이 아니라 정신적인 과정이어서 손의 사용은 머리, 마음, 손이 조화롭게 발달하도록 한다. 한 손의 사용은 일을 한다는 것을 의미하며, 일을 한다는 것은 유아들에게 삶을 살아가는 건설적인 생명력을 키우는 일이라 할 수 있다(임재택 외, 2002).

생태유아교육기관 유아들의 자유놀이 시간에 쉽게 볼 수 있는 모습 중의 하나는 아이들이 바느질, 실뜨기, 뜨개질, 직조짜기를 하는 모습이다(조채영, 2006). 손끝놀이는 공간적인 제약을 별로 받지 않는 활동으로 교실 안이나 바깥놀이터에서, 산책을 가서도 가능하며, 시간도 비교적 자유롭게 할 수 있는 활동이다(임재택, 2005).

손가락 체조하기, 곡식 옮기기, 숟가락 · 젓가락 이용해서 옮기기, 종이 접기, 오리기, 붙이기, 구슬 끼우기, 실뜨기, 바느질, 자수, 털실 짜기 등의 손끝놀이를 보다 더 적극적으로 실시해야 할 것이다.

(6) 몸짓놀이

몸짓놀이란 몸을 이용해서 할 수 있는 놀이를 말한다. 몸짓놀이는 몸을 자극함으로써 오장육부를 튼튼하게 하고 몸을 유연하게 한다. 뇌의 자극, 체력 증강, 정서적인 순화와 함께 한국인의 고유한 몸짓을 살려냄으로써 한국인의 정신과 기(氣)를 되찾게 한다. 또한 몸짓 놀이를 통하여 자연과 인간이 하나되는 신명을 경험할 수 있다(임재택, 2005).

몸짓의 원형은 우리의 전통 육아방식에서 찾아볼 수 있다. 도리도리, 짝짜궁, 곤지곤지, 잼 잼, 고네 고네, 따로따로, 불무불무, 목마타기, 까꿍, 에비 비, 단지팔기 등 전통 사회에서 즐겼던 아이체조는 단순한 놀이가 아니라, 아이의 몸을 유연하게 하고 기(氣)의 흐름을 왕성하게 한다. 몸짓놀이에는 기체조를 변형한 도인체조, 여러 동물 모양을 기초로 한 몸짓, 우리 전통의 무예와 춤을 기초로 한 몸짓 등이 포함된다(하정연, 2004).

생태유아교육기관 유아들은 몸짓놀이를 일상생활 속에서 즐기고 있으며, 교사들은 몸짓놀이를 통해 확실히 아이들은 물론이고 교사 자신의 몸이 건강해졌다(조채영, 2006)라고 몸짓놀이의 효과를 기술하고 있다. 교사는 아이들과 함께 일상생활 속에서 몸짓놀이를 보다 더 활발하게 실천함으로써 아이들의 몸 · 마음 · 영혼을 건강하게 하여, 아이들이 행복한 삶을 살아갈 수 있도록 해야 할 것이다.

(7) 생태미술 활동

아이는 예술적 감성을 지니고 태어난다. 자신이 오감으로 체험하는 것들을 미술로 표현하려고 애쓴다. 아이들은 자연에서 온몸으로 뛰어노는 자체가 그림을 그리고 조형물을 만드는 연습이 된다. 즉, 자연과 놀이와 아이다움이 감성이 살아 있는 미술을 할 수 있게 한다. 따라서 이러한 모든 활동은 아이들의 삶과 더불어 이루어져야 한다. 정해진 시간에 이루어지는 미술활동이 아니라 시간, 공간을 넘나드는 아이들의 삶 속에서 이루어지는 놀이여야 한다(임재택 외, 2006).

아이들의 미술은 관계성, 순환성, 다양성, 영성의 방법에 따르는 것이 바람직하다. 먼저, 자연 혹은 사람 간의 관계성을 터득할 수 있도록 해야 한다. 바깥놀이나 산책, 텃밭 가꾸기를 하면서 다양한 경험을 할 필요가 있으며, 또래들끼리 어울리는 공동 작업이나 주변 사람들과 어울려 미술을 해보는 경험도 중요하다. 계절의 변화나 시간 흐름에 따른 자연의 변화와 폐품을 활용한 물질적인 순환을 경험할 수 있는 미술을 해야 한다. 그리고 미술은 다양한 자연을 매체로 표현할 수 있도록 해야 하고, 동시에 아이들의 다양성도 존중해야 한다. 그리고 미술은 영성을 일깨우는 방법으로 이루어져야 한다(임재택, 2005).

Chapter

11

유아교육평가

1 유아교육평가의 의미

1) 정의

인간이 존재하는 한 교육은 행하여지고, 교육이 존재하는 한 어떠한 형태든 평가는 계속된다. 여기서 평가는 가치의 유무를 알아본다는 말로써, 어떤 대상이나 행위에 대하여 가치를 판정하는 것이라고 할 수 있다.

교육평가는 교육에서 야기되는 제반 현상을 평가하는 것으로써, 지금 우리가 사용하는 교육의 의미들이 다양하기 때문에 그에 따른 교육평가의 정의 역시 다양하게 나타나고 있다. 교육평가의 정의 중 가장 전통적인 정의를 내린 타일러(Tyler, 1964)는 "평가의 과정이란 본질적으로 교육과정 및 수업의 프로그램에 의하여 교육목표가 실제로 어느 정도 실현되었는지를 밝히는 과정"이라고 했다. 또한 글룩(GlooK, 1981)은 교육평가를 "여러 가지 활동이나 교육적 시도의 효과를 증거를 통해 알아보려는 체계적인 과정"이라고 정의하고 있다.

유아교육평가는 유아교육에 관한 모든 것을 평가하는 것으로, 특히 유아를 과학적으로 이해하고, 교사를 평가하며, 교육목표가 어느 정도 달성되었는지를 알아보는 과정이다. 즉, 유아교육과정 평가는 유아들이 이 교육과정을 경험함으로써 어떻게 변화되었는가를 알아보기 위한 과정이다. 이는 개별 유아는 물론, 유아들 집단을 위한 교육 계획과 부모들과의 면담 및 유아와 유아들에게 영향을 끼치는 다양한 교육적 결정들을 위한 기초가 된다. 최근 들어 이러한 유아 교육 과정 평가가 더욱 부각되고 있는데 이 같은 이유는 일곱 가지로 살펴볼 수 있다.

첫째, 유치원이 공교육기관으로 그 위상이 높아졌다는 점이다. 머지않은 시점에 유치원이 무상공교육기관으로서 그 위상을 정립하게 될 전망이고, 이러한 추세에 맞추어 유치원교육의 성과와 효과를 객관적으로 평가하여 보려는 시도와 노력이 가속화될 것이다.

둘째, 유아교육의 정책이 양적 팽창 정책에서 질적 향상으로 전환하고 있는 추세를 들 수 있다.

셋째, 학부모 및 일반 사회인의 유치원교육의 성과 및 효과를 확인하고자 하는 관심이 고조되고 있다는 점이다. 부모들은 유치원에서 자녀가 무엇을 배우며, 어떻게 배우고, 어느 정도의 성장 및 발달을 성취하는지에 지대한 관심을 보이며, 좋은 프로그램을 채택하고 있는 유치원에 대한 학부모의 선호가 높아지고 있다.

넷째, 초등학교 조기입학이 제도적으로 허용됨에 따라 유아의 학습준비 능력, 발달적 성취수준에 대한 관심이 커져가고 있다.

다섯째, 오늘날 유아교사의 자질 중 가장 높이 평가되는 것들의 하나가 유아의 성장과 발달을 길러 주는 학습지도 및 생활지도 능력으로 여기게 되면서 유아 학습지도 역량과 생활지도 역량에 대한 평가가 관심이 모아지고 있는 것이다.

여섯째, 유아교육기관의 장학지도의 참고 자료로서 유아교육기관의 종합적 평가의 필요성이 커지고 있다.

일곱째, 부모교육의 면담자료로써 유치원 원아의 원 생활에 대한 종합적 평가 자료의 활용가치가 점차 커져가고 있는 것 또한 유치원교육에 있어서 평가가 중요시되는 것에 한몫을 하고 있다고 볼 수 있다.

2) 필요성

평가는 개념에 있어서 어떤 현상이나 사건의 변화 정도를 어떤 객관적인 도구를 사용하여 수량으로 재어내는 활동으로, 정의되는 측정보다 훨씬 포괄적 성격을 띠고 있는 것으로 양적 · 질적으로 기술한 사실에 대해 가치판단을 하는 것을 포함하는 것을 의미한다.

일반적으로 유아교육에서는 그동안 초 · 중등학교처럼 각 개인의 학습결과를 측정하여 상급학교에 입학하지 못하느냐를 결정하는 선발적 기능이 거의 없었다. 또한 유아교육에서는 공부를 잘하는 유아와 공부를 못하는 유아를 변별하여 상벌을 정하는 그러한 일들도 거의 없었다. 그렇기 때문에 유아교육에서는 평가활동이 그동안 일반화되지 못하였다.

유아교육현장에서 다양한 유아교육 프로그램을 채택하고 있는 경향이 높아지고, 어떤 유아교육 프로그램을 채택하는 것이 바람직한 것인가에 대한 관심이 높아짐에 따라 각 유아교육 프로그램의 선과는 유아발달 성취도 자료들을 토대로 평가하고자 하는 시도가 많아지고 있다. 더욱이 유치원 교육과정이 매 5년마다 제정되고, 제정 때마다 그동안 유치원 교육과정의 정상적 운영의 결과를 평가하는 연구 활동이 필요하였다. 과연 유아들이 유아교육과정에서 제시한 교육목표를 바르게 달성하고 있는지, 또는 교육목표 수준이 너무 어렵지 않은지 등에 관해 확인하려는 평가활동이 필요해졌다.

유아교육은 개인차가 아주 넓기 때문에 개별화 교육을 중시하고 있다. 이를 위해 개인아동의 발달진전 상황 또는 발달 성취 수준을 수시로 확인하여 개별아동의 발달에 적합한 교육활동을 제공할 필요가 높아졌다. 이러한 유아교육평가의 필요성이 더욱 부각됨에 따라 평가의 흐름도 변하고 있음을 알 수 있다.

교육평가에서 활발하게 논의되는 동향은 전통적인 표준화 검사에 대한 불만족과 체계적인 평가에 대한 열망으로 수행평가에 대한 것이다. 표준화 검사는 유아 자신이 직접 검사내용을 이해하고 답하는 것이 아니라, 검사자를 통하여 판단되므로 여러 가지 문제가 발생할 수 있다. 이러한 표준화 검사를 보충하기 위해 대안적 평가, 참 평가, 포트폴리오 평가, 과정 평가, 전시 혹은 시범 등 다양한 수행평가가 활용되고 있다. 이러한 평가의 흐름을 정리해 보면 다음과 같다.

첫째, 평가의 의미를 전인의 양성을 목표로 하는 교육 전반에 걸친 자료를 수집하는 것으로 보는 견해가 지배적이다.

둘째, 평가의 영역 또는 내용과 관련하여 직접적이고 실제적인 평가를 지향하고 있다.

셋째, 결과 지향적 평가보다 과정 지향적 평가를 강조하여 수업과 평가의 통합적인 접근을 시도하고 있다.

넷째, 학생들의 반성적 자기 평가기회를 확대하고 있다.

다섯째, 평가기법 또는 전략이 다양한 형태로 모색되고 있다.

2 유아교육평가의 목적과 기능

유아교육과정 평가의 목적은 유아교육과정의 가치를 판단하고, 유아교육과정에 관한 정책결정을 책임지고 있는 의사 결정자들에게 충분한 자료를 제공함으로써 유아교육과정의 질적 개선과 교육적 효율성을 증대시키는 데 있다.

데커와 데커(Decker & Decker, 1976)는 유아교육과정 평가의 목적을 유아교육과정 혹은 유아교육 프로그램의 철학이나 기본 가정의 변화를 결정하고, 유아교육과정 혹은 유아교육 프로그램에 대한 유아들과 교사들의 요구를 확인하고, 유아교육과정 혹은 유아교육 프로그램의 수정, 보완의 방향과 내용을 파악하고, 지역사회와 관계인사 및 기관에 유아교육과정 혹은 유아교육 프로그램의 현황과 문제를 홍보하는 등 일련의 활동을 통해 장차 보다 질 높은 유아교육과정 혹은 유아교육프로그램을 구성·운영하는 데 있다고 하였다.

우리나라 교육부 고시 '유치원 교육과정'(1998)에서 평가의 결과는 "유아의 전인적인 성장, 효율적인 교육과정 운영, 부모 면담, 생활 기록부 작성 등을 위한 기초자료로 활용한다."라고 명시하고 있다. 이는 유아교육과정 평가의 목적이 교육과정 운영실태를 평가하고 그 결과를 효율적인 교육과정 운영의 기초자료로 활용함으로써 유치원교육과정의 질을 개선하고 유아교육의 효율성을 높이는 데 있다.

유아교육에 있어서 평가목적은 유아들의 전인적 성장과 발달에 도움을 주기 위한 제반 교육 프로그램의 적절성·타당성을 밝히며, 유아교육에 참여하는 모든 사람들에게 도움을 주고 유아 개개인의 발달 수준 및 행동 변화를 평가하는 데 그 목적이 있다고 할 수 있겠다. 즉 평가는 유아의 제반 영역의 발달 상황을 확인·이해하여 그들의 전인적으로 성장·발달해 나갈 수 있도록 도와줄 수 있도록 교육 관련 자료와 정보를 수집하여, 학습지도 방법자료로 활용하는 데 그 목적이 있다고 볼 수 있다. 유아교육평가는 다음의 다섯 가지 기능을 갖는다.

첫째, 유아교육의 학습활동을 개선한다. 즉 유아에게 제공된 수업목표가 얼마나 잘 성취되었는지의 여부를 밝혀, 교육활동의 전반적인 지도 과정을 개선시킬 수 있게 된다.

둘째, 유아에 대한 과학적인 자료를 수집한다. 평가를 통해 유아들의 생활지도나 학습지도에 있어서 기초가 되는 유아의 이해자료를 수집할 수 있는 것이다.

셋째, 부모에게 필요한 아동 관련 자료를 제공한다. 각 유아에 대한 평가 결과를 부모에게 통보함으로써 부모는 유아에 대한 바른 이해와 가정에서의 유아의 능력에 맞는 양육 및 교육에 도움을 받을 수 있다.

넷째, 유아 교사의 유아학습지도 방법을 개선한다. 학습지도 방법 또한 계획과 마찬가지로 영구불변하는 것이 아닌, 교사의 융통성과 자율성에 따라 수정 가능하므로 유아평가의 결과를 통하여 교육목표에서부터 지도방법에 대한 반성을 통한 개선도 가능한 것이다.

다섯째, 유아의 학습동기를 유발한다. 평가결과에 대하여 강화를 체계적으로 사용한다면 학습동기를 유발시킬 수 있는 것이다.

3 유아교육평가의 내용과 방법

유치원 교육은 5개의 교육과정 영역에 대한 통합적 교육경험을 통하여 유아들이 일상생활에 필요한 능력과 태도를 기르는 데에 중점을 두는 전인적 성장의 기초 교육이다. 따라서 평가는 이러한 유치원 교육의 결과가 유아의 전인적인 성장 발달에 도움이 되었는지 전체적으로 파악하는 것을 목적으로 한다.

평가는 유치원 교육과정 5개 영역을 통합한 내용으로 유아의 건강, 기본 생활 습관, 사회적 적응, 정서적 안정감, 창의적 표현, 바른 언어사용 능력, 그리고 탐구하는 태도 등이 생활 전반에 걸쳐 고르게 변화하고 발달했는지에 중점을 둔다.

평가에는 전인적인 성장발달 정도에 대한 유아 평가와 프로그램에 관한 평가

두 가지가 있다. 프로그램 평가는 교육과정 계획에서부터 실시, 평가 자체에 이르기까지 절차, 내용, 운영 등에 대한 평가를 말한다. 이 두 가지 교육평가 영역을 소개하면 다음과 같다.

1) 유아에 대한 평가

유아에 대한 평가란, 유아가 무엇을 알고 행동하고 어떻게 하는지에 관심을 두고 유아의 발달과 학습과정을 관찰 · 기록 · 문서화하는 과정이다. 유아 평가 방법은 형식적 평가와 비형식적 평가로 구분할 수 있다.

첫째, 형식적 평가는 평가하려는 유아의 행동이 제한되어 있으며, 일률적이고 통제된 절차에 따라 수집된다. 형식적 평가의 대표적인 예는 각종 심리검사를 들 수 있다.

둘째, 비형식적 평가는 유아의 행동에 제한을 두지 아니하고 자연스러운 상황에서 폭넓게 자료가 수집된다. 비형식적 평가의 대표적인 예는 관찰이라 할 수 있다. 유치원 현장에서는 일반적으로 비형식적 평가와 형식적 평가를 모두 활용하되, 그들 간의 중간 위치에 속하는 방법을 고안하여 사용할 수 있다. 이를 그림으로 제시하면 [그림 11-1]과 같다.

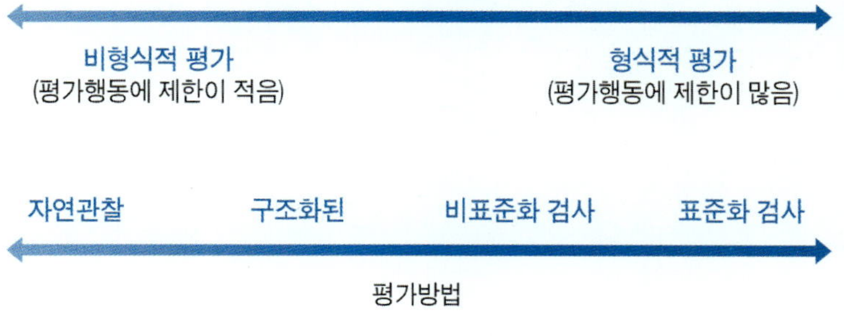

[그림 11-1] 유아에 대한 평가방법

(1) 일화기록

일화기록은 한 가지 행동이나 상황에 초점을 맞추어 기록하는 방법으로, 일화기록(anecdotal records)의 경우 다양한 상황에서 아동의 자연적 행동에 관한 정보를 제공해주므로 개인의 기본적이고 중요한 성격 특성을 이해할 수 있도록 해 준다.

일화기록은 미리 정해진 범주의 행동이 일어나거나 교사가 기록해 놓을 만한 가치가 있다고 판단할 때 사용하기 때문에 관찰자는 관찰하고자 하는 상황이나 행동이 발생하는 맥락을 정확하게 알고 있어야 한다. 일화기록은 상황이나 행동이 일어난 후에 기록되어질 수도 있으므로, 시간이 많이 걸리고 그 자리에서 기록해야 하는 표본식 기술에 비해 유아교육기관에서 사용하기에 더 적합한 방법이다.

<table>
<tr><td>관찰 유아 :
관찰자 :
관찰일 현재 유아의 연령 : 년 월
관찰 장면 :</td><td>생년월일 :
관찰시간 :</td><td>성별 : 남 · 여</td></tr>
<tr><td colspan="3">기록 :

발달 영역 :</td></tr>
<tr><td colspan="3">요약 :</td></tr>
</table>

(2) 행동목록법

행동목록법(behavoir check list)은 어느 한 시점에서 특정한 기술이나 행동의 출현 여부 자체에 관심이 있을 때 사용한다. 행동목록법은 관찰할 행동의 목록을 사전에 만들어 놓고 관찰하면서 해당되는 행동이 나타날 때마다 체크로 표기하는 방법이다. 행동목록법의 가장 큰 장점은 관찰자가 특별한 훈련을 받지 않고도 관찰 대상의 행동을 가장 단순한 방법으로 기록할 수 있다는 데 있다. 그러나 행동목록법은 행동의 출현빈도나 질적인 수준에 대한 정보를 얻을 수 없다는 단점을 가지고 있다.

인지발달 체크리스트 (만 4, 5세용)

관찰 유아 : 생년월일 : 성별 : 남 · 여

관찰자 : 관찰시간 :

관찰일 현재 유아의 연령 : 년 월

* 관찰할 유아를 선택한 후 체크리스트에 있는 행동이 나타나면 ∨로 표시한다.
* 관찰 결과를 요약 정리한다.

	예	아니요	비고
1. 사소한 일에도 질문을 많이 한다.	____	____	____
2. 사물을 주의 깊게 관찰하고 본다.	____	____	____
3. 상식이 풍부하다	____	____	____

(3) 평정척도법

평정척도법(rating scale method)은 관찰에서 얻은 자료를 수량화하기 위해 고안된 방법으로, 관찰된 행동의 질적인 차이를 평가할 때 사용하는 방법이다. 평정척도법은 사용하기가 편리하고 특별한 교육이 필요 없기 때문에 손쉽게 사용할 수 있으며, 짧은 시간 안에 많은 발달 영역을 한꺼번에 평가할 수 있는 장점이 있다.

평정척도법은 또한 행동의 질을 평가할 수 있기 때문에 이를 반복해서 사용할 경우 시간의 흐름에 따라 발생하는 행동의 변화에 대한 정보를 얻을 수 있다.

그러나 평정척도법은 이미 개발된 척도를 사용하는 것은 매우 쉬우나 척도를 개발하는 것은 매우 어렵다는 단점을 가지고 있으며, 또한 다른 사람이 개발한 척도를 사용할 때 자신이 생각하는 단계가 포함되어 있지 않을 가능성도 있다.

유아관찰척도

유아 이름 : ____________________ 만 연령 : __________세 (남, 여)

학 급 명 : ____________________ 관 찰 자 : __________________

관찰기간 : _____ 년 _____월 _____일 ~ _____년 _____월 _____일

• **관찰지침**

유아에 대한 관찰 결과를 다음의 보기와 같이 1, 2, 3, 4단계 중의 하나로 평정하여 그 번호 앞에 V 표시를 한다. 이 때 유아의 행동이 어느 단계의 평점 기준과 가장 비슷한지에 따라 결정하며, 여러 단계의 행동을 보일 때는 더 많이 나타나는 행동에 따라 판단한다.

단, 네 단계 중의 하나로 판단이 불가능하거나 관찰이 덜 된 문항은 일단 빈칸으로 남겨 놓았다가 추가 관찰을 통해 평정한다.

• **건강생활**

• **놀잇감 정리하기**

1) 교사가 지시해도 놀잇감을 정리하지 않는다.
2) 교사가 지시할 때만 놀잇감을 정리한다.
3) 스스로 놀잇감을 정리한다.
4) 스스로 놀잇감과 함께 주변을 깨끗이 정리한다.

(4) 흥미 영역평가

흥미 영역평가는 각 흥미 영역에서 유아가 선택하는 활동을 관찰하고 지속시간, 흥미 영역의 종류, 유아가 가장 흥미 있어 하는 활동의 종류를 수집한다. 유아의 활동은 흥미 영역 내에서 일어나므로 이러한 흥미영역을 중심으로 유아의 발달상태를 평가할 수 있다.

(5) 유아 작업 활동의 수집

유아가 작업 활동을 통해 만들어 놓은 여러 작품과 흔적을 모아 놓은 것은 유아를 진단하는 수단이 될 수 있다. 일정한 간격을 정해서 모으면 유아의 가장 평균적인 발달을 알 수 있으며, 이러한 계속적인 자료는 유아의 발달상황을 평가하는 누가적인 자료가 된다. 오래 보존할 수 없는 자료는 그때그때 사진을 찍어 놓는 것이 좋으며, 수집된 자료에는 날짜와 활동배경, 유아의 특정 행동, 동기 유발, 동료 유아와의 관계를 적어 놓는 것이 좋다.

(6) 교사 – 부모 – 유아 면담

부모와의 면담은 부모가 유아의 문제점을 파악하고 문제해결점을 찾을 수 있을 뿐 아니라, 교사 또한 유아에 대한 여러 가지 자료를 얻을 수 있으며 교수·학습에도 도움을 줄 수 있다. 부모와의 면담은 개인 면담과 집단 면담으로 나누어지며, 문제상황 뿐만 아니라 수시로 필요에 따라 할 수 있다.

(7) 표준화 검사

표준화 검사는 유아 자신이 직접 검사내용을 이해하고 답하는 것이 아니라, 검사자를 통하여 판단되는 방법으로써 위에서 제시한 여러 가지 방법과 함께 사용된다면 객관적인 자료로서 가치가 높다.

표준화 검사는 유아에게 의미 있는 학습경험의 맥락에서 이루어지는 수행평가의 이득을 놓칠 수 있다는 점에서 강하게 비판받아 왔다. 표준화 검사는 그 자체만으로는 유아의 발달을 평가한다는 것은 위험한 일이며, 다른 평가도구와 함께 유아의 발달을 이해하기 위한 보조자료로 사용되는 것이 중요하다.

(8) 교사제작 비형식적 검사

부모나 형제 외에 유아와 가장 많은 시간을 함께 보내는 것은 유아교육기관의 교사이다. 교사는 매일의 학습활동을 통해 유아를 평가할 수 있는 다양한 기회를 제공받을 수 있다. 교사가 제작한 비형식적 검사는 검사지 형식을 취하지 않아도 되며, 유아 곁에서 질문을 던지거나 교구를 조작해 보는 방법을 통해 유아의 발달 수준을 평가할 수 있다.

(9) 자기평가

유아는 여러 평가 방법을 통해서뿐만 아니라, 자신이 한 일에 대해 스스로 생각해보고 평가해 볼 수 있다. 하지만 유아기 아동이기 때문에 자기평가의 경우에는 교사의 도움을 필요로 한다. "오늘 하루 동안 네가 한 일에 대해 어떻게 생각하니?", "친구와의 다툼은 왜 일어났을까?" 등의 질문을 통해 유아는 스스로 자신이 한 일에 대해 평가할 수 있고, 이러한 자기 평가는 앞으로의 학습계획에 반영될 수 있다.

(10) 게임

교사는 특정한 학습목표를 위한 게임을 고안하여 유아가 게임에 참여할 때 어떠한 게임전략을 사용하는지 관찰함으로써 유아의 현재 사고과정과 학습한 것을 파악하고 연구할 수 있다.

(11) 포트폴리오

NAEYC(the National Association for the Education of Young Children)에서는 유아들을 위한 적절한 학습경험을 계획하는 데 다음의 세 가지 종류의 정보가 필수적이라고 지적하였다. 첫째, 개별 유아에 대한 지식이고, 둘째는 유아의 발달에 대한 지식이며, 셋째는 다양성, 즉 유아의 사회 문화적 배경에 대한 지식이다.

개별 유아에 대한 지식은 유아와 그 가족들과의 개별적이면서 다양한 만남의 틀을 제공한다. 이 때 포트폴리오는 유아와 가족들을 위한 참조물, 발달적 정보의 보관함, 잠시 어려움에 처한 학습자를 격려하고 안도시키는 자원이 될 수 있다.

유아의 발달에 대한 지식은 유아의 영역별 발달에 대한 철저한 기초 지식이 유아교육과 보육에서 필수 요건이라는 점에서 중요하다. 유아교사는 유아의 발달에 대해 관찰하면 할수록 더 많이 이해하게 된다. 관찰은 다양한 교수방법과 연구를 심화시키고 실험해 보도록 이끈다. 학습에서 일어나는 여러 가지 일들에 대해 포트폴리오 평가가 제공하는 풍부한 기록은 그러한 반성적 사고를 위한 원 자료가 된다.

포트폴리오 평가는 개별 유아의 요구와 장점에 초점을 맞추고 가족을 참여시킴으로써 유아교육 프로그램에서 문화적 다양성과 특별한 요구를 지닌 유아를 지원한다. 포트폴리오는 학습자 공동체를 육성하며 그 공동체는 다른 언어를 사용하는 유아와 그 가족들, 신체 또는 학습 장애를 지닌 사람들, 다양한 가족 구조, 문화, 생활양식을 지닌 사람들을 포함할 수 있고, 포함해야 한다.

이러한 세 가지 종류의 정보를 가장 적절하게 제공할 수 있는 평가가 포트폴리오 평가라 할 수 있다. 포트폴리오 평가는 가정과의 연계를 통하여 가정에서 유아에 대한 정확한 인식을 바탕으로 교육의 확장이 가능하여 좀더 유기적이고 통합적인 유아교육이 가능하게 된다.

포트폴리오 평가의 유형에는 세 가지를 살펴볼 수가 있는데, 개인 유아의 일화기록, 체계적 기록, 일관기록, 부모 면담 기록 등 계속적인 기록사항과 유아와 그 가족의 사생활이 보장되어야 하는 정보사항인 개인 포트폴리오, 유아들이 스스로 활동하면서 기록, 초안, 예비 그림, 최근 작업 표본, 학습 일지 등 유아 자신이 수집하는 학습 포트폴리오, 마지막으로 유아와 교사 부모가 함께 상의하여 후임 교사에게 넘겨줄 인수 포트폴리오로 나눌 수 있다.

포트폴리오 평가는 유아의 다양성에 대한 지식을 제공해 주는 만큼 그 자료도 다양하다. 작업표본, 부피가 크거나 입체적인 작품, 시연하는 장면의 사진, 녹음·녹화기록물, 기타 항목을 수집함으로써 유아, 교사, 부모들은 언어, 논리 수학, 공간, 신체 – 운동감각, 음악, 대인 간, 개인 내, 자연관찰 지능을 포함한 다양한 인지 능력에 대한 증거를 보존할 수 있게 된다.

4 유아교육 프로그램 평가

유아교육 프로그램의 평가는 유아교육과정 실제의 전반적인 측면에의 타당성, 효율성, 적절성을 밝히는 것이라고 할 수 있다. 프로그램의 효과와 가치 등에 대한 적절한 평가는 유아와 부모, 관련 행정가들에게 유용한 정보와 도움을 줄 수 있기 때문에 유아에 대한 평가와 더불어 프로그램 자체에 대한 평가도 필요하다. 프로그램의 평가는 교사와 유아 간의 상호 양방적 관계 속에서 이루어져야 하며, 유아의 발달특성과 프로그램 간에 최상의 연결이 가능하도록 진행되어야 한다.

프로그램의 평가 유형은 크게, 프로그램의 부분적인 수정이나 개선을 위한 형성평가와 프로그램의 주효과와 영향을 알아보기 위한 총괄평가, 교육목표의 설정과 학습내용 및 경험의 선정과 조직, 적절한 교수·학습과정을 거친 학습활동의 결과를 분석하기 위한 자체 평가, 여러 교육 프로그램 중에서 각 프로그램의 효과를 검증·비교하기 위한 비교평가 등으로 구분해 볼 수 있다. 그러나 어떤 형태의 평가이든 교육 프로그램 평가는 교수·학습과정, 운영관리, 건강증진 및 보호 및 우리의 사회적 삶의 질을 증진시키는 데 공헌하며, 실제적이고 잠재적인 판단의 기초로서 활용되어야 하고, 그 목적은 프로그램의 차기 계획과 운영 그리고 학습자의 발달수준을 고려하여 정책적인 의사결정에 정보를 제공함으로써 프로그램의 질적 수준의 유지·향상에 두어야 한다.

유아교육 프로그램의 평가는 프로그램의 질적 수준을 향상시키려는 의도이므로 평가모형을 활용하면 그 효율성을 높일 수 있다. 평가모형으로는 NAEYC에서 실행하고 있는 유아교육 프로그램 인정평가와 우리나라의 유아교육 환경평정척도(임재택, 1983), 유아교육 시설기관의 표준평가척도(이영석, 1989) 등 다양한 유형의 프로그램 평가를 위한 도구의 개발 및 평가체제 구축에 관한 연구들이 뒤따르고 있다. 교육기관 평가방법 중에서 교육의 질을 향상시키는 데 가장 긍정적인 영향을 준다고 알려진 것은 인정평가제이다.

유아교육에서 인정평가제의 목적은 교육관계자의 전문성 고양, 프로그램의 미비점 개선, 기관의 질에 대한 정보 및 양질의 교육을 유도하여 궁극적으로 유아교육 전체의 질을 향상하는 데 있다. 평가내용은 어떤 관점에서 어떤 준거에 비추어 무엇을 강조하여 평가할 것인가에 관한 실질적인 부분으로, 평가의 내용은 평가의 목적에 따라 달라진다. 인정평가제의 목적이 유아교육의 질적 제고와 유아교육 관계자의 전문적 성장을 위한 것이라는 점을 고려해 볼 때 유아교육 인정평가의 준거는 유아교육의 질을 구성하는 하나의 지표여야 함을 알 수 있다.

1980년대 이루어진 활발한 연구결과에 힘입어 현재 유아교육의 질을 결정하는 요인들이 많이 알려졌다. 여러 연구에서 유아교육기관의 질적 요인으로 물리적 환경과 학급 집단크기, 교사의 전문성, 교사 대 유아의 비율(Howes, Phillips & Whitebook, 1992; Johnson, 1990; Kagan & Newton, 1989; Palmerus, 1991) 등을 유아교육의 질을 좌우하는 핵심요인으로 제시하였다. 이런 유아교육기관의 질과 관련된 연구결과에 기초하여 유아교육 프로그램의 평가영역에 관한 연구들을 정리하면 〈표 11-1〉과 같다.

〈표 11-1〉 **유아교육 평가 영역 관련 연구**

개발자	평가 영역
Endsley & Bradbard(1981)	① 건강과 안전 ② 충분한 공간 ③ 발달에 적합한 교구 및 설비 ④ 낮은 교사-유아비율 ⑤ 부모참여
NAEYC(1984)	① 교사-아동 간의 상호작용 ② 교육과정 ③ 교사-부모와의 관계 ④ 교사자격 및 전문성 ⑤ 운영관리 ⑥ 교사 편제 ⑦ 물리적 환경 ⑧ 건강과 안전 ⑨ 영양 및 급식제공 ⑩ 평가
한국교육개발원(1986)	① 교육과정 운영 ② 교육환경 ③ 시설 설비 관리 ④ 경영관리 ⑤ 가정 및 지역사회 관계

호주(1993)NCAC	① 상호작용 : 교직원과 아동의 상호작용, 교직원과 부모의 상호작용, 교직원간의 상호작용 ② 프로그램 ③ 영양, 건강, 안전훈련 ④ 기관의 경영과 교직원 개발
국립교육평가원(1994)	① 물리적 환경 ② 교육과정 운영 ③ 교직원의 전문성 ④ 경영관리 ⑤ 가정 및 지역사회와의 관계
이기숙 · 이은해(1996)	① 일과계획 ② 교육과정 ③ 상호작용 ④ 물리적 환경 ⑤ 교재 교구 ⑥ 영양 · 건강 · 안전 ⑦ 운영관리 ⑧ 교직원 ⑨ 가정 및 지역사회와의 관계 ⑩ 평가활동
장명림 · 나정 · 이기숙 · 최윤정(1999)	① 물리적 환경 ② 교육과정 ③ 운영관리 ④ 유아의 영양 · 건강 · 안전 ⑤ 교직원 ⑥ 가정 및 지역사회와의 연계

이상으로 〈표 11-1〉에 기초하여 유아교육 프로그램의 평가영역을 종합해보면 공통적으로 교사 – 유아 상호작용, 교육과정, 물리적 환경, 부모와의 관계 등이 질적 요소와 밀접한 관계가 있음을 발견할 수 있다. 이외에도 건강과 안전, 교사 자격과 부모 및 지역사회와의 연계를 질적 요소로 제시하고 있음을 볼 수 있다. 따라서 좋은 질의 교육 실제를 가늠할 수 있는 인정평가의 내용으로는 유아교육 프로그램의 질을 유지하고 증진시키기 위해 교사 – 아동 간의 상호작용, 교육과정, 교사 – 부모와의 관계, 교직원, 기관의 교육환경, 건강과 안전, 유치원과 지역사회 등이 포함될 수 있다.

5 유치원 평가

1) 유치원 평가의 정의

유치원 평가의 개념을 국가 수준의 유치원 평가의 관점에서 "유치원 평가는 유아교육기관으로서 유치원의 운영 실태를 총체적으로 점검하고, 이를 토대로 유치원의 강약점을 파악하여 개선을 위한 정보를 제공하는 일련의 과정"이라고 정의하였다.

유치원 평가는 효과적인 유치원 교육활동을 수행하기 위해 제반교육 여건을 조성하고, 그 과정과 성과를 점검하는 일련의 과정이라고 규정할 수 있을 것이다. 특히 오늘날에는 교육의 질 향상 및 교육에 재한 책무성 재고를 위한 유치원 평가에 대한 관심이 증대되면서, 유아들의 능력 평가에 국한된 평가체제에서 탈피하여 유치원교육에 관련된 전 분야에 걸친 평가체제로 나아감으로써 교육의 질을 보장하려고 하고 있다.

1980년대 이전까지 유아교육평가 영역은 포괄적인 성격을 띠기보다는 교육의 결과를 나타내는 유아의 발달이나 성취 수준만을 대상으로 삼거나 개별 교육 프로그램이나 수업방법 및 유아교육의 질 등에 초점을 두어 왔다. 그 결과, 유아교육기관의 교육성과를 직·간접적으로 좌우하는 중요한 다른 요소들을 평가하기 어려운 문제가 있었다. 이상과 같은 정의들을 종합하여 볼 때 유치원 평가는 유치원이라는 사회기구가 수행하고 있는 온갖 활동들과 결과와 과정을 분석·평가함으로써 유치원이라는 사회기관이 그 본래의 목적을 보다 충실하게 수행할 수 있도록 돕는 활동이라고 할 수 있다.

2) 유치원 평가의 의의

국가 수준의 유치원 평가의 의의는 다음과 같다.

첫째, 국가 수준에서 전체 유치원의 질을 종합적으로 평가 · 점검하고, 모니터링 할 수 있는 질 관리 체제를 구축함으로써 유아교육의 공교육화를 촉진하는 계기가 될 수 있다.

둘째, 국가 수준의 유치원 평가를 통해서 유아교육현장의 실정과 요구에 기초한 유아교육정책을 수립하기 위한 정보와 자료를 수집할 수 있다.

셋째, 국가 수준에서 실시하는 학교종합평가체제의 일관성을 도모할 수 있다. 국가 수준에서 시행해 볼 수 있는 이상적인 유치원 평가모형을 제시하고, 한국교육개발원에서 주관하고 있는 학교종합평가체제에 유치원을 포함시킬 수 있는 방안을 모색함으로써 각급학교 종합평가체제의 일관성 및 통합성을 도모할 수 있다.

넷째, 유아교육개혁안의 지속적 · 효율적 추진과 교육과학기술부의 유아교육 발전방향 모색 및 정책입안에 필요한 구체적인 실천과제를 도모할 수 있다.

다섯째, 교육 수요자인 학부모에게 이상적인 유아교육의 방향을 제시하고, 유치원교육 선택 및 참여시에 필요한 공신력 있고 구체적인 자료를 제공할 수 있다.

유현숙 등(1997)은 유치원 평가가 갖는 의의를 가지고 있다.

첫째, 유치원 교육의 공교육화에 따라 유치원 운영상의 책무성을 증대 시킬 수 있다는 점이다.

둘째, 유치원교육 여건의 총체적인 점검을 통해 질적 향상을 도모할 수 있다는 것이다.

셋째, 유치원교육과 관련된 정책을 합리적으로 수립할 수 있다는 점이다.

넷째, 유치원교육 목표를 효율적으로 관리할 수 있게 한다는 점이다.

다섯째, 교육 소비자의 요구를 반영한 유치원 운영이 가능하다는 점이다.

마지막으로 취학 전 교육기관에 대해 효율적인 장학지도를 할 수 있다는 점 등을 들고 있다. 그러나 현재 유치원에서는 교육의 계획과 실행에 주된 관심이 집중되고 있는 데 반해, 평가에 대해서는 상당히 소홀한 편이다. 그것은 교육청에서 1년에 한두 번 실시하고 있는 평가가 뚜렷한 평가기준을 제시하지 못하고 자체 평가를 하는 수준에 머무르고 있다.

그러므로 체계화된 평가체제로 유치원이라는 기관을 총체적으로 평가하는 것은 그 기관의 교육과 관련된 행·재정, 경영, 인사관리, 교육관리, 교육과정, 물리적 환경, 교사, 가정 및 지역사회의 관계 등을 모두 평가하는 평가체제가 중요하다.

21세기 지식기반사회에서 유치원이 본연의 사명과 역할을 제대로 수행하기 위하여 유치원이 실제로 어떠한 교육을 펼치고 있는가를 정확하게 점검하고 확인하는 일이 선행되어야 한다.

따라서 유치원 교육활동의 과정과 성과를 점검하여 유치원 교육의 질 관리와 교육개선의 피드백 및 유치원 컨설팅을 위한 자료로 활용하여 유치원 책무성을 제고하는 데 유치원 평가의 의의가 있다고 하겠다.

3) 유치원 평가의 목적

유치원 평가의 목적은 다음과 같다.

첫째, 안전한 영유아교육환경에서 영유아가 건강하게 양육될 권리를 보장할 수 있도록 보육서비스의 질적 수준을 향상시킨다.

둘째, 영유아교육시설이 보육서비스의 질적 수준을 높이고자 준비하고 노력하는 과정을 통해 시설장과 영유아교육교사의 전문성이 증진되도록 한다.

셋째, 부모들이 합리적으로 보육시설을 선택할 수 있도록 영유아교육서비스의 질적 수준에 대한 정보를 제공한다.

넷째, 영유아교육정책 수립의 주체인 정부가 영유아교육현장을 효율적으로 지원하고 관리하는 체계를 확립한다.

유치원 평가는 자발성에 기초하므로 보육시설 운영자 스스로가 영유아교육서비스를 개선하고자 하는 의지를 갖는 것이 무엇보다도 중요하다. 서비스가 제공자와 대상자 간의 상호작용의 원리를 통해 동등하고 협력적인 관계에서 제공되어야 하는 것과 마찬가지로, 평가인증과정 또한 서비스의 한 종류로서 평가 자체에 못지않게 중요하다는 기본 원리가 적용되기 때문이다. 자발적으로 시행하는 평가의 준비과정과 평가과정에서 일어나는 관계자들의 상호작용 속에서 영유아교육 서비스의 질이 개선, 향상되도록 하는 것이 평가인증제도가 추구하는 진정한 목적인 것이다.

4) 국가수준 유치원 평가

(1) 평가과정

교육인적자원부는 국가 수준에서 유치원에 대한 체계적 평가시스템 구축을 통해 정규 학교로서 유치원의 책무성과 질적 수준을 제고하여 유아교육의 공교육화를 조기에 정착시키고자 유치원 평가 모형과 지표를 개발하였다. 2007년도에 전국의 유치원 100개원을 대상으로 시범 평가를 실시했으며, 2008년 공립유치원을 시작으로 2010년 시립유치원 등 매년 전체 유치원의 1/3씩 실시하게 된다.

유치원평가위원은 유아교육 및 아동학과 교수, 공립 전임 원장, 사립원장 등을 중심으로 1개 평가단에 3명 내외로 구성하며 평가과정은 자체평가, 서면평가, 방문평가로 이루어진다. 서면평가는 유치원교육계획서와 유치원자체평가보고서로 대체하며 현장평가는 당일로 실시하고, 학부모에 대한 유아교육 만족도 조사를 병행하여 실시하며 상대평가를 한다. 평가결과는 평가단이 평가한 우수사항 및 발전과제, 개선방안을 해당 유치원에 제시하여 교육개선과제로 활용한다. 유아교육의 질 제고와 경영개선의 피드백 자료로 활용할 수 있도록 평가결과를 해당 유치원에 알린다.

❶ 자체평가

자체평가는 유치원 평가편람에 제시된 평가지표, 요소 및 기준에 따라 유치원에서 자체적으로 운영과 교육활동 전반은 점검/평가하는 것이다. 자체평가의 목적은 유치원 스스로 기관의 운영을 진단하여 현재의 수준과 문제점을 파악하고, 이에 근거하여 개선 방안을 모색하고 실천해 감으로써 유치원의 발전을 도모하기 위한 것이다.

❷ 서면평가

서면평가는 평가위원이 편람에 제시된 평가지표, 요소 및 기준을 이해하고 유치원 자체평가보고서 내용을 숙지하는 과정이다. 서면평가는 유치원에서 제출한 자체평가보고서, 유치원 연간 운영계획서, 일일 교육계획안에 근거해 실시한다. 서면평가의 목적은 평가위원이 방문평가에 앞서 유치원의 자체평가 보고서를 기초로 해당 유치원에 대한 이해를 하고, 1차적으로 평가해봄으로써 현장평가를 보다 효율적으로 수행하는 데 있다.

❸ 현장평가

현장평가는 유치원 평가에 있어서 가장 중요한 활동이다. 현장평가는 평가대상 유치원을 직접 방문하여 서면평가에서 1차 평가한 결과를 바탕으로 주어진 시간 내에 필요한 정보와 자료를 정확하게 확인함으로써 최종적으로 공정하게 평가하는 데 그 목적이 있다.

(2) 평가 영역별 내용

❶ 교육과정 영역

교육과정은 유치원 운영의 가장 핵심적인 요소다. 교육과정을 어떻게 운영하냐에 따라 교수-학습 경험의 질이 결정되고 유아교육의 효과도 크게 좌우된다. 교육과정 영역에서는 적절한 교육내용 및 활동으로 교육계획을 수립하고 있는지, 균형적이고 통합적인 일과 운영을 하고 있는지, 교사-유아 간의 상호작용 및 교수·학습방법이 적절한지, 교육과정 운영에 대한 평가를 하고 있는지를 점검한다.

❷ 교육환경 영역

교육환경은 교육과정의 성공적 운영과 밀접한 관련이 있다. 특히 유아는 주변 환경과의 긴밀한 상호작용을 통해 학습하고 발달하므로 유치원의 교육환경을 어떻게 구성하느냐가 중요하다. 교육환경 영역에서는 실내외 교육환경구성이 적합한지, 교재 · 교구의 선정 및 활용이 적절한지, 실내외 시설, 설비가 적합하고 안전한지를 점검한다.

❸ 유아의 건강 · 안전 영역

유아의 건강 · 안전관리는 유치원의 교육적 기능 못지않게 중요한 기능이다. 유치원에서도 유아의 심신의 건강을 유지하고 안전한 환경을 제공하는 일은 필수적이며 유아기의 영양은 이후 정상적인 성장, 발달을 위해 매우 중요하다. 유아의 건강, 안전 영역에서는 건강관리, 영양관리 및 안전관리가 적절하게 이루어지고 있는지를 점검한다.

❹ 운영관리 영역

유치원이 설정한 교육목표를 제대로 달성하기 위해서는 기관의 운영관리가 잘 되어야 한다. 유치원의 운영관리는 유아교육활동을 보다 효과적으로 추진하게 하는 지원체제로서 유치원의 장기적인 발전을 위하여 체계적 · 전문적인 관리가 필요하다. 운영관리 영역에서는 교직원 인사관리 및 복지가 적절한지, 기관운영의 책임을 맡고 있는 기관장의 전문성과 리더십이 바람직한지를 점검한다.

❺ 종일반 운영 영역

여성취업률의 증가 등 사회적 변화에 따라 유치원의 종일반 운영에 대한 요구가 증가되고 있고, 정부도 유치원 종일반 운영 활성화를 주요 유아교육정책으로 추진하고 있다. 종일반 운영 영역에서는 종일반 운영에 필요한 기본적인 시설 · 설비가 구비되어 있는지, 종일반 프로그램이 적절한지, 종일반 운영을 위한 전담교사를 확보하고 있는지를 점검한다.

(3) 유치원 평가지표

제 3주기 평가는 개별 유치원의 자율적 운영개선 및 질 제고가 목적으로 반영하여, 제 3주기 유치원 평가지표는 유치원 평가준비와 관련한 유치원 교사의 업무와 부담을 경감시켜 주기 위해 〈표 11-2〉와 같이 공통지표의 4개 영역은 그대로 유지하면서 중복되었던 문항과 유사지표를 통폐합하여 11개 지표의 30개 요소로 축소 조정하였다. 또한 유치원의 설립유형별(공립 · 사립), 규모별(3학급 이상 · 1~2학급)로 일부 평가요소의 평정기준을 차별화하였다.

〈표 11-2〉 **제 3주기 유치원 평가지표**

평가영역(배점)	평가지표(배점)	평가요소
Ⅰ. 교육과정(30)	1. 교육목표 및 교육계획 수립의 적절성(10)	1) 교육목표는 국가수준의 교육과정과 교육청의 운영지침을 근거로 유아의 전인발달 교육을 지향하고 있다.
		2) 연간(월간), 주간, 일일 교육계획의 목표, 활동시간 및 내용이 적절하며 연계성이 있다.
		3) 일일 교육계획안에는 소주제, 목표, 활동시간 및 내용, 자료, 평가 등이 포함되어 있다.
	2. 일과운영 및 교수 · 학습 방법의 적합성(15)	1) 교육계획에 따라 일과를 통합적이며 균형 있게 운영하고 있다.
		2) 교육 내용 · 활동에 적합한 교수 · 학습방법 및 매체를 사용하고 있다.
		3) 교사 · 유아 간에 질적인 상호작용이 이루어지고 있다.
	3. 평가방법 및 활용의 적절성(5)	1) 유아평가 실시방법과 활용이 적절하다.
		2) 교육과정(누리과정) 운영평가의 실시방법과 활용이 적절하다.
Ⅱ. 교육환경(15)	4. 실내외 교육환경 구성 및 활용의 적합성(10)	1) 실내공간에는 흥미영역의 구성이 적합하며 전시 및 게시가 교육적이다.
		2) 실외공간에는 각종 놀이기구를 비롯하여 다양한 활동 영역이 있다.
		3) 실내외 시설 및 설비가 유아의 발달 수준 및 유아교육특성에 적합하다.

	5. 교재·교구 제공 및 관리의 적절성(5)	1) 유아의 발달수준과 주제에 적합한 교재·교구를 충분히 구비하여 제공하고 있다.
		2) 교재·교구의 사용이 용이하도록 정리·관리하고 있다.
Ⅲ. 건강 및 안전(15)	6. 유아의 건강관리 및 지도의 적절성(10)	1) 유아를 대상으로 청결·위생 지도 등 건강교육을 실시하고 있다.
		2) 균형 있는 영양을 고려한 다양한 급·간식을 위생적으로 제공하고 있다.
		3) 유아를 대상으로 식습관지도를 하고 있다.
	7. 유아의 안전관리 및 지도의 적절성(5)	1) 유아와 교사를 대상으로 안전교육을 실시하고 있다.
		2) 유아, 교직원 및 시설에 대한 보험에 가입하고 있다.
		3) 실내외 시설 및 설비를 안전하게 설치, 관리하고 있다.
Ⅳ. 운영관리(30)	8. 교직원의 근무여건 및 전문성 제고(10)	1) 교직원 관련 규정(인사·보수·복지)이 있으며 이를 준수하고 있다.
		2) 교직원의 전문성 제고를 위한 연수 기회를 부여하고 있다.
		3) 원장은 기관을 민주적으로 운영하고 개선을 위하여 노력하고 있다.
	9. 예산편성 및 운영의 적절성(5)	1) 예·결산서를 운영위원회 심의자문을 거쳐 확정하고 대내외적으로 공개하고 있다.
		2) 입학금과 수업료 외의 기타 경비 관련 규정을 마련하여 준수하고 있다.
	10. 가정 및 지역사회와의 연계(5)	1) 부모교육 및 참여활동을 체계적으로 계획·운영하고 있다.
		2) 유치원의 교육활동 및 유아 발달상황을 학부모에게 안내하고 있다.
		3) 지역사회와의 협력을 도모하고 지역사회의 인적·물적자원을 활용하고 있다.
	11. 방과 후 과정 운영의 적절성(10)	1) 국가 및 시·도 교육청의 방과 후 과정 운영지침에 따라 활동 및 프로그램을 적절하게 계획하여 운영하고 있다.
		2) 방과 후 과정을 위한 기본 시설·설비가 구비되어 있다.
		3) 방과 후 과정에 전담인력이 배치되어 있다.

6 어린이집 평가인증지표

1) 어린이집 평가인증제의 정의

어린이집 평가인증제도란 영유아에게 안전한 보호와 질 높은 보육서비스를 제공하기 위하여 평가인증지표를 기준으로 보육시설의 현재 수준을 점검하고 개선하도록 한 후, 객관적인 평가를 통해 일정 수준 이상의 어린이집에 대하여 국가가 인증을 부여하는 제도이다.

어린이집 평가인증이란 어린이집의 질적 수준을 제고하는 중요한 국가적 제도라는 점과 평가인증의 목적은 평가 점수 자체가 아닌, 어린이집 관계자들의 전문성 향상, 어린이집 자체의 질적 수준 제고라고 요약해 볼 수 있다.

2) 어린이집 평가인증제의 목적

보건복지부장관은 보육 서비스의 질적 수준을 향상시키기 위하여 어린이집 설치·운영자의 신청에 따라 어린이집의 보육환경, 보육과정 운영 및 보육인력의 전문성 등을 평가하여 해당 어린이집에 대한 평가인증을 실시할 수 있다.

보건복지부(2014)에서 제시한 어린이집 평가인증의 목적은 다음과 같다(임명희, 2014).

첫째, 유아가 안전한 보육환경에서 건강하게 양육될 권리를 보장할 수 있도록 보육서비스의 질적 수준을 향상시킨다.

둘째, 보육시설이 보육서비스의 질적 수준을 높이고자 준비하고 노력하는 과정을 통해 시설장과 보육교사의 전문성이 증진되도록 한다.

셋째, 부모들이 합리적으로 보육시설을 선택할 수 있도록 보육서비스의 질적 수준에 대한 정보를 제공한다.

넷째, 보육정책 수립의 주체인 정부가 보육현장을 효율적으로 지원하고 관리하는 체계를 확립한다.

3) 어린이집 평가인증제의 방법 및 절차

(1) 신청단계

평가인증 신청대상 어린이집은 신규인증과 재인증으로 나누어지는데, 신규인증은「영유아보육법」제12조 및 제13조 규정에 의해 설치된 국공립어린이집, 법인어린이집, 직장어린이집, 가정어린이집, 부모협동 어린이집, 민간 어린이집(방과 후 전담 어린이집 제외)을 대상으로 한다. 재인증은 인증을 받은 후 인증 유효기간 만료시점이 도래한 어린이집을 대상으로 한다.

(2) 참여확정

어린이집에서 평가인증 7개 영역의 지표를 기준으로 어린이집의 보육환경이나 운영전반을 점검하고 보육의 질을 향상시키는 과정으로, 평가인증 준비를 위해 조력기관의 도움을 요청 받을 수 있다. 객관적인 자체점검을 위해 자체점검위원회를 시설장, 보육교사, 원아부모 각 1인 이상을 포함하여 3~7인 이내로 구성한다. 어린이집 3개월간의 자체점검 실시 후 자체점검 보고서를 한국보육진흥원 평가인증국에 최종 보고한다.

(3) 현장관찰

어린이집에서 자체점검보고서를 입력하여 제출을 완료하면 해당관찰주간 중 현장관찰일을 정하여 사전에 고지 없이 2인으로 구성된 현장관찰자가 1일 동안 파견된다. 하지만 현장관찰 월 1주 전에 어린이집지원시스템에서 확인 가능하다. 현장관찰은 하루 일과 전반에 걸쳐 관찰, 문서 검토, 면담 등의 방법을 통해 진행된다.

(4) 심의

인증심의는 현장관찰이 완료되면 기본사항확인서 10%, 자체점검보고서 10%, 현장관찰 보고서 55%, 심의위원회 의견서 25%를 토대로 하여 인증심의를 진행한다. 인증시설은 보건복지부 장관 명의의 인증서 및 현판을 발급받아 어린이집에 게시하도록 한다.

(5) 어린이집 평가인증 결과의 관리

평가인증에 통과된 어린이집은 사후관리로 1년에 한 번 정해진 기간 내 연차별 자체점검보고서를 작성하여 입력하여야 한다. 또한 시설장이 교체된 경우는 보건복지가족부(평가인증국)에서 실시하는 시설장 교육을 의무적으로 받아야 하고, 3년의 인증유효기간에 인증취소 사유에 해당되는 일이 발생했을 경우 어린이집의 평가인증이 취소된다.

4) 어린이집 평가지표

평가인증 3차지표는 평가인증 2차지표에 비해 지표의 수가 적어진 50개로 이루어졌으며, 평가인증 2차지표에서는 3가지 유형이었으나 공통 지표로 변경되어 6개 영역으로 구성되어 평가인증 2차지표 중 달성도 높은 항목을 간소화하였으며 장애아 전문, 소규모(20인 이하) 어린이집은 운영 특성을 고려하여 일부지표의 구성요소 평정기준을 차별화하였다.

운영체계면에서 변경된 내용을 보면 기본항목이 2항목이 추가되어 기본 점수 15점에서 감점제로 평가하도록 되어 있다. 추가된 항목은 어린이집 차량운행이 2점, 어린이집 운영위원회가 2점으로 배정되어 각 항목이 이루어지지 않을 경우 해당 점수를 감점하게 되며 2차에서는 기본항목 중 예·결산 및 재무회계 관련 항목이 2점이었으나, 3점으로 상향되어 위의 추가된 2항목의 4점과 함께 평가인증 3차 지표에서는 기본항목 점수가 5점이 더 많게 평가되도록 되어 있다.

〈표 11-3〉 3차 어린이집 평가인증지표

영역	지표
영역1. 보육환경(8)	1) 보육시설은 영유아의 자율적 선택과 능동적 참여를 촉진하는 흥미 영역으로 구성되어 있다. 2) 실내공간은 영유아와 보호자가 편리하게 사용할 수 있도록 되어 있다. 3) 옥외놀이터는 자연을 느끼며 다양한 놀이를 할 수 있도록 조성되었다. 4) 각 반의 크기와 인원은 원활한 운영이 이루어지도록 구성되었다. 5) 실내외 설비와 가구는 영유아가 편리하게 사용하도록 마련되었다. 6) 어린이집의 보육활동 자료는 영역별로 다양하고 충분하게 구비되었다. 7) 각 반의 장난감과 활동자료는 영유아의 발달수준과 흥미를 반영하고 있다. 8) 보육교사를 위한 공간, 가구, 비품은 쉽게 이용할 수 있도록 마련되었다.
영역2. 건강(8)	1) 보육실은 청결하고 쾌적하게 관리된다. 2) 실내외 공간은 청결하고 쾌적하게 관리된다. 3) 보육교사와 영유아는 손 씻기 등 위생습관을 실천한다. 4) 보육교사는 영유아가 아픈지 살펴보고 적절하게 지원한다. 5) 영유아와 보육교직원의 건강증진을 위한 예방관리와 교육이 이루어진다. 6) 식자재의 구입과 보관 및 조리공간은 청결하고 위생적으로 관리된다. 7) 조리 및 배식과정은 청결하고 위생적으로 관리된다. 8) 급간식의 내용과 양은 영유아의 영양균형과 건강증진에 도움이 된다.
영역3. 안전(8)	1) 보육실은 영유아의 안전을 위해 위험요인 없이 관리된다. 2) 실내외 공간은 영유아의 안전을 위해 위험요인 없이 관리된다. 3) 실내외 장난감이 안전하고 위험한 물건은 영유아의 손에 닿지 않도록 한다. 4) 영유아는 등원부터 하원까지 성인의 보호 하에 있다. 5) 어린이집에서 차량을 운행할 경우 안전요건을 갖추어 관리한다. 6) 어린이집은 비상사태에 대비할 수 있는 시설과 설비와 인력이 있다. 7) 영유아는 비상사태에 대비하여 대피훈련과 다양한 안전교육을 받는다. 8) 보육교직원은 다친 영유아를 지침에 따라 처치하고 영유아를 학대로부터 보호한다.
영역4. 보육과정운영(8)	1) 어린이집은 연령에 적합한 보육과정을 계획하여 이를 운영한다. 2) 어린이집은 영유아의 흥미를 반영하여 보육과정을 통합적으로 운영한다. 3) 보육교사는 일과를 균형있게 계획하고 융통적으로 운영한다. 4) 보육교사는 영유아의 일상생활이 편안하게 이루어지도록 일과를 운영한다. 5) 보육교사는 여러 영역에서 다양한 놀이와 보육활동이 이루어지도록 운영한다. 6) 보육교사는 영유아의 개별 활동과 놀이에서 동기유발 및 주도적 참여가 지속될 수 있도록 지도한다. 7) 보육교사는 대소집단 활동을 연령에 적합하게 운영한다. 8) 보육교사는 보육과정 및 영유아에 대해 주기적으로 평가한다.
영역5. 보육활동과 상호작용(10)	1) 영유아는 대소근육 발달을 위해 연령에 적합한 신체활동에 참여한다. 2) 영유아는 연령에 적합한 다양한 언어활동에 참여한다. 3) 영유아는 연령에 적합하게 자신과 가족 및 사회에 갖는 경험을 한다.

	4) 영유아는 일상생활에서 예술을 자연스럽게 경험하고 표현할 기회가 있다. 5) 영유아는 친숙한 주변 환경에서 자발적인 자연탐구활동을 경험한다. 6) 영유아는 발달수준과 흥미에 적합하게 역할 및 쌓기 놀이를 충분히 한다. 7) 보육교사는 영유아와 신뢰로운 관계를 형성한다. 8) 보육교사는 개별 또는 집단으로 영유아와 바람직한 언어적 상호작용을 한다. 9) 보육교사는 영유아들간의 긍정적인 상호작용이 활발히 이루어지도록 한다. 10) 보육교사는 영유아의 어려움과 문제 상황을 파악하고 이를 적절히 지도한다.
영역6. 운영관리(8)	1) 어린이집은 질 높고 투명한 운영방침을 수립하여 이를 실행한다. 2) 원장은 협력적 조직문화 조성을 위한 리더십을 갖추고 있다. 3) 어린이집은 보육교직원의 적절한 처우와 복지 향상을 위해 노력하고 있다. 4) 어린이집은 개별 보육교직원의 전문성 향상을 위해 노력하고 있다. 5) 어린이집은 영유아의 초기 적응을 지원하고 개별 원아의 기록을 관리한다. 6) 어린이집과 가정 간 의사소통이 원활하게 이루어진다. 7) 어린이집은 가족을 지원하고 참여 기회를 다양하게 제공한다. 8) 어린이집은 지역사회와 활발하게 교류한다.

그 외에도 평가 문서 준비 부담을 완화하기 위해 보육일지 확인 기간을 3개월에서 1개월로 조정하였으며, 현장관찰 주간을 2주간에서 1주간으로 변경하였다. 보육환경의 변화를 반영하기 위해 아동 학대 및 안전 관리 항목을 강조하고 개정된 표준보육과정 적용을 위한 내용 연계를 강화하였으며, 보육교직원의 전문성 강화 및 처우 개선을 강조하였다.

7 유치원과 어린이집 평가인증제의 비교

1) 유사점

유치원 평가와 어린이집 평가인증제는 두 개의 기관 평가 모두 교육의 질과 책무성을 제고하고 질적 관리 시스템을 마련하는 것이 목적이다. 평가의 주기, 참여방법, 평가결과 유효기간 등 공통점이 많고, 평가내용상 대영역의 구분에서는 다르나 하위 항목과 지표의 해석에서도 유사한 점이 많다.

2) 차이점

어린이집 평가인증은 독립된 평가기관(한국보육진흥원)이 평가인증에 대한 업무를 전담하고 심의위원, 현장관찰자, 평가의 신청, 진행, 평가 사후관리 등을 총괄하고 있어, 평가의 정착뿐만 아니라 발전적인 평가인증에 대하여 논의하고 준비할 수 있는 체제가 마련되어 있다.

유치원 평가인증제는 평가위원팀이 한시적으로 구성되어 평가업무를 진행하고 지역교육청 유아교육담당 장학사의 업무 및 평가위원이 계속적으로 평가업무를 전담하여 진행하기 어려운 점이 있다. 유치원 평가와 어린이집의 평가인증제에 대한 비교는 〈표 11-4〉에서 설명할 수 있다.

〈표 11-4〉 **유치원 평가와 어린이집 평가인증제의 비교**

구분		유치원 평가제도	어린이집 평가인증제도
목적		• 유아교육의 질제고 • 유치원의 책무성 제고	• 보육서비스의 질제고 • 효과적인 질적 관리시스템 마련
평가주체		• 시·도 교육청 • 공통지표 및 편람개발 보급	• 보건복지부 • 한국보육진흥원에 위탁
평가 대상	대상	• 전국의 공, 사립유치원	• 전국의 어린이집
	참여	• 자발적 신청과 참여	• 자발적 신청과 참여
근거		• 유아교육법	• 영유아보육법
평가주기		• 3년 주기	• 3년 유효
평가영역 내용		• 공통지표 + 시, 도 자체지표 • 시·도 자체지표는 20% 이내로 포함	• 공통지표
평가영역 및 지표 수 (항목/지표 수)		• 5개 영역, 12개 지표, 32개 요소 1) 교육과정(30) 2) 교육환경(15) 3) 건강 및 안전(15) 4) 운영관리(30) 5) 특색사업(10)	• 6개 영역, 50개 지표(공통지표) 1) 보육환경(8) 2) 건강(8) 3) 안전(8) 4) 보육과정 운영(8) 5) 보육활동과 상호작용(10) 6) 운영관리(8)

	• 공통지표 : 총100점 만점(5점 척도평정) • 시·도에서 자체지표 포함여부 결정	• 구성요소에 대한 결과를 Y와 N으로 평점 • Y의 개수, 기초요소와 필수요소의 충족여부에 따라 3점 "우수", 2점 "보통", 1점 "미흡"의 3단계 기술평정척도
평가방법	• 자체평가 → 서면평가 → 현장방문평가 → 종합·심의	• 신청(상시) → 참여확정 → 현장관찰 → 심의
평가비용		• 40명 이상(40만 원) • 39명 이하(35만 원)
외부평가위원	• 유아교육 및 아동관련 전공교수, 유아교육 및 아동학 교수, 유아교육 담당 장학관, 유치원 교원, 학부모 등 • 평가결과의 컨설팅 효과를 위해 해당 분야 경력 10년 이상자 우선 고려 • 평가위원의 역할 매우 중요 • 평가위원이 서면평가, 현장방문 평가, 종합심의 모두 수행 • 서면평가에서는 3인 1팀 구성	• 현장관찰자(2인 1팀, 3인 1팀) • 영유아교육관련 석사학위 소지자로서 교사경력 3년 이상인 자 • 영유아교육관련 학사학위 소지자로서 교사경력 3년 포함 총 경력 5년 이상인 자 • 인증심의위원(3인 1팀) : 서면으로 최종평가 실시 • 영유아관련학과 교수 등 학계전문가 • 영유아관련 석사 이상 : 교사경력 1년 포함 총 보육경력 4년 이상인 자 • 영유아관련 학사이상 : 교사경력 1년 포함 총 보육경력 6년 이상인 자
평가활용	• 판정 및 결과순위 공개 없음 • 평가 결과 본원에 피드백 • 참여 유치원 인센티브 제공 • 교육과정 및 기관 운영 우수사례 발굴·보급 • 현장 실태에 근거한 장학지원 우선 순위 판단 • 장학지도와 연계적극 추천	• 1차 판정 : 인증/인증유보 • 2차 판정 : 인증/불 인증 • 인증서 및 현판전달 • 인증유보 및 불인증 시설은 재참여 유도 • 평가결과에 대한 이의신청가능
DB구축 및 전산화	• 유치원 알리미 • DB구축 및 전산화 관리	• 어린이집의 자체점검결과 및 보고서 입력 전산화 • 인증심의 결과 DB구축 관리(KICCE, 한국보육진흥원 평가인증국)

8 유보통합 시 평가의 방향

유치원의 평가와 어린이집의 평가인증제의 유보통합 시 평가의 방향을 제시해 보면 다음과 같다.

1) 평가의 체계

국무조정실 보도자료(2014)에 의하면 2014년부터 "영유아 교육 · 보육통합추진단"을 출범시켜 서비스 체계 개선의 실무 작업이 진행되었다. 추진단은 1단계 작업으로 정보공시, 평가체계, 재무회계규칙 등 품질개선 기반 구축 · 조정, 2단계는 영유아 교육 · 보육현자의 규제 · 운영환경 등 통합 · 정비방안을 마련하고, 3단계는 교사, 재원, 관리부처 등 통합 · 정비방안을 마련한다는 계획이다.

평가체계 통합방안을 구체적으로 살펴보면, 2016년부터는 유치원과 어린이집의 평가체계가 통합되며 평가등급이 공개될 예정이다. 유아교육기관 평가는 공통 핵심사항을 점검 · 평가하고, 학부모의 시설선택권을 확대하기 위하여 시설 간 비교 가능하도록 정보를 제공한다.

2) 평가의 세분화

유보통합 시 유아교육기관을 평가하기 위한 평가척도는 단위기관의 강점과 약점이 드러나도록 평가기준이 객관성과 합리성을 지닌 것이어야 하며, 상세하게 진행되어야 한다.

국가 수준의 유치원 평가는 단일지표로 구성되어 있으며 1~2주기에 실시된 어린이집 평가인증제는 학급 수나 유치원 전체 인원 수를 고려한 탄력적인 평가지표가 개발되었으나 유보통합을 구현하기 위하여 3주기 어린이집 평가인증제에서는 공통지표로 제시되고 있다. 하지만 유아교육기관의 현실을 고려한 유아교육기관 평가 방안이 다양하게 이루어져야 할 것이다.

3) 평가의 방법

유보통합 시 향후 평가의 목적 달성을 위하여 국가수준의 기관 평가의 타당성, 신뢰성, 실용성 등의 양호도의 확보뿐만 아니라 체계적이고 효율적인 운영이 되어야 하며 질 관리를 위해서도 평가기관이 독립적으로 운영되어야 한다. 어린이집 평가인증제의 경우, 한국보육진흥원에 평가인증국을 설치하여 독립적으로 평가인증에 대한 전반적인 정책 수립과 평가요원 양성, 평가진행, 평가 후 사후관리에 이르기까지 관련 업무를 총괄하고 주도적으로 진행하고 있다.

유치원 평가의 경우에도 1주기 때와는 달리 유치원의 장학을 담당하고 있는 교육청이 주관하지 않고 시·도별 유아교육진흥원 등에서 독립적인 평가기관의 역할을 통해 평가의 공정성과 효율성을 담보하고 있으므로 장기적으로 공교육화를 앞당길 수 있는 평가방법이 이루어져야 할 것이다.

4) 평가결과의 활용

유치원평가와 어린이집 평가인증제는 평가를 위한 평가가 아닌, 평가결과를 통해 교육과 보육의 질 향상이라는 궁극적인 목적이 달성될 수 있도록 현장의 어려움을 정확히 파악하고 발전적인 지원이 연결되도록 해야 한다.

향후 유보통합 시 유아교육기관의 강점요인을 중심으로 유아교육기관 평가를 실시하는 것은 최적의 기능을 할 수 있는 유아교육기관의 긍정적 특성에 대한 이해를 통하여 조직구성원의 행복감 증진 방안 및 질적 수준 향상에 기여하는 정의적 측면을 발견하는 노력이 선행될 때 이루어질 수 있으므로, 유아교육기관이 약점에 초점을 두고 문제점을 개선하기보다 유아교육기관의 강점이 기관운영 과정에 충분히 발휘될 수 있도록 방향을 잡아야 할 것이다.

아울러 교육개선을 위한 정보제공과 자체 개선의 노력을 독려하기 위해 유아교육기관의 자율적 활동과 각 기관의 조건과 역량을 고려하여 구체적인 책무를 지울 수 있도록 평가결과의 공개방법, 인센티브의 제공방법, 우수기관의 발굴 및 기관운영의 정보공유 등이 구체적으로 잘 반영된 기관 평가결과를 활용할 수 있는 방향을 모색하여야 할 것이다.

5) 미래지향적 평가

유보통합 시 평가결과는 앞으로의 질적 향상을 도모하기 위한 것이므로 현재의 수준과 실태를 파악하는 것뿐 아니라, 미래의 바람직한 변화의 방향까지도 제시할 수 있어야 한다. 최근 몇 년간의 평가는 기관평가의 준비와 도입을 위해 비교적 미시적 관점에서 기관의 기본적인 체계와 수준을 충족하는 것에 주력해 왔다. 현재 유아교육 현장의 상황을 충분히 고려할 수 있는 평가지표의 구체화와 세분화도 필요하지만, 이와 더불어 보다 발전적인 방향으로 나아갈 방향도 검토되어야 한다.

실제 평가 초기에는 양적 확대에 따른 질적 수준 제고를 위한 유보통합 평가의 도입과 정착에 초점을 두었지만, 점차 유아교육기관의 평가가 진행되어 갈수록 질적 향상이라는 목적이 더욱 강화되고 있는 추세이다. 따라서 이를 위해 현재의 평가체계를 거시적으로 유보통합 시 평가가 나아가야 할 방향에 대해 논의하고 검토하여, 변화할 수 있는 평가방향을 모색하여야 할 것이다.

참 고 문 헌

강문희, 류진희, 이경희, 윤애희, 정정옥(2003). **유아교육기관 운영관리**. 서울: 학지사.

강문희, 문미옥, 박경자, 서영숙, 우남희, 이강이, 이숙재, 이순형, 이영, 이옥(2002). **21세기 유아보육**. 서울: 학지사.

곽노의(1997). 독일의 열린학교: 자유발도르프 유치원. **열린유아교육연구, 2**(1), 92-104.

곽윤정(1997). 정서지능의 발달 경향성과 구인타당서에 관한 연구. 서울대학교 석사학위논문.

교육과학기술부(2007). 2007 개정. 유치원교육과정.

교육과학기술부(2008). 2007 개정. 유치원교육과정 해설.

교육과학기술부(2009). 유치원 지도서 1. 총론.

교육과학기술부(2010). 창의와 배려의 조화를 통한 인재육성-창의 · 인성교육 기본방안.

교육과학기술부(2011). 5세 누리과정 운영 지원을 위한 교사연수 자료집.

교육과학기술부(2012. 7. 6). 3~5세 연령별 누리과정 완성 · 고사 교육과학기술부 보도자료.

교육과학기술부, 보건복지부(2012). 「3~5세 연령별 누리과정」 고시문(2012. 7. 10.).

교육부, 한국교육개발원(2015). 교육통계연보.

교육부, 광주광역시교육청(2013). 유아교육발전 5개년 계획수립 정책연구.

교육부, 한국교육개발원(2013). OECD 교육지표 2013.

교육인적자원부(2007). 유치원교육과정 해설 Ⅱ. 건강생활, 사회생활.

교육인적자원부(2007). 유치원교육과정 해설 Ⅲ. 표현생활, 언어생활, 탐구생활.

교육인적자원부(2007). 유치원교육과정 해설 Ⅰ. 총론.

교육인적자원부 유아교육특별연구단(2007). 삶과 학습의 조화와 국가 경쟁력 강화를 위한 유아교육발전 5개년계획(안). 교육인적자원부.

교육인적자원부(1995). 유치원 교육활동 지도서.

교육인적자원부(2001). 교육부 통계자료 2001. 유아 · 특수교육 담당관실.

교육인적자원부(2006). "다문화 가정" 품어 안는 교육지원대책.

교육인적자원부(2007). 「2007 유치원교육과정」. 교육인적자원부 고시 제2007-153호.

교육인적자원부(2007). 개정 유치원 교육과정 해설집.

교육인적자원부(2007). 부모와 함께 하는 전자미디어 교육활동.

교육인적자원부(2007). 유치원 평가 기본계획.

김광수, 김해연(2009). 공감교육 프로그램이 초등학생의 공감능력과 정서지능에 미치는 영향. **초등교육연구, 22**(4), 275-300.

김동춘(2006). 기독교유아교육기관의 경영관리. 서울: 창지사.

김명순, 김일옥, 김정원, 김지은, 백선희, 조부경(2005). 표준보육과정 연구. 연구보고 2005-26. 여성가족부.

김명순, 이기숙, 이옥(2005). 한국유아교육 · 보육과정의 역사와 미래. 한국유아교육과 보육의 자리 매김. 한국유아교육 학술대회 자료집. 한국유아교육학회.

김명옥 외(1995). 한국 현대 유아 교육사. 서울: 양서원.

김명희(1996). 현대 사회의 부모교육. 서울: 학문출판사.

김수영, 김수임, 김현아, 정금자(2000). 유아 놀이의 이론과 실제. 서울: 양서원.

김영옥, 김수영(1999). 유아교육기관의 질에 따른 교사의 상호작용, 유아의 놀이 활동 및 인지활동. 교육학연구, 37(1), 407-425.

김정원, 심은희, 이경화, 이연규, 장은주, 전선옥, 조순옥, 조화연, 최일선(2010). 보육학개론. 경기: 양서원.

김정임(2003). 발도르프 유아교육원리에 대한 고찰. 교육과학연구, 34(2), 117-130.

김정준, 김정화, 신유림(1999). 유아에게 적합한 125가지 놀잇감. 서울: 창지사.

노명희, 윤은종, 안연경(2006). 유아교육개론. 서울: 동문사.

류진희(2000). 유아교사를 위한 교육실습과 교육활동. 서울: 양서원.

문미옥(2008). 교육과 보육을 위한 영유아 교육과정. 서울: 창지사.

문미옥, 이혜상(2008). 유아교육개론. 서울: 교육아카데미.

문미옥, 이혜상, 민행란(2004). 한국전통문화와 유아교육. 경기: 양서원.

박미경(2006). 교사를 통해본 다문화 가정 유아의 특성 및 교사의 어려움-결론이민자 가정을 중심으로-. 이화여자대학교 대학원 석사학위 청구논문.

박성연 (2006). 아동발달. 경기: 교문사.

박성희(2004). 공감학: 어제와 오늘. 서울: 학지사.

박숙희, 염명숙(2001). 교수, 학습과 교육공학. 서울: 학지사.

박은혜(2003). 유아교사론. 서울: 창지사.

박재환(2002). 유아교육기관의 경영관리. 서울: 양서원.

방인옥, 고문숙, 김은정, 김준규, 김태선, 손혜숙, 신혜영, 원중연, 정연희, 주봉관, 조경서, 한은숙 (2008). 유아교육개론. 경기: 정민사.

서동미, 이옥임, 박지선, 조재은(2010). 영아프로그램 개발 및 평가. 경기: 정민사.

신화식 외(2004). 영유아교육 프로그램. 서울: 교문사.

신화식, 김명희(2008). 유아교육기관 운영관리. 경기: 양서원.

신화식, 김헌수(1992). 몬테소리 교육 모형. 서울: 양서원.

심성경, 조순옥, 이정숙, 이춘자, 이선경, 이효숙(1998). 유아교육개론. 서울: 창지사.

심성경, 조문옥, 이정숙, 이춘하, 이선경, 이효숙(2009). 유아교육개론. 서울: 창지사.

엄정애(2009). 영유아 놀이와 교육. 서울: 교문사.

이경화(2010). 유아교육기관 운영관리. 경기: 공동체.

이기숙(2000). 유아교육과정. 경기: 교문사.

이상욱(2008). 유아교육사상사의 두 지평. 서울: 교육과학사.

이성호(2004). 교육과정개발과 평가. 서울: 양서원.

이숙재(2004). 유아를 위한 놀이의 이론과 실제. 서울: 창지사.

이숙재, 이봉선(2003). 영유아의 발달과 교육. 서울: 창지사.

이연섭, 방인옥, 조희숙, 조정숙, 이광자, 박찬옥, 지성애, 마송희, 유왕효, 김정규, 정갑순, 이윤옥, 엄기영, 노영희, 나정(2007). 유아교육개론. 경기: 정민사.

이영자, 신동주(2006). 유아교육기관 운영관리. 서울: 창지사.

이윤경, 최석란, 신은수(1998). 유아교육개론. 서울: 창지사.

이윤진, 문무경, 김문정, 양시내(2009). 유아학원 이용 및 운영 실태. 육아정책연구소.

이화여자대학교 사범대학 부속 이화유치원 편(2002). 이화유치원교육과정. 경기: 교문사.

임미혜(2001). 영유아보육 프로그램. 서울: 동문사.

조성연, 이정희, 천희영, 심미경, 황혜정, 나종해(2004). 아동발달의 이해. 서울: 신정.

지옥정, 김수영, 정정희, 고미애, 조혜진(2008). 유아교육개론. 서울: 창지사.

팽영일(2000). 유아교육의 역사와 사상. 서울: 양서원.

황해익(2000). 유아교육평가. 서울: 양서원.

Ade, W.(1982). Professionalization and it's implication for the field of early childhood education. *Young Children, 37*(3), 25-32.

Arnold, D. S. & Whitehurst, G. J.(1994). Accelerating language development through picture book reading: A summary of dialogic reading and its effects. In D. K. Dickinson(Ed), *Bridges to literacy: Children, Families and Schools(pp. 103-128).* Cambridge, England: Kackwell.

Baker(1994). Planning and Organizing for Multicultural Instruction. Addison - Wesley, gandura, A.(1973). *Aggression: Social Learning Analysis.* Englewood Cliffs, N.J:Prentice−Hall.

Banks, J. A.(1993). Multicultural education for young children: Racial and ethnic attitudes and their modification. In B. Spodek(Ed), *Handbook of research on the education of young children(pp.236−250).* New York : Macmillan Publishing Company.

Bauch, J. P.(1989). The transparent school model: New technology for parent involvement. *Educational Leadership, 47*(2), 32-34.

Bayman, G. A.(1995) An example of a small project for kindergarteners that includes some 3Rs learning. *Young Children, 50*(6), 27-31.

Beaty, J.(2004). *Skills for preschool teachers.* NJ: Pearson.

Berger, E. H.(1987). *Parents as partners in education.* Columbus, Ohio: Merill Publishing Company.

Berk, E. L. & Winsler, A.(1995). **어린이들의 학습에 비계설정(Scaffolding): 비고스키와 유아교육.** 홍용희(역). .서울: 창지사.

Berk, L. E.(1997). *Child Development(4th ed.).* Allyn & Bacon: A Viacom Company.

Bloom, B.(1964). *Stability and change in human behaviors.* New York: Wiley.

Bodrova, E., & Leong, D. J.(2001). **정신의 도구: 비고츠키 유아교육.** 김억환, 박은혜(역). 이화여자대학교 출판부.

Brandt, R.(1989). On parents and schools: A conversation with Joyce Epstein. *Educational Leadership, 47*(2), 24-27.

Brazelton, T. B.(1992). *Touch points: Your child's emotional and behavioral development.* Reading, MA: Addison-Wesley.

Bredekamp, S. & Copple, C.(Eds.)(1997). *Developmentally appropriate practice in early childhood pwgrwus(Red.).* Washington, DC: NAEYC.

Bredekamp, S. & Rosegrant, T.(1985). *Reaching Potentials: Transforming early childhood Cumculum and Assessment(Vol. 1).* Washington, DC: National Association for the Education of Young Children.

Bredekamp, S. & Rosegrant, T.(1992). Reaching potentials through appropriate curriculum: Conceptual frameworks for applying guidelines. In S. Bradecamp & T. Rosegrant(Eds.), *Reaching potentials: Appropriate curriculum and assessment for young children.* Washington, DC: NAEYC.

Bredekamp, S.(1987). *Developmentally appropriate practice in early childhood programs serving children from birth through age 8.* Washington, DC. NAEYC.

Broberg, A. G., C. P. Hwang, M. E. Lamb, & F. L. Bookstein(1990). Factors Related to Verbal Abilities in Swedish Preschoolers. B*ritish Journal of Developmental Psychology, 8*, 335-349.

Bronfenbrenner, U.(1992). **인간발달 생태학.** 이영 (역). 서울: 교육과학사.

Bronfenbrenner, U.(1994). *Human ecology: concepts and perspectives.* **인간생태학적 측면에서의 가정학.** 연세대학교 생활과학대학 창립 30주년 기념 국제학술심포지움. 서울: 연세대학교 생활과학연구소.

Bronfenbrenner, U.(1975). Is early intervention effective? In B. Z. Friedlander, M Stenitt, & G. E. Kirk(Eds.), *Exceptional enfant: Assessment and intervention(Vol. 3)*, 449-475. New York City: Brunner/Mazel.

Bronfenbrenner, U.(1990). "Discovering what families do," in Rebuilding the Nest: a new commitment to the American family. *Family Service America*. The International Child & Youth Care Network: http://www.cyc-net.org

Bronfenbrenner, U.(1995). Ecological Systems Theory. In R. Vasla(Ed.). *Annals of Child Development*. Greenwich, CT: JAI Press, Inc. vol. 6, 187−249.

Bruer, J. T.(2000). *The myth of the first three years: A new understanding of early brain development and lifelong learning*. New York: The Free Press.

Bruner, C., Elies, C., Stein, D., & Scheafer, B.(2004). *Early learning left out : An examination of public investments in education and development by child age Report by volcee for America's children and the Child and Family Police Center*. Demola, IA: Child & Family Policy Center.

Bruner, J.(1962). *The process of education*. Cambridge, M.A. Harvard Univ. Press.

Buckingham, D.(2000). *After the death of childhood: Growing up in the age of electronic media*. London: Polity Press.

Buss, C., Davis, E. P., Muftuler, L. T., Head, K., & Sandman, C. A.(2010). High pregnancy anxiety during mid-gestation is associated with decreased gray matter density in 6−9-year-old children. *Psychoneuroendocrinology*. *55*(1), 141-153.

Caldwell, B.(1989). All−day Kindergarten−assumptions, precaution and over generalization. *Early Childhood Research Quarterly, 4*(2), 261 −262.

Capitanio, J. P., Rasmussen, K. L. R., Snyder, D. S., Laudenslager, M., & Reite, M.(1986). Long-term follow-up of previously separated pigtail macaques : Group and individual differences in response to novel situations. *Journal of Child Psychology & Psychiatry, 27*, 531-538.

Caplan, F., & Caplan, T.(1982). *The Second Twelve Months of Life*. New York: Perigee Books.

Carkhuff, R. R., & Truax, C. B.(1967). Training in counseling and psychotherapy-An evaluation of an integrated didactic and experiential approach. *Journal of Counseling Psychology, 29*, 333-336.

Casto, G., & Lewis, A. C.(1984). Parent involvement in infant and preschool programs. *Journal of the Division for Early Childhood, 9*, 49-56.

Chess, S., & Thomas, A.(1986). *Temperament in clinical practice*. New York: Guilford Press.

Coleman, M(1991). *Planning for parent participation in schods for young children.* ERIC Digest.(EDO-PS-91-9).

Decker, C. A., & Decker, J. R.(2005). *Plcuwiftg cuid A-ditiinistcfing Early Childhood Pfo^rcuns (8th ed.).* NJ: Pearson Merrill-Prentice Hall.

Dennan-Sparks & ABC Task Force(1989). *Anti-bias Curriculum: Tools for Empowering Young Children.* Washington. DC : NAEYC.

Dinkmeyer, D., & McKay, G.(1982). *Systematic training for effective parenting: STEP.* American Guidance Service, Inc. 이경우 역(1985). **당신도 유능한 부모가 될 수 있다.** 서울: 창지사.

Dodge, D. T.(1995). The importance of curriculum in achieving quality child day care program. *Child Welfare, 74*, 1171-1188.

Doherty-Derko, Wski, G.(1995). *Quality matters excellence in early childhood programs.* Don Mills, Ontario: Addison-Wesley Publishers.

Doyle, W.(1990). Themes in teacher education research. In W. R Huston(ed), *Handbook of research on teach education.* 3-24. New York: Macmillan.

Duncan, K. M.(1995). Piaget and Vygotsky revisited: Dialogue or assimilation. *Developmental Review, 15*, 458-472.

Dunn, J. & Brown, J.(1991). Relationships, talk about feeling and the development of affect regulation in early childhood. In J. Garber & K. Dodge(Eds.), *The development of emotion regulation and dysregulationi.* 89−108. New York: Cambridge University Press.

Durkheim, E.(1956). *Education and Sociology.* D, For. Free Press.

Eaton, J. & Johnson, R.(2003). **감성의 힘.** 박승범(역). 서울: 이지북.

Eiskovitz, Z. & Becker, J.(1983). Beyond professionalism: The child and Youth care worker as a craftman. *Child Care Quarterly, 12*(2), 93−112.

Eisner, W. E.(1994). **표상의 형식.** 김인용, 김대현(역), 학문기초 미술교육운동. 77-114. 서울: 학지사.

Elkind, D.(1993). *The children Yesterday: Today and Tomorrow in Images of the You children.* NAEYC.

Erikson, E. H.(1950). *Childhood and society.* New York: Norton, Bacon.

Feeney, F.(1983). *Teacher's thinking: A study of practical knowledge.* New York: Nicholas.

Fiese, B. H. Eckert, T., Spagnola, M.(2006). Family context in early childhood: A look at practices and beliefs that promote early learning: In B. Spodek & O. Saracho(Eds.), *Handbook of research on the education of young children*, 393-406. London: Lawarence Erlbaum Associates.

Fine, M. X, & Henry, S. A.(1989). Professional issues in parent education. In M. J. Fine(Ed). *The second handbook on parent education.* 3-20. Academic Press.

Gardner, HL(1999). *Intelligence reframed: Multiple intelligence for the 21st century.* N.Y.: Basic.

Gestwicki, C.(2004). *Home, school, and community relations.* Thomson: Delmar Learning.

Jennings, W. B.(1989). How to organize successful parent advisory committees. *Educational Leadership, 47*(2), 42-45.

Jensen, E,(2005). *Teaching with the brain in mind(2nd ed.).* Alexandria, V.A.: Association for Supervision and Curriculum Development.

Ji, D., & Wilson, M. A.(2007). Co-ordinated memory replay in the visual cortex and hippocampus during sleep. *Nature Neuroscience,* 公(1), 100-107.

Katz, L.(1994). 레지오 에밀리아에서 우리는 무엇을 배울 수 있나. In C. Edwards, L. Gandini & G. Forman(Eds.). 김희진, 오문자(공역). **레지오 에밀리아의 유아교육: 어린이들의 수많은 언어.** 서울: 정민사(1993).

Katz, L. G., & Chard, C. S.(2000). The project approach. In J. L. Roopnaine & H. E. Johnson., *Approaches to early childhood education(3rd ed).*(pp. 175- 189). Englewood Cliffs, NJ: Prentice-Hall.

Katz, L. G., & Chard, C. S.(1989). *Engaging children's minds: The project approach.* Norwood, NJ: Ablex.

Lueder, D.(1989). *Tennessee parents were invited to participate and they did Educational Leadership, 47*(2), 15-17.

McBride, B. A. & Rane, T. R.(1997). Role identity, role investment, and paternal involvement: implications for parenting programs for men. *Early childhood research Quarterly, 12,* 173-197.

Melnick, S. A., & Fiene, R(1990). Assessing parents' attitudes toward school effectiveness. *Paper presented at the annual meeting of the American Educational Research Association,* Boston, M.A.: April 16-20. ED 322-643.

Moran, M.(1985). *Families in early intervention: Effects of program variables. Zero To Three, 5,* 11-14.

Morrison, G. S.(1994). *Early childhood education today. 7th Ed.* Merrill Prentice Hall.

NAEYQ(1991). *Guidelines for appropriate curriculum content and assessment in programs serving children ages 3 through 8.* Young Children, 30.

Peters, D. L.(1988). The child development associate credential and the educationally disenfianchised In B. Spodek, O. Saracho & D. Peters(Eds.), *Professionalism and the early childhood practioner.* 93-104. New York: Teachers College Press.

Plutchik, R.(1980). *Emotion: A Psycho-evolutionary synthesis.* New York. Harper and Row.

Postman, N.(1982). *The disappearance of childhood.* New York: Delacorte.

Pratt, M W., Kerig, P. K. Cowan, P. A., & Cowan, C. P.(1988). Mothers and fathers teaching three-year(Eds.). authoritative parenting and adults use of the zone of proximal development. *Developmental Psychology, 24,* 832-839.

Richardson, A. J., & Montgomery, P.(2005). The Oxford-Durham study. A randomized controlled trial of dietary supplementation with fatty acids in children with Developmental Co-cordination Disorder. *Pediatrics, 775*(5), 1360－1366.

Rinaldi, G.(1993). *The emergent curriculum and social constructivism.* In C. Edwards,

Roopnarine, J. L., & Johnson, J. E.(2005). *Approaches to Early Childhood Education,* NJ: Merrill/ Prentice Hall.

Rovert, C. & Pratt, C.(1988). The reliability and validity of a scale to measure teachers attitudes toward integration. *ERIC document reproduction service,* No. ED 303-239.

Rubenstein, J., & Howes, C.(1979). Caregivers and infant behavior in daycare and the homes. *Developmental Psychology, 75*(1), 1－24.

Scarr, S.(1995). Commentary. *Human Development, 38*(3), 154-158.

Schwartz, S. L. & Robison, H. F.(1982). *Designing curriculum for early childhood.* Boston, M.A.: Allyn & Bacon.

Selman, R.(1980). *The growth of interpersonal understanding.* Orlando, FL : Academic Press.

Sutton－Smith, B.(1967). The role of play in cognitive development. *Young Children, 22,* 361-371.

Symonds, P. M.(1949). *Psychology of parent-child relationship.* New York : Appleton Century.

Tanner, D. & Tanner, L. N.(1980). *Curriculum Development: Theory into practice.* NY: Macmillan.

Thomas, M. R.(1985). *Comparing theories of child development.* C.A.: Wadsworth.

Umansky, W.(1983). On families and the re-valuating of childhood. *Childhood Education, 59,* 260-266.

Varga, D.(1991). The historical origins of childrens play as a developmental task. *Play and Culture, 4,* 322－333.

Vygotsky, S.(1978). *Mind in Society.* Cambridge, M.A.: Harvard University.

Weber, E.(1984). *Ideas influencing early childhood education: A theoretical analysis.* New York: Teacher's College Press.

Wiegermk, R., & Comfort, M.(1987). Parent involvement: Support for families of children with special needs. S. L. Kagan, D. R Powell, B. Weissbourd, & E. F. Zigler(Eds.), *America's family support programs*, 182-206. Yale University Press.

Williams, D. & Chavkin, N.(1989). Essential elements of strong parent involvement programs. *Educational Leadership, 47*(2), 18-20.

Williams, L. R.(1999). Determining the Early Childhood Curriculum: The Evolution of goals and strategies through consonance and controversy. *In C. Seefelt, The early childhood curriculum: Current Findings in Theory and Practice*(ed.). N.Y.: Teachers College Press.

Wolf, J. S., & Troup, L.(1980). Strategy for parent involvement: Improving the IEP process. *The Exceptional Parent,* JO, 31-32.

Wright, K. L., Stegelin, D. A., & Hartle, L.(2007). *Building Family, School, and Community Partnership*. Pearson: Merrill Prentice Hall.

Zigler, E., & Berman, W.(1983). Discerning the future of early childhood intervention. *American Psychologist, 38*, 894-906.

찾 아 보 기

저 / 자 / 소 / 개

■ **곽은복**

중앙대학교 대학원 문학박사

현, 충청대학교 유아교육과 교수

〈저서〉 유아교육개론, 아동안전관리, 유아사회교육 외 다수

■ **김운삼**

홍익대학교 대학원 교육학박사

현, 강동대학교 유아교육과 교수

〈저서〉 교육학개론, 영유아교수방법론 외 다수

■ **남궁선혜**

이화여자대학교 대학원 문학박사

현, 대전보건대학교 유아교육과 교수

〈저서〉 유아음악교육, 영유아발달 외 다수

■ **박지현**

이화여자대학교 대학원 박사 수료

현, 우송정보대학 유아교육과 강의전담교수

■ **백미열**

덕성여자대학교 대학원 교육학박사

현, 신성대학교 유아교육과 교수

〈저서〉 영유아발달, 아동문학 외 다수

■ **홍성희**

전남대학교 대학원 교육학박사

현, 전남도립대학교 유아교육과 초빙교수

〈저서〉 대학생을 위한 실용국어, 유아교육실습이해 외 다수

유아교육과정

1판 1쇄 인쇄 — 2018년 9월 5일
1판 1쇄 발행 — 2018년 9월 10일

저 자 - 곽은복 · 김운삼 · 남궁선혜 · 박지현 · 백미열 · 홍성희
발 행 인 - 강성민
발 행 처 - 수양재
주 소 - 경기도 파주시 검산로 173번길 29-20
전 화 - 031-946-3863(代)
팩 스 - 031-946-3864
이 메 일 - syjpub@naver.com
출판등록 - 2016년 6월 3일 제 406-2016-000069 호

ISBN 979-11-89457-01-3

정가 20,000원